创新之母

Mothers of Invention

【美】德鲁·吉尔平·福斯特 著

Drew Gilpin Faust

荣丽亚 翻译

人民出版社

哈佛大学校长德鲁·吉尔平·福斯特女士的《创新之母》一书，是美国内战史研究的扛鼎之作。1997 年初版以来多次重印再版，在美国历史学界乃至普通读者中影响广泛、深受赞誉，中国的美国史学界也一直关注这部著作。现在，通过各个方面的努力，特别是荣丽亚女士的辛勤付出，中译本就要付梓了。作为作者和译者的朋友，我很高兴能先睹为快，并十分荣幸为之作序。

一

福斯特教授于 2007 年当选哈佛大学校长。哈佛已经有 379 年的历史，比美国的建国史还长。过去有句话，"先有哈佛，后有美利坚"，生动地说明了哈佛在美国历史上的重要地位。福斯特是哈佛历史上 28 位校长中唯一的女性，同时，她也是唯一一位没有哈佛学习经历的哈佛校长。

哈佛校长，万众瞩目，不仅要有崇高的学术地位，还因为很多时候处于风口浪尖，必须善于驾驭复杂局面。要为这艘历经沧桑的巨轮掌好舵实在不易！更何况，福斯特教授打破了惯例、突破了传统，在众多竞争者中脱颖而出，而且完美地胜任了这一职位。原因何在？就我所了解的情况，这不仅缘于她卓越的管理才能、深邃的思想智慧，也是缘于她忠诚哈佛的事业，长期耕耘和热心奉献的结果。

"文质彬彬，然后君子。"在群星璀璨的哈佛，福斯特的人望如此之高，也是因为她在美国学术界享有崇高的地位。作为研究美国南方战前历史和美国内战史的杰出学者，福斯特最重要的成就，是关于美国内战时期南方的思想学说和女性历史研究。到目前为止，她已出版了多部史学专著，其中《创新之母》一书尤为重要，是作者学术生涯中的里程碑，集中体现了作者的学术创造力、历史洞察力和现实主义精神，在美国内战史、妇女史以及社会史领域影响深远。出版当年，该书即荣获美国历史学会年度非小说类最佳著作奖，并获得了美国历史学家协会颁发的"弗朗西斯·帕克曼奖"。

二

在第一时间拜读了中译本之后，我感触颇深。中国传统史学认为，"史学、史才、史识"三者缺一不可，如此方为"良史"。福斯特教授在这本著作中所展现出的扎实的学问基础与考索之功，卓尔不群的才华与见识，以及出色的判断力，都让我敬佩不已。

首先，作品取材角度之巧妙，令人耳目一新。中国读者对书中的很多内容都不会感到陌生，我在北大历史系学习期间，就曾读过林肯总统的《解放黑人奴隶宣言》和《葛底斯堡演讲》，也读过《飘》《汤姆叔叔的小屋》等以南北战争为背景的文学作品，对郝思嘉等内战时期的女性故事耳熟能详。我还读过美国黑人作家亚历克斯·哈利所写的一部历史小说《根》，并观看了据此改编的电影。1861—1865年那场美国历史上空前惨烈的南北战争结束了奴隶制这种"有史以来最卑鄙、最无耻的奴役人类的形式"，并且维持了国家的统一，这也是美国内战在历史研究、文学创作等领域的两大基本课题。然而，这本书从一个特殊的视角——南方奴隶主家庭的白人女性，深刻地再现美国内战时期的历史面貌，探究那个时代美国社会意识中最深层次的秘密，可谓鲜少有之。

其次，作品研究方法之独到，令人赞叹不已。在绵密扎实的考证基础上，福斯特熟练运用社会史的研究方法对浩如烟海的各类历史材料爬梳剔抉、参互考寻。书中无论丰厚可信的史料、一针见血的评析，还是隽永生动、富有匠心而毫无匠气的语言，莫不体现着她潜心治史多年的精深造诣。唯其润物无声，更凸显出"于无声处听惊雷"境界的非同凡响。此书同读"脂批"给人的阅读感受有异曲同工之妙。

最后，作品关注女性之变革，令人拍案。在新旧碰撞的力量下，美国南部妇女们在战争催生的社会转型中修正身份、重构自我。在这场战争中，女性对自我重新审视，自我潜能彻底爆发，从最初的依赖到生活完全独立，从柔弱的受保护者到主动承担历史赋予的责任。正如书中所写道的，"南方女性的自我主张，来自于现实的需要，起源于失望与无助"，但"失败，不可能"。本书集中展示了该时期妇女登上历史舞台，逐渐公开、明确地表达要求，争取权利的曲折过程；再现了她们摆脱落后观念，树立自立精神的心路历程。同样是写女性，这部作品完全跳出俗套，能够传递出"以史为鉴，可以知兴替"的史学用意。这对我们当前关注女性，更好地促进社会全面、公平地发展会有很大的启发。

三

《创新之母》中译本的出版，是一个新的标志性事件，是哈佛大学与中国学术交流史上的一件大事。

哈佛大学始终致力于推进中美学术与人文交流，比如，哈佛燕京学社带动并引领了当代西方世界的中国研究，哈佛燕京学社的原社长杜维明先生，是我十分尊重的前辈和挚友，他毕生潜心研究中国传统文化。这些年来，他在北大建设高等人文研究院，为西学东渐和东学西渐都作出了重大贡献。我想，这本福斯特校长的著作译成中文，意义将同样重要。

借这次作序的机会，我还特别想回顾一下北京大学与哈佛大学的交流史。我曾长期在北大从事国际学术交流工作，对两校之间的友谊备加珍视。早在 1919 年，北大与哈佛便已经在敦煌研究项目方面展开了合作；1936 年，时任北大校长的胡适曾远赴美国，参加哈佛大学 300 周年校庆。中国改革开放之后，北大与哈佛之间的交流更为密切。我在北大工作期间，曾接待过两任哈佛校长。1998 年北大百年校庆之际，时任哈佛校长的尼尔·鲁丁斯坦曾委派杜维明教授作为代表，出席了百年校庆活动，随后，鲁丁斯坦校长亲访北大。不久，他又诚邀北京大学、清华大学、复旦大学、上海交通大学、南京大学、浙江大学和西安交通大学 7 所中国高校校长访问哈佛，就如何创建世界一流大学与美方麻省理工学院、洛杉矶加州大学和杜克大学等高校展开研讨对话。我有幸作为此次活动的协调人，参与了活动的组织安排，深深感受到这次交流极大地推动了中美高校之间的交流。21 世纪初，我又参与接待劳伦斯·萨默斯校长。萨默斯校长在北大发表了演讲，并接受了北大名誉博士学位。2008 年，福斯特教授刚刚接任哈佛大学校长不久，就率团访问北大，同样接受了北大授予的名誉博士学位称号。

我非常希望中国高等教育界与哈佛大学之间的联系能够更加紧密，未来有更多哈佛学者的著作能够被介绍到中国来，也有更多中国的声音、中国的学术著作，通过哈佛传递给世界。希望我们共同努力，为中美人文交流搭建起学术之桥。

四

今天，世界各国之间的联系日益密切，彼此之间在政治、经济、文化等多重领域密不可分，合作和分享已经成为发展的主流和趋势。

2014 年 6 月，习近平主席在国际工程科技大会上发表演说，他指出："人类生活在同一个地球村，各国相互联系、相互依存、相互合作、相互促进的程度空前加深，国际社会日益成为一个你中有我、我中有你的命运共同体。"要维系共同体的和谐与繁荣，人文交流是最为重要的基石。

习近平主席在访问联合国教科文组织总部时提出，"文明因交流而多彩，文明因互鉴而丰富。文明交流互鉴，是推动人类文明进步和世界和平发展的重要动力"。人文交流对于国家之间关系的发展有着不可取代的独特作用，其独特魅力恰在于它是人与人、心与心的交流，正所谓"国之交在于民相亲，民相亲在于心相通"。以中美人文交流为例，这些年来，在两国元首的高度重视和亲自推动下，两国教育、科技、文化、青年、妇女等领域的交流十分频繁，合作的深度广度大大提升，这种"润物细无声"的跨文化沟通，增进了两国人民之间的理解与信任，为促进两国关系健康稳定发展贡献良多。

联合国教科文组织积极倡导不同文明之间的学术交流与对话，认为这是促成不同文明相互学习、理解和维护世界和平事业的重要基石。

最后，希望更多的中国读者能够读到福斯特教授的著作，在此，也祝愿在福斯特校长的领导下，哈佛大学与中国大学之间的友谊长青，祝愿中美人文交流的明天更加美好！

是为序。

联合国教科文组织第37届大会主席　　郝　平
教育部副部长

2015年2月

译者荣丽亚教授盛情邀我为《创新之母》中文版作序，感到很为难。我是一个化学家，历史知识与常人无异，美国南北战争史更是知之甚少，只是看过林肯、格兰特等人的传记，当然对美国内战最深的感受，还要源于描写美国内战的电影《乱世佳人》。

福斯特教授是哈佛大学第 28 任校长，也是哈佛 300 多年历史上第一位女校长。虽然福斯特出生在纽约，但在弗吉尼亚州雪伦多亚河谷长大——这也是南北战争的重要区域之一。福斯特 1964 年毕业于马萨诸塞州的女子预备学校康科德学院；随后进入布林莫尔学院深造，1968 年从历史系毕业获文学学士学位；接着，福斯特进入了宾夕法尼亚大学攻读历史硕士学位，1975 年又在那里获得了美洲文明专业的博士学位，同年起留校担任美洲文明专业的助教授。后由于出色的研究成果和教学，她获任历史学系教授。

南北战争是美国历史上唯一的一次内战。从 1861 年 2 月林肯担任总统开始，到 1865 年 5 月结束，战争历时四年多。南北战争在美国历史发展中是具有划时代影响的战争。这也是一场异常残酷的战争，仅伤亡人数就超过 63 万，要知道当时美国的总人口也只有 3100 万人，其中还有 350 万黑人奴隶——可以想象战争的惨烈程度。

人类历史有很多巧合，19 世纪 60 年代就是其中之一。当时的世界还不像今天这样联系紧密，但却几乎同时发生了很多重大事件。

在中国，历时四年的第二次鸦片战争于1860年结束，英法联军火烧了圆明园，并通过《天津条约》和《北京条约》，在中国取得了很多利益。当时，美国和俄国并没有派军队参加战争，但通过调停也得到了不少利益。在随后的1861年，慈禧太后开始垂帘听政，这位中国历史上最著名也最有争议的女性统治中国整整47年。在我们的亚洲邻国，日本明治天皇于1867年继位，开始了改变日本的明治维新。在欧洲，俾斯麦于1862年开始担任普鲁士宰相，历经10年，最终于1871年实现了德意志的统一。

美国南北战争无疑是美国历史上最重要的事件之一，但福斯特教授的《创新之母》并没有刻意再现宏大和残酷的战争场面，也没有描写当时的国际关系和政治博弈，而是从南方蓄奴家庭中的白人妇女的角度出发，通过当时留下的大量的日记、信件、散文、回忆录等内心表白，真实地再现了南北战争期间，这些女性经历的艰辛、苦难、勇敢和坚强，也使我们能够真切地感受到妇女的觉醒与独立的心灵轨迹。作为一位研究美国南方战前历史和美国内战历史的专家，福斯特校长出版了一系列相关著作，这本《创新之母》无疑是她描写南方女性的一部最重要的著作，并获得了1997年美国历史学会美国题材年度非小说类最佳著作奖。

我相信读者都会被这本书所吸引。

北京大学校长　林建华

2015年2月

在美国史学界，美国内战是一个经久不衰的话题，也是一个重要的研究领域，各类研究成果甚为丰硕。《创新之母》却独辟蹊径，以南方白人奴隶主家庭女性这一受世人关注较少群体为视角，通过记述 500 个南部女性的日记、书信和回忆的方式，描绘了南方女性灾难性的社会画面，重现了南部邦联女性在经历了与自己的灵魂作斗争之后自我意识的蜕变。

在美国南北战争发生的南方，出生在富裕的奴隶主家庭的女性从小灌输自己是个美丽的"淑女"，而不是普通的"女人"。而战争开始后，家中的男性都奔赴战场，许多地区几乎没有男人了，她们不得不亲自经营农场并管理不听话的奴隶，学会处理琐碎的家务，适应孤独，应付温饱不足，还需为军队提供支持——支持南方邦联的伟大事业。所有这些是南方女人们在战前所没有经历过的状况。当发现自己被定义成"劳动工人""保护家园的人""战争的后勤供应者"这样难以习惯的角色时，才意识到自己根深蒂固的旧观点在内战时期受到了严重的冲击。

白人女性从自己男人能为自己提供庇护的幻想中醒悟过来，为了能在遭受战争破坏的南方生存（她们当中的一些人最终还是变回了自己原来的样子）大部分人出于爱国主义与对新自由的向往，跨越文化障碍，成为教师、护士、店主与作家，形成了新的习惯（读书、写作、穿着），改变了既定的思考模式（对宗教、奴隶制、恋爱及婚姻）。在战争中催生出来的价值观应运而生，她们挣扎着面对一个旧社会的毁灭——在那个社会中她们曾因自己是白人而获得特权，同时也因女性而居次要地位。她们想要创造出新的自我定义、自我价值去支撑白色、财富、教养以及消失殆尽的信赖。而她们创造新自我的能力取决于她们失去的东西。她们成为战争时代中"矛盾的遗产"的一部分。

南方男人们在战场上维护其宗法权利的失败，也打破了战前的性别依赖契约。1865 年之后，南方女性为了保护自身，开始思考她们自己能做什么以避免依赖男人。在失望与迫不得已中，南方的女权运动开始生根发芽，并茁壮成长。福斯特作为一位历史学家，做了一份很了不起的工作，无论是在内战史学方面，还是在女性研究方面，这部著作都为之作出了巨大的贡献。她依据大量的个人文件及原始信件，虽然有时候会将个人对当时社会的猜想加入这些信件中，但她所列举的大多数例子都是可靠有效的。

毫无疑问，这部作品是关于美国南北战争时期的文学作品里最好的典范之一。事实也是如此，这部著作出版后，获得了美国历史学家协会的弗朗西斯·帕克曼奖，成为当年以美国国家为题材的最佳非小说书籍，至今仍畅销不衰。

书中的女性，也是作者人生经历的写照。福斯特在回忆自己成长经历时谈及母亲总是告诉她："宝贝，这是一个男人的世界，你越早意识到这一点，就会生活得越好。"而福斯特却用自己独特个性与经历不断诠释女性这一角色新的内涵。2007 年，福斯特荣任哈佛大学第 28 任校长，结束了哈佛大学自 1636 年建校以来男性校长一统天下的历史。

习近平主席曾经精辟地说，"历史是最好的教科书"，中美人文交流走向深入，需要两国人民特别是两国的青年更加深入地了解对方的历史。哈佛校友荣丽亚女士将此优秀作品介绍到国内，这对于中美两国加深理解，对于这个快速发展的国度中女性角色的思考，对于社会转型期的女性问题研究都有很大的启发意义。愿国内的读者喜欢。

是为序。

中国人民大学校长　陈雨露

2015 年 2 月

德鲁·吉尔平·福斯特教授不仅是哈佛大学的现任掌门人，而且是一位著名的历史学家和具有远大抱负的现代女性。她的这部优秀作品多年前已经在美国出版，今天终于有了中文版本面世，以飨国内读者，可谓是一件幸事。

作品反映了美国内战时期南方邦联白人女性自我意识崛起，同时因为战争而不断矛盾、煎熬的内心———一面是传说的"淑女"意识，一面是现实生活要求的更独立的女性。美国内战开始后，因为男人去打仗，优越的南方邦联上层阶级白人女性面临着无法抗拒的挑战，她们不得不亲自经营管理农场，应对不断造反的奴隶等等从未遇到的棘手问题。在应对种种危机和挑战的过程中，她们历经痛苦与挣扎、质疑与思索、权衡与判断，最终实现了精神及身份的蜕变。而这种人格与身份自我再造的过程，悄无声息地催生了美国"女权主义"的萌芽，影响了美利坚国家的未来。福斯特教授将自己渊博的历史学识"文火炖菜"般地滋养到作品的每一个文字之中，通过大量的回忆录、书信、日记摘要等第一手材料，生动地再现了五百余名白人女性在战争后方的生活画面。福斯特教授细致入微的描述，实际上展现了一幅宏大的历史画卷。作品从标题《创新之母》到内容，无不凝结了她的深思熟虑，读之发人深省。可以说，无论从史学意义、女性研究还是中美文化交往来看，都堪称上等佳作。

其一，在内战史学意义上，福斯特教授从南方邦联奴隶主白人女性这个鲜有人触及的角度出发，研究"美国内战"这一趋于饱和的领域，且见解深刻独到，实属难能可贵。在美国本土，这部作品也获得了美国历史学家协会颁发的弗朗西斯·帕克曼奖这一崇高荣誉，评论界用"将会成为女性研究及美国历史教程最优质的补充""是未来研究南北战争对南部女性的意义的基础"这样的话语来评判它的价值。

美国内战被视为确定了美国的内涵、塑造了美国的性格、决定美国国家前途命运的重大事件，有关内战的书籍数以万计，无数的军事记录、传记、图文集、社会学分析、地图集、书信集、命令集、人口成份统计数据、农作物收成报告，甚至气候情况，都引领世人一窥历史究竟。国内许多读者对美国内战将领、战役耳熟能详，对林肯著名演说也能够默然成诵。但总地说来，美国内战史研究侧重政治史和军事史，注重对内战时期的政治和经济变化的分析，热衷于内战起因和战场战术的讨论等。而福斯特教授却巧妙地转动"历史放映机"，将人们关注的焦点从战争的前线转移到战时的后方，原先被忽视的白人女性得以浮现，借助于书信、日记、照片、绘画、歌谣等原汁原味的资料再现普通人的日常生活，使读者得以亲近历史，容易嗅知历史的缘由。因此，对于每一位对美国南北战争历史感兴趣的人来说，这都是一部必读之作。

其二，从女性研究意义上，福斯特教授梳理了影响美国未来的重要脉络——白人女性在战争中的转变。这次战争从根本上改变了种族关系，挑战了南方传统的等级制度，同时也迫使女性重新审视自己的社会地位。由于在南北战争时期的经历，她们设法找出了新的自我定义和自我价值。

南北战争开始之后，白人女性从私人领域走到了公共领域。福斯特教授认识到南北战争前女性参与公共事件的不足，并将这场战争看作刺激女性志愿团体增加的契机。公共事务吸引了她们全部的兴趣，不论是织袜子、扎绷带、写请愿书、参加爱国活动，还是筹集资金，她们甚至影响到公共政策，她们构成了美国历史进程中的重要力量。

此外，白人女性这一群体与奴隶制的瓦解存在充分联系。自从管理奴隶的任务转移到女性的身上，它一开始便挑战着传统意义上女性作为顺从者、被动者和从属者的概念。掌控奴隶的种种繁重责任带来的挫败感，又使许多白人女性开始说服她们自己，这个制度带来更多的是不便，而不是利益。这最终在很大程度上削弱了女人对奴隶制度及南方邦联的支持。

南北战争带来的种种变化，使这些白人女性"不可能……和以前一样了"，福斯特教授在作品尾声说道，"战后南方的白人女性是生活在新世界里的面貌一新的新人"，借用一句流传甚广的话，"你所站立的地方，正是你的祖国；你怎么样，祖国便怎么样"。福斯特教授在作品中对她们给予了赞扬，并解释了南方的白人女性是怎样影响美国精神的。

其三，在中美文化交流意义上，这部作品树立了新的典范。美国史学界有一个公认的观点，那就是对美利坚这个国家的任何理解，必须真正建立在对内战的理解之上。在中美两个不同国度的文化艺术交往过程中，对双方历史的了解有助于加深对双方当今社会的认识，也有助于消除对彼此的误读。福斯特教授的这部作品，正好提供了一个了解美国成长史、了解美国人民的好渠道。可以预见，在两国的交流过程中，这部著作将发挥积极作用。

习近平主席曾在巴黎联合国教科文组织总部发表演讲时说，"文明因交流而多彩，文明因互鉴而丰富。文明交流互鉴，是推动人类文明进步和世界和平发展的重要动力"。福斯特教授作为一名历史学家，对中美两国的文化交流抱有很大的热情。2008 年，她率团访问中国时，接受了北京大学授予的名誉博士学位称号。今天，她又将这部优秀作品在中国出版，必将为推动两国的文化交流作出新贡献。

衷心感谢重庆大学荣丽亚教授为引进此书付出的努力。愿更多的国内读者接触到这部优秀的作品。

我郑重推荐。

重庆大学校长　周绪红

2015 年 2 月

20世纪五六十年代，我在弗吉尼亚州长大，母亲教导我说，使用"妇女"这个词，是对人不尊重，甚至带有侮辱性。成年女性——至少白人成年女性——应当称为"女士"。这种教导的结果是，我不穿裙子，还加入了4H俱乐部（"4H"是美国一个青年组织，旨在鼓励年轻人的社会实践与健康发展，现有下属俱乐部约9万家。"4H"指的是"head"（脑）、"heart"（心）、"hands"（手）、"health"（健康），20世纪初由美国农业部发起。——译注），但我在俱乐部里不像其他女孩子那样学缝纫、装罐头，而是和男孩子们一起养牛养羊。我母亲依然坚持要我偶尔穿穿裙子，但关于我对畜牧业的热情，她从未说过一句不赞成的话，这一点难能可贵。

回首往事，我确信写这本书的初衷，一方面是我年轻时的经历，一方面是我和母亲之间的持续对抗。她常说"女性特征"对我们有所要求，我们在这个问题上的对抗，一直持续到我19岁时母亲去世。"宝贝，这是个男人的世界，这一点你认识得越早，对你越有好处"，她这样告诫我。我比母亲幸运，因为在我生活的时代，社会和文化都支持我去证明她的告诫是错误的。

我对南方历史的专业兴趣，也是从早年开始的。在布朗诉托皮卡教育局案（1954年的布朗诉托皮卡教育局案是美国民权运动中的里程碑式案件，最高法院裁定各州种族隔离教育相关法律违宪。——译注）和大规模反抗校园种族隔离的时代，我恰好住在哈利·伯德（Harry Byrd，1914—2013，美国政治家，1965—1983年任国会参议员。——译注）的选区。那时候就算是年幼的孩子，也知道大人们都在谈论、担心即将到来的社会变革。我在广播中听到布朗案的裁定之后，才注意到自己就读的小学里全是白人，并意识到这不是偶然。但我还是很快地给艾森豪威尔总统写了封信，说相对于我二年级便已接受的平等观念，这一现象显得多么不合逻辑。小小年纪，我就陷入了同时作为南方人和美国人的悖论。

我能成为一名专门研究南方内战的历史学家，并撰写一本关于美国南方邦联白人妇女的著作，这是由多方面的因素促成的。我将著作献给我母亲和两位祖母——南方的"女士"们、我家里最有影响力的成员——是再合适不过了。实际上，她们三个都受到了战争的深刻影响，尽管她们与内战时期南方邦联妇女不同，家庭与战争并没有合二为一。不过，我两位祖母都把丈夫送到了欧洲参加一战；一位祖母唯一的兄弟，在英吉利海峡上空执行飞行任务时殉难。母亲于1942年结婚，从她得知婚事的消息到结婚，还不到一周的时间。婚后不久，父亲便被派往海外服役，父母就此分离整整18个月。儿时，父亲、叔叔和爷爷身着制服的照片一直摆在我的书架和桌子上。在成长过程中，我一直认为所有男人都是士兵。

我想象母亲和祖母们会读这本书，并怀着这样的心情写作。当了20年的历史学者，有时我担心自己已经无法用普通大众感兴趣的方式与人交流了；但这个战争故事情节引人入胜，展现人生百态，促使我去努力尝试。因此，博学的读者将会发现，大部分理论问题和史学论争，不在正文里，而放在了书末的尾注中。我努力不让自己的想法淹没南方邦联妇女的心声。

南部杰出的女作家书写了大量作品，并将它们当作历史遗产保留下来。这些作品的语言表达极其丰富。实际上，我对这方面的兴趣很大程度上来源于此。她们受过良好教育，经常有业余时间进行思考，因此留下了大量文字记录，有自我辩护，也有自我反省与怀疑。近年来精英们的历史并不是一个时髦话题，但是我已经被其深深吸引，因为我有机会使用丰富可信的资源，来探索军事和社会危机如何挑战权力与特权，并定义其本质属性。在我之前应当有人得出过类似结论，对于南部统治阶级的妇女与男人而言，内战确实是个觉悟真相的关键时刻。

南方妇女中的精英们能言善辩，自我意识强烈。能够反映这一点的日记、信件、散文、回忆录、小说和诗歌，为本研究提供了极其广泛和丰富的文件材料。日记有些是给作者本人看的，有些是给作者的子女或子女后代看的，其解读方法当然应该有独特之处，不同于写给具体对象的信件、受制于当时流行体裁的小说以及时过境迁之后根据记忆重构的回忆录。但是，这些丰富的材料形式多样、观点互补，最后都能够加深我的理解。

每年都会有更多内战时期的女性作品公开出版，这对我的工作帮助很大。然而，本研究最重要的部分，是去访问 20 多家手稿馆藏，它们集中分布在南部的 11 个州和哥伦比亚特区，但也包括几家北方的机构。图书馆和档案馆中很多人帮助了我，我对他们感激不尽。

我聆听了 500 多名南方邦联妇女的心声。但是，我的研究范围远远超出了妇女本人的写作，因为担心战争期间身份特征和两性关系变化的不仅仅是妇女。白人女性的自我审视促使她们与所处的大社会进行持续对话，并讨论女性角色在社会剧变中的意义。因此，对于南方新民族中的性别、女性角色等公共讨论，我也给予了较多关注。部分公共讨论，我是从南方邦联通俗文化中发现的，如话剧、小说、歌曲和绘画。但我也发现，这种公共讨论与南方生活的政治层面紧密联系在一起，如杰弗逊·戴维斯等南方重要政治家的讲话、报纸社论甚至公共政策决议。

现存的关于南方邦联政治和公共生活的研究，基本没有关注过妇女的地位——妇女无论作为政策的目标受众，还是作为政策的影响者，都没有得到重视。我希望本书能够证明，南方邦联的意见领袖和政府首脑不仅谈论过白人妇女在新国家和战争中的适当地位，用以保障新国家的独立；而且他们执行的计划、通过的法案，也对妇女生活有直接影响。对于这些影响，邦联的领袖们是否认可姑且不论，邦联的妇女们肯定是知道的。在一个战火纷飞、敌人入侵的国度，私人生活品质是无从谈起的。妇女对征兵、社会救济、家庭防御、经济生产和奴隶制度等方面政策的评价，影响了她们对持续战争的支持。

公开讨论和公众行动，也会影响妇女们在战争催生的社会转型中修正身份、重构自我。我个人年轻时的经历，让我不会忘记，通过公共价值观的崩塌，能为个体生活中看似最隐私的方面创造新的选择机会。不过，我们将会看到，顽强的传统主义亦能最终融入并限制这些新的选择。这个群体既是旧南方社会秩序的受益者，也是其受害者。本书反映了这个群体的生活中新旧力量的碰撞；也体现了既享受特权又屈从于人的悖论，人们如何在改变的同时又保持不变，以及上述个人转型与更大范围内的社会政治之间的关系。

本书关注的是南方邦联统治阶级的半边天——女性。

1994 年 8 月，于韦尔弗利特（Wellfleet）

致　谢

　　本研究持续的时间很久。期间，几乎所有我认识的人都曾以这样或那样的方式为我提供过帮助。甚至连那些我从未谋面的人，也非常友善地回答了我关于 19 世纪服饰的问题、向我提供了尚未公开的原始材料、帮我寻找照片、就某些章节及概念提出建议。我对朋友们及陌生的人们提供如此慷慨的帮助感激万分。林·亨特（Lynn Hunt）、琳达·科伯（Linda Kerber）、史蒂芬妮·麦克丽（Stephanie McCurry）、里德·米切尔（Reid Mitchell）以及史蒂芬·斯托（Steven Stowe）仔细阅读了全书草稿并提出了建议。北卡莱罗纳大学出版社的审稿人南希·休伊特（Nancy Hewitt）和苏珊·勒布索克（Suzanne Lebsock）对本书的初稿既有批评又有支持，评价中肯。我的编辑凯特·托里（Kate Torrey），早在我尚不确定此研究能否成书之时，他就对本书充满了信心。罗恩·马内（Ron Maner）和史蒂芬妮·温泽尔（Stephanie Wenzel）在排版和出版过程中，一直秉持认真专业的态度。在整本书的写作和出版过程中，弗农·伯顿（Vernon Burton）、史蒂芬妮·科尔（Stephanie Cole）、凯西·福勒（Kathy Fuller）、格雷丝·伊丽莎白·黑尔（Grace Elizabeth Hale）、约翰·英斯科（John Inscoe）、史蒂芬妮·麦克丽（Stephanie McCurry）、艾米·马雷尔（Amy Murrell）、苏珊·奥多诺万（Susan O'Donovan）、乔尔·帕尔曼（Joel Perlman）、菲利普·拉辛（Philip

I

Racine）、莱斯利·罗兰（Leslie Rowland）、琼·塞韦拉（Joan Severa）、简·舒尔茨（Jane Schultz）以及史蒂芬·惠特曼（Stephen Whitman）都依据各自正在从事的研究，为我提供了非常宝贵的帮助。研究生托德·巴尼特（Todd Barnett）、戴纳·巴隆（Dana Barron）、南希·波科（Nancy Bercaw）、布莱恩·克雷恩（Brian Crane）、拉里·戈德史密斯（Larry Goldsmith）和马克斯·格兰特（Max Grant）协助我进行研究，并提供了极富价值的研究视角。南希的毕业论文与此紧密相关，使我得以在具体的局部语境中，看清了困扰我多时的问题。丽贝卡·布里登罕（Rebecca Brittenham）、约翰·W. 钱伯斯（John W. Chambers）、伊丽莎白·福克斯－吉诺维斯（Elizabeth Fox－Genovese）、尤金·吉诺维斯（Eugene Genovese）、洛瑞·金斯伯格（Lori Ginzberg）、安妮·琼斯（Anne Jones）、温斯罗普·乔丹（Winthrop Jordan）、简·皮斯（Jane Pease）、乔治·雷博（George Rable）、贾尼斯·拉瓦（Janice Radwa）、凯西·鲁迪（Kathy Rudy）、查尔斯·里根·威尔逊（Charles Reagan Wilson）以及波特兰姆·怀亚特－布朗（Bertram Wyatt－Brown）等分别对不同章节提出了睿智的评论。费城图书馆公司的菲利普·拉普珊斯基（Philip Lapsansky）、南方邦联博物馆的科琳娜·赫金斯（Corinne Hudgins）、盖伊·斯旺森（Guy Swanson）、塔克·希尔（Tucker Hill）和华盛顿特区的金·莱斯（Kym Rice）、莱斯大学杰弗逊·戴维斯文书项目的琳达·克里斯特（Lynda Crist）和玛丽·迪克斯（Mary Dix）、德克萨斯大学美国历史研究中心的拉尔夫·埃尔德（Ralph Elder）、南方史料库的大卫·莫尔特克－汉森（David Moltke－Hansen）、弗吉尼亚历史协会的弗朗西斯·波拉德（Frances Pollard）、阿拉巴马州档案和历史部的埃德温·布瑞基斯（Edwin Bridges）以及南卡莱罗纳图书馆的艾伦·斯托克思（Allen Stokes），都对我寻找本书所需资料提供了极具价值的指引。宾夕法尼亚大学图书馆馆际互借部门的李·普格（Lee Pugh）给了我高效而有益的帮助，人文书目编制人斯蒂芬·莱曼（Stephen Lehmann）奇迹般地找到了一些非常重要的微缩胶片。

宾夕法尼亚大学在过去 20 年中以各种方式支持我的研究并提供经费，我对学校历任、现任管理者以及各系主任对本书的支持和帮助表示感谢。对谢尔顿·哈克尼（Sheldon Hackney）、迈克尔·艾肯（Michael Aiken）、雨果·索南夏因（Hugo Sonnenschein）、罗斯玛丽·史蒂文斯（Rosemary Stevens）以及历史系主任理查德·比曼（Richard Beeman）和迈克尔·卡茨（Michael Katz），表示最真挚的谢意。

从这本书的尾注中便可以看出为了完成这本书需要访问多少地方。杰西卡·罗森伯格（Jessica Rosenberg）和查尔斯·罗森伯格（Charles Rosenberg）以他们的热情和幽默对此表示了极大的包容和支持。查尔斯一如既往地多次研读初稿并在概念和编辑方面提出了诸多极富建设性的问题。我的研究成果进入更为广阔的世界之后，查尔斯不必再被这么多女人围着，我相信他也松了口气。

第三章中的部分内容曾发表于《性别与历史》（*Gender and History*）一书中，题为"试做男人的事"（"Trying to Do a Man's Business"），略有修改；第七章中的部分内容曾作为《玛卡利亚》（*Macaria*）（路易斯安那州立大学出版社 1992 年版）一书的引言发表，略有改动。我对这些作品能被允许再次出版而深表感激。

为了最大限度地忠实原文，我并未改动书中引用的 19 世纪文献资料中的拼写和标点符号，拼写错误之处也未采用突兀的"原文如此"加以标注。

必要性和战争是创新之母。

　　——克拉拉·所罗门（Clara Solomon），1862 年 5 月 18 日

我还会与我亲爱的丈夫
在家中相守吗，还是注定
在这冷漠的世界独自抗争。
天父垂怜，我想我做不到，除非
现实的必要把我变成另一个女人。

　　——朱莉娅·戴维逊（Julia Davidson），1863 年 9 月 8 日

目 录
Contents

生活中的一切关系

　　萨姆特要塞发生战火、南北方武装冲突爆发后一年多一点的时候，弗吉尼亚州弗兰特罗亚尔的露西·巴克在她的日记中写道："我们所有人都不可能和以前一样了。"内战将用一个新南方取代旧南方，用自由取代奴隶制，用贫困取代财富。战争促使政府、经济和社会转型，因而也必然挑战了个人身份的根基。[1]

　　战前南方白人男性和女性对自己的定义和理解，总是和如下范畴有关：首先是种族，标志着束缚和自由、优等和劣等的差异；其次是性别，用以区分独立与依赖、家长与从属；最后是阶级，在处于民主化进程的美国，阶级之别在南方社会中更加微妙、更加隐匿，但是在财富、权力、教育和品味的差异中，在荣耀和教养的归属中，阶级依然清晰可见。当然，南方白人也承认其他的身份。他们可能是长老会教徒、浸礼宗教徒、卫理公会派教徒；或者是路易斯安那州人、弗吉尼亚人、南卡罗来纳人；或者是辉格党、民主党。但是，与旧南方在种族、性别、阶级方面的等级制度相比，这些身份都不明显，对社会或个人也不具有根本性意义。

　　南方人定义自己，总是不可避免地先想到黑或白、男或女，因为这些属性不仅定义身份，也决定生活选择和追求。在南方白人心目中，这些似乎是生理上的区分，相比之下，阶级差异不是这样一成不变，但正是这种流动性，迫使人们不得不关注社会地位及其改变，因为阶级身份需要不断地维护和主张。人们的肤色、衣着、发型、语言以及既定行为，体现着种族、阶层和性别上的差异，它们既是权力的象征，也是权力的首要决定因素，又是自我定义的基础。

内战震动了整个南方社会，推翻了奴隶制，削弱了种植园主的财力和政治权利，自然也会威胁并改变这三个相互交织的等级关系，导致出现了当时一份报纸所说的"蜂拥逃离家长关系"，而此前这种关系一直使白人牢牢占据着社会金字塔的塔尖。但是，与社会权力的显性变动相比，定义并体现这一统治地位的那些范畴本身所受到的挑战，也同样重要。当白色不再是全部，而仅仅是自由独有的颜色，那它又意味着什么呢？当男性一败涂地、穷困潦倒，再也无力反击；当男性无法保障生活、无法保证安全，那男性这个词又意味着什么呢？当依赖和无助的想法本身都成了无法承受的奢侈，女性这个词又会包含什么意义呢？1864 年 7 月，有人写信给《蒙哥马利广告日报》："我们在经历一场大革命。""社会的表面就像波涛起伏的海洋：所有关系都被打乱，所有人都孤立无援。战争的剧变不仅引起了社会混乱，也导致了概念和情感上的错位，迫使南方人重新思考身份背后最根本的理念，以及决定他们在世界上地位的内在逻辑。"[2]

内战促使人们去探讨、辩论自由的意义及其与白人、黑人的关系，这也是我们美国人长期关注的问题。例如，这个话题不仅使内战在我们国家历史和意识中占据独特的重要地位，而且成为美国宪法沿革中的核心主题。近年来，史学家对于个人层面的转型更加关注，他们仔细考察南方黑人如何要求和定义自由，如何采取行动，促成其自我解放。然而，关于战争的学术和通俗作品虽多，但却很少关注战争如何打乱人们的性别预设，以及这些混乱如何自行延续、经久不衰。这本书通过探寻内战对一个能够表达、善于内省的女性群体的意义，来弥补这些方面的不足。这是南方邦联中一个享有特权、受过教育、拥有奴隶的群体，她们的日记、信件和回忆录，为我们留下了一个了解她们经历和内心的独特窗口。[3]

人们通常认为战争会改变现状，但是内战爆发的背景和目的都使其在美国历史上产生了不可比拟的影响。内战参战人数和伤亡人数之多都是前所未有的，开启了战争史上的新纪元。独立战争中，在役的美国人从未超过 3 万，而内战中的军队人数接近 100 万，死亡人数超过 60 万。几乎所有冲突和破坏都发生在南方土地上。战争对南方的总体影响、对人力和资源的高度调动、南方作为战争后方的重要性、后方常常转成战争前线，这一切都使南方邦联女性亲历内战并获得重要的体验。除了邦联边境上偶有特例之外，北方妇女没有受到战争的蹂躏，没有被要求为战争作出重要贡献，也没有遭受南方人在邦联经济削弱之后经受的那种物质匮乏的困境。

随着女权倡导者开始动摇有关男女角色的传统观念，北方开始重新审视关于性别的设定。这一行动至少比南方早一代人的时间。相比之下，1861 年以前，方兴未艾的 19 世纪女权运动在南方几乎没有产生任何影响。南方大众对于女性的理解还停留在生物学范畴，因此关于性别的传统观点是如此自然而然、不可改变。在很多南方捍卫者眼里，这种对比本身即证明了南方文明的优越性，北方生活方式内部存在危险趋势。区域辩护者和奴隶制度支持者乔治·菲茨休在 1854 年警告道，女人在"自由社会中的处境，每况愈下"，"这是有问题的"。菲茨休担心，北方的民主化、废奴主义和女权主义，是对等级制度的一种挑战，最终必然会颠覆婚姻制度。他宣称，"北方诸州中的人们认为家庭奴隶制是不正义的、邪恶的，他们一直在努力更改或者废除婚姻关系。"面对北方正在进行的争取女性权利的斗争，菲茨休代表他的地区断言道："女性只拥有一种权利，那便是受保护的权利。享受受保护之权利，即有服从之义务。丈夫、贵族兼主人……大自然为每个女人都安排好了。"他不妨还补充一句，就像大自然为每个奴隶都安排好了主人一样。[4]

内战挑战了南方独特的种族等级制度，因而也要求我们重新思考传统的女性概念。从冲突一开始，南方白人即对性别的含义进行了史无前例的探寻，他们先让女人为家庭和国家的生存负担起前所未有的责任，然后又像《米利奇维尔南方联盟报》那样，担心这些变化很有可能导致"女性失去性别特征"。一开始，战争被视为男人光荣且独占的领域，这一看法加剧了男性和女性的传统分歧，但很快就产生了关于性别范畴和身份认同的广泛的不确定性。正如一个得克萨斯州女性说过的那样，渐渐地，女人发现自己可以"试着去做男人的事"——养家糊口并且管理奴隶。面对全面战争的需求和意外恐惧，必须开始重新定义女性。对南方来说，战争导致的女性身份混乱，突如其来、势不可当，用《蒙哥马利广告日报》通讯员的话来说，像"地震、旋风和风暴"。[5]

然而，随着公众讨论的广泛开展，邦联女性对自身的地位进行了更私人化、更个性化的重新评估。超过50万的白人女性来自拥有奴隶的邦联家庭，对于她们，这次身份危机来得更加严重。最具有特权的女性是用奴隶制来定义自己的身份和地位的，而奴隶制也正是她们特权的来源。她们经历了战争带来的社会、个人生活的巨变。蓄奴家庭中的女性，是南方阶层和种族制度中受益最多的人，因此在战争催生的变革中损失最大。社会权力的根基快速变化，让这些女性自我定义的方方面面都面临质疑。白人男性离家参战，奴隶制度瓦解，战前繁荣不再，性别、阶层和种族特权也逐渐消逝，"生活中的一切关系"变得不清晰、不确定。南方的精英女性开始意识到，她们对于女性的理解，前提是要有奴隶从事劳作，要有白人男性提供保护和保障。这个女人们自我概念中的一个关键词汇——"女士"——在标明性别的同时，也意味着白人身份和特权。一位女士的精英地位建立在奴隶制度的压迫之上，她对优雅女性的观念，要通过阶级和种族的棱镜折射出来，与阶级和种族密切相关。[6]

当南方精英女性面对着战争带来的新世界时，她们努力去应对一个旧社会的毁灭，而在旧社会中，她们因身为白人而享受特权，又因身为女性而受人掌控。白人特权、财富、文雅、物质保障都受到威胁、无法依靠，于是她们努力为自我定义和自我价值创造新的根基。她们失去了一切，对这一点的深切感受，影响着她们创造全新自我的能力范围和局限。

和露西·巴克一样，邦联女人知道"我们……不可能和以前一样了。"但是，怎么变得不一样，不一样到什么程度，却不是既定不变的，变化的过程也不是和战争其他负担一起简单地强加在她们身上。能够表达、受过教育的南方白人精英女性，一边应对困难和贫乏，一边摸索着这些改变的意义。她们对战前世界很多基本价值和观点持有坚定的信念，因而能够掌控很多战后似乎不可避免的变化。她们不可避免要受到变革的影响，然而她们努力将自己的理念和利益加于新世界、新环境之上，从而抵制变革的全面冲击。"必要性"，邦联女性反复说道，是"创新之母"。军事冲突和社会动荡的严酷现实，促使女性对她们自己产生新的理解，也促使她们重建南方女性的意义，这在邦联灭亡之后还将持续很久。但是，本书接下来的部分将证明，战时南方女性创造新的自我，在很大程度上是为了抵制变化，因而在打造新自我的过程中，在战败、贫穷、黑人自由的新世界中能够存留下来的一切旧东西，她们都尽可能地加以创新并利用。

| 第一章 |

我们该怎么办：
妇女直面危机

　　1861 年到 1862 年之间，国家前途未卜，人们在焦虑中度过了漫长的"脱离之冬"。此时，露西·沃德正在弗吉尼亚州夏洛茨维尔的家中给未婚夫韦迪·巴特勒写信。巴特勒的家乡南卡罗来纳州在圣诞节前就已经脱离联邦政府，宣布独立，而弗吉尼亚州此时尚未行动。沃德的家就在弗吉尼亚州的夏洛茨维尔，她在 1 月 21 日给未婚夫韦迪·巴特勒的信里认为，脱离联邦正被迅速"提到议事日程"。就在一周前，州立法机关经过投票决定召开特别会议讨论脱离联邦问题。至此，这些重大的事件已经改变了露西·沃德的生活。韦迪·巴特勒此时正在部队尽心服役，效力于沃德所说的"你的国家"，并因此冷落了自己的准新娘，也没像她期望地那样常常给她写信。尽管他们已经订婚，但正如沃德所说，他们已然正式成为不同国家的公民，"彼此互为外国人"了。[1]

　　1861 年 1 月，对于重大公共事件侵入自己的私生活，露西·沃德感到更多的是茫然，而不是真正的困扰。她衷心希望弗吉尼亚州能很快脱离联邦，这样她就能与巴特勒在"共同的事业"中团圆。她在信中说的虽然是玩笑话，却反映出敏锐的洞察力。韦迪·巴特勒成为战士也有了新的生活，结果是不但使未婚妻不能"像从前一样时常收到来信"，也使他们劳燕分飞：一个奔赴战场；一个留在家中，生活在女人的圈子里。脱离联邦之后，随之而来的战争把男人都逼上了战场，势必使南方不同洲的男人与女人彼此成为外国人，在战时过着不同的人生。1861 年年初，随着危机加剧，政治冲突演变成一场全面战争，南方的妇女们开始努力地把邦联当成自己与男人的共同事业，试图在这个日益关注政治与战争的典型男性文化里，找到自己的一席之地。邦联妇女们坚信南方的危机既是"男人们的事，也是我们的事"。[2]

公共事务吸引了我们全部的兴趣

与大多数同一阶层的南方妇女一样，露西·沃德对政治事务颇为熟悉。从她的信中可以看出，她对脱离联邦的后果曾进行过仔细的思考。她对韦迪·巴特勒说，她之所以反对脱联，是害怕南方独立后会重新开启"极其可恶"的非洲奴隶贸易。然而，当她一方面阐明自己的立场、与自己待嫁之人详述自己不同见解之时，另一方面又突然话锋一转说道："我可没有政治主张，也特别讨厌所有谈论政治话题的女人。"[3]

不管接下来局势的戏剧性发展多么引人注目，南方的淑女们非常清楚，在 19 世纪的美国，政治仍然被看作男人的特权和责任。正如一位南卡罗来纳州妇女断言："这种事情不关女人的事。"男人参与选举投票，男人在公众场合讲话，女士们自然待在家里料理家务。然而，国家动荡之际，政治的诱惑似乎无法抗拒。处在脱离成败关键转折期，对于种种传统规约，遵守者荣之，违反者损之。阿曼达·希姆斯向她的朋友哈里特·帕默坦言："我所有的注意力都专注于政治。"北卡罗来纳州的凯瑟琳·爱德蒙斯顿也说："公共事务吸引了我们全部的兴趣"。在里士满市，露西·巴格比挤进女士旁听席，听取弗吉尼亚州特别会议关于脱离联邦的激烈辩论。为了抢到好的座位，妇女们都习惯每天早上会议开始之前提前一个小时到达会场。年事已高的南卡罗来纳州寡妇凯西亚·布雷瓦德承认，自己对风云变幻的局势如此着迷，以至于半夜醒来时，"第一个念头就是'我们的州已经脱离联邦了'"。[4]

然而，许多妇女和露西·沃德一样，认为妇女对政治的关注，即便是无法抗拒，却并不十分合时宜。但也很少有人像路易斯安那州的萨拉·摩根那么坚决地持反对态度，抗议妇女们日益增长的政治兴趣和自信，她渴望"到一个永远听不到妇女谈论政治的地方"，并且直截了当地说："我厌恶听到妇女谈论政治话题"。不过大多数妇女对公共事务有强烈的体会，却又为此感到不安，因为很难理直气壮地说这些是她们应该关注的事。年轻寡妇艾达·巴科写道，"有时我想，我变为一个如此热心的分裂主义者，人们会不会觉得奇怪"。但是，她似乎找到了一些自信，继续写道，"他们凭什么这么想？难道妇女就没有权利对这些问题发表看法吗？如果公众场合不行，私下谈论总可以吧？"既想参与又心存疑虑，佛罗里达州"布劳沃德内克妇女协会"也有类似的情感纠结。她们联合起来，在《杰克逊维尔旗报》上发表了致佛罗里达州"政客们"的一封信。她们向读者保证，她们支持脱离联邦，并不是轻率鲁莽、毫无依据的，而是建立在事实和理据的基础之上。"如果有人想要知道，我们提到的信息是如何获得的，那我们会告诉他们，我们阅读了过去 10 年的报纸和杂志，而且别忘了女人特有的刨根问底的特性"。佛罗里达州的这些女性，不认为女人特质会妨碍政治行动力或削弱政治观点的合法性，相反，她们强调女性身份的特殊优势，富有创造性地大胆宣称政治是特别适合女人的。[5]

凯瑟琳·爱德蒙斯顿担心自己的分裂主义观点过于激烈，因为她的观点已经使自己的家庭陷入分裂。在 1861 年 4 月林肯发布讨伐令之前，尽管爱德蒙斯顿与结婚 15 年的丈夫坚定地支持南方成为新的国家，但她的父母和妹妹都是坚定的联邦主义者。这种冲突对爱德蒙斯顿来说是很"痛苦的"，与父亲持不同立场，尤其令她苦恼。"这是我生平第一次在感觉和判断上与父亲相悖。"她觉得政治斗争太激烈，以至于"侵入了私生活"，真的很"令人遗憾"。她以前所认为的公共领域和私人领域的分界线正在消失，女性在这两个领域内的角色界定在此前毋庸置疑，但现在也变得不那么确定了。随着整个南方卷入战争，爱德蒙斯顿后来会发现，留给她所说的"私生活"的空间已所剩无几。私人生活和家庭生活将成为大后方的一部分，到 1865 年也将会成为全面战争中的一个战场。[6]

但是在 1861 年，很大程度上南方妇女仍然接受公与私、家与国、男与女之间的区分。不过，对于身边越来越激烈、越来越吸引人的政治冲突，她们却拒绝被排除在外。在脱离联邦的关键时期，妇女的政治注定是矛盾的政治。和男人们一样，妇女也常常在支持和反对脱离联邦之间纠结。南方白人，无论男女，很少有赞成脱离联邦而不对美国这场伟大的实验心怀遗憾的，也很少有拒绝南方独立而不深怀失落的。"这就好像是把我们最神圣的情感连根拔起，让我们感到如果还继续热爱联邦，就是对自己和国家的背叛。"佐治亚州的苏珊·康沃尔这样说。另一方面，在凯瑟琳·爱德蒙斯顿看来，南方邦联拥护者像对待"一位故友"一样"哀悼"美利坚合众国，也完全是可以接受的。[7]

不过，妇女在分裂危机中的政治矛盾心态，还有一个更深层的原因：对于女性与政治的关系本身，她们感到不确定。她们虽承认自己在公共领域没有地位，却仍然在公共领域内声明主张；但她们的行动迟疑不决，带着勉强和歉意；她们渴望做淑女，但当历史的画卷在她们面前展开时却又拒绝袖手旁观。战争尚未开始，南方妇女们已经开始作出努力，在这场民族危机中争取自己的地位和利益。

国家在召唤

阿拉巴马州一位女士形容内战是"意想不到的规模"。事实上，大多数南北双方的美国人都对内战的爆发感到意外，感觉猝不及防。许多南方人预计，合众国对南方的分裂不会大动干戈。来自南卡罗来纳州的前合众国参议员詹姆斯·切斯纳曾信誓旦旦地说，他将喝下所有在这场独立运动中流出的血。然而，各州一脱离联邦，南方的男人们就开始拿起武器进行操练，随时可能爆发的军事冲突使该地区的妇女们既警觉又害怕。弗吉尼亚州一位妇女在回顾战争初期的那些日子时说，战争最初看起来像"一场盛会和一场比赛"。而另外一些人则提到"对未来有不祥的预感"，对即将到来的一切"害怕得发抖"。脱离联邦也让朱莉娅·戴维逊忧心忡忡，但原因却与政治分歧完全无关。她在给丈夫约翰的信中说："我有时候思考这个问题，总会郁郁不乐，真不知道该怎么办才好。愿上帝保佑，不必流血就让一切问题得到解决"。凯西亚·布雷瓦德是一位年老的寡妇，独居在一个大种植园里，她不仅害怕军人们流血牺牲，也担心会出现她所说的"我们当中的敌人"——南方易受奴隶起义的破坏。[8]

恐惧也许使人显得怯懦。但当南方面临如此危险的形势时，恐惧却是完全合情合理的。南方的白人妇女肯定感受到了，她们也比男人更愿意承认恐惧。妇女们表达了对战争的担忧、对失去亲人的焦虑，这种恐惧感男人们不能表达，因为崇尚荣誉和勇气的男子汉传统不允许他们这么做。从一开始，这种现实就影响了女性的政治观点和爱国情感；也因此，合乎文化规范的女人私人情感和日常义务，平衡了男性对战争的浪漫主义情怀。南卡罗来纳州"脱离联邦法"通过后不久，一位女士从女性的角度，提出她化解这些矛盾的方法，明确地将个人置于政治之上，将对家庭的忠诚置于对国家的责任之上。"我不赞成这事儿。"她声明，"什么是爱国主义？我丈夫就是我的国家。如果他牺牲了，国家于我还有什么意义？"佐治亚州的凯特·罗兰承认，她的"爱国主义，如果和她的查理比起来，显得微不足道"。丈夫参军入伍时，她不指望他获得什么名声和荣誉，她只希望他找个职位离战场越远越好。她坦言，"我爱查理胜过爱我的国家，我不可能情愿眼睁睁地看着失去他"。[9]

在南方的男人们备战的时候，女人们的爱国热情日渐高涨，这与她们关注家人福祉之间的矛盾开始变得尖锐。女人们很好地预见到了男人在战争中的英勇表现，这让女人们对邦联更有热情。虽然她们不情愿失去挚爱的亲人，但是对军队的热血情怀以及对男子气概的荣誉、勇气和荣耀占了上风，因为她们开始相信，这些男人的根本价值，与他们甘愿在战场上流血牺牲是密不可分的。一个"男人如果不为自己的国家战斗，那么他就不配被称之为男人"，凯特·卡明总结道。谢南多厄河谷的一位女士把儿子送入军营时，在《温彻斯特弗吉尼亚人报》的专栏里发表了一份激情洋溢的公告："你的国家在召唤……我愿意把你奉献出来，捍卫国家的权力和荣誉；我现在把你，一位17岁的稚嫩少年，奉献出来——没有忧伤，而是感谢上帝让我有个儿子可以奉献。"佐治亚州的萨拉·劳顿认为战争能够把男人锻炼得更有男子气概，她认为男人们没有达到她的期望，因此很高兴战争给予了这样的机会。"我觉得有需要把他们从柔弱的习惯中唤醒，为此我欢迎战争。"玛丽·奥特不再跟那些不应征入伍的绅士朋友们说话，得克萨斯州一群年轻姑娘给邻居中所有不情愿参军的男人送去了撑裙和女帽。[10]

妇女们看着战争爆发。《萨姆特遭到轰炸时查尔斯顿的屋顶》
(1861 年 5 月 4 日发表于《哈珀周刊》)

但是，征兵也让许多妇女感到十分苦恼，因为她们担心丈夫和儿子有可能不是载誉而归，而是战死沙场。阿拉巴马州的寡妇萨拉·埃斯皮因为儿子决心入伍而忧心忡忡。她写道："我不想这样，但也只能屈服。"佐治亚州的莉齐·奥斯本的丈夫吉米只服役了几个星期，然后妻子就找到了替代者。她警告他说："如果你现在不回来，那么等你回来的那一天，也见不到你的女人了。"[11]

保家和卫国的矛盾诉求在部队开拔的仪式上显露无遗。各社区的人聚集在一起向军人道别，向他们赠送当地妇女亲手缝制的制服和旗帜。爱国演讲是免不了的，之后军人们就开赴前线。正如精锐的华盛顿炮兵团中一位年轻士兵所描述的那样，一群妇女"向他们扔着水果、鲜花、卡片和短笺"。仪式上，军人们穿着鲜艳的军装，人群中旗帜挥舞，人们发表着爱国主义的演讲，现场演奏着军乐——这一切都展现着战争的浪漫，也展现了人们对英雄气概和光荣凯旋的无限期望。[12]

然而，人群中兴高采烈的气氛，往往掩盖了情感的压抑。格特鲁德·托马斯就谈到了她与丈夫不得不告别时那种"说不出的痛苦"；埃米莉·哈利斯似乎有些愤愤不平，因为"我总是要把悲伤憋在心里。"一位妇女站在两位年轻军人面前，眼泪夺眶而出，他们的母亲立即呵斥她："你怎么可以这样，让他们看见你哭？不想让他们当男子汉了？"男人肯定只有得到女人的支持才能成为真正的男人。[13]

弗吉尼亚州兰开斯特市的妇女送給弗吉尼亚第九骑兵团 **D** 连的一面旗帜
（弗吉尼亚州里士满市邦联博物馆提供；凯瑟琳·韦策尔拍摄）

但是妇女们，尤其是年轻的女人，常常忍不住。16 岁的路易斯安娜·伯奇描述了寄宿学校的朋友们在佐治亚镇上送别一个兵团时的反应——几乎所有的女孩都在流泪。"艾姆·贝拉米几乎整个夜晚都在我的房间里哭，哭这场战争，哭今晚要离开的约翰·伯尔……表姐艾玛·沃德又在为爱德·格文哭，夹在两人中间，真够我受的……吉尼·高特伤心过度，人都撑不住了。她已经上床，她哭的是那个对她毫不在乎的布什·拉姆斯登。真荒唐！我现在还能听见苏西·克莱顿一直在下面她的房间里号啕。"[14]

一位17岁的新娘高声抗议战争中的英雄气概，而选择女人理想中的家庭亲情。"噢，丹啊！丹！"她哭着说，"我不要为你感到骄傲。我只要你平安！……我不要名声、荣耀！我要你！"与这位年轻新娘所代表的女性不同，凯瑟琳·爱德蒙斯顿要成熟些，她宣称有了新的政治身份和新的公共责任，立场已相当坚定。当她的丈夫帕特里克与战友们离开时，"女人们很多都在流泪、啜泣，有的甚至大声尖叫，但此时我却无泪可流。我怀着平静、沉稳、坚定不移的心情，目送他们离开。我心中充满崇高的爱国主义情感，无法与哀伤共鸣，不必用眼泪来宣泄。他走了，去履行一个男人最崇高、最神圣的职责！……我不会把他留在这里，不会让他有任何失职，也不会让他动摇一步。"[15]

凯瑟琳·爱德蒙斯顿的姿态，体现了刚刚兴起的战时女性意识的要求。邦联的妇女们不能把个人利益置于国家利益之上。在危急关头，国家必须置于丈夫和儿子之上。如果南方要免遭沦陷，妇女们就得爱国。为了大业，她们不得不承担了一些男人们的政治职责，还要抑制自己身为女性的某些情感和期望。莉拉·W在《南方月刊》上一篇题为《女性爱国者》的文章中这样写道，妇女应该培养"自力更生"的精神，学会"自我抑制"。不过，这位作者也谨慎地补充说："我们并不是说女人应该变得像男人一样。"[16]

到1861年夏天，南方的报章杂志已经在紧锣密鼓地塑造新的邦联妇女形象。军队对兵力的需求，使得女性必须作出合理的牺牲，并且压制自己保护丈夫和儿子的情感。一直以来，19世纪的家庭信条都要求女性把克己忘我、服务他人当成自己的核心使命。然而，出于战争的需要，必须改变甚至颠覆这种行为规范和自我认知的意识形态，甚至不惜违反常理。女性原本一直为丈夫、兄弟、儿子或其他家庭成员作出自我牺牲，此时却要为一个触不可及的抽象事业，牺牲这些她们生命中最重要的人。[17]

如此重新定义妇女们的牺牲，给南方人造成了逻辑和情感上的双重困难，因此他们试图通过广泛的公众讨论来化解这些矛盾。于是，性别话题明显成为广泛讨论的主题，歌曲、剧本、诗歌，甚至官方的总统公告，都希望各阶层妇女帮助征召军人、充实军队。其中，一个普遍的主题，就是鼓励女性只喜欢穿军装的男人。在一首多次翻唱的歌曲中——《我想改名字》，男性词作者用女人的口吻表达了寻找丈夫的标准：

> 但他必须是当兵的，
> 经过战争洗礼的老兵，
> 曾在邦联的星纹旗下，
> 为南方的权利战斗。

1861 年 8 月的《查尔斯顿每日信使报》登载了一封署名为"众多女士"的信，信中警告那些胆小鬼和逃避兵役的人，称"只有勇敢的人才配得上漂亮的姑娘"。甚至杰弗逊·戴维斯（美国军人、政治家。美国内战期间出任南方邦联即美利坚联盟国总统。——编者注）也谈到了女性选择结婚对象的问题。他说，老兵因为在战争中失去胳膊而空荡的衣袖，也胜过"待在家里肥胖男人壮硕的胳膊"。[18]

战争初期发表的一首歌曲集中体现了女性传统角色与战争新需要之间的冲突。从"富丽堂皇的大厅"到"农家的集市"，每一位妇女，无论贫富，心中都经历着一场"暴风雨般的斗争"。

> 爱情、真诚、勇敢，
> 美丽、力量，

15

与可怕而严酷的职责角力——
长期的角力与斗争[19]

与创作此类主题的歌曲的男性作者一样，撰写这些歌词的"士兵的妻子"相信，女人与士兵一样，一定会克服负面情绪，打一个"心的胜仗"，在"最值得骄傲的胜利"中把男人送上战场。离别的现场，行进的队伍激动人心，男人们雄赳赳气昂昂的身影消失在地平线上，而像凯瑟琳·爱德蒙斯顿这样的妇女们，也同样激昂地挥舞着手帕，为他们奔赴战场欢呼。"去为我们战斗吧，我们会为你们祈祷。我们的母亲也曾这样做过。"流行歌曲和诗歌谴责了曾令爱德蒙斯顿感到不安的行为，敦促妇女们忍住悲伤，以免动摇军心。《里士满纪事》上的一首诗称，"为她的勇士系好饰带，微笑着掩盖所有痛苦的年轻女子"、"将悲伤隐藏起来的母亲"，则履行了女性最崇高的义务。一家报纸宣告，妇女们被赋予了一项"荣耀的特权"，因为她们有机会把自己的男人奉献出来，为国家大业作贡献。然而，妇女们的疑虑也常见诸笔端。其中，最为坦诚的是报纸上的一首诗——《我亲吻了他，让他走了》。[20]

我知道，有些人会莫名地骄傲
将一切献给国家，
把身边的男孩愿意为国捐躯
看成荣耀，
但我坐在这里，心中没有骄傲
（愿上帝宽恕，但事实如此！）
我爱我的儿子，想到他眼泪就夺眶而出。
可我亲吻了他，让他走了。

　　最好的是认为这是正确的决定，不计个人利益，一心一意献身祖国的事业。其次是抑制住百结愁肠。即使无法认为这是正确的，至少也要把疑虑藏在心里、采取得体的行动。凯瑟琳·爱德蒙斯顿和格特鲁德·托马斯都知道该怎么做才符合人们的期望，这位路易斯安那州的妇女也是知道的，她在日记中吐露说："我是多么不愿意让他去呀！但我想，在这场战争中，我也不得不做一名殉难者了。"[21]

妇女们帮助男人整装待发。水彩画《装备》（1861 年），画家威廉·卢德威尔·谢泼德。

谢泼德在战争期间画了素描，直到 20 世纪初才完成水彩画

（此图由弗吉尼亚州里士满市邦联博物馆提供）

某件适合女性的事

　　战争爆发仅数月，女性的行为和身份便成为公众讨论的问题和私下关注的焦点。在很大程度上，对女性行为和身份的讨论的根源是，这个国家、这种文化正努力让妇女参军保卫家园；并且在接下来的四年里，随着战事的不断升级，这种需要也变得更加紧迫。但是，在战时的新世界里，妇女对女性角色和机会进行思考，也有其强烈的个人动机。[22]

　　从一开始，战争就似乎专属于男人。就像朱莉娅·勒格兰德说的那样，男人们"拥有特权"，"在外面轰轰烈烈地建功立业，创立一个国家"。妇女们则留在家里，似乎没什么用，与当下惊心动魄的事件不太相干。勒格兰德抱怨说："我就像是一座被压抑的火山，我渴望有释放能量的一隅。我讨厌过普通的生活——天天都是串门、打扮、闲聊。现在有更好的事可做了，每天都在发生真正的悲剧、真正的传奇，每天都在创造历史。过现在的生活，除了痛苦，还是痛苦。"一位年轻姑娘绝望地向朋友倾诉，说在这场"伟大的战争中"，自己是个"无足轻重的人"，一个零，"一想到这里，我就感到十分难受"。她哀叹道："要是我能为正在经受磨难的不幸的国家出一丁点儿力，那该多好啊。"[23]感到自己无用的痛苦情绪，播下了女性在战争期间谋求改变的种子。这种改变源于妇女们对自我以及自身性别的厌恶情绪。萨拉·摩根嘲讽地质问："在战争时期，我们这些毫无价值的女性有什么用？"[24]

　　很多女性将这种鄙夷转变为成男人的幻想，试图逃离和平时代完全可以接受的性别身份。因为不能去打仗，萨拉·摩根"有生以来第一次"后悔做女人。田纳西州有一位年轻女子名叫爱丽丝·雷迪，她在日记中写道："我以前从未希望过自己是男人，而现在却如此强烈地感受到了我的软弱无助。我不能说什么、做什么——因为那对年轻女子的身份来说是不合适的——我多么愿意去战斗，甚至为我的国家献出生命……若有这样的特权，那真是无上的荣幸，可是我没有，只因我是女人。"雷迪很惊讶地发现："我现在特别容易生气，使用特别多尖刻的词语。"她担心，这样的语言会让胜利归来的老兵觉得自己是个不自然的女人。雷迪原以为女性只意味着与男性不同。但是现在，女性突然意味着排斥和剥夺，这激起了她的愤怒，也激起了其他南方女性的愤怒。[25]

事实上，愤怒已经成为南方女性在战争时期的主要情绪。很多时候，妇女们把愤怒看成爱国主义热情的副产品，于是自觉地把怒气转向北方的侵略者和压迫者。然而，女性在战时真实的、难以名状的愤怒究竟源自何方？答案是复杂多元的。雷迪在战争初期感到愤怒，是因为战争大大提升了男人的地位和作用，相比之下女性则必然显得劣势，这使她感到沮丧和厌恶。其他一些南方女性将新产生的愤怒感、无用感对准了自己，觉得自己是没有用处的女人。萨拉·摩根在谈到自己为什么害怕战争的结果时，就流露出这样一种痛苦的自我厌憎情绪。"男人们……是有价值的。"她写道："他们在风华正茂的时刻为国捐躯；而我们这些没用的女人，对我们自己或别人来说都无足轻重的女人，却将活下去，就像是没用的废物。"[26]

无所事事以及由此产生的无足轻重的感觉，使妇女们倍感痛苦，可是很少有人知道该怎么办。弗吉尼亚州的卡罗琳·戴维斯说："我常常不知道怎样才能使自己有用。""唉！就这样眼睁睁地看着周围发生的一切。"凯特·斯通言语之中带着渴望："我讨厌过着这种无所作为、令人厌烦的日子。可是我们女人除了等待和忍受之外又能做什么呢？"斯通清楚地明白，在她的兄弟们离开家乡奔赴前线之后，"我们这些留下来的人，日子可能并没有上前线的人好过"。行动不仅关乎自尊，还逐渐成为一种消除焦虑的手段。凯瑟琳·爱德蒙斯顿认为："直愣愣地盯着可怕的现实，除此之外无事可做，这样会更悲伤，不如根据需要采取行动，去努力、去做些思考。"一位路易斯安那州的母亲用的是另一种语言，但表达了相同的情感："Les occupations sont…un grand remede。"[27]

在 1861 年的头几个月，艾达·巴科开始用一种女性打发精力的传统方式来排遣心中的无用感。"又一天过去了，可我做了什么呢？……我太没用了……我什么也做不了，只有去祈祷了。"巴科开始认为，她对宗教的虔诚不是目标，而是自己发挥更大作用的一种手段。她二十几岁就开始守寡，后来又失去了唯一的孩子，1861 年，她发现自己的生活没有明确的目标。然而，她思考着国家危机，相信自己具有应对这场危机的独特优势。她想，失去亲人已使她适应了情感的痛苦和匮乏，尽管她承认自己并没有经历过物质上的困难。她把战争与动荡视为天赐良机。"现在我终于可以把自己奉献给国家了，一想到这，我就精神百倍。这些年来，我一直在祈祷能做点什么，也许现在我的祈祷灵验了。"她下定决心。[28]

"能做点什么"，"释放能量的一隅"，"活得有点意义"，"置身于这激烈与动荡的中心"——这些都体现出女性渴望在危机中发挥作用的心理。1861 年 5 月，一位女性从路易斯安那州的弗农给《新奥尔良皮卡尤恩日报》写了一封信，在公共论坛里表达了南方妇女们在日记里吐露的情绪。作者很小心地采用了匿名方式，免得引起公众关注，否则对于女性来说是不合适的。她在信中写道："大家共同的呼喊是'我们该做什么？'""我们只是希望，有某件适合女性的事，以表达我们的爱国情感，以提供真正的、实在的援助……以便我们可以工作、可以行动。"她同时向读者保证，"但不会脱离我们的女性领域。"她恳求道："能否请哪位'富于创造的天才'为战时的南方妇女定义一个角色?"[29]

这位"南方的女儿"提出的疑问，不需要某个天才来解答。成千上万的南方人，包括男人和女人，都将用语言和行动作出回应。和这位写信人一样，各报纸和期刊都担心"女性领域"的界限会受到冲击，因而强调女性惯常的道德和精神角色在战时的重要性。《南方战场与家庭》的编辑们问道："你能想象吗，如果没有女性的影响力，邦联军队的道德水平6个月后会是什么状况?"《奥古斯塔立宪主义者周报》在1861年7月也表示，"女性肩负的任务确实很伟大……"该报纸明确指出，也带着一点辩护的意味："不是制定法律，不是带兵打仗，不是统治帝国；而是生养制定法律的人和带兵打仗的人……把强硬变成仁慈，把荣誉变成文雅。"约翰·迈诺尔1861年4月写给表妹玛丽·布莱克福德的信，也印证了这些公众的说法。他说："你们女人的柔弱和恐惧，在这样的时代将极大地影响我们。你们女人……如此慷慨无私和宽宏大量，真的能够激励一种品德高尚、敢于牺牲的爱国精神，在社会中传播美德的芳香。"[30]

这些鼓励的话也许在一定程度上减轻了妇女们遭受排斥、无足轻重的感觉，可是并未满足妇女们对一席用武之地的需要。奉承话并不能提供妇女们想做的事情。处于社会底层的白人妇女，在丈夫离开之后，既要操持家务又要干农活，因而体力劳动的担子显著增加。与这些妇女不同，富足的蓄奴家庭的妇女不必为生计奔忙，她们家境殷实，加之奴隶承担了大部分体力劳动，因此没有什么紧迫的事情要做。传播约翰·迈诺尔所谓的"美德的芳香"，并不能填补日子的寂寞空虚和缓解夜晚的焦虑不安。然而，正如弗吉尼亚州的萨拉·普莱尔在她后来的《和平与战争回忆录》中所说，"在战争中无所事事是一种折磨。"回忆起当时的瞎忙，她觉得有些荒唐可笑——绣剃刀盒或装饰士兵的针线包——不过她同时肯定这些工作有更大的意义："没有什么事是可笑的，只要能够帮助焦虑的女性承受悲苦的命运——让她们觉得自己在做有用的事。"在1861年的春天和夏天，许多能说会道的南部中上层阶级妇女开始积极寻求机会，参与到愈演愈烈的战争之中，并用各种积极的方式表达对邦联事业的支持。妇女们开始联合起来，共同定义她们所急切寻求的女人的生活目标。绝大部分时候，她们小心翼翼听从告诫，行为举止都循规蹈矩。但是，在开展行动的过程中，她们也重新定义了自己。[31]

扮演一个角色

对大多数南方妇女来说，联合起来本身就标志着一个新的起点。在内战前，南方的女性协会和组织没有像北方各州那样蓬勃发展。在很大程度上，这一差异有地理和人口方面的原因——相对北方来说，南方人口分散，城市化程度较低；由于出行不便，南方女性彼此较少碰面，也很少有机会聚集在一起。事实上，内战前就存在的南方女性社团通常位于城市之中。这样，这些社团组织为战时的活动奠定了坚实的基础。[32]

然而，战前南方女性组织的相对缺乏不能简单地归因于南方突出的乡村特点。这些地区差异的形成原因也包括社会因素。蓄奴的南方妇女把自己看成是一个等级家庭的一部分：在一个支配与依赖的关系网中，与她们紧紧联系在一起的，主要是丈夫、孩子以及奴隶，而不是其他白人妇女。随着南方家庭在战争中遭到破坏，妇女们的关系网被打破，先前建立起来的女性身份感也改变了。在南方，响应战争需要且首次出现的成千上万的女性组织，成为女性自我意识形成的重要基地。在这些组织里，妇女们结成团体，以从未尝试过的方式探寻着性别的意义。南部邦联的妇女协会的成立初衷是成为保守力量，代表和维护女性角色的传统界定，按照查尔斯顿士兵救济协会的表述就是——"以一种特别适合女性的方式致力于伟大的事业"。但事实上，这些组织的存在本身就已经把女人定义为女人，具有女人的力量，并且独立于男人。[33]

妇女志愿组织开展了各种各样的活动，而且还根据邦联需要的变化随时调整。在南方各地涌现出一千多个妇女团体。例如，截止到 1861 年年底，阿拉巴马州州长办公室总共向该州内 91 个妇女援助团体分发原材料，各团体再用这些材料缝制帐篷、弹药筒和军服。事实上，缝纫是妇女们在脱离联邦之后最先开展的活动之一。露西·沃德在 1861 年 5 月写给韦迪·巴特勒的信中说她几乎"累垮了"，因为在过去三个星期里她一直高强度地从事缝纫工作。夏洛茨维尔的妇女们每天早晨带着布和缝纫机在市政厅集合，然后从早到晚紧张地工作，除了中途偶尔停下来集体祷告。虽然疲惫不堪，但露西因为自己也为邦联事业作出了贡献而感到自豪。她写道："我们手中的针就是我们的武器，我们和其他人一样都起了作用。……是的，没错，我们女人有伟大的工作要做，我们将义不容辞。"在做了几个月的"外国人"之后，露西很高兴与韦迪在"共同的事业"中重逢。不过即便在自夸的时候，露西也小心翼翼地控制着自己的自豪感，认为自己的成就与男人们无法相比。"我们没什么荣耀和声誉可去获取。"她明确地说。女人的任务就是充当男人的支持者和助手。[34]

每当某一部队要准备出发，这些军人的妻子和母亲通常就会承担起缝纫工作。凯瑟琳·爱德蒙斯顿的丈夫是召集附近男人们去服役的上尉，她自己则承担起作为社会名流的义务——组织妇女准备帐篷和军服。她在 1861 年 5 月写道："全国成千上万从未干过活的妇女，都在努力工作，干起了粗糙的缝纫活。"爱德蒙斯顿把缝制帐篷这个繁重的任务分配给她的 7 个女奴隶，让她们在走廊里工作；

而她本人则与当地的白人妇女一起，在附近的一家种植园里缝制军服。爱德蒙斯顿说："以前从未见过各个阶层如此团结一致。"[35]

许多类似的集会很快发展成为正式组织，有章程、会费，还有女性官员。但是爱德蒙斯顿描述的那种各个阶层的团结一致并不总是存在，因为这些团体仍然只属于社会精英的活动范围和社交方式。佐治亚州的玛丽·安·科布动员她的邻居们支援军队时，就吃过很多闭门羹，尤其是条件较差的阿森斯市的居民。一位妇女直言不讳地告诉她"整个南部邦联不值得人们为之流一滴血"。后来，科布认为阿森斯群体里意见不统一、效率低下，所以辞职了。[36]

到了仲夏，许多组织从缝纫转向编织，织过冬的袜子是重中之重。凯特·斯通以前从未织过衣物，所以先从学织双线被子开始，但她有信心很快就会"进阶到织袜子和手套"。妇女们也开始募捐，因为不仅仅要缝制旗帜和军服，还要提供各种各样的军人必需品——《圣经》、包扎用的软麻布、剪刀、内衣。到1862年年初，南卡罗来纳州的格林维尔市女士援助协会就提供了20箱和3大捆军需物资。在佐治亚州的弗洛伊德县，经过8月份挨家挨户的动员，300人答应入会，每人缴纳了1美元会费，到年底之前向前线运送了5车皮的物资。[37]

许多前线需要的物资不能制作，只能购买；即使是缝纫和编织，也需要购买织物和纱线。于是，妇女团体开始以各种方式筹钱，包括举办音乐会、义卖、戏剧表演。莉齐·奥斯本怀疑这些形式主要是为妇女们提供社交机会，她认为市民为了伟大的事业应该直接捐赠。她把自己捐赠的东西——一条煮熟的牛舌和一些自制的葡萄酒——拿到佐治亚的妇女社团上卖了之后，写信给她的丈夫："我不喜欢这类活动，我认为如果人们真想捐献的话，不会那么拐弯抹角，要用这么多方法去吸引他们，他们应该痛痛快快地倾囊相助，直到战斗的最后一天。"但她的观点，几乎不被认同，义卖义演活动在南方各地蓬勃开展。1861 年 9 月 23 日，斯巴达堡市女士救济协会举办了一场"业余爱好者音乐会"，演奏了 21 首曲子。在查尔斯顿，人们整个下午都在表演音乐和诗歌朗诵，一位来自本地的女士创作的名为《军营里的士兵之梦》的诗歌将活动推向了高潮。《水星报》向读者保证，诗歌的主题"在这个时刻会让所有人感兴趣。"在错把这首诗的作者报道成一位男性之后，该报纸为此道了歉，并且完整地登载了这首诗的十一节。从诗歌的最后几行，我们可以感受到救济社团是如何在筹集资金的同时，还为人们提供了抒发爱国热情和促进民族团结的机会。

愿上帝保佑他，保佑军人，
愿上帝赐予他勇气去战斗，
愿他学会新的超凡本领，
为了正义而英勇杀敌；
当他在间歇的睡眠中进入梦乡时，
让他感觉到，
我们在祈祷——祈祷上帝守护他，
让他安稳地睡在地上的毯子里。

在这个下午的娱乐活动中，查尔斯顿的妇女们将她们惯有的精神影响与物质目标结合起来，为军人谋取福利。这样的活动也为一位女性作者提供了一个发表自己心声的难得机会。[38]

但是，整个南方最受欢迎的义演活动，并不是音乐会或朗诵会，而是"活人画"，也就是将熟悉的主题搬上舞台，由穿着戏服的妇女随着间奏音乐扮演静态画面。活人画"非常流行"，其灵感取材于时事，也取材于文学和历史。艾达·巴科尤其喜欢《罗密欧与朱丽叶》中关于死亡的那一场景和她所在的妇女协会表演的《土耳其奴隶市场》。玛丽·莱格在给朋友的信中，谈到了与当下局势更为相关的一次演出。"有一个活人画，我想你肯定会喜欢的，名叫《南部邦联》。每一个州以一个身着白色、围着该州标志性颜色围巾的女孩为代表，所有的州则被一个花环连接起来。代表肯塔基州的女孩抱臂而立，脸避开南部邦联，注视着联邦旗帜的方向；可怜的马里兰州女孩，身穿黑色，跪在地上，仿佛是铐着铁链在哀求。"玛丽在开始时不愿上场，但是朋友们坚持说为了崇高的事业，参加表演不会不得体，最终说服了她。"她们找不到足够的女孩来表演我说的这个活人画，所以我就答应去演佛罗里达州女孩。克莱米代表的是得克萨斯州。"弗吉尼亚州的玛丽亚·哈勃德对她在戏剧表演方面的新成就，与其说感到不安，不如说是洋洋得意。她在 1861 年 12 月 16 日写道，"今天，我将永远铭记，它是我生命中最不同寻常的一天，因为今天我第一次在公众场合露面……生平第一次登台演出"。家住南卡罗来纳州哥伦比亚城的克拉拉·麦克琳对于第一次登台演出给她带来的自豪感到吃惊，她在日记里吐露："我感觉自己很重要。"在战区，南部邦联的妇女们的确找到了自己的角色。[39]

参加戏剧和活人画义演，是女性摆脱传统地位的一个重要标志。对于女性要举止优雅得体的要求，使得她们不能在公共场合讲话，不能实名发表作品，甚至不能允许媒体提到自己的名字。在舞台上亮相——虽然活人画的表演者既不动也不说话——是对这些要求的重大挑战。在玛丽·莱格忐忑不安地答应扮演佛罗里达州女孩时，她就跨越了自我认知的性别界线；当克拉拉·麦克琳心甘情愿地参加戏剧义演时，她也注意到，通过参加这些不同寻常的活动，认识到了一个新的自我。

这种新奇的活人画表演引起了广泛的关注。邦联摆脱这一两难处境的努力并不限于莱格和麦克琳等女性的个人日记和书信。《查尔斯顿水星报》一位愤愤不平的读者对该报最近在派恩维尔市的活人画报道中使用妇女的名字提出异议，他认为这些女演员应该是无声、不动、匿名的。在佐治亚州的米利奇维尔市，一位署名为"希望"的士兵给《南方联盟报》写信，质问该报的读者："年轻的女性在舞台上抛头露面，这样做对吗？"他认为，如果说这样做是为了正义的事业，这个借口未免有点牵强附会，因为在公众场合抛头露面将破坏"我们女性真实的谦逊和娇柔的情感"。在当天的社论里和第二期的大批读者来信中，米利奇维尔市的市民就此展开了一场辩论。另一名士兵指出，这表面上看起来似乎违背了风俗习惯，而实际上并没有，因为很早以前女性就开始登台参加学校期末的辩论和考试了。一篇社论指出，问题不在于女性，而在于那些起哄嘲笑的男人们。该编辑问道，署名"希望"的读者怎么看待不在舞台上的抛头露面呢——比如，在店堂义演或在集市摆摊义卖？一位匿名读者认为："如果一位年轻女性所做的事是整个社区的人都赞成的，那么这就不会是不合礼仪的。"这位读者的观点得到大多数读者的赞同，他们认为署名"希望"的读者跟不上时代，并且告诉他，"要想人们接受他的观念，必须先进行一场社会革命"。[40]

1861年12月，艾玛·克拉彻在密西西比州的维克斯堡观看了一场活人画表演之后，提出其他一些反对意见。她发现这种表演"对聪明的观众来说，是非常糟糕的夜晚娱乐……业余演员在台上只会展现出他们的低劣水平。"也许作为一名非参演人员，她没有莱格和哈勃德的热情——也不明白她们的鉴赏力为什么随之下降。[41]不管其艺术价值如何，活人画确实成功地吸引了大批观众。哈勃德的两场表演净赚1700美元。丽丝·米切尔说，在塔斯卡卢萨"数百人被拦在门口未能进来观看"。阿拉巴马州诺塔萨尔加的妇女给州长寄去了68美元，作为一晚戏剧演出的收入。在尤托，有一个团体请求将她们的82美元用来帮助那些生活拮据的军人家属。北卡罗来纳州谢尔比市的姑娘们表演一个晚上的活人画就筹集到200美元，而她们把这笔钱寄给了万斯州长，用以"帮助在医院疗伤或在前线奋战的将士们。"[42]

妇女们对于如何使用她们的捐献通常都会明确提出自己的意愿。至少有一个例子可以证明，她们选择的慈善目标代表了一种真正的政治和军事介入。1862 年年初，沿海城市的妇女已开始担心，邦联海军力量的薄弱可能会导致南方港口无法经受来自北方的攻击。在弗吉尼亚州，随着越来越多的男人被征召服役，"保卫家园"这个问题也引起后方妇女更多的关注。3 月初，在汉普顿锚地海战中，莫尼特号与梅里麦克号（即弗吉尼亚号）的戏剧性遭遇，使人们认识到了铁甲舰这一技术奇迹。查尔斯顿、莫比尔、诺福克、萨凡纳以及几个密西西比河内陆港口的妇女团体，意识到这可能是海岸防卫危机的解决之道。于是她们组织起来、筹集资金，以购买舰船保卫城市。《查尔斯顿水星报》描述道，炮艇社团、炮艇音乐会、炮艇抽奖以及炮艇集市，"风靡一时"。在这件事情上，由于防务开支都需要听从妇女团体的指示，所以妇女的善行成为了一种公共政策。而妇女们几乎是破天荒第一次委婉地表达了对邦联未能充分保障她们安宁的不满。为此，妇女们展开联合行动，不仅是为了儿子、丈夫、兄弟的利益，也是为了她们自身的利益。"我很高兴。"拉芙夫人在《水星报》上满意地写道："除了依靠我们勇敢的战士和薄弱的军事力量以外，我们的人民，尤其是女性，终于觉醒了，以实际行动保卫我们的海岸线。我相信，要想挽回由于我们胜券在握的过分乐观而所失去的一切，现在还为时不晚。"[43]

到秋天，佐治亚号已经下水。花费 3 万多美元捐款建造的铁甲船蒲葵州号，已经准备举行命名仪式。当天的演讲者理查德·叶顿上校，穿着全套军礼服，向南卡罗来纳州的"妇女和姑娘们"致敬。《水星报》报道说，"他提到了政府在海防建设方面的不作为，也向大家讲述了一位爱国女士的建议和以身作则如何在南卡罗来纳州的女性中激发出建造这些船只的计划……女士们的这种英勇行为将政府部门、州以及邦联从麻木中唤醒。"慈善，在这个过程中已经转变为政治和政策。妇女们为自己的行为辩护时，至少在一些言辞中，展现了对邦联海防不足的委婉批评。查尔斯顿市民认为，如果采取更及时的行动，也许罗亚尔港就不会落入北方人手中，卡罗来纳的海岸线也许就"不会遭受侵略"。[44]

对于 1862 年年初格兰特在亨利要塞和道纳尔森要塞的胜利，密西西比州哥伦布市的妇女们也作着类似的推测。她们琢磨着，"如果去年夏天就建造一些铁甲舰来守卫坎伯兰和田纳西水域，也许无限的痛苦就可以避免。"不过，在装备一艘舰船巡逻密西西比河的时候，这些妇女们还是很小心地向邦联的同胞们保证，她们不会擅自"干涉受命监督国防工程的政府部门主管或者国会的合法行为"。[45]

在国家陷入紧急状态的最初几个月里，南部邦联的妇女们也勇敢地应对了一场她们自己的危机。她们致力于为新的国家提供"真正的、实在的援助"，决心在当前的国家大事中发挥自己的作用。她们也希望在"不脱离女性角色"的同时，作出自己的贡献。恪守传统，毫无疑问受人欢迎、令人安心——无论对这些女性自己还是对她们的男人来说，都是如此。然而，妇女们却立即发现自己的行为——联合起来组织新的妇女社团，在公众场合表演，甚至左右政府的国防政策——并不符合传统。因此，战争开启了一个探索和协调的过程。"我们该怎么办？"妇女们问男人们，问其他人，也问自己。南方的士兵们在用实际行动证明自己是真正的男子汉，而此时妇女们也承担起了定义战时女性角色的任务。相比之下，后者远不如前者清晰明确。

第二章

女性的世界：
已经改变的家庭与正在改变的生活

男人们离开了家园

1862 年 4 月，南方邦联通过了美国历史上第一部征兵法，规定 18 到 35 岁之间的白人男性均在征兵范围内。到 1865 年，法案修订，将年龄范围扩大到 17 至 50 岁。尽管在战争期间也制定了各种免除兵役的法案，邦联的征兵还是达到了罕见的动员程度。由于奴隶制的存在，南方几乎所有非军事劳动都可以分配给黑人，大量白人就可以服兵役。结果，四分之三的适龄白人男性最终都到邦联军队中服役。

随着大批男性奔赴战场，邦联境内变成了白人女性和奴隶的世界。路易莎·沃尔顿对朋友伊莎贝拉·沃德拉夫说，1862 年南卡罗来纳州的切斯特地区"都快没男人了"；马格丽特·扎肯·普雷斯顿写道，在 1862 年年终，弗吉尼亚州列克星敦地区已经"没有男人剩下了"，她描述道，她的世界是"女性的世界，加上为数不多的男孩子和老人们"。内蒂·福德伦记录了同年 12 月份一个朋友的婚礼，她解释说婚礼上不会有引宾员了，"因为年轻的男性不够……没人做这件事"。然而，内战带来的变化不仅体现在婚礼晚会上的人员构成。温彻斯特镇全是妇女，被南北方轮流控制，1862 年 6 月双方又都彻底放弃了这个镇。玛丽·格林豪·李看着这一切，在日记中揶揄道："我提议我们宣布自己为一个独立的新王国，然后选举一个女王来统治我们。"[1]

在多个州，大批男性离开家园，民众焦虑地向州长详细报告征兵给所在社区造成的严重影响。例如，北卡罗来纳州新伯尔尼附近的妇女们告诉泽布伦·万斯州长，他们的小镇上 250 个白人中只有 20 个男人，其中 11 个是老人，还有 3 个可能不久也会去服兵役，所以这些女人们认为，有劳动能力的男人不到总人口的 5%。在阿拉巴马州，市民们报告的男性数量锐减的情况也差不多：兰道夫县 3000 位选民中有 2016 位在服役，谢尔比县 1800 位选民中有 1600 位是军人。阿拉巴马州伽劳顿地区的一位居民向约翰·肖特州长写信说，1862 年春天的征兵令"几乎把县里的男人都征走了"。[2]

这些忧心忡忡的市民意识到，这种大范围的征兵动员影响巨大，可能是内战时期南方白人生活的最重要的因素。从个人和情感角度来说，亲人别离的场景在整个南方一遍遍重复，带来了孤独感和焦虑感。"每个家庭里都有一把空椅子。"莉齐·哈丁写道。但是，大范围的离别，也产生了更广泛的政治和经济影响。[3]

南方是绝对的农业社会。单个的家庭，构成了学者们所谓的"生产和生育"基本单位；家庭不仅是文明的社会与文化活动场所，也是最重要的经济单位。无论是自给自足的小型蓄奴家庭，还是生产棉花、大米、糖和烟草等主要经济作物的大型蓄奴家庭，农场或种植园都是旧南方最核心的经济结构，是生产活动的中枢。但是，农场和种植园同时也是社会和政治组织的主要场所。种植园体现了南方父权制度的金字塔式结构，是种族控制最重要的工具，同时也固化了对白人女性的控制，因为农场主是一家之主，支配着"家里的白人和黑人"。这种社会秩序下，男人、女人、男孩、女孩、奴隶和自由人学会了扮演与各自年龄、性别和种族相适应的角色。没有蓄奴的白人家庭内部也表现出类似的男人主导结构。因此，男性特权和男性责任成为了南方家庭和社会的组织原则；白人男性站在家庭权利金字塔的顶端，这也是南方社会秩序的一个缩影。正如战前南方最有力的辩护者约翰·C. 卡尔霍恩所说："南方各州是个聚合体……由各个社群组成，而非个人。每个种植园都是一个小社群，其主人就是各自的首领……这些小社群加起来，就成了国家……因此才有家庭的和谐、联邦的统一和南方的稳定。"[4]

　　整个地区的白人男性离开家庭，对南方的社会和经济是致命一击。在没有蓄奴的家庭，顶梁柱一离开，生活立即陷入困境，很多白人妇女必须去田地从事此前从未做过的重体力活。1862 年 4 月，邦联国会通过了第一个征兵法，当时正值春播时期，劳力需求达到高峰，很多一般家庭立刻感受到了巨大的冲击。阿拉巴马州一个"贫穷的县"的人，给约翰·吉尔·肖特州长写道，几天之内，就看到了几百位"女劳力"第一次在田间"扶犁耕作"。[5]

　　不过，对于家境殷实，尤其是蓄奴家庭的妇女来说，大规模征兵的影响来得没那么快，也没那么直接。中上阶层的家庭除了可以扶犁耕作的奴隶之外，还拥有资本和投资，并不直接依附于春种秋收的季节轮回。和土地不同，奴隶资产是可以移动的，因此很多奴隶主将其奴隶大军转移到受内战影响较小的地区，重新安置或外租获利。得克萨斯州因远离战争而成为最佳地点。一位邦联将军估计，内战期间约 15 万奴隶被运送到了得克萨斯州。但是，无论他们采用什么策略来保存财产，到战争的最后几个月，多数家庭的财富都已丧失殆尽。即使是南方上层社会中最有特权的女性，在家园和资产被毁掉之后，生活也陷入了拮据。不过，这种转变是缓慢的，是身份改变的渐进过程，这往往开始于家庭结构本身的转变。[6]

邦联时期南卡罗来纳州的女性

（弗吉尼亚州里士满市邦联博物馆提供）

上流社会的女性手头宽裕，家族亲友关系网发达、消息灵通、出行便利，所以比生活拮据的女性更有机会尝试新的家庭方式。南方上流社会女性在努力适应丈夫离开的日子里，身处于种种新的家庭形式和生活方式之中。很多妇女搬了家——常常是搬到遥远的地方，和父母或娘家人住一起，甚至也有和朋友或熟人一起生活的。有些妇女收拾行囊，也许还带着孩子，跟随军官丈夫，从一个营地搬到另一个营地：她们在营地附近的小镇上找地方住，有时候还在野外搭帐篷。还有些妇女进城找住处、找工作。她们不知道未来会如何，离家时在马车上装满了贵重物品，却不知道目的地在哪儿，只相信孩子以及包括奴隶在内的财产到哪儿都比待在原地安全。战争期间，这些家庭可能要搬三四次家，甚至六七次——她们和邦联军队一样，在北方联邦军队到来之前、在日常生活必需品日趋减少的情况下，撤退到战线后方。其他妇女决定冒险待在原地，适当调整现有安排，而不是通过搬迁寻求解决办法。很多妇女雇用监工或请求男性邻居帮助她们，她们管理和维持这种以女性为首的新型农场；有些请来自己的侄女、姐妹或女性表亲等一起持家，打发寂寞，整合资源。妇女们把丈夫和儿子送到了前线，却往往让女儿走上相反的道路——送到寄宿学校或其他远离军事冲突、更加安全的偏远地方的亲戚那里。无论搬不搬家，无论把孩子留在家里还是送到学校或是亲戚家，大多数邦联妇女都面临着巨大的家庭环境改变。

如果邦联真的按《宪法》要求进行人口普查，结果将令人震惊。因为统计中描述的那种家庭类型，与人们期待中旧南方的父权结构家庭大相径庭。开战后几个月，随时进行的人口普查会反映出新的女性世界的特征：南方各个阶层中，出现大量由白人女性管理的家庭。在蓄奴家庭中，这样的普查将会显示出极其多元化的家庭形式，会出现临时的"家庭"。与传统不同，女性在这种新环境中不得不重新定义自我——承担养家糊口的新责任，经历情感依赖方式的变化，与南方蓄奴这一"家庭机制"之间的关系也会发生戏剧性的变化。但是，这种人口普查从来没有真正地进行过，永远没有准确的数据表明内战期间南方家庭结构究竟发生了哪些具体变化。多少白人女性独自生活在大种植园，多少人搬到了城区，多少人和亲戚住在一起，我们都无法弄清楚。当然，战争期间，人们对战事突变的各种反应，也不断改变着这些家庭方式的安排。但是，当然可以对家庭方式的普遍改变进行描述，以说明新女性世界的人们所面对的选择与困境：家庭的改变，需要建立新的家庭权力和责任结构。几乎每个写日记或与亲友通信的女性都不得不谈到这些问题，即使她们自己不用决定搬到哪儿、和谁居住，她们的邻居和亲戚也会面临这些困难。对于南方邦联来说，适应新的家庭方式是个重大问题，这些新的家庭环境也给邦联女性的生活带来了其他改变。从战争早期开始，南方父权社会秩序的根基就受到了损害，因为作为其组织核心的男性离开了。

我该怎么做才好

很多妇女在丈夫参军后不知道去哪儿生活，不知道该如何生活。拉蒂西亚·拉芳·阿什摩尔·纽特的丈夫在路易斯安那州组建了一个义勇连并任首领。她不接受分离，带着 3 个女儿跟随丈夫深入南方，在部队驻扎地附近寻找安身之地。到 1864 年，她已经筋疲力尽，后悔没有"让孩子留在我母亲身边，以便把所有的时间和精力都用来照顾伤病者。"[7]

萨拉·简·艾斯蒂斯确实离开了孩子们随军，但这并非出于她的本意，而是丈夫的想法。她说，丈夫在 1862 年夏天"命令我到密西西比"。"明白了丈夫的想法，我决定抛开一切，跟随他……离开丈夫还是离开孩子，我必须选择一个，我觉得孩子们离开我会好一些，但他离不开我。"她尽量不去想没有孩子自己会怎么样，但心里其实悲痛欲绝，害怕刚刚 1 岁的孩子会把她忘得干干净净，再回家时就不认识她了。"离家后，我从来没有考虑过自己的幸福，"她有些自豪也有些愤懑地写道，"因为没有选择"。她所理解的女性义务，一直决定着她的道路。"为人妻母，我希望不考虑自己的舒适，而是为上帝给我安排的人活着，为他们而付出努力，让他们幸福就是对我的奖赏。"这时候她对孩子和丈夫的责任发生冲突，无论哪个角色失败，她都无法接受。尽管她面临着选择的巨大痛苦，丈夫却并不同情她。"责备我悲观绝望，说我表现糟糕，让我向上帝祈求安慰。我知道这些，可我心情太低落了，没法去想。但是我已经祈求上帝给我力量，现在感觉更有力量去面对考验了，但这也许是错觉。我仍会祈祷，以便我能说，'主的旨意得到执行'。"孩子与丈夫之间作出选择几乎让人无法承受，于是萨拉·艾斯蒂斯求上帝给予决心与抚慰。她跟随丈夫在密西西比州和田纳西州跋涉了几个月，觉得这种流浪生活看不到尽头。她已经无法忍受孩子不在身边的痛苦，她以后要假装孩子们已经死去。"我会努力把孩子交付给主，好像主已经带他们回家了一样；我再也见不到孩子了，我要努力祈祷，让自己接受这一点。"萨拉·艾斯蒂斯觉得，战争中她没有失去和丈夫相处的机会，却失去了和年幼的孩子相处的机会。[8]

大多女性与拉蒂西亚和萨拉·艾斯蒂斯不同——没有跟随丈夫去前线而是留在家里坚守，或者去适应战争给他们命运带来的变化。一位南卡罗来纳州的妇女在 1862 年 5 月丈夫参军后不久，给她姐姐写信说："我一直在努力想，我该怎么做最好。"她母亲催她回娘家，但她不愿意离开，不想把这个地方全丢给奴隶而无人直接监管。不过，她也不想一直一个人待着。她恳求道，也许姐姐能和她住一起，至少可以待几个月。佐治亚州的莱拉·乔恩很高兴，1861 年秋天丈夫威利从军后，她的姐妹们轮流到她家里住，这样"我就不用经常晚上一个人待着了"。然而，这仅仅是个临时的办法，莱拉很多个晚上仍然是一个人独处，直到 1864 年秋，佐治亚州战局恶化，她不得不搬迁。她知道自己和孩子们必须搬家，远离谢尔曼军队的行进路线，但究竟是到自己的父母那儿去，还是和公公婆婆住一起，她犹豫不决，是因为她想离丈夫所在的兵团尽量近一些，也担心因为要离开而不得不贱卖自己的"黑奴"。[9]

密西西比州的艾玛·克拉彻和莱拉·乔恩有同样的担忧。丈夫威尔离开后不久，她就搬到了维克斯堡的公婆家。但到 1862 年 3 月，艾玛的父母已在讨论"我们要第一次沦为政治难民了"。他们此前已在偏远的安全地带租了个大房子，而艾玛还在纠结到底要不要投奔父母。她主要是想临近邮局或铁路，以便与威尔保持联系。莉齐·奥斯本的父亲敦促她，如果丈夫吉米在 1861 年年末还不回来，就不要守着家了，搬来和父亲一块儿住；但是已经长大成家的女儿执意"不再依靠他"。弗吉尼亚州的艾伦·摩尔对于独立却有截然相反的看法，她努力劝说自己的丈夫山姆，自己和孩子搬到父母家是很明智的决定。家里没有丈夫，她说，"我精神备受煎熬，要独自度过漫长的日日夜夜。"她希望能说服山姆，"既然你不能照顾我，那我和爸爸住在一起就是最好的选择。"[10]

很多年轻女性发现，和亲戚同在一个屋檐下的生活很压抑。乔朗萨·赛姆斯和她的5个孩子投奔了丈夫在密西西比州坎墩的表亲家里，和17个外人挤在一起，大家相互看不惯。赛姆斯觉得自己不受欢迎，被当成了"麻烦"。女主人"过于挑剔"，男主人扬言要把她的孩子和他自己的孩子一起鞭打一顿，都让赛姆斯很生气。[11]

尽管那个时代家庭矛盾很常见，但是安·玛丽·斯图尔特·特纳的经历尤其艰难。丈夫参军期间，她和孩子们到北卡罗来纳州的婆婆家住，婆婆"口无遮拦"且"脾气乖张"，特纳的生活因此十分悲惨。婆婆指责她把儿子偷走了，还把公公拐跑了，"说我挑逗她的丈夫，说她的丈夫像男人关心自己的老婆一样关心我——说他喜欢我，我给他梳头是故意亲近他等等"。特纳绝望地向自己的母亲诉苦，而母亲却远在千里之外的得克萨斯州。然而，痛苦的特纳却祸不单行。她丈夫在1864年的克雷特战役中牺牲，她认为这个打击是自己对婆婆的仇恨招致的天谴，也是婆婆对自己"不好"而应得的惩罚。在这种复杂的家庭关系和压抑的生活环境中，特纳感受到巨大的压力，这种压力和悲伤表现为自我厌恶和愤怒。因为战时动荡不安、路途遥远，安无法回到自己家中，只好痛苦地留在公婆家里，尽管她和公婆之间已经失去了最坚强的纽带。[12]

男人们离开后，独自在家的女性常会聚集到一起，既可以相互陪伴，又可以节省家庭开销。一位田纳西州的女性回忆，"我独自一人在家，哥哥家里也只有嫂子和两个孩子，所以我搬到她们家去住"。很多年轻的女孩子住在别人家里，这种情况很普遍。很多父母非常想给她们提供一些消遣活动，因为战争后方的生活通常十分无聊。男人们都集中在前线，谈恋爱——20岁上下的上流社会女孩最为关注的事情——几乎中止了。尽管国家处在生死存亡的关头，邦联一位年轻的女性还是认为生活无聊透顶："一天天没什么变化……一直都一样。缝纫，编织，读书……纺纱，织衣。天哪，我受够了这种生活。"几乎就在1865年家乡哥伦比亚被烧毁的前夜，22岁的马尔维娜·吉斯特也许是因为胆大妄为，也许是因为太傻，竟然对这样的生活也抱怨不休："单调得令人恐怖，就因为你是个女人，就要一直藏在安全的地方。"[13]

弗吉尼亚州卡尔培博附近约翰·梅纳·博茨家的白人成员
（T. H. 奥萨丽文拍摄；国会图书馆影像及照片部提供）

但是，对于南卡罗来纳州的普雷斯顿姐妹来说，搬到里士满地区玛丽·切斯纳的家后，生活可有趣极了。两个姐妹很快和英俊的邦联军官坠入爱河。男友忙于军务时，她们两个也有很多乐趣，因为周围有其他的年轻女孩，切斯纳家战时沙龙里的男性爱慕者更是络绎不绝。切斯纳的丈夫是杰弗逊·戴维斯的一位显赫的副官，位于邦联权力核心。在重兵把守的里士满，普雷斯顿姐妹相对安全，还能接触到邦联社会的最高阶层。[14]

在战时的南方，年轻白人女孩的安全和纯洁尤其让人担心，因为大家认为在敌人入侵或奴隶起义时，她们尤其容易受到伤害。很多家庭费尽周折让女孩们远离军事冲突地带和动荡地区。"大家认为，刚刚长大的年轻女孩远离北方佬士兵才更安全。"一位南卡罗来纳州的母亲说。寄宿学校是解决此困难的一个方案。男子学校因为男人奔赴战场而关门，但很多女子学校却蓬勃发展。霍林斯学院1861—1862 学年招收了 83 名学生，1864—1865 学年增长到 160 名。西南佐治亚浸信会女子学院的校长 J. F. 达格面临着从未停歇的战时干扰：1863 年爆发了天花疫情、学校的铁皮屋顶捐给了邦联政府、最后学校的房子被改成了军队医院，尽管如此，学校规模仍在扩大，1861 年为 36 人，1863 年为 82 人，1864 年达到 103 人。由于学校改成了医疗场所，1864 年的这些学生在达格校长的家里上课。

住在寄宿学校的萨雷普塔·格雷戈里想念南卡罗来纳州的家乡卡姆登，但她知道能待在乔万女子学院应该心怀感恩。"我感谢上帝让我待在安全的地方，免受伤害。"她向姨妈写道。罗伯特·德·施魏尼茨——南卡罗来纳州的老萨拉姆学院校长，发现战时办学困难重重、供应短缺，学费永远赶不上通货膨胀，学生因为和亲人分离经常面临巨大精神压力。但是，德·施魏尼茨感到必须把学校办下去，这几乎成了公共服务："我们很多学者除此之外没有别的家，或者家在敌人控制区，所以一定程度上我们不得不把学校办下去。"老萨勒姆是非常受卡罗来纳州东部难民欢迎的几个学校之一；还有很多学校明确表示要成为安置年轻女孩的避难所。法姆维尔女子学院有针对性地宣传道，"同州内各地区交通便利，同时又远离战争，既安全又幽静"；学院吸引了弗吉尼亚州的一个年轻女孩，她的家人在"七日之战"后确信，待在里士满外的种植园"对一个年轻女孩来说并不明智"。[15]

然而，很多年轻女性不得不住在敌人前线附近。温彻斯特的玛丽·李，家里有 5 位女性——除了她自己，还有已经去世的丈夫的两个妹妹，都是十几岁，还有她的两个侄女——在敌军来回穿梭的小镇上，她们相互安抚、相互照料。李宁愿冒险和敌人为邻，也不愿意和家里亲友分离。直到 1865 年 2 月，一位联邦将军将她们驱赶到邦联战线内，她们才不得不离开温彻斯特。就算是那时候，她仍然"愤怒地否认"自己是难民，威胁说谁要再说她是难民就朝谁开枪。[16]

流亡的凄苦

玛丽·李对"难民"这个词的敌意表明，这场极大地改变了南方家庭结构的人口迁徙非常复杂，仍有诸多未探讨之处。在战争早期的南方，"难民"一词开始频繁出现在私人信件和公开作品中，并带有不同的含义，有别于通常意义上的流离失所者，不过后来这两者常常被人混淆。"难民"可能刚开始指的是卡罗来纳州"低区"的富人，1861 年秋北方佬可能入侵，他们带着家人和奴隶财产离开了沿海地区。这些富人带着大量的奴隶来到这里，在更加主张人人平等的皮德蒙特引起了愤恨，因为卡罗来纳"高区"人鄙视他们的逃离行为，认为那是懦弱的表现，又害怕他们身边的大批奴隶可能发动暴乱，担心这么多新居民的食宿问题。很快，"难民"一词便常用来指那些为了保护财产尤其是奴隶财产不落入北方联邦之手而抛弃原来住所的富人。小奴隶主和较为贫穷的农场主常觉得无法选择，很多人认为"当难民"是缺乏爱国精神的表现。当然，难民所在地区要供养他们，难民的到来也对当地造成了相当大的负担。越来越多的男人奔赴战场，难民人口中大多数都是女性，因此也带有特有的性别和阶级身份。有些家庭甚至整个社区因为战争而不得不离开家园，在战争后期尤其如此。1864 年秋天，谢尔曼将军就曾命令所有平民离开亚特兰大。但是这些民众更合适的称谓是"流离失所者"，而非难民，按照内战期间的特别用法，"难民"这个词通常带有享受特权、自私自利的负面含义。玛丽·李十分讨厌这个称谓，就说明这种负面含义影响很大。她的行动不是主动选择的；她没有抛弃自己的家；她不是逃跑，没有希望别人为她承担责任。她离开并非出于本意，而是迫不得已。她相信因为这一点，与那些真正的难民相比，她在道德上更加优越。[17]

南希·梅伊·杰特预计北方佬快要到佐治亚州了，便向军队里的丈夫理查德描述了她面临的选择："我没有钱离开，所以我们只好接受考验啦。"她和 7 个孩子没有钱逃到更加安全的地方。来自阿拉巴马州的寡妇萨拉·埃斯皮是一个小奴隶主，她注意到，1863 年夏天北方佬快来的时候，她很多富裕的邻居都准备带上奴隶离开。但埃斯皮知道，自己只能"待在家里，听天由命"，因为她不知道"去哪儿，该怎么去"。一天晚上，她到富裕的朋友芬利女士家，发现这位邻居正打算去北卡罗来纳。埃斯皮按捺不住自己的愤恨："她们富裕，要去找富裕的朋友；而我，还有很多其他人，没有朋友，我们的孩子甚至连胡须都没长齐就被征走当兵了。"埃斯皮是奴隶主，算得上是南方最富裕的阶层了，但在战争的压力之下，她也开始意识到南方的阶级差别，具体体现就是有没有办法到其他地方避难。芬利女士可以离开阿拉巴马州的战乱，这一点让萨拉·埃斯皮有些愤愤不平，"什么地方肯定出了大问题，如果我们的邦联倒下，我觉得也不足为奇，因为受难的是工人阶级，富人依旧生活安逸"。[18]

对于那些以天生的社会优越感为荣的贵族妇女来说，难民经历同样也能增加她们对阶级的认识和认同。玛丽·切斯纳在战争快结束时为了逃离北方入侵者，被北卡罗来纳一名妇女收留。但对于这种慷慨，她表现出的是蔑视而不是感激："我的女主人年轻、清秀，很有教养，说话很礼貌，很淑女，善良……总之怎么看都是北卡罗来纳的贵族。可她却不刷牙——这可是文明的第一证据——还生活在尘土里，那样子连最穷的监工的老婆都会觉得丢人……看礼貌和品位，她显然是个淑女，看周围环境她却像个野蛮人。"或许切斯纳的需求没得到满足，才说了这些刻薄的话。她失去了优越身份的常规配备，同时也失去了上流阶层的内涵和外表。路易斯安那州一位年轻女性在和家人一起逃难时，看到普通人群的现实生活，改变了以前关于贫穷的浪漫想法。在奔波途中，西德尼·哈丁和形形色色的没有蓄奴的白人家庭共处一个屋檐下，忍受遍地的虱子，生活又拮据。她说："以前我以为自己愿意过穷苦的生活，但我以前从没见过穷人，不知贫穷是什么滋味。现在我不这么想了。"被迫去了解所谓的下层人之后，她对穷人没有心生同情，反而觉得厌恶。战争让不同社会阶层的白人相互接触，但这却往往破坏而非加强了南方的团结。[19]

油画《难民》（1865 年），表现了轰炸之前动身离开弗里德里克斯堡的景象。

画家为邦联军队绘图员大卫·英格利什·亨德森（葛底斯堡国家军事公园提供）

战时南方关于难民的争议，集中在阶级这个问题上，集中在部分南方人有能力避开战争的"冲击"这件事情上。女性可以选择是否成为难民，某种程度上，就像被征召的男人雇人替他当兵。难民经常亲身感受到这种愤恨。凯特·斯通一家搬到了得克萨斯州，这是种植园主最喜欢的地方，他们希望将奴隶安置在这儿以躲开联邦军队。但是，斯通发现"很奇怪，整个州处处都歧视难民。我们觉得是嫉妒，纯粹是嫉妒"。她解释道，"这些难民，比当地民众更友好、更有教养。当地人看出了差别，心生怨恨"。[20]

难民们自以为更有优越感，这无益于消减他们遇到的敌意。1864年春，南卡罗来纳州哥伦比亚市的《南方每日卫报》试图解释这种傲慢心态："他们不知道如何求助他人；在原来的家中，他们之前一直过着富裕的生活，习惯了拿东西赏给他人，而非接受他人的捐助。很多人正在经历这一可怕的考验。这一课很难学，他们很多人无法理解。"因为没有财富，很多南方人像杰特或埃斯皮一样觉得无法选择成为难民。但矛盾的是，成为难民本身往往会迅速消耗财富，这让很多南方贵妇们失去了财富这一标志性身份。但是，正如《卫报》指出，这些身份并非轻易就能放弃。[21]邦联幽默作者比尔·阿尔普总结了难民的困境，说尽管乔布饱受沧桑，"经受了上帝给她的严峻考验"，但他并没有经历终极挑战，因为"仔细审视他超俗不凡的人生经历后，我发现他没做过难民"。[22]

女性绝望地记录自己的经历，难民生活的客观环境往往极不舒适。战时的南方，交通设施日渐不能满足需求，在旅途中奔波的女人们拥挤在经常出故障的火车上，或者乘坐破旧的马车，甚至骑着不听使唤的驴子。临时住所常是脏兮兮的，收费又高——常有跳蚤、虱子，还有这些上流女性们不想接近的人，包括白人和黑人。萨拉·摩根非常吃惊，因为她"和黑得发亮的奴隶护士，竟然真的睡在同样的床褥之下"！此前她很少在野外露营，所以当萨拉·沃德利试图在地上睡觉时，发现束腰衣很不舒服，是个麻烦。固定住所很难找到，尤其是城市中，于是习惯于宽宅大院的家庭只能挤在一两个房间里。有些流离失所的南方人身处绝境，只好住在亚特兰大郊外的火车货运箱里，或者住在彼得斯堡附近的帐篷村里；更悲惨的是维克斯堡的居民，他们在被包围时躲进了山洞，只带一些小地毯和用心准备过的生活必需品。很多情况不那么将就的南方人，为战争所迫，也只能找到什么地方就住什么地方。通货膨胀、物价飞涨，所有人都特别努力地去寻找食物。在战争的最后几个月，莱拉·乔恩和佐治亚州乡村的父母住在一起，她为孩子弄到了足够的食物，但抱怨说都是最粗糙的食物——单调的"肉加面包、面包加肉"。她想孩子们"现在拿到饼干比以前拿到蛋糕还高兴"。1865 年 3 月，里士满的马尔维娜·吉斯特就没那么幸运了，她说自己已经饿得"连牛油蜡烛也吃得下"。[23]

然而，不仅仅是离开家园的人们，所有南方人的生活都日益艰难。无论有何种身体折磨，难民都认为影响更大的是心理上的失落与错位。1862 年北方入侵路易斯安那州之后，萨拉·摩根和母亲以及姐妹们寻找住处，她说感觉自己像个"无家可归的乞丐"。三年战争之后，马格丽特·贝克维斯离开弗吉尼亚州躲到北卡罗来纳州，她觉得很羞愧。她用士兵的腔调，模仿格兰特将军有关意志力的著名演说，描述自己"讨厌离开前线，感到自己像个逃兵，本来希望在前线坚持到底"。格兰特将军曾决心"在这条战线坚持到底，哪怕要战斗整个夏天"，但贝克维斯到春末就已经离开了弗吉尼亚。丽丝·米切尔和爷爷以及家里的奴隶一起，从路易斯安那州一直南下，在密西西比州的维克斯堡停留了一段时间，建了新的奴隶营地，随后又搬到阿拉巴马州。她悲愤地说："家，将这里称为家，多讽刺啊！我们没有家，我们是可怜的难民！'难民'，对于我伤痛的心来说，这个词就意味着过去的痛苦、现在的焦虑和未来的悲伤。"新的住处总会给她带来完全不一样的责任，年轻的丽丝并不太喜欢。"在艰难的时期第一次管理家务，我觉得对我来说是个遗憾，因为我怕自己很快就会灰心。"[24]

新奥尔良的格里玛家的女性抱怨"l'amertume de l'exil qui pese si lourdement sur nous"，她们认为自己背井离乡，而非难民。佐治亚州的奥古斯塔市从气候和心境上来说，都很凄冷，当然她们周围也很少有人说她们的母语——法语。她母亲说，年轻的路易斯似乎得了严重的抑郁症，她不吃东西，一点儿精神也没有。"Elle est tellement attristee de l'exil qu'elle ne sort Presque jamais et se laisse trop abbatre。"[25]

1864 年当谢尔曼将军率领的联邦军队威胁佐治亚州时，乔治·威斯特的儿子们已经随军队一起离开，所以她派女儿约瑟芬带领家里的奴隶们前往密西西比州。她写信告诉父亲关于管理奴隶的困惑：如何判断自称不舒服的奴隶们是否真的病了；监工说"奴隶不干活"时该如何应对；如何处理奴隶们想家的问题。但在给母亲的信中，她敞开了"忧伤而沮丧的心"："我一直感觉无比凄凉。我感觉只有回家才能得到满足……我看不到未来的曙光，亲爱的好妈妈，为你离家的女儿祈祷吧，让我更坚强，更顺从地接受命运的安排。"[26]难民的生活刚开始可能是主动选择，但逐渐变得像判决一样，受到判决的不仅有这些流浪者，很大程度上也包括那些饱受战争创伤的其他较为稳定的南方家庭。因为从根本上讲，难民家庭居无定所只不过是一个因素，类似的破坏性因素很多，它们共同改变了南方家庭生活的传统模式。

家庭生产

随着北方的封锁和南方的大规模军事动员，南方邦联在经济上面临越来越大的压力，给南方家庭带来的冲击，已经不只是战争对于人力的需求。内战爆发后，南方的制造业商品数量锐减，一方面是因为北方封锁了外部贸易，另一方面是因为南方有限的产能集中在了作战物资的生产上。面对日常用品的短缺，邦联领导人开始呼吁南方家庭要在经济上独立起来，认为这对南方的政治独立至关重要。[27]

和整个美国一样，南方家庭手工业的重要性在 19 世纪早期逐渐降低。到 19 世纪中期，对于大多数南方白人家庭来说，大部分日用品都需要购买。更富裕的家庭，例如那些从事日用品生产的种植园主，尤其是深深融入市场经济环境中的种植园主，他们更有可能转向工厂制造的产品。然而，随着战争的爆发，这些商品一下子稀缺起来，很难买到，邦联舆论和公共政策很快开始应对这一消费危机。[28]

报纸呼吁南方女性重振家庭生产，尤其是纺织品，认为这样做既爱国又高尚。但是，上流社会女性固执己见，不穿与下层阶级有关的衣物。1862 年的《南方新闻画报》称，"五百个上流社会女士中，在街上穿家纺衣服的不到五个"。邦联总统杰弗逊·戴维斯宣扬家纺衣服既称心又适宜。他在《米利奇维尔南方联盟报》上总结了自己的观点，竭力消除残余的虚荣心，提倡女性要有更高的理想："我们的女性纺织衣服、穿家纺衣服，是很高尚的，而且实际上她们穿家纺衣服也很漂亮。"但是，这家报纸的下一篇文章，似乎否定了他对家庭手工产品外观的热情赞扬。"穿上伟大的南方制造的衣服"，文章说，能够"向世界证明，南方女性讲求原则，热爱祖国，并非仅仅追求外表的虚荣"。《里士满问讯报》专门呼吁女性要有高尚理想。"见鬼去吧，北方佬的产品封锁！从此以后，让我们光荣地纺织、穿上自己的衣服。"另一家报纸试图启发并讽刺那些"懒洋洋地躺在沙发或马车坐垫上抱怨的人"，赞扬了一位阿肯色州的妇女，她不仅一天能织八码布，还拿起斧子、锯子、凿子和钻孔机，亲手造出了自己的织布机。流行诗歌赞颂纺织是"高贵的工作"，希望上帝"加快梭子，赐福给拿梭子的手"。战争歌谣将这种感情反映在歌曲中，不强调北方衣服的稀缺，而强调北方衣服不时髦：

> 让我们欢呼吧
>
> 为南方淑女穿的家纺衣
>
> 北方货早已过了时
>
> 自从老亚伯*没了封锁
>
> 我们南方姑娘用上了南方货
>
> 满意又开心
>
> ……
>
> 我们不屑穿北方的绸
>
> 我们不屑用北方的纱
>
> 哪怕一点点
>
> 穿上自家纺的衣
>
> 漂亮又优雅[29]

（*指亚伯拉罕·林肯。——译注）

　　宣传言辞与现实需求，共同激励着家庭纺织。早在 1862 年 2 月，玛丽·斯佩特就注意到，"家用衣物，在佐治亚 1 码都买不到了"。用萨拉·埃斯皮的话说，女人们"只好自己想办法"，从阁楼里搬出纺车和织布机，开始学习纺织。凯特·卡明注意到，"这古老的艺术现在非常时髦，因为我们受到封锁，得不到其他产品"。玛莎·简·克劳斯雷 1862 年开始纺织，这是她"自小时候以来"第一次。南卡罗来纳州的玛丽·莱格非常羡慕她的朋友哈里特·帕默学会了纺织，很遗憾她自己"除了编织，其他都不会"。佛罗里达州的奥克塔维亚·史蒂芬斯寻找织布机，寻找能教她纺织的邻居，这样做并不是出于现实需要，而是希望做点有用的事，这是当时十分普遍的想法。"我想做点有价值的事，看看是否能让我焕发活力。"她这样向丈夫解释。萨拉·沃德利在 1865 年之前一直拒绝织布，可等她开始做的时候，才羞愧地发现自己能力有限。"我开始学习梳棉和纺纱，从未试过这么难的事情，还这么累。"[30]

尽管杰弗逊·戴维斯提倡家庭纺织，但很多男人听说妻子开始纺织后，深感不安。这种纺纱织布的工作在种植园家庭中一直存在，但以前大都是女奴隶的工作，因此普遍被认为不适合尊贵的白人女性。得知妻子莉齐在学习织布之后，威尔·内白勒特很不乐意。1864 年 6 月，他写道："我不喜欢你去纺织。对我来说，这是羞辱。我希望你不要去做。"莉齐自己也不太喜欢这个新活儿，但她向威尔解释说，她是"被迫"去做的，要给孩子们和 11 个奴隶衣服穿。乔治·佩迪担心织布对体力要求太大，他妻子会完全不适应这种劳作。他在给妻子凯特的信中写道，"我希望你不要做任何事情，我娶你不是为了让你干这样的活。之所以娶你，是因为你的内在品质，也希望你一直漂亮，也爱你柔软的手和可爱的脸。我不想你干体力活，脸上长皱纹。亲爱的，不能再用纺好的那些线织布了"。阿曼达·布洛克同意这些观点，觉得纺织很危险，并向丈夫解释，"我很遗憾发现自己不能太努力干活，但经验告诉我不能那么做，如果我纺一整天的纱，第二天我样子就很难看，像刚刚生了病一样"。纺织似乎不仅威胁到白人女性的健康，也影响她们的身份，因为这模糊了她们和女奴隶之间的重要区别。上层白人女性的传统身份与家庭纺织运动相互冲突。[31]

纺织被看作下等的体力劳动，关于家庭纺织的宣传旨在消除这种抵制，但只取得了部分效果。不过，战时家庭纺织品生产受限，意识形态只是其中一个因素。其他因素还有很多，如难以找到纺车和织布机，掌握必要技能的白人女性数量很少，希望学习的纺纱工和织布工得不到足够的指导等等。然而，更重要的因素可能是南方在整个内战期间都严重缺少梳棉刷——这是纺织品制造的瓶颈。籽棉或原棉加工成布料的第一个工序是清花除杂，用镶有铁丝锯齿的两块木板刷对原棉进行梳理。战前所有的梳棉刷都不是南方制造的，随着现有的梳棉刷渐渐磨损，邦联无法补充新的设备。绝望的妇女向邦联官员求助，而8位州长也的确试图应对危机，通过立法鼓励生产梳棉刷。例如，阿拉巴马州州长约翰·肖特拨款6万美元，从封锁线外引进梳棉刷，并设置州基金在塞尔玛地区建立工厂，但效果并不理想。邦联妇女们意识到梳棉刷十分缺乏，也十分重要，尽量让设备用得久一些。莉齐·内白勒特发现一个女奴隶用家里最后一对梳棉刷给孩子们梳头，结果弄坏了，不由得哭了起来。她担心家里的纺织将就此结束。的确，因为难以买到梳棉刷，很多家庭放弃了纺织。[32]

邦联时期的稀缺物品——梳棉刷

（弗吉尼亚州里士满市邦联博物馆提供；凯瑟琳·韦策尔拍摄）

战后关于南方白人女性战时成就的记录，多次提及家庭纺织革命，但实际上这场革命规模有限。最近有一项研究及博物馆展出，名为"密西西比州家庭纺织：19世纪的纺织品和纺织妇女"，研究的结论或可用于整个南方："内战期间后方女性纷纷从事纺织，这种情况报道很多，但并未反映"在密西西比州现存证物中。战前积极生产纺织品的妇女仍继续生产；战前由奴隶生产布匹的家庭，维持甚至增加了布匹产量；有些从来没有纺织过的女性开始纺织，但她们的贡献没有显著影响，并未满足邦联对于纺织品的需求。最显贵的家庭应对纺织品需求的方法是，突破封锁线进口或到新奥尔良等敌占区购买。没这么幸运的南方人只能勉强应付，重复利用床上或桌上的亚麻织物、窗帘和废弃衣物。邦联家庭面临的经济压力，并未导致白人女性与家纺生产之间的关系发生深刻或广泛的变化。由于女性的抵制，加上更加实际的考虑，变化的范围很有限。[33]

虽然没有家庭纺织的革命，但在家庭劳作和生产的其他领域，白人女性承担了新的家务，尽管她们可能情愿或不情愿，技术也参差不齐。1863 年玛丽·李写到了她家庭责任的变化，"我发现自己每天都在做以前从没做过的事"。即便女性没有纺织，她们也从事了编织和缝纫——为了服役士兵，也为了自己的家人。大多数南方贵妇战前主要做装饰品或刺绣，对她们来说，编织和缝制衣服是一个转变。"我们很多人以前从未学过缝纫。"玛丽·盖伊回忆说，"现在成了针线活的好手，争相制作上等的衣服，我简直成了缝纫机了。"一位南卡罗来纳州的妇女回忆说，她对织衣服的热情几乎压倒了实用性，她之前从未织过袜子，结果织了一双巨大无比的袜子，以至于要去找一位大块头的士兵才能派上用场。年轻女性学习这些新技巧，可能比她们的妈妈和阿姨更容易。艾玛·勒贡特说，她妈妈好像学不会，经常找她求助，让她简直无法专心干活。她抱怨道："我……根本无法理解，织袜子这样简单的事，竟然成了一个无法解决的难题。"但有些女性，像朱莉娅·戴维逊，本身就是熟练的女裁缝，那些学习剪裁或修改衣服的朋友们经常向她寻求建议或帮助。戴维逊甚至决定用技术挣钱，靠缝纫来补贴家用。下层白人女性为了生活，在里士满和其他南方城市各军用被服厂里做缝纫工作，对她们而言这是令人压抑、似乎没完没了的苦差事，而戴维逊是熟练的缝纫工，不必遭这个罪。[34]

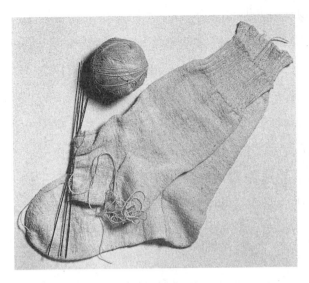

玛丽·格林豪·李用联邦军帐篷拆下的材料织的袜子

（弗吉尼亚州里士满市邦联博物馆提供；凯瑟琳·韦策尔拍摄）

军事冲突发生前，南方家庭多从商店购买各种物品，但战时物质短缺，经济压力大，这样做已经不可能了。他们必须采用新的生产方式，否则就得不到商品。南方白人女性特别是在事后回忆时，对自己的机智和创新感到非常自豪。她们能找到无法获得的物品，或者用别的东西替代——用树莓汁代替墨水和染料、用干草编帽子、用秋葵种子或黑麦做咖啡、用布或纸做鞋、用卷废布料替代此前从新英格兰进口的蜡烛，当然还有家庭纺织品。因为战争的压力，南方家庭从之前的消费场所变成了阿拉巴马州一位妇女所说的"小型工厂"。受此影响，连最优越的南方女性也开始从事未曾尝试过的工作，承担新的生产者角色。

但是，我们必须认识到这种改变的局限性。南方家庭并未变成工厂；与自给自足的家庭制造相比，女性更可能选择牺牲，忍受贫困和匮乏。她们希望战争马上结束，或者期盼着得到越过封锁线走私来的货物。在战争的压力下，大多数南方家庭变得更贫穷，很少有家庭能够大幅提高生产力。南方家庭经济功能的转变，远远不如征兵和现代战争的人力需求导致的家庭结构和人员构成上的变化。战争改变了白人女性与家庭生产的关系，但相比之下，她们作为管理奴隶的新角色，有了更加深远的社会、政治和经济影响。[35]

美国内战对所有南方家庭都产生了重大影响。或许每个家庭应对战争重负的方式各不相同，但某些压力和变化一再出现，重塑了南方家庭生活的结构和功能。或许最重要的是，每位女性，无论贫富，都要设法应对男人的离开而导致的危机与挑战。家庭结构的变化以及频繁的搬家，从根本上改变了家庭生活。男人的离开，往往伴随着女性亲友的到来，改变了女性的情感生活和相互交流。夫妻之间的关系也发生了变化，因为女性开始更多地依靠自己或其他女性，而不是丈夫。然而，家里的女性应对的不仅仅是体力和情绪的变化。物质匮乏和经济压力使她们不得不承担起新的劳动，以确保自身和邦联的生存。我们也看到，蓄奴众多的家庭中，战时的核心工作——管理奴隶——落到了南方白人女性的肩上。

1864 年年中，莱拉·乔恩给丈夫威利写信，描述了家庭变化和她沦为难民的生活。结尾她写道，"我再也不会像从前一样了"。环境的变化创造了一个新的自我，或者说至少也颠覆了旧的自我。新的环境迫使女性去面对一系列新的期待、新的责任以及用新的标准来衡量自己和自身工作。战争中期，来自南卡罗来纳州低地地区贵族家庭的年轻女性苏珊·米多顿，带着疑虑和困惑给朋友哈利奥特·切夫斯写信："我面临迥异的现实生活和周围环境，与我的性格和早期生活预想完全不同。焦虑、责任、独立思考或行动，与我的性格及社会一直以来对我的要求相悖。"像苏珊·米多顿一样，很多女性也发现战争的要求与自身的性情、本性或预期并不相符。之前塑造她们的社会秩序已经改变，而现在她们要在一个新的环境中求生存。[36]

第三章

我们家庭中的敌人：
邦联女人与奴隶制

　　蓄奴家庭的男人们离开家乡奔赴战场后，南方农场和种植园的白人妇女们，承担起维护这一区域"特殊制度"的职责。在南北战争之前，白人男性承担了管理奴隶日常的所有职责。但是战争改变了南方家庭的结构，也改变了家庭权力结构——要求白人妇女行使以前从未有过，也从未追求过的权利，来维护公共和私人秩序。正如邦联副总统亚历山大·史蒂芬斯所言，奴隶制是这一地区社会、政治和经济的"基石"。然而，奴隶制的延续，靠的不是国家政策的统一指令，而是特定奴隶主施加在特定奴隶身上的成千上万的个人统治行为。由于战争公开鼓励奴隶们表达其自由意愿，数以百计的种植园和农庄上的日常强制与管控，成为维护南方生活方式的关键，与任何军事对抗一样重要。女人们被号召去管理日益不安甚至反叛的奴隶，可以说她们在很大程度上是在坚守着南方对抗北方统治的第二前线。[1]

　　19 世纪，南方人通常将奴隶制称作"家庭制度"。不过这一称呼比较奇怪，因为这意味着它与公共机构或政治制度不同。旧南方奴隶制的家庭特征，扎根在奴隶主家族的社会关系之中，使得这些家庭成为南方公共生活的核心。对奴隶进行直接控制，是旧南方最基本、最关键的政治行为。随着男人奔赴前线，这一至高无上的公共职责，落在了南方白人女性的肩上。[2]

南方白人——无论男女——可能坚持认为，即使战时环境不同，政治仍旧不是女人的领域，但是女性奴隶管理者们实际上扮演了南方政治制度支柱的角色。管理奴隶的白人女性，对邦联命运至关重要，因为南方农业经济的发展、社会秩序的稳定乃至广大平民的忠诚，都依赖于对奴隶进行有效控制。

邦联的公共舆论及政府政策，明确认可旧南方主奴制度的性别根基。的确，"控制"这个词本身的含义，就扎根于男性特质、男性权力等概念。起初，邦联的统治者并不想把这一职责转交给女人。但是，1862 年 4 月通过第一次征兵法案后，许多地区的公众，尤其是在那些黑人聚集的地区，都开始对征召白人监工及其他男性管理者参军入伍的这种做法表示质疑。这种担忧部分是出于经济考虑，因为农业的生产力和效率似乎取决于是否有效的管理。"现实就摆在我们面前"，有记者对佐治亚州的某报社说："必须依靠奴隶劳工来支持这场战争。"作者继续写道，只有"一种方法实现这一目标，那就是将黑奴置于白人男性的直接控制和领导之下"。1862 年 3 月，一位阿拉巴马州的男士警告邦联当局，已经发现"黑奴中……有不听话、不服从的倾向，毫无疑问，这是由于我们的男人撤走了"。可以预期，家里的男人以后会更少，这使人们对奴隶反叛深感忧虑，而白人女性特有的脆弱加重了人们的担忧。这些问题已经超越了性别范畴，反映了对性的根深蒂固的担忧。[3]

1862 年秋天，随着越来越多的人要求官方在一定程度上免去奴隶统治者服兵役的责任，《美肯每日电讯报》质问道："难道国会认为……我们的女人能控制奴隶、管理农场吗？难道我们的议员认为，我们爱国的母亲、姐妹和女儿们，能承担并履行奴隶监工枯燥而忙碌的职责吗？他们当然不这么想，他们没这么傻。" 10 月，邦联向众人证明他们的确不傻，他们通过了一项法律，规定每座种植园若拥有 20 或 20 名以上奴隶，则 1 名白人男子可免于兵役。然而，这部《二十黑奴法》不久即臭名昭著，遭到众多民众的怨恨：没有奴隶的人认为法律把精英阶层的性命看得更有价值，小奴隶主则认为法律根本就没有考虑他们。[4]

为了平息这一触即发的阶级仇恨，同时也为了满足南方日益增长的人力需求，邦联国会不断修改征兵政策，既放宽征兵的年龄范围，又抬高兵役豁免的门槛。1863 年年初，众议院一项提案本来可能会将《二十黑奴法》全部废除，但在参议院遇到阻力，最后作出妥协，于 1863 年 5 月与 1864 年 2 月先后通过法律，逐步缩小豁免兵役的范围。奴隶监工豁免兵役的法律基础逐步削弱，要找到既不用服兵役、又如原来的法律条文所说"能够保障国家安定"的男人，是越来越难了。邦联全境内的白人女性都将发现，在种植园和农场里，她们无法获得白人男性的帮助。

征兵政策反映了邦联的基本理念，因为它代表了邦联领导层作出的重要选择，这突出表明，对邦联存亡更加重要的是阶级问题，而不是性别问题。国会最初认为女性不能有效"履行奴隶监管职责"，但在兵役豁免的抗议风潮中，这一主张几乎被人遗忘了。为了体现征兵过程中至少表面上的平等，邦联对女性独自管理奴隶的担忧不得不让位。蓄奴家庭的白人女性发现，她们的需求已经让位于非蓄奴家庭的白人男性的要求。这些男人们有投票权，而且邦联需要他们投身战场，因此必须优先保障他们的忠诚。将邦联内部的阶级分歧减少到最少程度，是一项紧急任务——即使最终不会成功。相对而言，解决刚刚出现的性别差异就不那么急迫，因为女人，包括拥有奴隶、享有特权的上层女性，不投票，不写社论，也不拿武器。[5]

然而，随着日益增长的兵力需求，白人女性开始承担责任、掌管奴隶体系，而奴隶制正是战争的一个核心原因和目的。不过，她们不会忘记男性提供保护、履行职责的承诺。女性管理奴隶的不愉快经历，让人们对这一行将崩溃的体制所带来的重负感到害怕和厌恶。这最终在很大程度上削弱了女人对奴隶制度及南方邦联的积极支持。在整个南方，对奴隶的控制日渐松弛，种植园的效率逐渐降低，都直接削弱了后方的士气与生产力。

无人保护、心中害怕

妇女们同意佐治亚州那份报纸的观点，认为自己不适合当主人。阿拉巴马州一位女性写信给州长说："哪里有和我们一样多的黑奴，哪里就有必要由男人来控制他们，尤其是在这个时候。"密西西比州一位种植园主的妻子要独自管理 60 名奴隶，她也表达了类似的情绪。她问州长约翰·佩特斯："您觉得凭借女人的一双手能管得住那些奴隶吗？"被迫承担起管理奴隶职责的女人，多把这当成一种责任，而不是机会。正如南方很多士兵一样，他们不是自愿参军，而是被迫应召入伍。丈夫威尔加入得克萨斯第二十步兵团时，妻子莉齐·内白勒特解释说，她将要管理农业和奴隶，这是一项强加给她的任务。[6]

女人们迟疑不定，很大程度上是因为她们深感自己缺乏能力。密西西比州一位女性抱怨说，她缺少足够的"道德勇气"去管理奴隶；另一位女性相信："管理奴隶……超出了我的能力范围"。凯瑟琳·爱德蒙斯顿说："男主人的眼神和语气，比女人们有力得多。"阿拉巴马州一位拥有两个奴隶的女人直言，她"没有能力"去指挥他们。佐治亚州的玛莎·福特想方设法要把奴隶租出去。"我自己不会种地，我不知道怎么和男奴隶打交道。"另一位佐治亚州的女人不屑地说，让女人监管奴隶"不合适""不恰当"。可以想象女人承担这种职责是多么吓人啊，就是事先想想都非常可怕。从事过奴隶管理的人的亲身经历往往证实了她们先前的担心。奴隶们似乎也常常和女人们想的一样，觉得女人没这个能力。弗吉尼亚州的艾伦·摩尔抱怨说，她手下干活的，"都认为我有点像是个篡位者，没有权力管他们"。由于战争削弱了白人对奴隶的管理，奴隶们也认为有获得自由的希望，所以黑人的态度变得越来越强硬。白人女性发现，对奴隶的管理，同内战爆发之前，她们的丈夫、父兄、儿子对奴隶的管理相比，情况已经大不相同。[7]

女人们对管理奴隶感到焦虑，因为她们不仅害怕奴隶反叛，还觉得奴隶暴力可能对白人女性构成一种特殊的威胁。南卡罗来纳州58 岁的寡妇凯西亚·布雷瓦德有相当数量的奴隶。她自己一直害怕这些奴隶。她说："一想到奴隶叛乱，我就觉得太可怕了。""我经常躺在那儿，久久无法入睡，想着我们可能面临的危险。"布雷瓦德夫人单独与奴隶们生活，已经许久了。但是，随着南北之间的冲突演变为内战，她的担心却与日俱增。1861 年春，她担心"不知道哪一刻会被自己的奴隶们以最残酷的方式砍死"。如果咖啡有咸味、晚餐气味难闻，她也会猜想奴隶们是想毒死自己，还是抗议长期以来自己对他们的奴役。[8]

玛丽·切斯纳曾公开宣称永远不害怕自己的奴隶，但是战争初期，她的堂妹贝奇·怀特斯布恩被自己的奴隶闷死，她觉得必须重新考虑自己的安全了。怀特斯布恩是位年长的寡妇，住在南卡罗来纳州。她独自与奴隶们住在一起，而且以低效而宽容的管理出名。她被谋杀，证明女性作为奴隶管理者，既不能胜任，又有风险。她的邻居凯西亚·布雷瓦德所害怕的，正是她这样的命运。另一位卡罗来纳的寡妇艾达·巴科，一想到怀特斯布恩的死，想到自己的奴隶今后会不会这样对自己，也同样感到恐慌。她写道："我担心，可能会因为一点儿小事，他们就会把我干掉。"[9]

关于奴隶叛乱的谣言很多，有关个别暴力行为的故事吸引了女人们的注意力。1861 年 7 月 11 日，阿拉巴马州的萨拉·埃斯皮记录了一则消息，"一桩最残忍的谋杀案——死者是位老太太……凶手是她的一名女奴隶——凶手将于明天处以绞刑"。仅仅两天之后，她又记录了一条报道，说："韦尔斯谷黑奴造反，不过已经被镇压下去了。"在南卡罗来纳州的格伦安娜女子神学院，在脱离联邦后几周内，有关"黑奴起义杀人"的故事让女孩子们"极度害怕"，尤其是因为"神学院里没有男人"。流言是真是假，几乎无从分辨，但 1861 年春天纳齐兹附近一次黑奴反叛阴谋尤其令人恐惧。被逮捕的叛乱者们似乎证实了女人们内心深处的恐惧。白人男性措辞优雅的证词，如，这些奴隶打算"羞辱""玛丽小姐……萨拉小姐……和安娜小姐"，都是显赫的奴隶主的妻子和女儿，加深了她们内心的恐惧。南方脱离联邦，内战爆发，加剧了人们对类似暴动的恐惧，流言也多了起来。尽管如此，整个战争期间都有黑奴反叛的报道，数量逐渐增加。先是林肯颁布《解放宣言》，后是北方联邦军队在战场上取得的重大突破，最后到 1864 年年底和 1865 年，南方邦联政府显然已呈土崩瓦解之势。[10]

有关个人暴力行为的报道也在不断增加。例如，艾达·巴科坚信，邻居房子起火是他们家的奴隶艾博所为；得知北方军释放了温彻斯特一名已被判谋杀女主人的黑奴，劳拉·李大吃一惊。1862 年 9 月，《墨比尔广告与纪事报》称，一名奴隶毒死了他的女主人；同月，《里士满问讯报》报道，一位名叫拉维尼亚的奴隶因焚烧女主人的房子而受审。佐治亚州的艾比·布鲁克斯描述了一位女邻居脸上可怕的疤痕，是被她的黑奴推到火里烧的。"她侥幸活下来，是因为奴隶自己着火了，只好放开女主人，去灭自己身上的火。"[11]

到内战中期，女人们开始公开表达自己的恐惧，她们给邦联和州官员写了几百封信，请求把男人们从战场上派回来管理奴隶。阿拉巴马州的哈蒂·莫特利恳求战争部长把丈夫放回来，还举了一个实例来支持她的请求，称上个星期，就在几英里外的地方，"有个外形像男黑奴的怪物，晚上进了房子，又进了一名少女的卧室里"。莫特利坦言，"女人们一想到自己孤身一人，无人保护，便会不寒而栗"。M. K. 史密斯夫人独自带着一名婴儿住在阿拉巴马的一个种植园里，43 名黑奴"享受着毫无限制的自由，只要他们愿意……就行，理由是种植园里没有白人男子"。她相信，这种处境让她"随时都会被这些黑奴们侮辱、杀害，只要他们想这么做"。被侮辱还是被杀害，哪种命运更加糟糕，史密斯夫人没有明确表示，不过其他南方白人女性的表达更直接。住在纽伯恩附近的一些女性写信给北卡罗来纳州长泽布伦·万斯，请求他豁免家里还剩下的几个男人的兵役。"我们恳求州长阁下考虑一下，在没有任何保护的情况下，这个群体中的女性成员，可能陷入一个充满暴力的体系中，可以称为痛苦中的痛苦，在贞洁的主妇和少女们看来，这比死亡还要可怕。"类似的一群女性，署名"密西西比贾斯珀县东北的女士们"，向邦联战争部长请愿，恳求获得男性的保护，以防黑奴叛乱。如果无法派人，她们要求给她们提供武器和弹药，在"恶魔入侵"时可以保护自己，让"我们保持清白，有尊严地死去"。[12]

这些女人选择不同的言辞来委婉表达她们的担忧，侮辱、暴行、"痛苦中的痛苦"、失去荣耀、玷污、骚扰——但其主旨毫无疑问与性有关。旧南方已用女性的生理差异，来证明女性应当处于从属地位，强调女性有个根本的弱点，其最终的依据是她们更容易受到性侵害。南方社会建立在对有潜在敌意的 400 万黑奴进行压迫的基础之上，在这样的社会中，女性这个弱点就有了特别的含义。在种族的基础上，南方白人建立了女性依附于男性的逻辑——这是个奇怪的逻辑，但特别有说服力。只有白人男性才能提供足够、必要的保护。女人们在请愿书中再三提及"保护"这个词，她们相信这是南方父权社会秩序能够保障她们的基本权利："我感觉未受保护、心中害怕"，"无法保护自己"，"没有白人男性保护，无法在重压下站起来"。安全的保障无法兑现，很多女性不得不开始质疑，虽然可能措辞含蓄：使她们甘愿接受附属地位的这种逻辑，究竟是否合理？邦联女性像密西西比州贾斯珀县的女士们那样努力保护自己，在此过程中，她们极大地削弱了妇女从属地位的合法性，证明她们没有实际上也不能依赖白人男性所谓的更优越的力量。[13]

值得注意的是，密西西比州这些女人最害怕的入侵"恶魔"，不是北方佬，而是反叛的奴隶。出于对黑人反叛的恐惧，南方女人对战时的优先处理事项作出了自己的定义，但显然这一选择与邦联领导层及政府的优先选项并不一致。"与北方佬相比，我更害怕黑人。"被围困的维克斯堡的英格拉姆女士坦白道。弗吉尼亚州的贝蒂·莫里表示同意："我担心那些不守法的北方佬，但是与反叛的黑奴相比，他们根本不算什么。"密西西比州的苏珊·希勒斯·达顿听说自己所在的县有奴隶蓄谋反叛，感到"很可怕"。她说，"废奴主义者和奴隶们一起，让我们时刻处在危险之中"。弗吉尼亚一位女士说，战时和奴隶们生活在一起，就像"和敌人一起生活在自己家里一样"。[14]

黑人士兵在南方部分地区出现，成为各种恐惧的交集。黑人军队出现时，弗吉尼亚州温彻斯特县的玛丽·李"几乎昏厥过去"，觉得"战争开始以来，没有哪个场面比这更让人担忧"。这些士兵兼具男人、黑人、国家敌人三重身份——是她性别、种族和政治上的对立面，是最有力、最有敌意的终极"他者"。这些士兵在温彻斯特攻城略地，让她强烈意识到自己的缺陷和脆弱，以至于竟然晕了过去；这一举动，恰恰是不经意、不寻常地体现了她女性的无力和脆弱，而这正是她多年争取自身独立及邦联独立过程中想要努力克服的。[15]

然而，女人们常常否认或压制对种族暴力的深深恐惧，只在焦虑、无眠的夜晚，只在那最黑暗的时刻，才会直面恐惧。康斯坦丝·凯里·哈利森记得，白天的时候，担心奴隶暴行似乎很"荒谬"，但到了夜晚，"恐惧就来了……黑暗、恐怖、压抑、极其可恶……这幽灵总不安歇"。但是，让女人们自己也感到疑惑的是，她们并没有一直觉得被恐惧压倒，尽管这似乎顺理成章、合乎逻辑。凯西亚·布雷瓦德躺在床上，几个小时无法入睡，心里想着自己会不会"被人砍死"；但就在她想着无眠的夜晚之时，她还要问："有时候我觉得很安全，好像远处没有危险，这是为什么呢？真希望一直有这种远离危险的感觉。"凯瑟琳·爱德蒙斯顿感到惊讶，"我身边有88名奴隶"，"五英里之内没有一个白人"，可她竟然"感觉不到一丝畏惧"。[16]

实际上，有些女人把她们的奴隶视为保护者，寄希望于他们的忠诚。很多有关"忠实仆人"的故事，将会把这一品格，铭刻在邦联通俗文化以及后来关于南方"未竟大业"的神话之中。伊丽莎白·撒克逊写了一篇特别温情的文章，回忆战时的奴隶制度。她于1905年写道："没有发生任何暴力事件，没有烧毁任何房子……在偏僻的农场，女人和孩子们在平静地睡觉，守护他们的是一帮黑人，她们完全信任这些黑人……别的土地上找不到如此温顺、如此热心的民族。"这一回忆与邦联种植园主里的日常焦虑完全不同，表明南方白人在战时及战后均努力维持原来的观点：蓄奴是一个仁慈的制度，白人和黑人都很支持。在战争期间，这些"忠实仆人"的故事能够打消白人的恐惧感。白人一直信任奴隶的例子不能完全忽略，而且这些故事也不能当作白人的虚构而完全排除。事实上，的确有奴隶把主人的银器埋起来，以免被敌人抢走，有些奴隶像凯瑟琳·爱德蒙斯顿描述的那位那样，北方军队来的时候会拿起刀保护女主人。这些事件让南方白人更不愿意相信，他们认为自己切身了解甚至一辈子都熟悉的那些男男女女，会突然之间变成凶手和反叛者。[17]

黑奴与白人女性的战时关系之所以复杂，一个原因是女人们越来越依赖奴隶的劳动、技能甚至陪伴，而此时奴隶们劳作和服从的动力却越来越小。白人女性对黑奴的依赖性增加，与此同时奴隶却越来越独立于主人，这使女主人陷入混乱和矛盾之中：她们一边努力在需求和恐惧之间找到平衡，一边被迫不停地重估、质疑、修正自己的想法。凯瑟琳·布龙宣称，到1863年，她已经"开始对整个种族失去信心"，尽管很多人同意她的看法，但是很多白人女性仍旧寄希望于奴隶，将他们看作危险的战争世界里剩下的唯一盟友。有些女奴隶主，尤其是偏僻种植园里的女主人，会发现战时家庭发生了改变，与她们交往最亲密的成年人是她们的女奴隶。1862年4月罗达去世的时候，安娜·格林绝望地写信给姐姐，"我感觉好像失去了唯一的朋友，我真的相信她是我一生最忠实的朋友，虽然她只是个仆人"。莉拉·考勒维几乎也用了相同的言辞，描述她死于天花的奴隶苏珊娜。"除了我自己亲爱的家人之外，苏珊娜就是我最好的朋友。""你不在家，现在我真的没人了，"她写信给丈夫说，"没人保护我了。"在南方性别和种族等级制度瓦解之时，莉拉·考勒维将离家的白人男性的部分职责，包括情感及其他方面，加在了一位黑人妇女身上。[18]

南卡罗来纳州凯特·麦卡路的丈夫委托了一些白人男性，在他参军期间帮助家里处理种植园管理事务，但凯特更喜欢她的黑人奴隶杰夫。她认为，与她的两个白人邻居相比，杰夫不仅更易于接受她的观点和指令，也更值得信任、懂得更多。奴隶保护人摩西不在，玛丽亚·霍金斯有强烈感受，她给万斯州长写的信，与几百封写给南方官员要求送回丈夫和儿子的书信口吻相似。摩西作为劳工被征调到沿海修筑工事，霍金斯在信中要求将他释放回来。"在家的时候，他每天都睡在房子里，保护房子和院子里的一切；世道险恶，每天都有部队的逃兵到种植园来抢劫破坏，我每天晚上真的害怕得要命，几乎整个晚上都睡不着。"霍金斯的心中交织着性别和种族焦虑，但对她来说，有个黑人男性保护，比没有男人要好得多。[19]

战争的结果

在邦联的日常生活中，大多数女奴隶主面对的，既不是凶残的反叛者，也不是"月光与木兰"（"月光与木兰"，亦称为"未竟大业"，指南方战败后将旧南方生活美化、浪漫化，多渲染互信、友好、平和的奴隶主与黑奴的关系。——译注）传统的忠实延续者，而是复杂的人。这些人利用各种机会，采取不同手段，用不同的方式表达着对自由的渴望。奴隶制在北方强大的军事压力之下也逐渐削弱。

靠近联邦边境的地区，机会往往更多，这些地方奴隶主们也面临最严峻的管理上的挑战。凯瑟琳·爱德蒙斯顿的奴隶越来越难管理，她写道："这必定是战争的结果之一，以前可没有这种事情。"南卡罗来纳州种植园主遗孀艾达·巴科认为，她的"命令越来越不被当回事儿。我无能为力，只好妥协，这实在不是件令人愉悦的事情"。后来她离开卡罗来纳，到夏洛茨维尔的蒙蒂塞洛医院从事护理工作，不久即发现"弗吉尼亚的黑奴一点儿也不像南卡罗来纳的那么听话"，即使她从家里带来的女仆也因为新环境的影响变得有些反叛。奴隶们难以驾驭，让巴科的清洁整理工作进行得"一点儿也不开心"。一个名叫威廉的十几岁奴隶没有按照她的指令，去她和其他医生、护士居住的房子里收拾餐桌，她严厉批评了他。但是，这名年轻的奴隶"态度如此无礼，我给了他一个耳光，连我自己都很吃惊"。他的母亲直接从厨房冲了出来帮他，巴科被激怒了，威胁要惩罚这两名奴隶。与很多南方奴隶管理者不同，巴科并非生活在一个只有女人的世界里。她向住在同一幢房子里的白人男医生求助，他们鞭打了发火的母亲和无礼的孩子。[20]

对于很多白人女性而言，对奴隶进行身体层面的控制是最麻烦的。在战前的南方，这种身体上的暴力威胁以及常常发生的暴力事实，与种植园主父权制的强制操控一起，成为种族压迫和控制的基本工具。南方白人们为这一"特殊制度"辩护，认为这是一种有益的体制，主人和奴隶各有其责，将奴隶们的劳作定义为对主人保护与支持的合法回报。但是，在双方义务这一概念之中，家长制意识形态承认了奴隶的基本人性，他们利用家长制来保证自己的生存权。

战前，大部分南方奴隶主都希望把自己看作体面的基督教徒，他们不喜欢过分使用暴力，尽管实际上法律允许他们可以几乎不加限制地使用。根据父权制的理想标准，鞭打应该是最后的无奈措施，而不是首选；对奴隶的控制，最好通过精神实现，而不是通过身体——鞭打即意味着这种控制方法的失败。然而，暴力隐含在这一制度中，无论是种植园主的记录还是奴隶们的回忆，都表明潜在的暴力转化为事实是十分常见的。

"家长制"和"主人地位"扎根于男性特质的概念之中；同样，在旧南方的意识形态中，暴力也与男性紧密相连。诉诸武力以支持男性荣誉及白人至上地位，是每个白人男性在家中、在种植园里、在社区内甚至战后在全国应该享受的权利，甚至是必须履行的义务。白人女奴隶主继续遵循着以普遍的暴力威胁和频繁的暴力使用为基础的社会秩序。在这一特殊制度的历史上，女主人实际上都使用过暴力，扇耳光、殴打甚至残暴地鞭笞，尤其是针对女奴隶和孩子。但是，她们与身体暴力的关系，与男人完全不同。没有某种性别荣耀，来提升女性的体力或控制力。与男性准则平行而立的意识形态，歌颂的是女性的敏感、温顺和脆弱。战前，维持奴隶制至关重要的暴力，几乎都是白人男性的职责和特权；而白人女性作为男主人的下属或者代理人，对奴隶进行训诫和惩罚。理性、自主地使用暴力，专属于男性。

艾达·巴科很惊讶，自己竟会动手打了小威廉一个耳光；正是在这种愤怒时刻，很多邦联女性使用了暴力。但如果需要那种理性化的惩罚，作为奴隶训诫的主要手段，巴科还是要求助于男人。女人们习惯性地请监工、男性亲属或邻居来对奴隶尤其是男性奴隶进行体罚。然而，随着男人们离开她们、奔赴战场，女人们发现要找人帮忙越来越困难。萨拉·埃斯皮此前一直靠邻居芬利来实施必要的鞭打，但芬利后来去了卡罗来纳，她就没别的办法了。但埃斯皮肯定会同意另一位女性的观点，认为"一位女士去做这种事情"，是"令人厌恶的"。[21]

但是，战事紧张，很多女主人也亲手施行了暴力；只有出离愤怒时，女人们才有可能采取这样的行动。得克萨斯州的苏珊·斯科特站在一块无人打理的玉米田里，一边哭一边用"和男人一样"难听的话大骂奴隶，似乎都快发疯了。然后她"鞭打了一个奴隶……打得厉害，她说要不把现场每个天杀的黑鬼打得满玉米地乱窜，她就去死好了"。当田纳西州的埃米莉·帕金斯，听到一名女奴隶宣布她永远不会再被人鞭打了时，感到十分愤怒，她以为手里拿的是铲子，就在奴隶头上打了一下。结果发现那只是一把笤帚，女奴隶不仅没被打倒，笤帚反而断了。于是，帕金斯派一名男奴隶把她绑起来，然后帕金斯"放开了手脚鞭打她"。白人女性诉诸暴力，不是彰显控制权的有效方式，而是体现了失控——不能控制自己，也不能控制奴隶。[22]

随着奴隶们日益相信最终能获得自由，管理他们的女性发现身体胁迫越来越有必要，但同时又越来越困难。一些白人女性开始将暴力作为交易筹码，试图让奴隶制度显得仁慈，就算得不到他们的忠诚，也希望他们能继续服务。即使奴隶态度无礼或对工作懈怠，她们也会尽量避免体罚，以免奴隶全部跑掉。莉拉·考勒维在给丈夫摩根的信中说，她努力让自己看上去是个仁慈、讨人喜欢的女主人："我这一生从没像我今年这样好脾气。"凯瑟琳·布龙居住在蓄奴区与自由区交界的弗吉尼亚北部，她坦言自己"不敢纠正他们中任何一人的行为，因为她害怕这些人会一下子都走掉"。在邦联的另一端，得克萨斯州的莉齐·内白勒特督促她的临时监工不要打不听话的奴隶："我跟他说，只要乔把活儿干完了，就不要鞭打他……否则他可能会逃走，我们可能永远找不到他，就算他对我没什么用处，以后对我的孩子可能会有用。"莉齐也担心鞭打会激起奴隶用暴力报复管理者，他们也具有邦联白人女性的显著弱点。她说，很多管理者已经变得"害怕鞭打黑奴了"。[23]

旧南方的各社会等级制度，使得暴力的使用在一定程度上具有合法性，因而社会权力与使用武力的权利密不可分。暴力几乎是各阶级白人男性的必备能力，这一隐性的文化原则随着开战和征兵显露出来。相比之下，黑奴则被完全禁止使用暴力，而在他们自己的群体里发生的暴力行为，但主流社会却有意视而不见。白人女性则站在一个定义模糊、行为与观念常常冲突的中间地带。

内战加剧了这一紧张关系，迫使蓄奴家庭的女人们去行使本不属于她们的权利。暴力在旧南方的中心地位，反映并强化了白人女性在该社会中的劣等地位。随着内战的到来，军事斗争使有组织的暴力活动成为邦联政府的基本目标与生存手段，再一次将女性边缘化。但是，即使在远离"帐篷营地"的大后方，女人们也觉得能力不足；她们对自身性别的认知削弱了其行事效率。正如邦联女性因为不能冲锋陷阵而觉得自己"没用"一样，很多女性也因为不愿使用暴力而感觉自己是失败的奴隶管理者。莉齐·奥斯本提到了她管理 11 个不听话的奴隶时的无奈："我真厌倦了去做男人的事情，因为我一无是处，不过是个只会生孩子的可怜人，让一个哭闹的小家伙缠在家里，被人看作劣等人。"她自我厌恶的用语值得注意，因为她借用了性别和种族的词汇。她提到了生理上的客观限制——"只会生孩子的人"，也提到了由社会因素导致的地位局限——"被人看作劣等人"，她既没将自己归入上层社会之列，也没将自己归入这场战争的受益者之中；相反，她将自己视为南方受压迫的弱势群体。虽然有些自我纵容，但她却日益将自己看作南方奴隶社会的受害人，而不是受益者。莉齐·内白勒特的暴力和蓄奴经历是比较少见的，值得我们细致分析，因为它不仅说明了女性管理本身存在的矛盾，也体现了难以适应的新角色给她带来的深刻的个人身份危机。[24]

内心不安

1863 年春天，丈夫远赴战场时，莉齐已经开始管理奴隶，决心"竭尽全力"，但她担心自己对农业一无所知，也不知道 11 名奴隶会作出什么事来。不过，他们对她指令的最初反应，似乎非常乐观。4 月末，她给威尔写信说，"奴隶们看起来很勤奋，都想好好种庄稼"。[25]

然而，到收获季节，情况已经变了。"奴隶们什么都没干，"八月中旬第一轮摘棉高峰时，她写信给威尔说。"不过，不仅我们的奴隶是这样。附近几乎所有的奴隶都不做事，有的就期待着他们辉煌的自由早日到来，我想是等着北方佬吧，以至于连鞭打都会抵抗。"对于她家奴隶的长期忠诚，莉齐可没什么幻想。"我想奴隶们以后不会跟着我们。"[26]

那年的收成远低于上一年，收获季节结束后，莉齐认为必须做新的管理安排。此前威尔找了一个男性邻居，帮忙总体上照看一下内白勒特家的奴隶，可 1863 年秋天莉齐写信给威尔说，她雇用了一位名叫梅尔斯的先生，每周花三个半天来管理她的奴隶。"我想他会好好收拾那些奴隶的，但他们活该。梅尔斯会立下规矩，并且执行下去。"但莉齐也强调，她不会允许残暴行为或虐待奴隶的行为发生。[27]

结果证明，控制梅尔斯在一定程度上比控制奴隶们还难。在来到种植园的第二天，他就鞭笞了三个年轻的男奴，理由是他们太过懒散；下一次来的时候，用莉齐的话说，"他收拾了老山姆"。有消息说山姆绝不会让任何人鞭打他，这个说法在周围种植园的奴隶之间传开了，然后又从奴隶传到了各个主人的耳朵里。[28]实际上，（主人）威尔·内白勒特以前管教奴隶并不严厉，通常采用的是威胁或斥责的方式，而不是真正的鞭打，但梅尔斯认为山姆对他的挑战已经"够挨鞭子了"。山姆觉得自己不该受罚，拒绝走过来接受鞭笞。于是梅尔斯逼上来，威胁说要开枪打死他。狂怒之下，梅尔斯重重鞭打了山姆。结果，莉齐觉得山姆可能要死了。她急忙找来了医生，医生说没有内伤，称自己还见过被打得厉害得多的奴隶呢。

莉齐内心充满矛盾，不知道该对梅尔斯和山姆说些什么。"我同情可怜的山姆，"她私下里写信对丈夫威尔说，"但这一点我不想让他知道。"在其他奴隶面前，她坚持说"梅尔斯鞭打了他，肯定是他该受惩罚"；对威尔，她又有些自我辩护地说，"总要有人去制伏他们。他们越来越坏。我甚至都没法跟你写……他们一点儿也不把我当回事儿"。她认为梅尔斯的行为是计划的一部分，一开始要管住："他让奴隶们知道他是什么人……以后就不会有问题了。"但莉齐的坚持和辩护，本身就表明，连她也认为这不是最理想的奴隶管理模式。[29]

接下来几天，莉齐对梅尔斯及其行为方式更加怀疑。这件事没有像他计划的那样，在开始阶段就一劳永逸解决问题，而是引起了更大的骚动。一名负责厨房和家务的女奴隶萨拉向莉齐报告说，山姆怀疑鞭笞是女主人的意思，还说等身体好了，他就跑掉，等到（主人）威尔回家后，他再回来。[30]

为了缓和同山姆之间的紧张关系，维护她作为女主人的声誉，莉齐又请另一个白人科尔曼去和山姆好好谈谈。科尔曼以前是她去世的父亲的监工，现在还在管理着她母亲的财产。威尔和莉齐自己的兄弟们都在前线，科尔曼显然可作为家族代表，而且莉齐从父亲那儿继承山姆之前，科尔曼肯定就认识他。科尔曼同意，"想办法让山姆明白他犯了什么错"。最后山姆说出了科尔曼期待中的话，承认自己犯了错，保证以后不再反抗。[31]

事情发生两周后，莉齐和山姆终于有了一次令人宽慰的直接交谈，至少莉齐是这么认为的。梅尔斯下了命令，让山姆回去干活，但山姆说一直感到身体虚弱，于是莉齐介入了。山姆看出了莉齐的妥协立场，同时也遵循了科尔曼的建议，于是他道了歉，说不该让莉齐失望，还承认自己作为最年长的奴隶，在威尔不在家的时候应该承担特别的责任。他答应莉齐，今后"老老实实做事，尽量多给他派活"。莉齐对威尔坦白说："我禁不住为这个老家伙感到难过……他讲得那么谦卑，看起来很伤心，好像我该让他挨这么多鞭子。"[32]

究竟如何管理奴隶才合适，莉齐犹豫不决；山姆从反叛者快速转变为忠实的奴仆，帮助她解决了这个矛盾。她不再为梅尔斯严苛的管理辩护，甚至不惜得罪监工梅尔斯，为奴隶山姆开脱。莉齐跟山姆说，让他受到惩罚不是自己的意思，她本人对此也感到"震惊"。她在给威尔的信中体现了刚刚获得的自信，说是梅尔斯"做错了"，他对管理奴隶"一无所知"。她还颇有洞见地指出，梅尔斯"不把奴隶们当成有道德的生命，只是用野蛮的方式管理他们"。莉齐最后总结道，她以后不会因为无力感而认同极端严峻措施了。相反，她向山姆承诺，只要他一直"谦卑、顺从"，她就会保证"他今后不会再挨一下鞭子"。[33]

莉齐·内白勒特

（奥斯丁得克萨斯大学美国历史研究中心提供）

山姆受罚事件是一个契机，莉齐和她的奴隶们借此明确了彼此行为的底线，莉齐也因此找到了管理者的自信。莉齐看上去是一个孤单的女人，只能完全靠自己想办法，但她请来了梅尔斯和科尔曼，这表明莉齐事实上并不是孤单一人。虽然管理奴隶的责任最终还是要落在自己肩上，但这个问题也是社会关注的问题。莉齐担心自己没有能力，被迫同意梅尔斯的残酷手段；梅尔斯将她放在了一个极端的位置，但随后她自己放弃了这一立场。她与梅尔斯的行为划清界限，但与此同时也从梅尔斯的行为中受益：山姆放弃了公开挑衅的姿态，表面上变得顺从了。山姆和莉齐最后终于联手达成共识：对梅尔斯必须既谴责又忍受，因为他是一种必要的恶，而女主人和奴隶都将一直想办法去利用这种恶来实现某种平衡。在短暂地上演了类似《汤姆叔叔的小屋》中奴隶主西蒙·莱格残酷迫害可怜的奴隶奈特·特纳一幕后，莉齐和山姆都意识到，那并不是他们各自想要扮演的角色。于是，他们又回归各自更习惯、感到更舒适的角色，即主人要关心奴隶，奴隶要对主人忠诚。双方也都认识到，要获得对方的理解，首先要理解对方；同时，自己的行为在一定程度上会影响对方的反应。

莉齐在整个危机中的行为，体现了性别身份与性别预设在处理主仆关系中的重要作用。作为一名女奴隶主，莉齐利用了她与家务奴隶萨拉看起来比较亲密的关系，了解到了其他奴隶的情况。"萨拉开口，抵得上一帮奴隶的作用，"莉齐对威尔说。然而，莉齐的性别往往是制约，而不是机会。就在梅尔斯和山姆发生冲突之前，莉齐写信给威尔，明确地谈到了对体罚奴隶的看法。莉齐承认威尔不怎么鞭打黑奴，但她也坦言，自己反感使用暴力。她说，"我对鞭打山姆这件事，非常反感。以至于你走之后，我连凯特都没打过；就一次，也不过抽了她几下——我心里太不安，没足够的勇气去打她。后来，我让桑顿用鞭子打过汤姆一次。"[34]

莉齐偶尔会打女奴隶，但汤姆十几岁时受罚，她是让另一位男奴隶鞭打的；后来要制服颇有威望的山姆，她请的是一位男性邻居。但是，随着她在战时扮演"事务总管"的新角色，连这种层次清晰的暴力结构也越来越让她"讨厌"。一方面，莉齐知道，从客观上讲，她在身体上比周围的男性白人和黑人都要弱小。但另一方面，她也坦承"心中……不安"，不知道该如何处理与奴隶制所依赖的终极强制力之间的关系。莉齐更喜欢的"道德"管理，在战时的压力下逐渐失去根基；而她所说的"暴力"，作为一种胁迫手段，一方面越来越有吸引力，一方面又越来越危险。

梅尔斯被禁止使用严厉的体罚，这可是他奴隶管理体系的支柱，于是他要求该年农事结束即终止与莉齐的合同。此前在协议中，他曾对莉齐说，能够"征服"她的奴隶，"但不得已的话，可能需要杀死其中一个"。他解释说，是否同意，由莉齐来决定。那是感到最沮丧的时刻，于是同意使用那些极端措施。"我说就这么干吧。"但经过冷静的思考，加上丈夫威尔提出的审慎的建议，人性的考虑逐渐占了上风。她一再介入梅尔斯和奴隶之间的关系，保护奴隶不受鞭打，或者指责梅尔斯不听她的指令，对奴隶处罚过严。不过，尽管莉齐难以管住梅尔斯，尽管她认为梅尔斯"判断力不足"，但是她也承认，必须依赖梅尔斯，依赖他所代表的体罚威胁。她决心"尽量留住他，越久越好"。她坦率地写道，如果他离开，奴隶们发现没有其他人来替代他，"那她就完了"。她自己管理奴隶使用的那一套办法就不灵了。如果没有男人，一个一周工作三个半天的兼职男人，没有梅尔斯所代表的暴力手段，维系奴隶制是很困难的。毕竟，家长制的丝绒手套，必须有铁拳作为保障。[35]

暴力是维护南方奴隶制的基础，但是由于性别因素，社会故意将白人女性，特别是那些最有可能负责管理奴隶的精英阶层的白人女性，同对奴隶蓄意施加人身伤害和控制隔离开来。即使在后来因局势变化，女性权威得到社会认同，很多种植园女主人想用暴力方式来加强对奴隶的管理，也难以实行。莉齐厌恶暴力，但又认为暴力在奴隶管理中有效，这种矛盾心理反映了内战时期，南方上层社会女性管理奴隶出现的悖论。莉齐乞求丈夫威尔把奴隶租出去，甚至要把黑奴送出去。她说，要尽最大努力，用自己的双手干活，心里才会踏实。莉齐一再表示自己想死，想成为一个男人，或者奴隶统统不要了。不过，有趣的是，她说要留"一名好奴隶来伺候"她。从殖民时期到战前，南方奴隶制的存在一直让白人女性从中受益。

但她们无法承担日常管理，又不愿失去她们心目中的女性特质。长期以来，她们已将依赖他人当作女性的核心品质，她们在阶级和种族上的权威，也无法克服这一点。[36]

付出多，收益少

很多女人害怕会有莉齐这样的经历，选择出租或出售奴隶，不想亲自管理这麻烦的财产。南方局势每况愈下，食品、衣物日渐稀缺，找到一个人愿意承担喂饱黑奴的责任，往往非常重要；其重要性不亚于出售或出租奴隶之后拿到现金。莱拉·乔恩的姐夫建议她卖掉安和桑迪这两个奴隶。莱拉的姐妹写道，"他说，把奴隶卖掉应该能带来四千或五千块的收益。而且，是你一直养着她，而不是她养着你"。在南方一些地区，逃难者此前蓄养了大量奴隶，到战争后期，市场便饱和了。比如，得克萨斯州的一位遗产经纪人抱怨，1864 年，他没法把一位已经过世的奴隶主留下的奴隶租出去，哪怕价格很低。[37]

对于一些白人家庭而言，奴隶市场发生变化、奴隶可轻易获得，是难得的机会。因为这是他们由于战乱而第一次拥有蓄奴的可能性。暂时统领这类家庭的女人们，往往对新的蓄奴责任表示欢迎，并把这看作战时能跻身上层社会的机遇。北卡罗来纳州富兰克林市的玛丽·贝尔利用南方劳动力大军新出现的流动性，在 1864 年买了三个奴隶——这是一家三口。玛丽·贝尔把他们从卡罗来纳沿海带到了她居住的山区。[38]

玛丽的丈夫阿尔福里德在 1861 年离家参战，此后她依靠租来的两名奴隶种地。他们是汤姆和丽莎。两人名义上由一位白人佃户监管。但是，这两个奴隶总是让玛丽感到恼火。到 1862 年，玛丽发现汤姆多次偷主人家的肉，他还毒死了她小叔子养的狗；丽莎有时候一走就是好几天。玛丽常为自己无力管束奴隶感到苦恼。她觉得，出现这种情况，一个原因是她所指望的白人男性（包括她公公、小叔子、佃户监工）没有给她足够的帮助。1862 年 5 月，玛丽给阿尔福里德写信说，"你爸爸该管好汤姆，可他没管好。他给了汤姆太多的自由。我真希望在战争结束前，我自己既是个女人，也是个男人"。由于她能够依靠的白人男性让她失望，她开始有了连自己都知道不可能实现的幻想：由自己来实施男人的权力和控制。玛丽开始幻想一些不可能的事，如自己是男人。玛丽非常烦恼，她甚至打算彻底放弃雇用来的奴隶。考虑把她的奴隶都放走。一周后她给阿尔福里德写信道："汤姆从不回来，他不在，我也很满意，汤姆逃走了，应该再也不会回来了，我甚至感到高兴。他太懒了，对不起我付给他的工钱，给他的食物衣服；而且，他总是跟我闹事，我还得养着他。"[39]

玛丽对奴隶管理不甚满意，她认为原因不在于她的性别（虽然她也觉得这是问题的一部分），也不在于战时混乱的主奴关系，而在于她对奴隶的掌控缺乏法律依据。她不是这些奴隶的主人，她与他们的关系只是临时的，不是永久的。她想，如果有了完全所有权，也许这些困难就能解决了。

在小叔子的建议和帮助下，玛丽放弃了租用黑奴的做法，在 1864 年 3 月买了三个奴隶。这是一家三口：丈夫特利姆、妻子帕翠和女儿罗莎。玛丽一开始为自己的新财产感到兴奋，说："对我的黑奴非常满意。"但是她的热情很快就消退了。11 月，她写信给丈夫说，等他回家了，看见事情这么糟糕，可能又想回军营了。帕翠身体不好，经常发病；她"只要活着，就是我们手上的负担"。不久之后，玛丽发现在买卖中受骗了，帕翠实际上是自由人。也就是说，玛丽事实上只买了一个奴隶，而不是三个。因为罗莎的地位跟随母亲，所以她也是个自由人。特利姆在田地里的作用也很有限。"除非你能回家，否则我担心我们是种不了什么庄稼啦，"她12月份写信给阿尔福里德说。[40]

玛丽开始考虑用这些奴隶交换别的奴隶，但对于蓄奴能带来的好处，她的期待已经低多了，不再像以前那样希望借此提高社会地位、增加财富。玛丽·贝尔自己又有了孩子，她像莉齐·内白勒特一样，开始觉得蓄奴最大的好处，是有个人帮她减轻家务负担。到1864年年底，玛丽·贝尔最大的愿望，不过是"有个女人，起来做早饭。我厌倦了在这么冷的早晨起床"。[41]

总而言之，玛丽·贝尔管理奴隶、初当奴隶主的经历很不容易。1864年11月，她写信给丈夫说："在这些黑奴身上，付出要超过收益，除非你在家里。我想如果你在家，特利姆会对我们有用。"玉米收成不足，土豆在地里腐烂，玛丽说"今年真是让我伤透了心"。刚开始承担奴隶管理的责任时，玛丽·贝尔积极乐观，但最后也和莉齐·内白勒特一样，有一种深深的失败感和无力感。正如她一再告诉阿尔福里德，"除非你可以待在家里""除非你在家"，否则这个制度无法运作。1864年12月，玛丽·贝尔给丈夫写信说，"你说你觉得我是个好农场主，只要我对自己有信心就行了。坦白地说，我对自己的判断力和管理能力没有什么信心。有信心倒好了。如果我有信心，也许就不会那么伤心。我有时候真想放弃了，觉得自己的命运真是比其他人都糟糕"。[42]

很多精英阶层的白人女性对奴隶制越来越失望，就是因为这种要"放弃"的念头——不想承受管理的负担，害怕黑人报复。相比之下，奴隶越来越不听话，其劳动带来的有形收益已经微不足道了。蓄奴的女性很少严肃质疑这一体制的道德或政治合法性，虽然很多人承认一些罪恶同这一体制有关。格特鲁德·托马斯注意到，这一制度"对我们的男人和男孩产生了可怕的不道德的影响"，玛丽·切斯纳同样猛烈批评了奴隶制，因为它让白人男性们几乎可以毫无限制地性侵黑人女性。不过，和格特鲁德·托马斯一样，她担忧的是这种社会制度对白人及其家庭的影响，而不是对受剥削的奴隶身心健康带来的负面影响。南方白人女性从未质疑那个时代的种族主义。切斯纳说，黑人"本性上肮脏、邋遢、懒散、气味难闻"。毫无疑问，奴隶们是劣等人，正如北卡罗来纳一名妇女写道，"在盎格鲁·撒克逊人这儿有个家就是福气了"。弗吉尼亚州的简·豪威森·贝亚勒确信，黑人"是上帝指派给白人使唤的，只有发挥这一作用，他们才会幸福、有用、被人尊重"。[43]

南方的女奴隶主确信蓄奴制度对黑人有益，但未必对自己有利。战前奴隶制的辩护者们敦促人们考虑该制度"抽象意义上"的优点，但邦联女性为环境所迫，无法做到。奴隶制的意义，不在于政治或道德哲学这些脱离现实的知识领域。制度的情感和体力成本，强有力地影响着蓄奴的女性，许多女奴隶主开始说服自己：这一制度带来的麻烦多于收益。

1863 年，仍在期望邦联胜利的莱拉·乔恩开始督促丈夫，让他考虑在战后换一个与奴隶无关的行业。"我有时候觉得，拥有的奴隶越少，生活会越好。"1863 年，堪萨斯州的萨拉·肯尼迪决定，她"宁愿自己做所有的事情，而不用去担心一屋子的奴隶做什么、怎么做、什么时候做，他们想怎样就怎样……如果能得到等同于他们价格的补偿，（我们）不要他们更好"。凯西亚·布雷瓦德表示同意："管理他们真的是令我身心疲惫，如果能把他们扔掉而不必受良心谴责的话，我会这么做的……连顿像样的饭菜都做不出来，要这么多财产有什么用？"1862 年，博伊斯太太写信给担任南卡罗来纳州议员的丈夫，"我跟你说，照顾农场这事儿对我来说是越来越难了。下命令没问题，但如果他们不遵守，我就管不住自己的脾气……我永远愿意帮你一把，但我得说，我真是不想去管理自由的黑奴了"。格特鲁德·托马斯于 1864 年写道，她"相信黑人作为一个种族跟着我们更好……好过获得自由，但是，我一点儿也不确定，给他们自由我们会一无所获……当初我们要是投资了别的东西维持生活，我会很愿意，不，很高兴，甩掉肩上的这份责任"。[44]

和莉齐·内白勒特一样，许多白人女性都详细谈到了蓄奴带来的磨难，渴望这一独特的制度连同制度约束下所有令人头疼的黑人，神奇地消失。"我希望，"凯西亚·布雷瓦德写道，"废奴主义者和黑人有自己的国家就好了，我们这些信奉上帝、渴望真理和爱的人有另一个国家！是啊，我主耶稣，在未来的世界里把我们分开吧，不要让我们在一起。"但是，和内白勒特一样，很多女人一边抱着这样的幻想，一边又渴望"有一个好奴隶来伺候我"。对白人女性而言，这是解放黑奴的最大代价。[45]

我们家庭关系的整体破裂

1862 年夏天，一位邦联妇女无意间听到两个小女孩在玩类似"过家家"的游戏，"给您请早安，夫人，"小萨丽对朋友说，"您今天过得好吗？""我今天早上不太好，"四岁的纳妮·贝尔回答。"我所有的黑奴都丢下我跑了。"[46]

从战争前几个月开始，白人女性便开始面对家中的另一个变化，一位弗吉尼亚州妇女将其描述为"我们家庭关系的整体破裂"，即奴隶的离开。有时候，尤其是在北方军队扫过某个地区时，这种损失是立竿见影、不留余地的。阿拉巴马州的萨拉·休斯就站在路旁，看着她几百名奴隶得意扬扬、列队走向自由。她的侄女伊丽莎·沃克尔前去拜访姑姑，快到休斯家种植园时，看到了这样的景象：

（蓝衣军）顺着马路……来了，跟着他们的还有所有奴隶……走向他们想象中的乐土。我看到他们在大路上走，很多女人怀里抱着孩子……年轻的、年老的、男的、女的、孩子。一些人看起来比其他人好。一个黑人妇女叫劳拉，是我姑姑的好裁缝，她骑着休斯太太那匹漂亮的小白马，坐在她女主人那红色的毛绒马鞍上。老车夫塔里费罗驾着休斯家的马车，载了一车的蓝衣士兵和黑奴，从路上堂皇而过，后面跟着其他车辆。

在萨拉·休斯曾经信任的黑人的带领下，这些联邦士兵走入了南方奴隶主的庄园和种植园，从此，萨拉·休斯的生活彻底被打乱了。[47]

阿拉巴马州种植园女主人萨拉·休斯（阿拉巴马州档案与历史部（蒙哥马利）提供）

通常情况下奴隶都是偷偷地离开，黑人得知有机会接近联邦军队、获得自由，会一个一个悄悄溜走，或者两三个人一起逃走。根据凯瑟琳·科克伦的记录，在弗吉尼亚州的米德尔堡，"几乎每天清晨都会收到黑奴逃跑的消息，有时人们早上一起床会发现所有的奴隶都逃走了——我们每天睡觉前都觉得第二天会发生这种事情"。在附近的温彻斯特，玛丽·李试图控制奴隶的流失。男奴隶于 1862 年春天率先离开。女仆埃米莉和贝蒂威胁也要跟着走，李打算把她们送到一个奴隶无法逃跑的地方，远离联邦边境，以免她们一下子全跑了。把女奴留在家里，尽管她们有逃跑的风险，但是没有办法，做家务确实需要帮手。"我鄙视干下人的活儿，"李坦言。但她并没有保住奴隶财产的信心。"想到一早醒来，不知道会不会有仆人送水、做早饭，就让人很不舒服……如果干家务的奴隶离开了，我就必须干她们的事情，想到这一点我很害怕。"1863 年 6 月贝蒂又说要走，玛丽的嫂子劳拉·李把这位黑人妇女提前准备的衣物都锁了起来。但这样做只是暂时打消了贝蒂出逃的念头。第二年夏天，她还是走了。[48]

到 1865 年 2 月玛丽·李逃离温彻斯特时，家里还有两名奴隶，她对此感到惊讶。萨拉和埃米莉这对母女虽然一再威胁要走，并同主人爆发过激烈的冲突，却终究没有离开。玛丽·李不再幻想奴隶们仍然忠诚。初期，她说得很清楚："我从未相信过任何黑奴会对主人忠诚。"奴隶逐渐逃走，这让她感到伤心，主要是出于实际的考虑；失去了奴隶的劳作，她感到难过，但对维持主仆之间的和谐关系从来都不抱任何幻想，也不觉得奴隶选择自由，而不选择忠诚，是打破了这样的和谐关系。[49]

相反，南卡罗来纳州一位妇女在发现自己最信赖的三名家务奴隶逃走之后，却感到"非常沮丧"。她解释说，"如果她们的感受和我一样，她们就不可能离开我"。佐治亚州的琼斯家是虔诚的长老会教徒，他们认为奴隶逃离就是背叛，对此感到义愤填膺——这反映了主张蓄奴的福音派的顽固观念。伊娃·琼斯的三名女奴隶拥抱自由，"都没有跟我们好好道个别"，这让她心乱如麻。玛丽·琼斯认为奴隶们这是"忘恩负义",觉得自己深受伤害。她认为蓄奴是符合基督教精神的体制,建立在双方权利和义务的基础之上,因此只能把黑人追求自由的行为,看成不知感恩,没有在这个体制内尽到自己的责任。"我一辈子……都在干活,都在照顾她们,战争开始后,我更是用尽了全力干活,为她们提供需要的东西,我所有的东西都直接或间接地用来养她们,她们却这样回报我。"玛丽·琼斯为奴隶们的行为所震惊,但她依旧没有意识到,她把蓄奴看作一个互利的体制,可她的奴隶们并不认同。渴望自由的奴隶们并不认为有任何义务,去遵守南方白人制订的制度条款。[50]

迫于战时的紧急情况以及对家庭劳动力的迫切需求,大部分白人女性很快就像玛丽·李一样,开始专注于奴隶离开的现实影响,而不是观念上的冲击。1861 年 12 月,凯瑟琳·布龙失去了一名 19 岁的奴隶,她抱怨丈夫不理解她的难过。"他不知道,有好奴隶对一个女人的幸福有多重要。"事实上,这不仅仅关系到女人的幸福。南方精英最根本的身份感,也依赖于有别人来承担生活琐事。南卡罗来纳州的贵族夏洛特·拉夫纳尔被迫做了将近十天的饭后,才找到一名奴隶来做这件事。她在 1865 年写的话很能说明问题:"纽波特接手了做饭的事,我们又是女士啦。"拉夫纳尔险些遭遇的厄运,佐治亚州一位妇女成功避免了。"母亲第一次做饭,也是唯一一次做饭,"艾玛·普雷斯科特回忆说,是在"黑人都离开后的那一天。母亲去了厨房,去做早饭。她筛了一些面粉在盘子里,然后就站在那儿,想着下一步该做什么——这时一名老男奴隶出现在窗前,说,'老天爷,夫人自个儿在做早饭'。'不,我不会来这儿了,你给我去把早饭做好',他就去做了早饭"。[51]

奴隶离开后,女人们的反应让自己和子女明白了,她们对奴隶的依赖程度。如今,家务自动化和预加工食品的存在,使我们很容易忘记 19 世纪做家务需要多大的技能。许多女奴隶主们缺乏这样的基本能力，方方面面的家庭任务，都是由奴隶们完成的。上一代的史学家安·菲罗尔·斯科特彻底改变了人们对南方女士的流行看法。斯科特坚持认为，南方女士不是传说和浪漫史中闲散无事、被人宠坏的大家闺秀。她认为，南方女士是工作者，为种植园的效率和秩序作出了很多重要贡献。但白人女性失去奴隶后的反应，却与此观点形成对比。如果种植园女主人真的努力工作，那么她们中的很多人尤其是较大的农场和种植园主人，一定是全力以赴做组织管理工作了，如订购衣服、食物，计划、分配家里的事务。然而战争和奴隶解放表明，很多白人女性对于如何处理基本的日常事务一窍不通。[52]

路易斯安那州的一位女士"自己以前连手绢儿都没洗过"，突然要学着给她全家洗衣服。凯特·福斯特的家务奴隶离开之后，她自己要洗衣服，发现"几乎把自己全毁了，因为我养得娇嫩，干不了这种苦活"。密西西比州的种植园主托马斯·达布尼听说要小姐、夫人们洗衣服，吓坏了，坚持对女儿们说他要自己去洗衣服。彼得斯堡的莉齐·卡特没有了保姆之后，对母亲的角色有了新的认识。"我从没想过孩子会这么麻烦，"她对姐妹抱怨。密苏里州的玛莎·霍恩战后回忆说，"女奴隶走之前，我没做过一顿饭，学起来真不容易"。阿曼达·沃辛顿描述了她学习烧开水时的困难，最后说自己"不是当厨师的料"。1865 年的 3 月，马尔维娜·吉斯特渴望"以前学的是做饭，而不是弹钢琴。这关头，如何准备食物的实用知识，对我更有帮助"。亨丽埃塔·巴尔的厨师离开后，她自己到厨房做饭。虽然觉得坦白说出来很丢人，她还是在日记里承认道，"我得说，干这件事我一点儿也没有她称职。我觉得，我的长处肯定不是做饭"。[53]

南方女性的长处，似乎也不是管理奴隶。这些女人发现，她们无法和奴隶一起生活，却又离不开他们。"没有他们的生活很痛苦，有他们也同样糟糕。"加尔维斯顿的阿米莉亚·巴尔坦言，女人们

"要干男人的活"，要领导奴隶，早已力不从心，如今又发现自己同样没有能力去从事原来属于劣等种族的任务。很多人像亨丽埃塔·巴尔那样，认为这种状况令人耻辱。弗吉尼亚州的玛瑟拉·佩奇·哈利森知道自己的奴隶随时会逃走，她写道，"像我们这样依赖那些奴隶，真是丢人"。[54]

女人依赖他人、软弱无力的观念，不仅仅是南方性别思想的支柱；在战争的背景下，白人女士们发现这还是个痛苦的事实。社会环境让女人们相信自己软弱无力，同时也让她们得到庇护，连生活中最基本的事情都不用去做，因此面对战争带来的新生活，很多人毫无准备，感觉一筹莫展。然而，就在她们努力应对变化之时，对旧秩序的忠诚也开始动摇。国家为之而战的文明，其基石正是奴隶制度，可蓄奴却日益成为负担，而不是利益。白人女性也将其视为一种威胁。邦联男性没能保障白人女性眼中的基本权利，没能保护女人，没能控制无礼甚至反叛的奴隶——也就破坏了南方这一特殊制度的根基，他们作为白人男性、作为掌管白人女性和黑人奴隶的主人而享受的权力，也不再具有原来的合法性。

| 第四章 |

我们也该去工作

1861 年 9 月 10 号，弗吉尼亚州的玛丽亚·哈勃德在日记里写到了"我生命中绝无仅有的一件事！"她用惊讶的语气写道，她第一次做了"可以拿到薪水"的工作[1]。很多邦联女性努力管理着奴隶和农田，挑起了女当家的重任，与此同时，其他女性则面临着不同却同样新鲜的战时任务。1861 年至 1865 年间的南方，大量中产阶级及上流社会的白人女性第一次走出家门从事有薪水的工作。[2]

南方一直以农业生产为主，没有发展起制造业和商业，而在 19 世纪上半叶，这两个产业在北方却蓬勃发展，成千上万人开始在城市和工厂里从事有偿劳动。战前，经济上的需求确实迫使一些南方白人女性去当时的新兴行业里寻找工作机会，并且在其他各种各样的职业里，也可以发现女性的身影，比如帽子销售员、面包师、裁缝、洗衣工、寄宿公寓及小旅馆管家。但总体来讲，走出家门去工作挣钱的南方白人女性远远少于北方，在中产阶级、上流社会就更少了。那些工作的南方白人女性之所以这样做，是出于生活的需求，劳动给她们打上了地位低下的烙印，笼罩在声誉不佳的阴影下。在北方即使教师或店员等被认为适合中产女性且受人尊敬的工作，在南方仍然几乎是男人们的专属。[3]

大规模军事动员以及全面战争的需求，要求大幅度增加南方劳动力的数量。要满足这一需求，只有吸收白人女性劳动力，包括中上阶层的女性——而她们认为，公共生产领域与她们相距甚远。一场最初让众多女性感到自己没有作用、无关紧要的战争，很快就需要她们包括南方最有特权的女性，付出大量劳动和牺牲。正如罗伯特·巴维尔牧师在给查尔斯顿的女士们讲话时强调的那样，"没有你们，我们不会在这场战争中坚持下去，因为政府对这突如其来的一切是没有准备好的"。在整个邦联，都有南方人好奇地谈论着女性意外出现在新的角色和行业中。1862 年，佐治亚州的莱拉·乔恩提到了一例类似情况，把它作为后方的新闻，告诉了前线的丈夫威利："现在这里是女人们在照看商店……她们的丈夫都参军去了。在南方，看到柜台后面站着女士，显得很奇怪。但如果我们在北方，那就很自然了，因为那里一直有这个习俗，虽然我不喜欢这个习俗。随便来个人，一位女士都要面对他，同他做生意。这只适合脸皮厚的北方女人们。但是，我得说，如果有必要的话，我们的女士们也该去管理商店，做任何力所能及的事情，来帮助这场艰难的自由之战。"[4]

对于女性而言，个人需求的推动力，也许要大于为南方自由而奉献的爱国精神。日益艰难的经济状况，迫使很多此前连做梦都没想过要谋生的邦联女性去从事有偿劳动。格特鲁德·托马斯的父亲是一名身家 250 万美元的种植园主，1864 年 9 月她惊讶地写道，"有一天，我可能要帮忙养活自己，这个念头我已经有过好几次了"。[5]

不管对于个人生活和国家存亡有多么必要，女性外出从事有偿工作，这一转变并非易事。无论是从个人还是观念上来讲，都不容易——因为这有悖于根深蒂固的观念，即女性应依赖男性，女性应有一个单独的领域且应当以家庭为中心。邦联对女性劳动力的需要，加上很多女性从事有偿工作的迫切需要，极大地挑战了南方对于女性柔弱特质和社会地位的理解。工作的女人似乎"脸皮厚"，连莱拉·乔恩这样理解、支持适当背离传统的人，都会这么想。南方人对这些转变感到不安，因此特权女性从家庭转向工作场所，引发了广泛的公共讨论和私下议论——阶级和性别身份究竟应该由哪些因素构成？同时，对于新生活中必然存在的机会和困难，女人们有不同的应对方式，因而也给她们带来了很大的困惑。

我们该去哪里找老师呢？

女性们首先从事的职业是教书，这毫不奇怪，因为教书与女性抚养、教育下一代的传统母性责任密切相关。在北方，教师职业的女性化在南北战争之前已经出现，但南方还没有鼓励女性去承担教书工作。举例而言，在 1860 年的北卡罗来纳州，仅有 7% 的教师是女性。然而，在战争期间，这一比例急剧增加，到战争末期，州内女性教师的人数和男性教师一样多了。[6]

邦联的公共舆论对这一巨大转变，以及该转变在更大范围内对于女性智力和性格的影响，给予了高度关注。赞同改变最常见、最直接的理由是，女性需要去教书，教书工作也需要女性。北卡罗来纳州公立学校总监卡尔文·威利在 1862 年的年度报告中提到："很多女性迫于环境，为了生计去劳作；最适合女性天性、最能让女士们发挥作用的工作，就是塑造年轻一代的心灵和思想。"《奥古斯塔宪政日报》同意威利的主张，认为教书符合女性基本特征。该报响亮地宣称："从天性和道德上来讲，女性都特别适合做年轻一代的老师。"但是这位编辑很快就丢下了天性使然的经典论调，开始讨论更加现实的考虑。这场战争的后果就是"吞没"了年轻的男人，"我们没别的办法，只好请女教师……她们必须当我们的老师，否则就没有老师了"。[7]

《中央长老会报》也认为这事"很明显是一个现实问题"。该报公布北卡罗来纳州斯泰茨维尔女子学院增设了一个教师系，然后接着敦促道，就像她们那些前往战争前线的兄弟们一样，"我们国家的年轻女士们……应该自愿参与到这次服役中去"。戴维逊学院院长J. K. 柯克帕特里克也发现男性士兵和女性教师有可比之处，而且预计到父母们对于送女儿去学校教书，可能会抵触，就像他们不愿意让儿子上前线一样。不过，他试图呼吁人们用战争中的爱国主义精神，来支持教育事业。"这也许并不是你希望女儿会拥有的生活……教育本身是高贵的事业，而且适合女性。没有教育，国家将套上枷锁，比我们无情的敌人可能套在我们脖子上的枷锁更可耻、更沉重，因为这是无知以及随之而来的邪恶与堕落的枷锁。你已经把儿子送上了祖国的祭坛；而面对这样的事业，你还会阻拦你的女儿吗？"面对北卡罗来纳州一个女子毕业班，柯克帕特里克坦率地说，"我们的女性必须要加入到教书的工作中……没有其他选择"。[8]

战时的需要加上女性的特征，使得"女性职业范围的扩大"不仅必要，而且自然、适宜，至少在邦联舆论充满意识形态色彩的声明里是这样的。《德鲍评论》在1861年建议道，南方必须克服"把教书列入卑微职业"的倾向，也不能认为"其社会地位低下"或"仅适合北方佬"。[9]

然而，正如《德鲍评论》指出，除了态度上的转变，要克服的困难还很多。南方缺少完善的女性教育体系。尽管南方各州有为女性设立的教育机构，"数量众多"，无疑已经"产生了很好的效果"，但是这些学校大多没有"确立南方女性应该拥有的高层次学术水平和文学成就"——如果这些女性要去教育新国家的男人们，那么这个水准尤其不足。邦联对于女性教师的需求，引发了一场以改革、提升女性教育为目的的运动，并促使人们审视有关女性智力特点的普遍看法。在必要的课程修改方面，《德鲍评论》立场明确：要秉承严谨认真的态度给女孩子教授数学、经典作品赏析及自然科学课程，因为这些科目在女子教育中就算有，也常常不受重视。"难道她永远不能接触数学这门令人振奋的学科吗？难道希腊和罗马文献中埋藏的宝藏，她的眼睛就永远见不到吗？难道自然这伟大的书卷，必须永远尘封吗？"[10]

《德鲍评论》的匿名作者直击女性教育论证背后的根本问题，"虽然没有表达出来，但有这么一种观念，认为女性心智……不如男性"。在呼吁政府支持女性教育的同时，这位作者限定了性别平等的问题，认为即使女性在智力上劣于男性，她们也该得到更好的教育。"我们不说男人和女人没有原初或先天的差别，但是我们确实相信，男女之间智力水平的实际差异，主要是由于这两个性别传统上所接受的培训和发展路径不同……但是我们也不会极端到主张两性绝对平等的地步。""相当"，可以这么说；"平等"，不行——该作者总结道。但是，作者虽然退了一步，没有激烈地宣称男女智力平等，却主张对政策进行重大改革，这些措施让"平等"和"相当"之间的抽象区分几乎无关紧要。[11]

奥古斯塔的《南方战场与家庭》参与了讨论，一篇题为《有教养的女性——在和平和战争年代》的文章，同样富有策略地讨论了教育改革问题。"此处并非坚持主张男女心智平等，"该报向读者保证，"而是认为，无论女性在心智上与男性平等还是劣于男性，她们仍旧有权获得智力、道德和身体上的训练，并使她们脆弱的天性从中获益。"该作者匿名，看不出性别，很吊人胃口。他或她不仅从实用的角度为女性教育辩护，还赋予了女性接受教育的根本权利。[12]

公开男性身份的作者们也持类似的观点。1863年，詹姆斯·拉姆西博士在给北卡罗来纳州康科德女子学院"年轻女士们"的演讲中，不提男性有"心智优势"的观点，而是认为男女成就上的差异都是女性受教育不足导致的。他警告说，"没有优秀强大的女性，就没有优秀强大的国家"。霍林斯学院的爱德华·乔恩斯教授有力地为培养女性教师辩护，声称现行的女性教育系统是"肤浅的标榜、严重的冒犯"。但是，乔恩斯教授虽然赞同重大变革，却仍旧小心翼翼地维护着男女领域不同的观念。改革后的女性教育系统，"应当基于如下理念，即女人是女人，不是男人——也不是花蝴蝶"，既不是男性的"玩物，也不是他们的对手"。邦联的教育应致力于"在女性教育的领域内，教育女性，而不是培养美女或女学究"。当时的南方模式和北方模式，都无法让教授满意。在战争的废墟上建立起来的新国家，赋予了女性非常特别的责任。"她们将占据更大空间，不仅是相对数量上，而且在相对影响力上。"女性的事业必须与邦联一起进步。[13]

乔恩斯撰写文章时有非常实际的目的，他不仅提出了女性学习和国家强大密切相关的原则，还提出了一个详细的计划，打算在霍林斯建立师范学院，由政府向有需要的学生提供奖学金。1864 年，霍林斯正式启动了这个女教师培训计划，但奖学金来源于捐助而非公共资金。邦联教育改革者对课程设置的实际担忧也产生了影响。例如，阿拉巴马州的塔斯卡卢萨女子学院骄傲地宣传道，（该校）在古语言"课程教授方面独树一帜"，"全国女子学校罕有匹敌者"，还列举了其核心课程，包括代数学、几何学、三角学以及实验自然科学。[14]

教育改革者们小心翼翼，否认或弱化他们主张中固有的激进成分；尽管如此，邦联里至少有一些公共的声音，认识到了这些战时新措施的颠覆意义，并进行谴责。《南方新闻画报》一位作者 1862 年提到，"近来促进女性智力达到男性水平，成了非常时髦的事"。该报反对这一背离传统的潮流。当女性"雄心勃勃时，她就迈出了大自然给她指定的领域，因此呈现的性格则是对女性纤细实际的粗暴侮辱"。一些南方女性对教书的机遇与挑战的反应，也体现了类似的保留立场。

在阿拉巴马州的亨茨维尔，玛丽·简·库克·查迪克注意到，镇上的"年轻女士们"有一种"对于教书的狂热"，她认为这种热情"肯定是值得赞扬的，因为如果不是年轻女性们自愿教育现在的年轻一代，我们该去哪里找老师呢"？年轻女士们在报纸上登了几十则启事，寻找教师或家庭女教师的职位，这里用"狂热"这个词来描述似乎很合适。登广告的人中，有很多是难民，渴望找到工作，同样也渴望找到新的寄宿家庭。正如一位"来自路易斯安那州的年轻女士"1863年在《里士满问讯报》上解释说，她希望"得到在一个私人家庭中做老师的职位……和谐的家庭是比工资更重要的目标"。[15]

但是，弗吉尼亚·丹尼尔·沃德拉夫进入新教室，却是实现了她毕生寻找的目标和成就。看着下面12个"浅黄色头发"的女孩，她庆祝自己"最终找到了属于她的岗位，自从童年时起就在我面前旋转的一幕现在终于在我身上实现了"。她透露，最初的愿望其实更有野心，这也反映了邦联新教育者群体的矛盾心理。年轻时，"我从未想过一个教师的生活会惹人嫉妒"。但是，她根据眼前有的机会，修改了自己的志向。"计划未来时，我想不出还有什么别的事情，能给我如此广阔的用武之地。"[16]

女人们发现，教书不仅满足了她们找到用武之地、实现自我价值的需求，而且能够帮助她们克服战时令人焦躁而无聊的等待与观望。艾比·布鲁克斯在田纳西州教19名学生，"教学完全占据了我的心思。除了学校的烦心事之外，我没有时间考虑自己的麻烦，或者其他不愉快的事情"。作为一个难民，玛丽·斯特林菲尔德曾痛苦地感到"没什么确定的事情可以做"，因此她去了一所学校，以保证自己"不必无所事事，只靠朋友们慷慨解囊过日子"。但她对未来并不乐观，"我害怕学生的愚蠢、无知和不受约束的孩子气。但是我也期待兴趣和职责带来的喜悦"。尽管处境艰难，密西西比州的珍妮·

潘多顿决心不去教书，因为她害怕"丢掉我所有的尊严"。埃米莉·帕金斯得知一个朋友决定去教书，感到非常震惊："你知道你这是要干什么吗？……充满自我否定与痛苦的生活。"路易斯安那州的难民萨拉·摩根无家可归、经济拮据，但在考虑用教书来改变现状时，她却一点热情也没有："我要为了生计而工作。干什么好呢？我要去教书……我宁可死也不想教书……我灵魂深处反感这种苦差事。"像很多批评女性教师运动的人一样，她认为教书在很大程度上是低贱的事情，当然不是好工作，而且很可能不适合南方的女士们。[17]

投身教书"热"的年轻女性，其亲属通常持摩根的观点。伊丽莎白·格林波尔家中迫切需要经济支持，但是她母亲仍然因为女儿的教书计划而感到"极度羞愧"；莉齐·史密斯不得不费尽口舌，才说服父亲和兄弟们，允许她到村里的学校教书。新奥尔良一位妇女急需资金，给军队中的丈夫写信说，她曾考虑过开设一所学校，但是觉得他会反对，就放弃了。阿拉巴马州的乔·吉利斯的丈夫是名随军牧师，他"否决了我去本顿教书的计划"，尽管极度"失望"，乔还是听从了他的主张。但是，一年以后，她还是在一所新设立的学校里教书了："我不管所有人的反对，不管所有爱我的人的不满，来到这里教书……我认为如果不教书，我将永远无法获得满足……吉利斯先生因为我的任性感到非常难过。"[18]

在工作中，女性通常会为她们的疑虑与矛盾找到很好的理由。卡罗琳·戴维斯遇到了教室里一帮不守规矩的男生，让她"渴望自己更懂得如何教书——我常常感到能力不足"。发脾气后，她就感到内疚，然后希望能够逃开。"有时候，我希望自己能逃得远远的，听不到地球上任何孩子的声音。"南卡罗来纳州的克拉拉·麦克琳由于收入不足而被迫教小学生，她把学校教室比作战场，但是她认为"我的命运也不比其他教师的命运更坎坷。自从我加入这个行业以来，总是伴随着这个行业的焦虑、眼泪和苦痛，对我而言已经变成了‘家常便饭’”。来自南卡罗来纳州低地的难民艾玛·霍尔姆斯，出于无聊和经济需要开始了教书。她对自己与新学生之间的社会差异感到震惊，她说"我几乎无法认清自己的身份，因为我经常被这些‘民主的标本’包围着"。最初她喜欢这种体验，"让有贵族偏见的我耳目一新"，并在日记里保证绝不流露出她的优越感。霍尔姆斯虽然动机很好，但很快就开始抱怨她指导的那些无知的"木头脑袋"，并且和雇用她的学生父母吵架了。有一次发脾气，她说两个学生是"笨蛋"，因此丢掉了工作。在佐治亚州，艾玛·斯莱德·普雷斯科特接替了一个辞职去参军的乡村教师的职位。"我还没有来得及考虑一下——就已经在教书了"。然而，仅仅两个月之后，她就辞职了，原因是"对我来说精神压力实在太大了"。[19]

相反，艾比·布鲁克斯宣称她"很享受教书"，"在天堂的这一边，想不到比这更享受的事情了"。但是就连她也不得不承认，"这是一项艰苦的工作"。学生们都被安排在一个班里，她不得不教授"上至自然哲学，下至猫咪"的各个级别的课程。另外，她发现她辛苦付出的经济收益也很让人泄气。当她结清一年的伙食账单后，发现除了可以维持生计之外什么也没赚到。在南方很多地区，争夺学生的竞争非常激烈，而且事实证明，父母们因为经济压力，不情愿通常也没能力支付慷慨的薪水，有时候甚至连差强人意都谈不上。阿米莉亚·平肯德于 1862 年说道，邦联的一切都在涨价，除了教书，"他们希望（教师）把书教好，但花费要很少，最好几乎不花钱"。[20]

我们这些可怜的财政部女孩

到 1864 年，北卡罗来纳州卡斯威尔县的伊丽莎白·里奇蒙德已经因为教书工作的"责任重大与收入低廉"而"精疲力竭",于是她给万斯州长写信,希望找到"一份工作,不需要付出那么多精力和体力,但又能给我舒适的生活"。像其他几百名请求联邦官员和州官员的南方女性一样,她是要找一份政府书记员的工作。[21]

邦联政府想方设法让每一个身体健壮的白人男子参军,随之而空出来的非军事职位,官员们让女性们来填补。战争部、邮政部、后勤部以及军粮供应总处办公室都雇用女性职员,但是大多数职位还是由财政部提供的。女性一张一张手写签署了几十万张邦联支票,并帮助切割印刷支票的纸张。

这一"部门工作"的分配很奇怪,因为这看起来好像是按性别与阶层分配的一种政府福利。获得这些好职位的女性,绝大多数是经济拮据的南方特权阶层的女士,其交往广泛的朋友们的推荐能起到重要作用。女性们向戴维斯央求工作,强调她们需要帮助,已经为大业做了牺牲,在没有其他男性支持的情况下,只能依靠邦联总统。"我给您写这封信叨扰您,只有一个理由,"在战争中失去丈夫的莫比尔市年轻寡妇戴安娜·约翰逊写道,"我把您看作'人民的父亲',上帝召唤您来管理人民,因此我相信即使在您全神贯注地处理复杂的公共事务时,您那颗伟大而高尚的心也会同情人民个体所遭受的一切,并且会公正地对待私人诉求。"莉齐·亚林顿感到沮丧,因为她不得不第二次写信向政府求职,她本来期望州政府能理解她的需求并提供帮助。"我认为政府应该为我处理这些事情,因为自从战争的第一年起我就一直在无偿地为政府工作。现在我生活陷入困境,却无法获得帮助,在我看来,我对政府的付出和现在的处境非常不匹配。"一位78岁的遗孀要求"受照顾"到战争部任职,萨缪尔·库珀将军出面证明她的"身份和需求",但是他继续解释道,实际上誊写报告的工作,将会由这位孀妇的一位年轻亲戚来做。M. H.西德诺女士告诉戴维斯,她已失去"独立状态"、处境悲惨,并允诺提供推荐信,"证明我是上流社会阶层的女士",以期强化她对工作的诉求。威廉斯堡的凯瑟琳·温德尔感谢戴维斯的"馈赠",解决了她的燃眉之急,并把这些职位描述为"政府的礼物"。[22]

其他女性认为她们应当获得这份工作,不是因为她们过去对邦联的贡献,也不是因为她们自称处境艰难,而是因为她们具备优秀的资质,具备与她们优越的社会地位往往密不可分的一些特点。财政部的工作要求一手好字,因此受过新潮教育的人明显有优势。在一个约克城难民写给财政部的求职书上,杰弗逊·戴维斯潦草地批示道,"从这份材料来看,书法很不错"。另一位申请人提交了一份签名样本,签了 25 遍。[23]

女文员的工资水平也表明了她们的社会地位和影响力。邦联军队里的二等兵,每月收入为 11 美元。相比之下,1862 和 1863 年,女文员可获得 65 美元。到 1864 年,以南方已贬值的货币来计算,财政部工作的女性年收入上涨到了 3000 美元。人们认为这些女性比为邦联打仗的普通士兵更有价值,她们的需求和期望需要特殊对待,邦联政府也不愿驳回她们的请求。而且,她们与在公共服务部门工作的其他多数女性不同,这一点也同样明显。[24]

整个南方,普通女性承担着各种各样的政府工作。成衣局的缝衣女工——在战争的最后几年,有 3000 到 4000 名缝衣女工在里士满从事计件工作——缝一件衬衫可挣 1 美元,一条裤子 1.5 美元,一件外套可能需要几天时间才能完成,可挣 4 美元。在奥古斯塔市,受雇于佐治亚军人成衣局的 500 名女性,每周可以赚到 6 到 12 美元。同一城市的兵工厂工人缝制弹夹,一天能挣 1 美元。里士满的军械女工不仅薪水低廉,还要面对危险,其中约有 50 人在 1863 年 3 月的一次爆炸中死亡,她们组织了一次要求加薪的罢工,表达了她们的委屈。罢工的一位支持者清楚地看到,邦联政府对待这些女工,与她们那些出身好、人脉广的姊妹们,是有差别的。"为什么……贫穷的女人做着危险有害的工作……劳动所得难以维持生计，而那么多部门里却塞满了年轻的淑女们（不必依靠工资生活），无所事事，工资却与其他部门最好的男性文员相同，有时候还更高？"[25]

与此同时，当受雇于财政部的玛丽·达比·德特雷维尔拿到工资时，却感到很不好意思。她工作努力，每天早上9:00到下午3:00之间需要签署3200张支票。但是，"我第一次为了工资而工作，当发薪日到来的时候，走过去签字拿工资，我感到特别耻辱"。志愿工作可以纳入服务天使、道德模范等女性形象；没有报酬的劳动，可以看作女性为家庭所做工作的延伸。这不必进入市场这个公共领域，对女性根本上的依赖性不构成重大威胁。然而，带薪工作则严重挑战了对南方统治阶级女性得体行为的传统看法。就在兵工厂员工作为带薪劳动者提出具体权益诉求时，她们那些上流社会的姊妹们仍然坚持着以女性附属为特征的家庭关系，在这样的家庭关系中，获得支持，等于慈爱的男性家长给予的奖赏——用凯瑟琳·温德尔的话来说，是"礼物"。现在这种慈爱变成了办公室工作，虽然是很大的改变，却仍是至高的人间之父杰弗逊·戴维斯听到谦卑的求助之后给予的恩赐，这一点代表了对传统的有力延续。玛丽·德特雷维尔对于工资、有偿劳动等概念统统感到不安，与那样为了生计而拼命工作的工人阶级白人女性不同，这一点很能说明问题。用工作交换工资的行为，意味着个人权利、自治和自立，违背了父权制度社会秩序的原则，而享受特权的白人女性正是在这种制度下，才确立了她们的地位、构建了自己的身份。[26]

对"政府部门女孩"的猛烈批评，迅速蔓延开来。迫不得已才去教书的克拉拉·麦克琳不赞同一个朋友整天剪邦联债券，然后不得不"在炎炎烈日下"步行回家，"看看这场糟糕的战争给柔弱的女士们都带来了什么"。听说女人离开"屋梁"、离开设定的家庭领域，到公共场所去工作，玛丽·切斯纳感到更加震惊。她和朋友约翰·普雷斯顿太太发誓永远不会像她们这样堕落。"无论生存还是灭亡——我们都不会走进哪个政府部门。我们不会整天站着剪纸券，被部门里的文员呼来喝去。我们要在家里，和家人一起，同甘共苦。任何家务我们都做。任何卑下的工作都行——只要在自己家屋檐下。政府部门——决不！"[27]

也许因为是另一代人，年仅 20 岁的阿德莱德·斯图尔特对 1864 年获得的财政部工作更加有热情，因为她声称自己有能力"轻松"适应"所有环境"。6 个月内，她就练就了"比以前更好的签名技能"，能够提前完成工作，然后帮助慢一点的雇员完成她们每天的工作量。1864 年 9 月，她骄傲地写道，"在办公室我获得了表扬——4500张支票只交给几个受青睐的女孩，她们的签名非常漂亮"。斯图亚特白天忙于工作，晚上忙于社交，"没有一分钟留给自己"。但是她过得很好，"我现在很少生病，连头疼都没有——实际上，我没有时间屈服于那些淑女病，神经衰弱啦、头疼啦等等"。斯图亚特总结说，因为"失去财产"而被迫加入工作大军，"是她身上发生的最好的事情——让我性格中最好的部分都得到了加强，并且积极发挥作用，还使我能够彻底铲除性格里那些令人厌恶的部分"。[28]

20 岁时由于战争失去了丈夫的马尔维娜·吉斯特，在财政部新工作的激动之中似乎很快忘记了悲痛。随着她签名速度的加快，她的雇主表扬她说她是"一个值得拥有的财政部女孩"。但吉斯特似乎对她在财政部之外的活动更感兴趣。谢尔曼威胁到哥伦比亚时，吉斯特祈祷钱币局不要搬回到相比之下更加安全的里士满去。她说，"现在正是时候，我正在有一些不同寻常的经历……我想留下来。我想体验一下危险的感觉"。实际上，搬到里士满的工作非常令人满意。局长邀请了所有"我们这些可怜的财政部女孩"一起吃晚饭，虽然那是战争最后几个星期，却不知道用什么办法搞出了一顿"丰富多样的饭菜，做得精致，看着可口"。邦联首都里穿着军装的男人

"像汹涌澎湃、令人陶醉的潮水"，令她激动不已，显然她已经忘记了去世的丈夫。像吉斯特和斯图亚特的独立，是玛丽·切斯纳这样喋喋不休的主妇们认为对女性新公共角色最危险的。[29]

弗洛伦斯·南丁格尔的事儿

当邦联的精英女士开始在南方军事医院里劳动时，她们也许开始了与传统女性角色最剧烈、最可怕的背离。在20世纪，护理已经成为非常女性化的工作，以至于人们很难相信女性医院工作者会有什么威胁。然而，在19世纪中期，人们认为医院护理工作只适合来自于社会底层的人，最好是由男性来承担。在内战前的那几年，康复中的男性或女性病人加入到有技能的工作者队伍中，这些工作者通常是从该院的患者慢慢变为医院长期雇用的护士，几乎无一例外。他们中的大多数和19世纪初期医院里的病人一样，都是出身卑微、处境艰难的人。在职业化的军队中，护士几乎都是执行特别任务或失去作战能力的男性士兵，他们能够完全适应军队中的等级制度和军队事务。

然而，劳动力短缺、逐步上升的死亡人数以及爱国热情激起的雄心壮志超越了习俗，推动南方女性开始为伤病人员服务。弗洛伦斯·南丁格尔在1853至1856年的克里米亚战争期间承担的角色，新颖而受人敬重，也推动了这项运动的进行。作为一位被所有人尊敬并且拥有崇高社会地位的女士，南丁格尔通过她无私的行动和被广泛传阅的《护理笔记》（于1860年在美国第一次出版），将女性护理工作这一观念合法化。越来越多的人认为，女性的道德和情感特质使她们特别适合医院工作，南方和北方的女性都在南丁格尔身上找到了一个女性英雄主义的楷模。[30]

但是，仍有人排斥护理工作，认为其不够优雅——护理工作毕竟要在某种程度上接触男性身体，而且往往是"低贱"阶层的男性；医生和医务官员也抗拒南丁格尔事业中内在的、不断增长的女性权威。在邦联内部，护理工作不仅是阶层、性别冲突凸显的领域，也是公共讨论的焦点——各种对立的观念相互冲突，存在于医院、准护士家庭乃至难以平衡服务他人与行为得体的护士身上。

正如教书一样，护理工作在某种意义上本就适合女性来做。一位医院护士长描述道，这是"女性的真正领域"一个显而易见的组成部分。《墨比尔广告纪录报》认为女性照顾里士满伤员的"景观""令人感动得难以用语言形容。将女性描绘成'护理天使'的一切诗歌词语，都无法表达这呈现在我们眼前的美妙而新颖的事实"。女性们可以代替不在士兵身边的母亲、姊妹，不仅能照料他们身体上的伤痛，还能抚平他们的"心灵伤口"，《米利奇维尔南方联盟报》解释道。[31]

然而，从一开始，即便是那些鼓励女性从事护理的报纸杂志也表达了保留意见。《邦联浸信会报》总体上表示赞同，但是警告女性们不能在病房有过分的权力。"在其合理的领域内，"文章运用表述女性从属地位的标准用语写道，"她们是最有价值的附属物；但是若她们擅自指导或控制医师时，也许应该摒弃她们的服务"。让人们更加担心的，是医院工作对于女性"娇弱""谦卑""文雅"等品质的挑战。一位作者在 1862 年 5 月的《南方月刊》上，撰文盛赞弗洛伦斯·南丁格尔，但又提醒人们不要将她当作南方女性的典范。"很多赞颂她的人，"他写道，"忘记了在宣传她的事迹时应加以适当的限制。对于她的无私及英雄精神，我们都应学习；而她的行为，仅适合极少数人去效仿"。他敦促道，女士们应该心满意足地去为士兵们做衣服，为营地和医院提供"慰藉与佳肴"。"提供这种服务，不会让人质疑其是否得体。"[32]

　　如同邦联女性生活的很多其他层面一样，日益扩大的战事带来了出乎意料的要求，这很快开始破坏人们在意识形态上对于适当女性角色概念的抽象认同。南方女性渴望有所贡献，1861 年夏季当大量伤病士兵涌入时，她们热情接纳，把这当作一次行动的机会，一个等待已久的、为伟大事业作贡献的途径。女士们只是把注意力从洗衣服转移到了护理伤员，因此很多行动是从现有的缝纫和士兵援助协会的基础上发展而来的。举例来说，到 8 月中旬，南卡罗来纳州艾肯女性救助协会已经在搜集药品，准备船运到前线。弗吉尼亚州朴茨茅斯的女士们把一家荒废的宾馆改成了医院；佐治亚的女士们组建了亚特兰大医院协会，同时筹集了成箱的红酒、糖浆、果酱和亚麻布，运送到弗吉尼亚的战地医院；弗吉尼亚天然桥女性士兵救助会邀请邦联伤残士兵到她们家里休养，并享受健康的山间空气。[33]

　　临近流行病肆虐的战场和营地的女性们，很快意识到必须直接参与伤员护理工作。纳什维尔的玛丽·拉特里奇·福格祖先显赫——埃德蒙德·拉特里奇和亚瑟·米多顿均是《独立宣言》的签署人，于是她以此身份要求杰弗逊·戴维斯提供协助，在孟菲斯、诺克斯维尔以及纳什维尔兴建急需的医院。她对戴维斯说，她亲眼见过"50 名英勇的士兵"因"缺乏合格的护士"而死亡，所以她通过田纳西州医院及制衣女性协会的帮助，招募了"一队"妇女，打算送到弗吉尼亚当护士。她告诉总统，她打算第二天就把她们派出去，无论弗吉尼亚是否已经有人准备好接收她们。

　　身世同样显赫的其他女性，纷纷采取各种临时措施应对眼前的苦难，她们的力量很大程度上来自发号施令的习惯和作为贵族阶层的责任感。第 10 任总统的亲戚莉蒂西亚·泰勒·森普尔在 1861 年夏天到达威廉斯堡，打算帮助生病的士兵，她告诉戴维斯医院"内部管理"方面还有很多工作要做。她全面负责"厨房、餐具以及洗衣的大小事务"，她接着顺理成章地要求戴维斯任命她为威廉斯堡及其他两个医院的女负责人。第一次马纳萨斯战役后的几天里，有着弗吉尼亚显赫血统的萨丽·汤普金斯动用她丰厚的资产，将一座在里士满的房子配备成医院，照顾士兵一直到战争结束。朱丽叶·奥皮·霍普金斯于1854年嫁给一位阿拉巴马的法官，据说此前她一直管理着父亲在西弗吉尼亚的庞大蓄奴庄园，她于1861年夏天到达里士满，负责为阿拉巴马士兵提供治疗的各医院的组织管理和物资供应工作。人们说她既是护士长又是负责人，最终她的照片印在了阿拉巴马州的货币上，尽管在邦联医疗系统中，她似乎从未担任过官方职位。"如果你是个男人，"一位来自阿拉巴马州的男性崇拜者在信中写道，"你肯定会成为一位将军。"他说自己的妻子尤其崇拜霍普金斯，因为"你能在更大领域内施展才华——而我妻子唯一能做的事情，就是给士兵缝衬衫等"。

朱丽叶·奥皮·霍普金斯，医院护士长兼负责人
（蒙哥马利市阿拉巴马州档案与历史部提供）

南方缺乏受过培训的护士，迫切需要医疗护理；女性又在努力寻找机会为祖国大业作贡献。在战争前几个月，这几方面的因素激励杰出的南方特权女性想方设法，去减轻她们作为女人无法忽略的苦难。虽然很少有人像福格、森普尔和霍普金斯那样敢想敢做，但是面对邦联护理工作的混乱和危机，女人们发现了新的角色、发明了新的机制。弗洛伦斯·南丁格尔令人折服的故事随时出现在她们脑海里，帮助她们想象自己如何提供服务，并使她们有勇气宣称护理是女性领域内的工作。[34]

到战争第一年年中，邦联境内的女性组织已经创造出了战争中最有创新精神、最成功的医疗设施，即道旁家园或医院。它们是组合搭建的医务室及旅行者休憩处，为从前线回家受伤的士兵提供途中帮助。1862 年 10 月，《米利奇维尔南方联盟报》兴奋地宣布："这是战争在我们国家催生的最好的一个制度。"佐治亚州联邦的 14 名女性于 1862 年秋天建立了一所这样的医院，在随后的两年里，她们接收了超过 2 万名士兵，提供了超过 100 万顿饭以及其他服务。在北卡罗来纳州，路易·梅德威估计，威尔明顿的女士们成立的士兵援助协会，每个月为途经该港口城市的 6000 至 8000 名士兵提供食物、包扎伤口。但是，南方女士们在她们家乡作出的这些努力，远远无法满足战场上对护理的需求。到 1862 年年中，受伤人员达到难以想象的比例。举个例子，在安提特姆一天的战斗中，这个数目就超过了 2 万。[35]

包括 J. B. 马格鲁德准将在内的一些邦联指挥官认为，志愿士兵不适合照顾、护理伤病人员，马格鲁德请战争部长允许雇佣黑人女性做护士。他认为这些体力劳动者"从哪个方面看都适合这种任务"，从种族和性别上看都适合顺从、卑下的劳动，尤其适合照顾他人这一女性职责。也许是马格鲁德的建议起了作用，也许本身就是一项谨慎的政策。战争中邦联的各医院雇佣了大量奴隶，有男有女，但病人护理及医院管理方面的缺陷仍然存在。

1861 年夏天，联邦军队药品、医院管理和员工配置受到了广泛批评，以至于立法者认为有必要进行调查。邦联国会于八月份任命一个委员会，负责调查军粮供应处、军需处以及医疗部门，结果发现了护理服务存在明显缺陷，还注意到人员的严重缺乏。该报告里唯一的亮点似乎是对"我们国家的女性们"的一个总结性证明材料，说她们"出于其性别特有的柔情与慷慨"，为邦联的医院提供了大量物品、资金以及服务。[36]

但是，有关混乱、护理不足及忽略病人的怨言仍在持续。莫比尔一位富商的女儿凯特·卡明批评了她所工作的医院在 1862 年 4 月夏伊洛战役后的混乱状况。"我们有男护士，医生们经常抱怨他们的任命方式；他们是从不同军团里调来的，像卫兵一样。我们每几个小时就会有一批新人来。我看不出来他们如何能给男病人提供适当的护理，因为护理是一个需要学习的事情，我们应该筛选最优秀的人——最优秀的，不是身体上，而是道德上。"大家都感觉道德力量有治愈功能，弗洛伦斯·南丁格尔曾有力地予以说明，这一点增加了接收女性从事护理的压力，因为女性被认为是美德在人间的监护人。[37]

由肯塔基州的威廉·希姆斯议员主持的医院委员会调查了一直持续的有关军队用药的投诉，鼓励人们认可女性在促进护理方面所做的贡献。报告声称："与男性护士相比，女性护士毫无疑问更加优秀……男性护士负责时，平均死亡率为 10%；女性护士负责时，只有 5%。"面对如此强有力的数据，对女性护理持反对意见者不可能取胜。正如路易斯安那州的赛姆斯议员所说，"一个群体能对挽救生命产生这样的影响，我是不会同意进行限制的"。[38]

1862 年 9 月，国会通过了法案，在军队医院中特别增设了女性的职位。两位护士长每月工资 40 美元，负责"监督整个医院的内部财务状况；负责向病人提供饭菜，按照需求分配饭菜，保障食物或配餐烹饪得当以及其他此类必要的责任"。两位助理护士长每月工资35美元，负责衣物的清洗，为病人提供衣服和床上用品，以及其他必要的工作。每间病房会安排两位病房主管，每月工资30美元，负责整理床铺和床上用品、保证清洁、管理药品、监督护理工作。此外，医生负责聘请护士，每月工资25美元，"只要能最好地达到目的，任何情况下都应优先聘用女性"。女性成功监管医院的相关数据受到重视且经常被人引用，使得邦联政府颁布了一项劳动力管理办法。邦联政府在处理女性在新国家建立过程中的角色方面采取了有限的措施，这个办法即其中之一。女性在医院工作是否合适，南方民众中一直存在保留意见，于是邦联政府利用女性善于照顾他人的特点来支持其人力政策，即让无法胜任兵役的人去承担非作战岗位。邦联参议院讨论征兵与免除兵役的各项修正案（导致了10月份开始施行的、饱受争议的《二十黑奴法》），与辩论新的医院法案发生在同一天，看来也并非巧合。1862年9月的立法，是一次重大的干预措施——无论是从意识形态上还是从实际上，政府介入了理想状态和实际状态的家庭，要求优先为州和国家提供服务，家庭事务次之，以便于全民动员和服务全面战争。《医院法案》与同年4月和10月实施的征兵与免除兵役法案一起，体现了邦联政府在各州与其女性公民关系问题上的一个重要立场。[39]

菲比·耶茨·列维·彭博尔是一个来自南卡罗来纳州家世显赫的39岁寡妇。她和难民亲戚们一起生活在佐治亚州玛丽埃塔，过得不太开心。1862年11月，她的朋友、邦联战争部部长乔治·兰道夫的夫人敦促她去申请新设立的护士长职位。到年底，彭博尔已经在里士满庞大的钦博拉索综合区的二号医院开始了工作。这一职位偏离了她的常规生活，也有别于女性文雅的通行标准，她并非没有顾虑："如此生活会对一位淑女的细腻与文雅造成伤害——她的本性会因此堕落，她的纤细感触会变得迟钝，这种普遍的观点很让人害怕。"但是很明显，相比之下，还是与那些"从不关心我的人"在一起生活更让人害怕。[40]

彭博尔的到来，标志着医院管理和性别角色的变革。对此她有清醒的认识，因为医生们带着"恐惧"迎接她的到来，认为这是最近通过的法律强加在医院里的、不受欢迎的"裙子管家"。一个尤其直白的医师带着她进入乔博拉索，"以几乎毫不隐藏的嫌恶语气说，'来了一个'"。[41]

彭博尔注意到，在1862年9月法案通过之前，整个南方"有很多随机的探视与护理，女人们做的，给病人带来的伤害多于好处"。反对妇女到医院工作的人常提起的那些传言，彭博尔肯定也听说过：一位年轻女孩给一个痢疾病人喂了馅饼，导致病人死亡；一个女人松开了一位截肢病人的绷带，使其失血而死；一位士兵不得不忍受一个早上有十几位无用而又迫切的志愿者给他洗脸。尽管新法律"打开了"这个领域的闸门，南方女性可以作出重要而规范的贡献，但是彭博尔仍旧抱怨道，"申请并承担这些职位的女性中，女士们少，非常少，很多是没有效率、没受过教育的女人，比劳动阶层的妇女高不了多少"。

确实有一些背景显赫的女性在战争中担任了护士长的工作。凯特·卡明、埃拉·纽瑟姆、范妮·比尔斯、埃米莉·梅森都在回忆录中记录了她们的经历，战后被广泛阅读。但是，总体上看，南方的女士们认为护士长的工作，相对于她们的社会地位来说，太辛苦、太粗糙了。南卡罗来纳州的艾达·巴科在夏洛茨维尔的米德威医院做了一年志愿者，但是当她受邀担任该院的护士长时，她听从了一位内科医生的建议拒绝了邀请，这位内科医生曾经是她在医院服务时的导师和朋友。"他……的观点是，我应该保持现状，我的出身和莱恩太太（即将离任的护士长）不同，我从未适应过体力劳动，因此我无法忍受她所做的那些工作，除非牺牲掉舒适、快乐和健康。"[42]

菲比·耶茨·列维·彭博尔，钦博拉索医院护士长

（弗吉尼亚州里士满市邦联博物馆提供）

菲比·彭博尔确实发现新的工作给她的内心平静与身体健康带来了上述挑战。为超过 700 个男病人清理房间、做饭、护理，现在都成了她的职责。而且，她坦白道，她甚至不理解"申请书"的含义，更不用说怎么去写了。但是，当她抱着试试看的心态要求后勤给两只鸡时，它们似乎神奇地出现在面前，又一次考验她的意志和忠诚，"我第一次转过脸去，宰了一只活禽，这个难关算是过去了"。[43]

与自我调整、适应新任务相比，更麻烦的是，彭博尔必须面对医生和员工的长期敌意。根据她的描述，医院是一个阶级与性别的战场，新法案赋予女性工作及权利，加剧了这场战争。对于彭博尔来说，这些冲突的焦点变成了她戏称的所谓"威士忌桶之战"，即医用酒精的控制权。法案规定威士忌交由护士长管理，医生们对此有极大的怨恨，认为这是女性权威的不当体现。彭博尔很清楚，某些医生喜欢从医院的酒桶里喝上几口提提神，她认为保留对酒桶的控制权既有原则上的考虑也有实际意义。

为了应对将来的战斗，彭博尔选择病房护士时考虑到了这个问题。她更喜欢男性，理由"充分、有力"，但遗憾的是她却没有说明究竟是什么理由；但是，她决定雇用女性，因为她觉得"酒精可能对她们没有诱惑力"。彭博尔自己所处的社会阶层的淑女们会喝少量的白酒和甜酒，但几乎不碰烈酒，但是彭博尔却错误地认为所有女性都是这样。还有一点她也估计错误，她以为"受人尊敬的普通仆人群体"中的女性会比"受过教育且有地位的女士""更加顺从权威"。彭博尔从新员工那里，既没有看到尊敬，也没有看到节制。一个女人借管理威士忌酒桶之便，喝得酩酊大醉；还有一个女人挪用了医院的家具，把病房空间分割出来，变成了自己舒适的生活场所——彭博尔惊骇地发现，新来的护士们聚在这儿，围坐在一个痰盂周围嚼烟草。所有人都怨恨彭博尔没有邀请自己上门，因为她们"认为自己和我一样是淑女"。医生主管介入之后，彭博尔才解雇了那些无法让人满意的员工。阶层与性别的挑战削弱了彭博尔的地位。[44]

在这场持续的"威士忌酒桶之战"中，医生主管成了"一个可靠的庇护所"，包括他在内的一些男性的帮助，使得彭博尔能够向读者保证，在护士长与男性员工之间，"对抗并不总是常态"。然而，对抗也并非例外，彭博尔的经历绝非独一无二。在西线的医院里做护士长的凯特·卡明也遇到了类似的敌意。从一开始，她就注意到，"这个部门下属的一些医院里，女士们有不少麻烦。我们这里的朋友们建议我们回家去，他们说大家认为这不够体面"。一开始，她像彭博尔一样，对自己的新职位是否得体有所犹豫，但后来她坚定了决心，因为可以减轻她亲眼见过的可怕苦痛，而且弗洛伦斯·南丁格尔的楷模也增加了新工作的合法性。"这件事看起来很奇怪，"她写道，"大英帝国贵族女性已承担的荣耀任务，大西洋这边的姊妹们要做，却成了耻辱。"对卡明来说，基督教徒和女性服务他人的意念，远远超过了女性柔弱特性的肤浅观念。卡明用女性意识形态的一个层面去否定另一个层面，故而对南方的姐妹们感到失望——谦逊与体面的虚假观念，把她们阻挡在了急需人手的医院工作之外。[45]

强烈的使命感赋予了卡明力量，面对男性的反对，她毫无畏惧。她宣称："说医生们不会接受我们是没有用的；我们有我们的权利，而且如果以合适的方法主张的话，我们一定会得到这些权利。这是我们的权利，只属于我们。"在实践中，要保障这些权利更加困难。1863年夏天，卡明离开了一家佐治亚的医院，因为医生主管的敌意已经严重阻碍了她的工作。她所记录的日常冲突，与彭博尔在里士满的经历很相似。她记录的1864年夏天"我们女士们的一次胜仗"，很能说明问题。一位女性工作人员混合出了一种治疗发炎的液体，但是一开始医生对此不屑一顾，因为"它是一个女人做的"。但是，当这种东西显示了毋庸置疑的积极效果时，一名医生要求多拿一些。对于女性能力的这样一次简单的认可，在卡明眼里，不仅值得记录，而且应该庆祝。[46]

卡明的抱怨不仅限于男人。她的日记从头至尾都在责骂邦联女性的失败，说她们没有承担整个国家迫切需要的护理工作。"南方的女性们到底会不会去医院呢？出于坦诚，我恐怕只能说，她们不会去！因为医院工作不受尊重，要求持续的注意力，而且医院里一点家的舒适都没有！"她宣称："一些女人没有耐心。我听她们不停地说，如果是男人，她们会创造出什么样的奇迹，而我却看到她们却连很多合法的工作都没有完成……我能列出很多她们可以做的事情来。"她颇有意味地向大家担心的体面问题妥协，继续说道："而且根本用不着进病房。"[47]

正如凯特·卡明的批评提醒我们，她和菲比·彭博尔从事正式、全职、付薪水的工作，在她们的阶层里是个例外。不过，在邦联时的南方，"护理"远远超出了这类固定的角色，包括了很多不同的活动，与我们今天对护理的理解差别很大。事实上，将彭博尔和卡明称为护士并不准确，医院管理人员或许更加合适，因为她们并不负责直接照顾病人。卡明坦言，她第一次给病人包扎伤口，是在1864年5月，而此时她来病房已经两年多了。她这样描述她的工作，"我们能做的就是保证护士们完成他们的工作"，她的护士绝大多数是征调来的士兵和奴隶。[48]

南方女性所说的"护理"，我们最好称之为"医院工作"，因为它包含了范围广泛的各种行为和不同层次的责任，尽管有立法规范医院劳动，这些活动和责任仍然继续存在。这些活动中，最常见、最随意的可能是探视病人。密西西比州一位年轻的妻子艾玛·克拉彻把其中的区分讲得很清楚，她给当兵的丈夫写信，告诉他自己被任命为维克斯堡的"探视委员，时间为下个星期（记住，不是护理）"。在经历了第一天的工作后，她宣布她已经"入伍参加战斗了"。尽管她使用的军事用语暗含着自由选择的意思，她却把自己说成是招募兵而非志愿兵，以此为她的投入辩护。她向威尔保证，"女士们不得不这样做，而且我没有主动提供我的服务，是被征召、被任命的"。她知道这个念头会让他多么"不舒服"，但是她提醒他，这就是"我服务祖国的方式"。这些"女士们"，她安慰地写道，"没有任何护理的苦力，除了仆人，还有康复中的病人被派去做这些事"。而且她的公公坚持，没有奴隶的陪伴和服侍，她就不能去医院。探视者分发饭菜和药品，监督病人和病房的洁净程度，并给男人们读《圣经》。艾玛·克拉彻事先已经想好了一套清晰的行为准则，用以在这个规则不清晰的医院世界里指导自己并维护其性别和阶级身份。"我永远不会做一个仆人也可以做好的事情，而且永远不会做不完全得体的事情。我不会和病人随便聊天……事实上，我会维护属于我的性别和地位的全部尊严，与此同时，我想我仍然可以善良、有用。"[49]

凯特·卡明，医院护士长，照片于战后拍摄，翻拍自其作品《南地拾穗集》（罗伯茨父子出版社 1895 年版）的卷首插图（里士满市邦联博物馆提供）

实际工作两个星期后，面对疾病与死亡的可怕事实，克拉彻的热情开始消退。"说句实话，"她向威尔承认，医院工作"没有什么浪漫可言"。她病房里的士兵们是"典型的没受过教育、枯燥无味的阿肯色人阿卡萨斯人"，穿着松松垮垮的粗糙制服，"一点儿也不管'战争的威严与庄重'"。她没有接触病人，却发现身上长了虱子，这与她所谓的"属于我的性别和地位的尊严"一点也不匹配。[50]

很多南方女性记录的经历与艾玛·克拉彻相似。她们带着美食，酪乳、奶油和水果，去探访士兵，或者现场监督准备食物，帮助丧失能力或不识字的病人写信，有时候甚至还帮他们洗脸。有些做法似乎琐碎无聊，连当时的人也这么认为，他们讽刺地谈论里士满的女士们，她们往阴暗、拥挤的病房里送银制托盘，上面放满了精致瓷器和亚麻餐巾，还有插满鲜花的花瓶。有些做法则是考虑不周，病人们说得很清楚，例如，他们不喝味道精致的欧芹汤，用一名病人的原话说，那看起来像是有害的"杂草"。

然而，军事危机常会时刻增加探视者的责任。出于必要，女士们要直接照顾受伤严重的士兵，这时志愿者工作的价值最大。萨拉·阿格尼斯·普莱尔详细记录了自己如何在1862年血腥的七日战役中变成了弗吉尼亚医院的一名护士。普莱尔找到护士长，要求当志愿者，她可以感觉到，这位经验丰富的女人在怀疑她未经考验的热情以及她明显的上流社会背景。"这项工作要求很苛刻，"护士长警告，并向站在她面前的这位淑女详细描述了这份工作的卑微性质，"我们人手很少，因此我们的护士们必须做所有的事，整理床铺、伺候任何人，常常要同时伺候六七个。"普莱尔确认自己愿意按要求工作，然后打算走过一排病人，去签下自己的名字。在一张病床边，一位护士跪在那儿，拿着一个盘子，放在病人被截肢后留下的残肢下方。看到这幅景象，普莱尔立即晕倒了，当她睁开眼睛，心存疑惑的护士长正低头看着她。"和我之前想的一样。你不适合这份工作。"[51]

普莱尔对自己的失败感到很丢人，她认识到，自己的作用仅仅是打扰了"那些真正有用的人……我决心要克服我难辞其咎的弱点"。第二天她回去找护士长时，护士长待她和善，还给了一些实用的建议。这位更有经验的女性承诺把普莱尔安排到离门口近的位置，并且建议她一有头晕眼花的迹象就跑出去；其他护士轻蔑地说她有

"高雅淑女的脆弱"。普莱尔决心克服自己的弱点，她一心要重建自己在同事心目中的形象。一天早上，她带着家里绝大部分亚麻布做成的干干净净且叠得整整齐齐的绷带来到医院。不到一个星期，她就获得了升职。她没有切油油的熏肉、打苍蝇、提水或者整理床铺，相反她被安排去照顾一个指定的病人。很快护士长给她排了个班，标准的早七点到晚七点，"我们像训练有素的护士那样，有规律地值班"，总是有"高效且善良的有色女人"来协助。[52]

一位到医院探视的女性。《医院里》（1861 年）威廉·卢德威尔·谢泼德水彩作品
（弗吉尼亚州里士满市邦联博物馆提供）

其他女人和普莱尔一样敏感，但缺少她的决心。玛丽·切斯纳拒绝医院工作，尽管她的朋友路易莎·麦柯德是个好榜样，还多次央求她。麦柯德在哥伦比亚市南卡罗来纳学院校园里建立起来的医疗机构工作，负责大部分病人护理工作。在切斯纳看来，麦柯德的力量和决心几乎是反自然的：这应当是一个男人的特质，不是女人的。在里士满一家医院"几次晕厥"之后，切斯纳"觉得从外围来做医院工作更加明智"——主要是募集物资。但是出于愧疚感，她又回到了一家路旁医院，每天到"伙食部"工作半天。尽管切斯纳对于维护自己的行为得体几乎没有顾虑，但是她并不喜欢看到比她年轻的女士们，尤其是未婚的女士们暴露在外，让普通士兵端详、点评，他们往往对女性的娇柔雅致缺乏尊重。"我无法忍受年轻女孩儿们到医院去，无论是不是路旁医院。"她写道。[53]

战争期间，温彻斯特市的科妮莉亚·麦克唐纳德和孩子们在这个被占领的城市里遭受了罕见的困难，但是护理工作却几乎超出了她的忍受限度。"我想发挥作用，"她解释道，"也尽了最大努力，但是我一看到医生揭开一张脸，告诉我必须清洗一下，我觉得我快晕厥了……医生问我愿不愿意给病人清洗伤口。我想答应，但是一想到伤口我就快晕倒了，只能跟跟跄跄地走向门口。走的时候，我的裙子扫到了一摞堆在门口附近的截下来的肢体。"截肢总是最令人不安的，对女性的奉献精神和镇静构成了最大的挑战。一堆切割下来的肢体，这个意象在战时的日记、信件、回忆录里一次次重复出现，直观而有力地体现了美国内战深处的恐怖与讽刺。这体现的是人对人的残暴，离奇可怖地蔓延到了治疗领域；这体现的是一种技术、一种治疗方法，断人肢体、使人受伤却很少能使人痊愈；这体现的是精神丧失、肢体分解的人类，还不如尸体完整，人类的独特和个性，变成了一堆无法识别的部件。[54]

玛丽·李和她的邻居科妮莉亚·麦克唐纳德一样厌恶医院工作。

但随着冲突中温彻斯特一再易手，李和她家里的其他年轻女性们一起，承担了各种各样的工作来帮助伤员，包括北方佬和邦联士兵。李工作的一个主要动力，是她担心北方佬占领期间，镇上医院里的南方士兵可能得不到足够的照顾；另一个激励她的原因是，在与北方接壤的地方，每场战役结束之后，她都会看到大量伤员涌入医院——安提特姆战役后有好几千，葛底斯堡战役后则多达5000。[55]

李对医院最主要的贡献，是采购和准备食品。她利用自己与北方谢南多厄河谷地带的农民和家庭之间的联系，在物资日益短缺的情况下，努力保证病人获得足够和健康的饮食。一度她负责监管一间"厨房"，并且不无嘲讽地说，她好像已经找到了"属于我的特殊职业（就是给人提供食物）"。除此之外，她在镇上和乡村跑来跑去，寻找供给，还一度被温彻斯特医生主管正式任命，负责向医生们提供他们所需要的任何物资，这让她感到相当惶恐。"我听到各种各样奇怪的人，有东西要卖，然后就去找他们，因为这是唯一可以得到供给的机会，商店全都空了。"李也直接与病人打交道，和她的侄女去一个病房唱歌，给痛苦的病人们诵读祈祷词，处理士兵伤口，其中有一位羞怯的上校，要"脱很多衣服"才能让她护理。[56]

李具体职责的转换，至少和温彻斯特易手一样频繁；但是，要不停地给新来的北方军官说好话，她才获得许可去帮助护理伤员。她的基督教原则，促使她友善地对待受伤的北方佬；但是即使是在北方人的严密监视之下，她仍努力将最可口的饭菜和最细心的照料保留给邦联人。

和很多南方最忠诚的女性医院工作者一样，李认为她的劳动既让人满足又令人疲惫。1862年春天，多萝西亚·迪克斯带着一批北方护士到来，确保至少一段时间之内李不需要工作，她表示获得了最大的解脱。她经常抱怨医院对她的精力要求太高，"有时候我很自私，竟然希望自己当初不到医院照顾病人就好了"。李的嫂子劳拉担心她过度劳累，她说有一天李回家时非常虚弱，以至于昏死过去了好几个小时，让大家非常担心。但是李也喜欢她的工作。1863年11月，她医院里的人撤到了斯汤顿，她觉得失去了自己的群体和目标。"我从没想过，我会这么痛苦地怀念在医院的工作；我之前不知道我这么关心，每个病人……我一整个上午无所事事，不知道如何打发掉我本应该在医院里度过的时间。"毫无疑问，她肯定能够理解科迪莉亚·斯盖尔斯的感受。斯盖尔斯家住密西西比州的霍利斯普林斯镇附近，她曾在家中护理过一些士兵，他们对她说她做了很大的善事，她写道："恐怕此后一段时间，我会认为自己有那么一点儿重要。"对南卡罗来纳州的艾达·巴科来说，在弗吉尼亚州做护理工作的最初几个月是她一生最快乐的时光。"几乎是有生以来第一次，我感到我还是有些用处的。"虽然她抱怨已经到了一看到男人就感到恶心的地步，但是她却说她的工作"令人满意得无法用言语表达"。[57]

不管多令人满意，医院工作还是有令人生畏的要求和真实存在的危险。巴科传染了黄疸；其他很多护士得了伤寒。弗吉尼亚一家医院的赖特小姐死于该疾病时，她的一位护士同事公正地评价道，"她以自己的生命为代价来救助别人的生命"。阿拉巴马州的朱丽叶·奥皮·霍普金斯在七松战场抬一位受伤军官时摔断了腿，本人因此也变成了伤员。她后半生一直跛着脚。奇怪的是，关于护理危险的公共讨论，却忽略了女性身体健康受到的威胁，而是集中于护理工作对道德与体面的挑战，以及其中蕴含的文化与社会风险。[58]

无论南方女性是否害怕丢掉体面、失去生命，或者仅仅担心离开家庭的舒适，志愿加入医院工作的妇女，还远远不足以照顾不断增加的伤亡士兵。战争的大部分时间里，南方的报纸上一直都有招募女护士的广告，而且尽管政府努力对军队药品进行集中的、标准化的管理，邦联医院护理工作中一直存在各种权宜的安排。[59]

从某种意义上来讲，这些持续存在的不规范行为，给了女性们更多样的机会，在邦联立法设立的医生、护士长、助理护士长、病房主管以及护士组成的多层系统之外，给予了女性们其他稳定的医院工作角色。即使是在精心维护的机构里，整齐划一的官僚主义法律条文也无法很好地描述日常现实。妻子、母亲、姊妹，纷纷前来照顾她们的同胞。在菲比·彭博尔的一个病房里，有一名这样的探视人，她长期逗留医院，期间甚至挪用了自己丈夫的病床去接生。志愿者们走到各个病房，发放《圣经》、食物，或者说些鼓舞士气的话。很多设施依靠来自周围社区的女性的捐助，以满足对食物和供给的基本需求，因此"伙食部"吸引了很多女性的精力。这些官方医院只是南方邦联为照顾受伤士兵们所作的部分努力。血腥战役之后会出现数以千计的伤员，政府的医院数量永远不够。剧烈冲突使附近的所有居民会发现自己的生活突然改变了，因为几乎所有市民，无论爱好、经历，无论其是否认为得体，都会被征召到这场危机中提供援助。举个例子，根据劳拉·李的描述，安蒂特姆战役之后，温彻斯特设立了24所医院，利用了几乎每一块可用的公共区域，学校、教堂、银行和市政厅，此外还有不计其数的私人家庭，接纳少量的邦联伤兵。她说，小镇已经变成了一个巨大的医院，镇上剩下的所有居民，绝大多数为女性，都是医院工作者。那些不愿意面对这大屠杀景象的人们逃出去做了难民。[60]

尽管医院提供的工作机会多种多样，有时还急需大量女性劳动力，但是大多数上层女性仍只是间歇性地提供服务，或者什么也不做。政府努力征召大量的邦联女性去医院工作，但这注定要失败。与军队征兵不同，邦联对于女性的人力管理与调动政策，主要靠说服而非胁迫。面对选择时，大部分南方白人女性选择避开医院工作的困难和危险。经历了最初的困难之后，玛丽·切斯纳最终在一家路旁医院里做起了志愿工作，这里住的多是正在康复而非病情严重或生命垂危的病人。而其他女性也和她一样，利用一直有的各种选择机会，来调整她们对医院工作的参与程度，远离艰难的医疗环境。对于那些觉得应该履行基督教义务的很多女性而言，送去必需品、去病房探视并给病人诵读《圣经》、向乘火车经过的士兵们供应饭菜，似乎也就足够了——不时做一些贡献，不必承担专职或长期的任务。

促使女性们做决定的显著因素有哪些呢？为什么这么多女性没有抓住女性服务和表现爱国的机会，而让凯特·卡明、菲比·彭博尔以及苏珊·史密斯失望？用卡明的话来说，为什么女人的"神圣职责……没有完成"？用史密斯的话来说，"女性面前有那么广阔的天地，每一件事情都必不可少，都能发挥作用……为什么不愿意伸出援手的女士却越来越多呢"？那些对抗世俗、承担起这些关键角色的人，区分她们的特殊品质或动机又是什么呢？[61]

很多年轻女士们显然无法克服恐惧心理，原因用艾玛·克拉彻的话说，是为了"属于我的性别和地位的尊严"。贵妇身份的概念，以及其阶层和性别身份层面的含义，与医院工作不太相称。但是不少女性既有这方面的顾虑，又迫切希望发挥作用，只能像克拉彻那样，将自己提供的服务小心控制在得体范围内，以此来努力达到平衡。护理工作一方面有意义、令人激动，体现爱国精神，因而具有吸引力；另一方面肮脏、低贱，又令人拒斥。艾玛·克拉彻几乎完美地体现了这两者之间的张力。有一次，正如前文提到过，艾达·巴科即使是去弗吉尼亚做护士后，也要通过一位医生朋友帮其决定是否担任护士长，从而缓解自己内心的不安。和克拉彻一样，其他女性表面上解决了内心冲突，但又以丈夫施压为借口，来避免承担医院责任，虽然她们知道医院工作既有吸引力，也很重要。即使是去弗吉尼亚做护士之后，艾达·巴科仍然感到矛盾，正如全文提到过，有一位医生朋友帮忙决定是否应该担任护士长，她感到很欣慰。30 岁不到的畅销书作家奥古斯塔·简·埃文斯解释说，她做护士的计划一开始就被哥哥们否决了，所以她听从吩咐放弃了："不情愿，而且十分失望。"萨拉·摩根也提到了类似的反对力量。"假如我是独立的，假如我可以听从自己的意志，而不会因为我的行动给别人带来痛苦，那我现在就不会看这本讨厌的书，我不会闲着无聊读书、缝衣服。我会把女性的无聊事情扔在一边，承担起女性的责任，我会站在某个被遗弃的男人身边，在他闭上双眼时求上帝保佑他。那才是女人的使命！而且不是布道和政治……如果我能帮助这些奄奄一息的男人，那该多好啊！但是这是不可能的，我就像一头被链锁拴住的熊……我是一个懦弱、无助的女人啊！如果我是自由的！"她沉思着。但是摩根一面为自己找借口，一面责备自己，她看起来又好像为不用直面自由的责任而感到解脱。[62]

女人们如果担任长期、专业的医院工作职位，的确如摩根所说，会变得更加"独立"。举个例子来说，彭博尔和巴科是寡妇，而卡明是一位未婚女士，但她足够成熟，可以被视为大龄单身女子。南方很多最活跃的志愿者，比如路易莎·麦柯德和玛丽·李，也都是寡妇。处于家长式直接控制和家庭责任结构之外的女性们，最容易全身心投入到公共责任中去。正如一位有抱负的护士在给朱丽叶·奥皮·霍普金斯的申请信中解释道，她"没有任何累赘"。[63]

医院工作性质严肃，需要人们付出大量的精力和时间，所以是这些与众不同的女性的用武之地。但这并不是绝大多数南方女士们的经历，用彭博尔的话说，她们中"仅仅一部分，非常非常少的一部分"，才会成为护士长或护士。女人们作为护士在内战期间所作的贡献，通常被人称赞为她们迈向平等、迈向不断上升的成就感和价值感的里程碑。内战期间的护理工作本身，被认为是女性进入健康行业的开始。但对于南方来说，这两种歌颂式的总结都不准确。北方战后建立了护士培训学校，而且克拉拉·巴顿等战时护理工作中的领袖人物，在战后数年里对健康政策和女性角色产生了巨大影响，但是南方各州并没有出现这样的进步。南方的卡明、彭博尔和纽瑟姆们，写下了回忆录，然后淡出了历史。

从整体来讲，南方白人女性的医院工作，并没有让她们对于自己和自身能力产生新的信心。正如南方很多最有奉献精神的护士们清楚地提到，女性的总体记录是失败，而非成功。她们中参与服务的人数没有达到需要的数量，而且在凯特·卡明看来，她们不得不承担南方最终战败的一部分责任。"我已经说过很多次，假如我们没有成功，南方的女性们就是有责任的……任何时候，"她继续说道，"我都不会说，没有哪个南方女性高尚地完成了职责，尽管有一种逆向的潮流，足以卷走一切"。[64]

从个人层面上讲，这些女性中最成功、最投入的一部分人，也发现这种经历充满矛盾——既有很高的满足感，又令人沮丧气馁。传统上认为属于女性或淑女的特质是这些女性战前身份的基础，而现在不得不被当作无用的东西被摒弃。精致和得体必须牺牲掉，"高雅淑女的脆弱"必须被克服，敏感要变成坚韧，同情心必须限制在实用主义的框架之内。在其他女性看来，最好的护士都和男人相似得令人惊讶。路易莎·麦柯德的"力量，和我们的脆弱真是鲜明的对比呀"，玛丽·切斯纳说道，她有"男人的头脑和精力"。在朋友克拉拉·麦克琳的眼里，在弗吉尼亚州各医院工作的伊丽莎·麦基，最适合"承担这样的责任。毫无疑问她是我见过的意志最坚强的女人——几乎有男人气概。我确实告诉过她，和她讨论精致的话题，我总感到不自在。我几乎无法说服自己她没有女扮男装"。南方的内战经历将在很大程度上强化这一观点：女性身份与护理工作无法兼容。[65]

南方上流社会的女性大多赞同切斯纳和麦克琳的观点：与护理工作的接触，使她们惊讶而痛苦地意识到自己的不足，意识到女性特质和特权带来的脆弱——自己的弱点，自己的无能和无知。本该被当作英雄的很多普通士兵，她们却感到厌恶，更偏爱家庭的舒适，这一切都让她们备感震惊。玛丽·切斯纳一方面轻松地贬低了"弗洛伦斯·南丁格尔的事"的重要性。但是，即使在失败之后，她仍不断地回到医院工作，送食物、在伙食部门服务，想方设法地作出点贡献。她比较了麦柯德的贡献与她少得可怜的努力，深感惭愧。这表明切斯纳完全理解职责的紧迫性，也清楚地知道自己不能胜任这种工作。[66]

上流社会的女性无法成为弗洛伦斯·南丁格尔，让一些邦联女性认识到，"即使一个女人竭尽全力，与我们的男同胞们所忍受的一切相比，她所做的也是微不足道的"（卡明语）。卡明抱怨说，她"厌倦了"那些"对女性通常的赞扬"，她知道她们"配不上所有的赞誉"。然而，我们并不清楚卡明是否看到并承认谁真正承担了邦联的护理责任。南方军事医院的员工记录表明各种员工都曾参与其中：医生、管事、护士长、征调的士兵与康复病人，甚至还有修女。但在数量上远远超出其他群体的，是南方的黑人，有男有女，从他们的主人那儿征调或雇佣来的，或是从敌人那里捕获的，他们做饭、洗衣服，但最主要的还是当护士照顾邦联的伤员。邦联女士们作出了无可争辩的重要贡献，但真正照顾南方倒下的英雄们的，并不是她们，而是邦联的非裔美国人。在护理领域，就像在家庭里做饭和洗衣一样，很多邦联女性的经历证明，她们没有那些被认为低人一等的非裔美国人能干、高效。[67]

进入家庭以外的工作领域，使很多南方白人女性直面她们有关自己的最基本的看法。她们逐渐认识到在教室、办公室、医院从事战时劳动的困难和枯燥，因此也开始怀疑自己的能力，对自己在能力和奉献程度上的局限有了新的认识。但是，让多年禁闭在家庭保护圈内上流女性印象更深的，也许是见到了各种新的群体，见到了很少见到的那些人。在学校和医院病房里，女性们遇到了来自南方其他阶层的白人，他们的行为方式促使上层女士们重新审视其自我定义的基础。与南卡罗来纳州社会底层那些粗野无知的孩子们交往时，艾玛·霍尔姆斯"几乎无法认出我自己的身份"。菲比·彭博尔发现医院里的白人女员工喝酒、说脏话，行为与自己大相径庭，因此被迫改变自己对女性特质的理解。工作本身以及与普通白人的接触，似乎有模糊阶层界限的危险，而上流女性日益将这些界线看作其身份的核心要素，用艾玛·克拉彻的话来说，那是"属于我的性别和地位"的"尊严"。[68]

凯特·卡明认为，"名望"是超越环境的，不会因为与社会下层人交往而削弱，也不会因为护理工作的肮脏卑贱而减少。实际上，她认为，淑女风范有一种精神上的、内在的特质，只会因为侍奉他人的基督教精神而加强。但是，像卡明这样自信的人很少。更多的女性则认为要定义自己的地位，必须把自己与大众区分开来，常常要完全避开公共领域的污染，以避免别人怀疑自己像莱拉·乔恩所说的那样脸皮厚。她们像玛丽·切斯纳那样起誓："政府部门——决不！"很多邦联女性进入家庭以外的工作世界，对上流女性理解阶层对其身份与自我观念的重要性有深远的意义。与小学生、病人或来自较低阶层的同事们在一起相处，上流女性们感到不得不彰显自己的优越，而这一点她们之前是根本不需要去捍卫的。内战让特权女性们更加坚持自己的等级和身份，虽然同时也在日益挑战等级区分的根基。[69]

第五章

以前我们几乎不知道:
丈夫与妻子

分离总是很难过

1863 年 10 月，凯特·佩迪给在外的丈夫乔治写信，说"几乎每天晚上都会梦见他"。有时候她做噩梦，忧心忡忡，担心他的安危；有时候很开心，梦醒之后以为他已经回来了。但他的出现那么频繁、那么真实，好像他们被打乱的关系，在夜世界的幻想和梦境中又恢复了一样。[1]

艾玛·克拉彻的梦，让丈夫威尔又回到了他本来的位置：她的监护者和保护人。她写道："昨夜，我梦到了你。你在守护着我，照顾着我，陪我经过一系列冒险，这多少让我振作起来。因为我知道，你是真的会照顾我的。"威尔依然不断出现在她的梦中，有一次，艾玛却因重逢之梦的逼真而感到惊讶、懊恼。她解释道，她的"自制力"被睡眠"麻痹了"，"如果完全醒着，而这些（梦中的）情景是绝对不会出现的"。她的想象力以逼真而感官的细节，重建了被战争打乱的夫妻关系。[2]

一些邦联女性认为梦境是对未来事件的预测，试图从中找到预言。科妮莉亚·诺布尔梦见结婚戒指断成两段，觉得很不吉利。但艾玛·克拉彻对梦的意义有不同的理解，她相信梦揭露了"我们的动机，剥去了一切自欺欺人、自我安慰的东西，而我们都利用这些东西，甚至来哄骗自己"。有一场梦她认为最能说明问题，她梦到威尔回家了，一条腿受了伤。但是，对于他的伤痛，艾玛没有难过，反而欣喜若狂。艾玛寻思，威尔这辈子一直跛腿，就不用回去打仗，也不会吸引其他女人——那他就永远属于她了。醒来以后，艾玛认为这场梦展现了她"十足的自私"。她最担忧的是他的忠诚和生命；她最渴望的不是取得胜利或独立，甚至也不是和平，而是丈夫永远回到她身边。[3]

对于艾玛·克拉彻以及数以万计的其他邦联女性而言，宝贵的婚姻纽带是梦境和幻想的主要内容，即使不是一直如此，至少有一段时间是这样。丈夫白天不在，晚上便出现在妻子们生动的梦境中，填补了亲密的家庭生活失去之后留下的空白。战争导致的南方家庭结构转型，也改变了女性们的心灵和灵魂。南方邦联的妇女们面临着变化了的情感世界，她们最基本的个人情感变得和梦境一般缥缈，只能在书信中去寻找被打乱的关系留下来的痕迹。

因战争而分离的夫妻们的感情生活，的确严重依赖于邮政服务，而现实中新的国家邮政服务不能满足需求。"你的目光将落在我写的东西上，"艾玛·克拉彻写道，"这比其他方式更能让我靠近你。"沟通、表达爱意和支持，甚至最简单的信息交流，几乎都只能通过信件。对南方特权阶层中那些受过教育的人而言，通过书信表达思想不算挑战，但对勉强识字的普通士兵而言就非常困难了，他们常常要口授书信，这是与妻子交流的唯一办法。对穷人和富人来说，效率低下的邮政业务和邮政花费都是维系情感的重大阻碍。邦联政治家们认为，赞助邮政，就是毫无理由地支持国家的商业利益。因此邮资反映的是真实的成本，这一政策使得南方脱离后邮票的价格大幅度飙升。1861 年秋天，格特鲁德·托马斯注意到，通信花费一定成为普通南部居民的一个"严重问题"。第二年，邮资翻了一番。1862 年 5 月，一封信的邮费涨到了 10 美分，艾玛·霍尔姆斯预计其影响"会非常大，会在这个艰难的时刻限制我的通信"。到战争后期，就连上层社会的成员也感到不能随心所欲地通信了。1865 年 2 月，弗吉尼亚州的卡罗琳·戴维斯抱怨，里士满的家人没什么消息，"真希望我们能负担得起每一封信"。[4]

尽管费用高，邮递却极不可靠，南方人多次提到邮递服务连续中断几个月的情况。邮件无法送达产生了广泛影响，最糟糕的是后方总是无法获取军事伤亡的信息。她们的亲人究竟有没有在某些具体战役中活下来，女人们有时几个星期甚至几个月都无法获得消息。等待难以忍受，以至于噩耗到来竟然成了一种解脱。在这难以忍受的不确定性中，谣言女神走了进来，发挥她冷酷而独断的影响力。为了减轻焦虑的折磨，很多女人努力找到能定期获得可靠消息的地方：小镇和城市的电报办事处、邮政分局，并在其附近安家。弗吉尼亚州的玛丽·杜拉尼写道："我觉得我的冲动越来越强烈，我要到能经常听到哈尔消息的地方去。我无法忍受这样的等待"。佐治亚的莉齐·奥斯本还有更好的主意，她对丈夫吉米说："真希望你和我有个电报机。"[5]

但是，无法有效传递的，不仅仅是生与死这种大事。构成夫妻间亲密关系的大量琐碎小事，也同样无法沟通。路易斯安那州的一位妇女将近四个月都没有收到前线的来信，她写道："L'absence est toujours bien triste, meme avec la consolation de pouvoir ecrire librement, mais lorsque l'on est prive de recevoir des nouvelles de ceux qui sont sic hers, c'est horrible a supporter"。一项关于邦联邮政服务的研究指出，邮局是"打击后方士气"的一个重要因素。[6]

也许正是因为信件稀缺、邮费又高，因此才更加宝贵。"我以前不知道，"艾玛·克拉彻说，"原来信件是这么宝贵的东西。"范妮·戈登收到了一封等待已久的、来自丈夫约翰·戈登将军的信件，竟把那张纸当成了丈夫本人的替代品。她把信遮在面纱下，别人都看不见，"我一遍遍亲吻信上你的嘴唇碰过的地方，努力想象自己真的能感受到你那最可爱的嘴唇，还有我爱极了的胡子"。对许多女人来说，信件是她们孤独而充满压力的生活中"最大的快乐"。写信回复，成为用其他方式不能获得的情感宣泄口。邦联官员和大众传媒担心军队士气，因此敦促女人们"不要写沮丧的信"。可许多妻子写的正是这样的信，她们通过与丈夫分享战争带来的诸多困苦，保持夫妻间的亲密联系。1862 年，北卡罗来纳州的玛丽·贝尔给丈夫阿尔福里德解释道："我知道你会想，真希望玛丽不写这么沮丧的信。但我一直相信，向最好的朋友诉说最深的恐惧，那是莫大的宽慰，如果那位朋友能同情你就更好了。"[7]

一对邦联夫妇，身份不详（佐治亚州亚特兰大历史中心提供）

莉齐·内白勒特也有同感。"我也需要有人听我倾诉苦恼。"她告诉威尔，她给他的信是她的"安全阀"。但她也承认，那些信也是"我心的镜子"。她有点儿担心，因为发现自己"全面又直白地写出了我的感受"，相比之下威尔仍然言语不多。艾玛·克拉彻对她的威尔也有了新的开放态度。她发现自己"给你写信比谈话更加自由"。有意思的是，分离使得夫妻间更加坦诚、情感上更加互通，感情更加深厚。[8]

这种坦诚表达内心世界的新形式暴露了女人的脆弱，令男人们手足无措。寡言少语的不止威尔·内白勒特一个。乔治·佩迪觉得必须为自己的弱点向凯特道歉："我真希望我能够对你说或写信告诉你，我有多爱你。可我不知道该说什么，找不到话语来表达。实际上，我写的信比你的少得多，我都不好意思动笔了。"北卡罗来纳州的大卫·麦克雷文没有不好意思动笔，但对写出来的东西感到不好意思："阿曼达，我要是来点儿浪漫的，你会笑话我这个老家伙，都48岁了，还像个小伙子一样谈情说爱。"阿尔福里德·贝尔担心，玛丽会认为他的"情书""又疯又傻"，而玛丽立即回应"我想要的就是这样的信"。[9]

罗丝·路易斯无法确定，她丈夫是真的更加爱她了呢，还是只是在信中说的更频繁了。战时的分离，令人们更注重去珍视感情的表达，而在此前的和平时期，人们对这些往往不够重视或习以为常。艾玛·克拉彻对威尔说，"你的离开唤起了我强烈的感情"。与之相比，连她新的爱国情感都黯然失色了。但这种新爱也是喜忧参半的。她写道，"我以前很爱你，这足以让我幸福——现在倒要看看，是不是爱你的程度还不够，我才会这么痛苦"。情感发现的奇特经历让南方人诧异，以前一直在那儿却一直隐藏的东西，如今受到威胁，才突然意识到它的存在。"哦，约翰尼啊，"朱莉娅·戴维逊激动而又遗憾地写道，"在被迫作出如此巨大的牺牲之前，我们都不知道，我们对彼此有多宝贵。"[10]

1862 年结婚时的邦联准将约翰·亨特·摩根及妻子玛莎·雷迪·摩根。

不到两年之后，后者成为寡妇，约翰在一次北方军的突袭中身亡

（名片小照；弗吉尼亚州里士满市邦联博物馆提供；照片版权：凯瑟琳·韦策尔）

　　对婚姻的忠诚的觉醒，至少让一部分邦联的妻子们不得不面对从未有过的脆弱感。女人们在书信中，一再表达对失去亲人的焦虑感。田纳西州的萨拉·肯尼迪写信给丈夫，说她一直担心丈夫会死。每当忙碌一天之后，她躺下，最大的恐惧便来了："你再也无法回来的念头，不断出现在我的脑海，我非常担心，只好起床，就这样熬过晚上的几个小时。"弗吉尼亚州沃伦顿的苏珊·考德威尔解释说，焦虑让与丈夫莱克格斯分离的困难变得更加复杂，"分离是痛苦的，再加上心惊胆战，更让人难以忍受"。[11]

她们心爱的人能否在战争中幸存，是这些妇女最焦虑的事情。不过，很多妻子害怕失去丈夫的爱，和害怕丈夫牺牲一样强烈。女人们担心丈夫的忠诚，很大程度上是因为她们觉得，南方的男人们前去参战，就是进入了一个全新的未知世界。一定程度上，妻子们害怕的是淫荡女人的诱惑，以及人们习惯上和军队生活联系在一起的放纵行为。但是她们的恐惧也包含了更广泛的意义，那就是她们的男人正进入未知的地带，过去的纽带和忠诚可能变得毫无意义。在邦联军中，人们常说"见到大象"，这个词用来描述（或许算不上描述）第一次遭遇战斗。进入军队本身有一种不可言喻的神秘感，女人们也有类似感觉：她们担心军人的经历，会永远改变他们，使他们变得陌生。约翰·戴维逊给妻子茱莉娅的回信中说道："你问我，我的生命改变，或者生活方式改变，会不会让我离开妻子和孩子？我现在就能回答。我永远永远不会变的，因为我对你和孩子的爱永远在。"他向她保证，他"还是同一个人，和当初参军的时候一样"。[12]

面对男人们极其重要的军事贡献，妇女们经常提到觉得自己没有用，这更加深了她们的无能感和自我怀疑，担心在这些新邦联英雄面前是否还有吸引力和重要性。乔治·佩迪只要在信里提到女人，凯特就担心他在比较新认识的这个女人和"家里没有用的我"。她在信里说，她常常想，"你到底爱我哪一点"？她在信里常常强调两人之间的区别，而这一点因战时的不同生活而强化。"你独立自主，能和各种不好的命运战斗，而我只是一个负担，拖累你不能履行大自然赋予你的天职。"[13]

北卡罗来纳州的玛丽·贝尔时常明确表示担心阿尔福里德与其他女人有染。看到他的信突然正式起来，又提到了他连队里有行为不检点的传闻，玛丽便直接指责他。阿尔福里德既伤心又气愤地回信说没有任何出轨行为，玛丽立即向他道歉。但她还是会怀疑，"没有我你并不会感到不开心，觉得换个别的女人也是一样的"。[14]

这类不安全感和脆弱感，是由依赖性产生的，那可不仅仅是情感的问题。管理奴隶、在资源缺乏和通货膨胀的情况下供养家庭，邦联生活的艰难让她们沮丧，深感力不从心。莉齐·内白勒特所说的"我完全不能帮助自己"，常常让女人们觉得无能为力。萨拉·肯尼迪发现，到1864年，她"几乎快绝望了，没有能力履行落在我身上的责任和义务"。她们在抱怨战争催生的独立和自主，而不是庆祝。[15]

妇女们哀叹失去了丈夫的保护——身体上、情感上和经济上的保护。分开六个月后，艾玛·克拉彻给丈夫威尔写了封很能说明问题的信："我希望现在可以有你依靠，因为，不知道怎么回事……我厌倦了自己行动、自己做决定。有时候独当一面很开心，但现在我们女人们都厌倦了。你走以后我一直完全独立，甚至连个商量的人都没有，这在以前从来没有过……你的娇妻累了，不想管事儿啦，只想把头依靠在你肩膀上，休息。"在分离的这段时期，艾玛一直主动请威尔施行权威：禁止她在医院工作，或者规定她如何穿衣。有一次她警告说，如果"你……告诉我'喜欢怎么办我就怎么办，我不会随意干涉'，那我永远不会原谅你……只要你告诉我去做什么事，我会非常高兴——我会觉得我是你妻子，你在行使你的财产所有权"。埃米莉·哈利斯的丈夫在南卡罗来纳的家中休息了一段时间之后，回到了军队，她感到难过，说"留在这儿主管家里的事务，我怎么也不能习惯"。这种责任感违反了她的天性。她写道，"我的本性让我渴望有个指引者和保护人。我不是个独立的女人，以后也永远不会"。R. L. 达布尼参战后不久，他的妻子拉维尼亚写信，打听他在军队的适应情况，并赞扬女性的从属关系。"你觉得有个主人怎么样?"她的措辞在南方社会尤其能引起共鸣。"如果你不喜欢的话，我倒是很喜欢，我无法形容我有多想念我的主人。"[16]

内战带来了巨大的变化和不确定性，女人们因此更加依附于曾给予她们身份和安全的权威及归属体制。死亡人数的增加，进一步威胁着她们珍视的家庭关系，因此保存传统形式也许显得更加重要。苏珊·考德威尔尤其直白地肯定了父权制的持续力量，在整个战争期间，她在每封信中都称参军的丈夫为"亲爱的爸爸"，每封信的署名也都是"深爱你的女儿"。[17]

有些男人仍旧试图控制家中的常规决策，尤其是在分开后的头几个月内，但大多数很快就放弃了自己的掌控。连写满了关于农活儿建议的书信，往往也是以这种方式结尾的，如 E. P. 佩迪 1862 年12 月写给妻子的信。"我赞成你做的一切……我现在不是一家之主，也就不做决定了。"摩根·考勒维悉心指导妻子莉拉怎么收棉花，怎么种好土豆，怎么种植大头菜。但接下来，他突然住了口。"哎呀，看看我，"他说道，"像你这么有经验的农夫，我还提什么建议呢?"[18]

在许多情况下，与男人相比，妇女们似乎对刚获得的权力更加不安。约翰·戴维逊努力鼓励妻子迎接面前的新挑战："朱莉娅，你必须尽力而为，必须同时挑起男人和女人的担子。我恐怕这两者对你都不容易，你那么羞怯、那么内敛，但是很高兴看到你的羞怯大有改观。这么长时间，你一个人前进，一个人面对，你都快成为一名战士啦。"在约翰·戴维逊看来，女性独立，就要求女人变成男人，女士变成战士。尽管他表示支持，但是他承认不同性别所拥有的能力，本身很可能会让他含蓄的妻子既备受鼓舞，又警觉不安。[19]

1862 年，邦联的妻子们到弗吉尼亚州里士满市附近营地探望丈夫
（佐治亚州亚特兰大埃默里大学罗伯特·W. 沃德拉夫图书馆特藏提供）

被压抑的渴望

　　痛苦的离别、对丈夫生命和忠诚的焦虑以及婚内的权力和权威，都集中在战时的性这个恼人的问题上。邦联通信大多情感坦诚，其中至少有一部分直接谈论了婚姻之爱的生理层面。玛丽·贝尔罗列了各种想念丈夫的方式，最后总结道，"我同样想念和你一起入睡，也许还要超过其他的事情"。有一次在梦中他回到家，却在睡前离开了，这使她心烦意乱。"我知道梦里的事情不会发生，"她写道，"因为如果你回来，即使是用绳子绑住你，我也会让你整晚都在家里。"[20]

　　贝尔热情似火，似乎没什么矛盾，但其他女人却发现，对怀孕的深深担忧，抑制了她们的欲望——如果没有完全压倒的话。奥克塔维亚·史蒂芬斯有力地宣称，生孩子"真是可怕、可怕、可怕"。到19世纪60年代，美国的避孕拥护者们已经出版了一些小册子，里面描述了各种避孕方法，包括体外射精、阴道注射器、橡胶避孕套、阴道避孕海绵。这些方法当然不是绝对可靠，而且也不清楚邦联妇女是否能够获得必要的信息或技术。无论问题出在哪儿，是无知、条件限制还是安全，南方妇女们都仍将禁欲作为唯一可以防止怀孕的途径。佐治亚州的阿曼达·布洛克给丈夫罗伯特写信，说自己感到很高兴，因为她在丈夫最近休假期间没有怀孕。"我真该高兴啊……只有我自己知道我有多害怕那种痛苦，但是尽管这样，我还是不愿意你离开我，说什么也不愿意，和你在一起哪怕一会儿，也是对我巨大的补偿。我希望不要发生什么事情。"[21]

威尔离开后两个月，莉齐·内白勒特生下了她的第五个孩子——一个意外的孩子，她将怀孕的恐惧称为"疯狂的话题"。"我宁愿遇到一树林的熊，"她对威尔说，"也不想长时间分离后见到你，因为我担心，我对你的爱……会让我愿意为了你而冒险让某件事情发生。甚至现在我都害怕见到你，虽然我爱你超过自己的生命。"莉齐坚持，威尔回家前，必须先答应她对性生活的规定。她的语气充满着管理奴隶时难得见到的权威。她告诉丈夫，"关于带回家的预防措施……如果你不听从我的命令的话，你也可以不带，但是到家以后，必须听我的规矩，而且你不用担心，我的规矩不会严格到保障我百分百安全的地步"。威尔坦白说，莉齐担心违反自己的理性判断而屈从于他，让他感到荣幸。但面对威尔的镇定模样，莉齐仍在爱与恐惧中挣扎，"我对生孩子一直有恐惧，从未停止过，阻拦在我和我的欲望之间……所以，我的渴望套上了枷锁"。[22]

亚特兰大的戴维逊夫妇和内白勒特夫妇一样焦虑，他们担心性爱的欲望无法实现，也担心意外怀孕。约翰在写给妻子的信中说：

"朱莉娅，我很久没有和女人同床了，几乎都忘了女人有多暖和。冰凉的夜里，我忍受着寒冷，其他方面也非常难受。"[23]

战后的威尔·内白勒特和莉齐·内白勒特
（奥斯丁得克萨斯大学美国历史研究中心提供）

约翰坦言，莫比尔圣迈克尔街上能轻易看到"时髦女郎"，他还说，他附近营地里有很多士兵是她们的常客。"我这辈子都没看过这么多放荡的事。"但是，他让朱莉娅放心，"我自己不光顾她们。"任何军队里几乎都会发生性交易，邦联军队也不例外。妓女唾手可得、无处不在，究竟对邦联婚姻产生多大影响，几乎无法判断；哪些士兵可能参与其中，一共有多少人，也难以估算。我们很难找到证据，甚至约翰·戴维逊写给他妻子的信中的否认，也不完全可信。[24]

威尔·内白勒特在军队服役时染上了一种疾病，这说明他冷静地对待妻子莉齐的性节制，根源可能是有了其他性行为，或许是与加尔维斯顿的妓女。他被诊断出有阴囊水肿，就是一只睾丸里有积水。莉齐担心如果威尔的毛病公布于众，其他人会误认为威尔染上了"最糟糕的性病"。事实上，滥交也许是威尔生病的原因，也许不是，但莉齐自己似乎倒镇定自若，几乎完全排除了威尔不忠的可能性。和朱莉娅·戴维逊以及许多其他邦联妇女一样，她最关心的，是意外怀孕的焦虑。[25]

毫无疑问，担心怀孕，以及对耻辱和排斥的恐惧，限制了女人们对性生活的许可。在旧南方，一套严格的纯洁规范，限制着白人女性的行为，在南方贵族阶层中尤其如此：女性贞洁不仅与她们的淑女身份紧密相关，还关系到她们的男人的声誉和地位。然而，在战争时期，一些妇女发现了出轨的必要和机会。和男人的情况一样，很难将谣言和猜测与实际行为区分开来，因为女人们也许是忙于其他事务，在通信和日记中并不吐露自己的情事，虽然她们都愿意谈论别人的出轨行为。乔治·佩迪告诉凯特，"营地里一位绅士"跟他说过佐治亚州纽南附近一些女士们的可耻行为。"他常常和汉维夫人、史蒂夫·史密斯夫人、泰勒的妻子（我忘了他的名字）以及其他人上床，而且他可不是个说假话的人。" 1864 年，朱莉娅·戴维逊给约翰写信，说她兄弟决定离婚，因为他妻子范妮和至少一个男人上过床。内白勒特夫妇在书信中谈论得克萨斯州流传的各种谣言，威尔总结说："在家的妇女行为和男人一样糟糕。"他听说一位"年轻小姐"最近生了一个混血小孩。他说，"人们把黑人吊死在房子前面"。莉齐给这个故事添油加醋，说不是一个女孩，而是好几个，据说她们还试图活埋她们的孩子。[26]

丈夫们一离开家就达数年之久，至少有一些白人妇女与白人男性甚至黑人男奴私通，似乎是不可避免的。美国自由民调查委员会在盟军解放的地区收集的证据之中，包含了大量这类行为的例证，以至于调查报告的索引部分专列了一个条目："白种妇女与有色男人性交：实例"。历史学家玛莎·霍兹提到，其中很多实例涉及种植园主阶层的女性，她们利用对奴隶的权力，主动开始性接触。一位做过奴隶的人说，他的女主人 40 岁，守寡 1 年之后，她"命令他和她睡觉，他也就经常这么做"[27]。

人们意识到这种被禁止的关系有了机会，这毫无疑问激发了大家对跨种族关系的各种猜测。莉齐·内白勒特让年轻的奴隶比尔驾车送她参加宴会时，得克萨斯州格莱姆斯县的人们纷纷猜测她与黑人的关系。矛盾的是，流言一方面让这种行为变得可以想象、可能发生；但另一方面又控制着这种行为，因为流言给它打上可耻的烙印，甚至让人觉得这会威胁到生命，比如有传闻称，得克萨斯州一些男性奴隶因为有了混血孩子而被人绞死。如果说白人夫妻间的性因为害怕怀孕而充满着恐惧和矛盾，那么婚外性关系肯定会带来更大的焦虑和犹豫。没有哪对夫妇希望威尔·内白勒特连队里那个人的情况出现在自己身上，他似乎毫不知情地去申请休假，说他妻子不久要生孩子，而实际上他将近 18 个月都没回去了。[28]

在内战期间的南方，女人们害怕怀孕，就算不是因为感到羞耻，也害怕怀孕的痛苦和危险，这从根本上影响了女人和男人之间的性关系和情感关联。尽管丈夫恳求她去军营探望，莉齐·内白勒特的嫂子还是拒绝了，因为她害怕怀孕。她说，如果丈夫生病了，她会毫不犹豫地去照顾他；但他健康强壮，对她来说反倒成了难以忍受的巨大威胁。戴维逊夫妇非常焦虑，以至于在通信中详细讨论她的月经周期，称之为"那位女士朋友"或"你的老熟人"。约翰到访之后，如果"老熟人"来了，两人都表现出毫无隐藏的宽慰。朱莉娅的经期一般不规律，但如果某一时期出现了新的规律，约翰便发现"她这么准时，真是奇怪，以前可从没这么好心。也许她觉得这是战争时期，要多帮帮女士们"。1864 年春天，约翰回过两次家，在此期间他写信询问妻子："我们的老朋友拜访你了吗，还是她决定等我回家，把我那位老朋友也请过来，一起高兴一下？我希望是这样。"这一次，朱莉娅可以让丈夫放心："我的朋友没有抛开我。"但是，不久她就要为"你的陪伴之乐"付出代价，忍受"痛苦和内心焦虑"。到了秋天，她已经怀上了第四个孩子，后来谢尔曼的部队进军，朱莉娅沦为流亡难民，并于 1865 年年初生下了这个孩子。[29]

威利·乔恩离家约四个月后，莱拉写信确认了他们"关于我的状况的担忧"。她终于透露了几乎从他离开那天起她就一直有的痛苦。"我一直努力不告诉你我内心的痛苦，因为我知道那会使你非常难过……我努力看得开一点，在一定程度上现在也更加认命了。真希望任何时候、任何情况下我都可以说'主啊，你的旨意得以奉行'。"乔治·佩迪想到了凯特在怀孕后期的情感抑郁，但他以为她怀疑的不仅是生孩子，还有婚姻本身。他在 1864 年 6 月写道，"毫无疑问，之前你曾想过，你要是一直单身，会过得更好……这种时候女人总会后悔结了婚"。[30]

邦联时期南方的妇女们厌恶分娩，既有总体医疗条件的原因，也有因为战争的特殊情况。担心生产的危险，直到今天仍旧是非常合理的，这在战时则更加强烈：因为女人们分娩时，丈夫可能不在身边，无法提供直接的情感支持。近期的学术成果表明，19 世纪美国妇女"坐床"，主要是女性的仪式，男人被排除在外，几乎无关紧要。然而，邦联女性的书信表明，至少在南方的上层阶级中，分娩时丈夫在场，就算可能不在同一个房间里，对于准妈妈们也有至关重要的作用。这些女人们显然渴望分娩时有丈夫的情感支持和鼓励，尽管最后出于无奈，她们也能满足于"爱和仪式的女性世界"。莱拉·乔恩乞求威利想尽一切办法，在她分娩时获得休假。如果他的上校拒绝，她觉得那会是"对我的致命一击"。离预产期只有几个星期的时候，莉齐·奥斯本威胁说，要写信给"扬西、科布甚至还有戴维斯"，他们的孩子出生时，一定要让吉米在家里。"如果一个女人感觉需要有肩膀来依靠，那就是我现在这个时候。"[31]

莉拉怀孕的后六个月，她与考勒维一直在为分娩的事情争执。她无法想象他竟然不能陪在身边。但他多次警告她，他是驻弗吉尼亚的牧师，职责所在，可能走不开。他还提醒她，她预期的痛苦，远比不上他在前线目睹的情况："我知道你在受苦。但是，最亲爱的，如果你能像我一样，每天看到几百个生病的人，发着高烧……忍受着疼痛……你就会明白你受的苦算轻的。"女人分娩的痛苦无法和邦联男人的牺牲相比。

莉拉不为所动，坚持主张她作为妻子该有的权利，她要求丈夫"11 月份必须回来"。她每封信都在恳求，每封信中都说相信丈夫会满足她的要求。"我亲爱的人会让我幸福的期望落空吗？不，我绝不相信!!!"摩根做了妥协，至少在 10 月中旬申请了休假，但申请被驳回了，莉拉生产时他不在身边。"亲爱的，一想到我马上就要经受考验，而我的摩根却不能在身边安慰我，你不知道我有多伤心。"女主人因为"必须一个人"而感到难过，奴隶苏珊娜也有同感，但莉拉相信她会"尽最大努力照顾我自己"。在苏珊娜和"天父"的帮助下，莉拉于 1862 年 11 月 4 日顺利产下了一个大胖小子，起名叫摩根。[32]

孩子们

当时的环境，可能无法指望奴隶来照顾孩子，负担过重的女人们担忧新生儿又要增加额外的工作。在物资日益稀缺的经济形势下，要额外增加伙食开销，同样令人担忧。路易斯安那州一位妇女送给表妹的新婚祝词非常中肯："祝你们平静、安全、幸福，祝你们在这战争时期少生孩子。"艾玛·克拉彻是大家庭里年纪最大的，觉得自己对婴儿的了解，不亚于邦联任何祖母。艾玛自己还没有孩子，至少当时觉得一直没有孩子很好，"在这打仗的日子里，我觉得任何人没有'小动物们'的拖累，都应该心存感激。如果没有帮助，一个女人要照顾自己都很困难"。[33]

但是，有一部分女人至少在孩子身上发现了战时婚姻中无法得到的爱和亲密。"如果战争持续下去，"格特鲁德·托马斯宣称，"我将努力在孩子们身上获得最大的慰藉。"妻子们在给丈夫们的信中提到婴儿甜蜜的亲吻、可爱的话，也提到令人骄傲的进步——开始走路、出了颗牙齿或者学习阅读等。很多女人惊讶而伤心地发现，孩子们将战争纳入了自己的生活。"几乎所有玩耍的东西，都与战争有关。"马格丽特·扎肯·普雷斯顿说。男孩、女孩玩行军操练的游戏，用积木搭建医院，把椅子当作救护车，还想象自己少了胳膊或腿。两个小女孩投入地"当谢尔曼"，以至于她们砸掉了玩具屋里的所有玩具，咬掉了一个玩具娃娃的脑袋。连最年幼的孩子，也无法避开战争的暴力和混乱。"孩子们，"艾伦·摩尔给丈夫萨缪尔写信说，"在这儿都是士兵。"大一点的孩子放弃玩耍，给负担过重的母亲帮忙。萨拉·肯尼迪提醒丈夫说，等他回家，看到的会是一个"北方佬"家庭，因为奴隶们离开之后，孩子们承担了家里的劳动。萨莉现在已经完全不上学了，而是在家里帮忙。"吉米晚上搬煤和引火之物，我的杂活儿都归他干啦。萨莉照顾小孩子。玛丽每天早上去上学之前，都要把所有的床铺好。"[34]

10岁的亚特兰大人凯莉·贝利在1864年城市被围期间也写了日记。8月份她过生日，愿望是在她11岁之前，"我们的国家和平，我可以吃一顿好吃的晚餐"。但在和平到来之前，还会有更多可怕的考验。北方军的炮弹落在她家的花园里，大家只能都躲在地下室。9

月，谢尔曼进入亚特兰大，命令居民撤离，虽然她的父母几乎已经歇斯底里了，但凯莉仍然很镇定。"我觉得要搬走也太奇怪了。"这个小姑娘表现出来的适应能力，肯定会让家里其他人感到鼓舞。虽然她的日记里记下了各种渴望：渴望一顿好吃的晚餐、渴望和平、渴望教堂和周日学校重新开放，但是日常生活中她必须严格地履行各种家庭责任，帮助母亲从事各种远超出她年龄的家务劳动。[35]

凯莉·贝利，10 岁
（佐治亚州亚特兰大历史中心提供）

不是所有的邦联孩子都像凯莉·贝利和肯尼迪的人一样尽职尽责。很多与其说是小大人，还不如说更像艾玛·克拉彻尽力避开的"小动物们"。南方女人们在管理孩子时缺乏权威，这和她们管理奴隶时的问题相似。在给阿尔福里德的一封信的中间部分，玛丽·贝尔突然宣布，她不能写了，因为孩子们"快要把我逼疯了"。她觉得，看到孩子们惹她生气，他还会乐出来。她不得不采用鞭打的方法，又对阿尔福里德说，维持纪律这个新角色"对我来说不是什么好玩的事情"。另一位来自田纳西州的玛丽·贝尔,有个脾气像"母狮子"的女儿。这个蹒跚学步的小女孩总是能够违背母亲的愿望,并赢得上风。"每次我要征服她,最后她总会反击,踢我……我觉得这时代精神肯定影响了她的性情,所以才这么好斗。"得克萨斯的科妮莉亚·诺布尔承认"深深牵挂着我的孩子们",但也坦白承认自己痛苦地发现"我管理他们很差,没有效果"。弗吉尼亚的艾伦·摩尔也作出了类似的结论,"我啊……是个糟糕的孩子管理者"。[36]

苏珊·考德威尔被三个孩子的要求折腾得筋疲力尽,沃伦顿大部分奴隶都已经离开,她没有了常规的家务助手。她发现,孩子们"除了被所有人宠爱之外,别的几乎什么都不知道。现在我发现要好好管教一下他们,这对我是个非常大的责任"。苏珊认为抚养孩子本身就很累人,但更大的挑战则是管住孩子。在战前的南方,管教晚辈或奴隶都是白人男性家长的最终责任,而照顾孩子和料理琐事,则由奴隶保姆完成。对很多女人来说,管住孩子、照顾孩子和挣钱、管奴隶一样,是个新的职责。莉拉·考勒维写道:"你想啊,我要一个人管住孩子们啊。""我相信你能够做好,"摩根回答,"一开始就立场坚定,然后一直不放松,你就没什么麻烦了。"男孩子们很早就受到鼓励,为长大成人后的社会权威做准备,因此常常给母亲们带来更大的挑战。田纳西州的玛丽·贝尔说,她那个"母狮子"一样的小姑娘"太活泼大胆,不像个女孩子",这话在一定程度上也证实了人们对男孩子的普遍期待。这个小姑娘则是证明了规则的例外。[37]

莉齐·内白勒特当初管理奴隶时饱受折磨,现在好像觉得她那帮淘气的孩子也同样难对付,甚至还更难管理:鲍勃虐待马匹;沃尔特用皮鞭打猫;所有孩子的脸上永远都有被比利抓出来的伤痕;小婴儿贝蒂哭个不停。莉齐不敢用身体暴力对付奴隶,但对自己的孩子可不害怕。每天只要有必要,她就威胁要拿鞭子打比利,"我要一动手，就要打个结实"，"我手里要不拿鞭子，他什么都不听"。
她抱怨说，鲍勃"不像以前那么听我的话了"。等婴儿贝蒂 10 个月
大的时候，莉齐对威尔坦白说，"我用鞭子打了她几次"。莉齐还说，
她的姨妈严厉反对打这么小的孩子，但威尔并没有批评她，她承认
这让她感到惊讶。就像莉齐当初尽量不去虐待奴隶一样，现在打了
婴儿期的小孩子，她感到生气、沮丧、自责——这个孩子不但不能
说话、完全无助，而且名字也是莉齐本人取的，"像她妈妈一样，是
个女的，难逃女性的厄运"。[38]

邦联时期的一位女士和两个孩子，身份不详

（银版照片；弗吉尼亚里士满市邦联博物馆提供）

战前南方上层阶级的育儿方法，特点是放纵溺爱，历史学家伯
特伦·怀亚特·布朗认为，溺爱的目的是鼓励孩子们的攻击性，特

别是男孩子。年轻男性的暴力行为受到赞赏，只夹杂着一丁点儿担心。必要的管束往往由父亲来完成，而且经常要通过身体强迫或惩罚。威廉·夏基法官这样解释战前密西西比州一桩监护案中体现出来的育儿的性别差异："必须采用一套往往违背孩子的意愿训练的方法。在溺爱、偏袒孩子的母亲眼里，孩子的每个错误都是优点，愿望都必须满足；父亲没这么多偏爱，他关注的是未来的利益，而不是满足孩子们的愚蠢想法。哪个管教孩子更好呢？"父亲们前去参战，打破了这种父权秩序，宠爱和控制之间的微妙平衡也被打破，要重新建立，对女人们来说非常困难。和管理奴隶一样，女人们必须去维护一个体制，而该体制依赖的权威和暴力，却并不完全属于女人。[39]

真是奇怪的年代啊

内战的环境给家庭关系带来了很大压力。女人们常对自己失望，沮丧、无力的感觉常常困扰着她们。随着战争的推移，她们也开始质疑男人们是否无所不能。1865 年 2 月，南卡罗来纳州的格蕾丝·埃尔默说道，"真是奇怪的年代啊，女人根本不能指望男人帮忙；他们要么笑话我们，要么严肃地说他们不知道能给我们提什么意见，我们必须尽我们所能"。[40]

对田纳西州的弗吉尼亚·弗伦奇来说，这种转变可不仅仅是奇怪或特殊。整个战争期间，她都坚持写日记，记录了她对丈夫越来越恼火的过程。"上校"一直让她很失望，达不到她期望中男人应该有的行为标准。在日记的开头，约翰·霍普金斯·弗伦奇总是写"亲爱的"；但到 1865 年，爱称消失了。此前兴高采烈地描述的结婚纪念日，也没有留下任何记录。"我上千次希望，"她于 1864 年 9 月写道，"要是我没结婚就好了，没有家庭压力，没有小孩儿，不必为他们的现在和未来操心。"[41]

露西·弗吉尼亚·史密斯·弗伦奇是个颇有文化志向的女人。她是弗吉尼亚一个学院院长的女儿，战前曾担任《南方女士书》的副编辑。这是一份在新奥尔良发行的刊物，她本人还发表过一个剧本和一部诗集。战争初期，北方军攻入田纳西，弗伦奇和家人为了安全，搬到麦克明维尔山间的避暑屋居住。弗伦奇努力照顾年幼的孩子，甚至要为面包、肉等基本的东西担心，同时还想办法继续写作。这种生活令人疲惫。她写道，"我的工作从没做完，白天做体力活，晚上加班加点，干脑力活。"无情的重担，促使她终于问道："我家里还有别的成员像我这样工作吗？我想没有了。"[42]

与很多南方妻子不同，弗伦奇的丈夫没有离开。"上校"在战争之前是个富裕的牧场主，但战争开始后并没有到军队里服役。他留在家里，用弗吉尼亚的话来说，每天的活动就是"到处晃来晃去"。1864 年 9 月，她憎恶地写道，他"主要的事情"，似乎就是他所说的"'到城里去！'我常常想，男人都是干什么用的？保留物种吧，我想，只有这一件事情，他们'总是做好了准备'，行动绝不慢！我呢，他们一般不负责任，我已经很疲惫、很厌倦了。希望他们都被派到军队里去，让他们互相残杀，他们越少越好！……"发了一大通火之后，她接着说道，"这么多年的艰辛、困难、悲伤，已经开始让我有点儿愤恨了"[43]。

随着战事接近尾声，战争结果明朗，弗伦奇因为丈夫没有计划未来而越来越生气。她抱怨道，"……我必须依赖的那个人，一点儿也不积极。那个人没有能力创造新的条件——他屈服于环境，就像屈服于命运，从不主动去改变环境，或者克服逆境"。她觉得她丈夫太像狄更斯笔下的米考伯了——妄想不劳而获。弗吉尼亚希望"上校"可以学习拉塞尔·奥布里——这是阿拉巴马州的作家奥古斯塔·简·埃文斯 1864 年的小说《玛卡里亚》中的主人公，该书是战时南方最畅销的作品。"但这么强的男人现实中有吗？没有！我想他们只有书里才有。"[44]

奴隶们跑到敌人那边去之后，是弗吉尼亚接手了他们的工作；老仆人玛莎去世的时候，是弗吉尼亚主持了葬礼颂词，另一名奴隶则唱"当我算清我尘世的是非"；没有其他教育方式的时候，是弗吉尼亚自己来担任孩子们的老师；同时，她还努力每天写 10—20 页的文章。但她却觉得自己"无力……不重要……能力不够"，她为之作出很多牺牲的那些人，却既不认可也不感谢，这让她感到生气。弗吉尼亚·弗伦奇在日记中透露，她要为自己争取公正，这超过一切；她觉得自己该得的没有得到。但是，她也写道，公正"是男人能给予女人的最困难的东西。他们可以宽容、疼爱、大度——除了公正，什么都行"。宽容、疼爱、大度，都有关照甚至屈尊俯就的意思。弗伦奇渴望的公正，则意味着平等。[45]

很多夫妻被战争分开，在书信中互诉衷肠，在一定程度上，这与弗吉尼亚·弗伦奇以及她的经历完全不同。但是，如果仔细考察，就可以发现，这不过是同一现象的不同层面，是因战争而错乱的同一套性别定义的不同表现形式。对弗伦奇以及很多南方女性来说，战争意味着对男女婚姻角色期待的崩塌。妻子们极其怀念丈夫的情感和物质支持，她们曾以为这是丈夫理所当然的职责，以前没有得到认可，只是因为这似乎是日常生活的一部分，再自然不过了。朱莉娅·戴维逊写信对约翰说"以前我们都不知道"，也是承认了战争颠覆了婚姻和性别角色，因而促使人们对男女双方的忠诚和责任重新审视，并有了新的理解。这种重新审视的一个结果是，双方的感情加深了，因为他们意识到，婚姻的纽带并不是理所当然、自然存在的东西，而是有可能被死亡或分离毁掉——因为爱人不在身边，所以心生柔情。

得克萨斯州一对夫妇，身份不详
（得克萨斯州圣安东尼奥市威特博物馆提供）

但是，女人们承担了很多原先她们认为本属于男人的负担，牺牲了她们认为作为女性应得的受保护权，于是便出现了怨恨和不满。爱和恨都来自于女人们的失落感——失去了丈夫，失去了曾给予她们牢固的女性身份的婚姻和性别关系。用格蕾丝·埃尔默的话说，"根本不能指望男人来帮助她们"，于是女性附属地位的根本逻辑受到了质疑。你认为孩子应该是丈夫的职责，可是孩子出世丈夫却不在身边（即使不是他的错），这便导致了不信任，继而导致怨恨和愤怒。一部分怒火指向北方人，因为他们最先发动了战争；一部分怒火则指向邦联的政治家和军官，因为他们没能快速打赢战争，也没有批准需要的休假；甚至有一部分怒火不可避免地指向了丈夫。朱莉娅·戴维逊勃然大怒，因为约翰遵守军队的命令，要在她马上就要分娩的时候，把她一个人丢在被敌人包围的亚特兰大。"亚特兰大的男人，"她把约翰也包括在内："给自己带来了永久的污点。他们没有留下来保卫自己的家，而是跑掉了，离开了亚特兰大……约翰哪，你都干了什么？……跟我谈话的每个人都说，你做的事情错了，不管调走还是不调走，你都该看着家人到了安全的地方再离开……其他任何男人都不会像你这么做。"在妻子看来，约翰作为士兵服从命令，就是没有履行作为丈夫和男人的基本职责。[46]

很多女人与丈夫分离后表达的强烈情感，是在微观的私人层面上，这表明爱和责任的纽带不牢固、不安全，而南方女人曾认为这是她们世界的基石。战争动摇了这些预设。丈夫不在身边，让他更重要、更值得思念；缺乏他们的保护以及情感和物质支持，也凸显了男性职责的重要性，激起了对他们离开的怨恨。因此，在很多情况下增进了爱和忠诚的因素，后来又导致了愤怒和怀疑。因为女人们发现，她们突然之间极其需要的东西，竟然无法得到了。和奴隶制的情况相似，家庭生活的责任开始压倒益处。因为奴隶顽固反抗而承担了新任务的凯瑟琳·爱德蒙斯顿，觉得"家务的操心事儿"成了沉重的负担。"对一个女人是多大的负担啊，"她在日记中说道："'拖着'梯子走来走去，让男人一脚踩上梯子，爬上去……他们一点儿也不知道保障他们日常生活的机器是怎么运转的。"但她马上压制了怨恨情绪，强调男女领域不同，女人应该处于从属地位。"但是并不总是这样的，"她安慰自己："如果处理得好，心怀感激，女人也有可能登上梯子，把每件关心的小事当作前进的步伐，通向由自我征服、自我克制主导的'天堂'。"她强调，女人在自我牺牲中找到的不应该是愤怒，而应该是自我价值的实现。[47]

　　与爱德蒙斯顿不同的是，弗吉尼亚·弗伦奇没有压制自己的不满。战争结束后，她继续承担着母亲和妻子应该做的所有事情，但她再也无法理解为什么要这样。"我为别人的利益工作，为他们干活，为他们牺牲，放弃对我有益的事情，以照顾他们的利益，但这既不是因为我爱他们，也不是因为我希望他们爱我。说实话，别人爱不爱我，我一点儿也不在乎。我这样，是因为不知道怎么回事，我觉得自己应该这样做。"对丈夫的愤怒，对家庭角色的失望，弗吉尼亚表达得比大部分南方妻子都更加有力、更加响亮——她毕竟是一位专业作家。不过，也许更重要的是，在她的婚姻中，战争期间夫妻双方作出牺牲的分配情况尤其不均衡。她的丈夫没有去战场，而是去了"城里"；他没有去冒生命危险，显然在大后方也没有承担什么重要责任。但是，还有很多人和弗吉尼亚·弗伦奇一样，觉得南方的男人们因为战争而没有履行对妻子和孩子的职责，而这场战争随着时间的推移，越来越不像高贵浪漫的大业，而更像一场悲惨血腥的屠杀。玛莎·福特怨恨地给丈夫乔治写道，"战争要牺牲多少生命，才能满足男人的野心。我看这场战争不是别的，就是为了满足不光彩的野心"。男人们选择实现自己的野心，而女人们只能选择默默牺牲。男人们野心没有实现，女人们却作出越来越多的牺牲，原来的角色分配因此越来越难以维系。[48]

第六章

成了老姑娘：
单身女性、恋爱、欲望

如果说战争打乱并改变了夫妇之间的现有关系，那么它对未婚女性的生活和期望的影响则更加深刻。"这个想法在我心里产生了巨大影响，"一位年轻女性在 1864 年年初写道，"等战争结束，男女在数量上将会有多么大的悬殊啊！我决心不能成为老姑娘，但我财产不多、也不漂亮，很担心我的愿望很难实现。"[1]

南方上层社会的女性，总是根据和男人的关系来定义自己——首先是作为女儿和姊妹，其后是作为妻子和母亲。19 世纪 50 年代初，得克萨斯州的莉齐·斯科特即将和威尔·内白勒特结婚，在思考着未来婚姻时，她说道："我的身份、我存在的更大意义，都将被我的丈夫吞噬"。密西西比州的凯特·福斯特认为，一个女人的生命"如果没有男人的持续影响，是不完整的"。选择配偶是女人一生中最重要的决定，围绕这个决定而展开的各种活动和仪式，传统上都会占据任何一个处于适婚年龄但仍然未婚的女性很多时间和精力。但内战的杀戮突然之间迫使整个南方的女性想到，不仅在战争期间，也许一辈子，她们都得不到婚姻的保护和亲密了——成为没有男人的女人。[2]

出于这样的考虑，一些年轻小姐愈发坚定地决定要马上结婚。佐治亚州一位年轻的女孩不甘心放弃宝贵的希望，她催促一位朋友跟她一起，在男性变成稀缺资源之前，"快速"找到丈夫。孟菲斯市的安娜·科特兰承认，如果决心结婚的话，那么也许必须对战前的择偶标准做些妥协了。"哈蒂啊，你想想看，"她在 1862 年 5 月给南卡罗来纳州的朋友写信道："我们可能要不得不嫁给一个缺胳膊少腿的人，不过别担心，我们也有可能找到一个四肢健全的士兵，但是无论怎样，半个士兵也好过几百个不上战场的完整的男人。"《爱的埋伏》是邦联戏剧中一个流行而又罕见的例子，讨论的就是这个主题：女主角最初对战争归来、因伤致残的爱人厌恶反感——"左膝下是木头假肢，右臂袖子空空如也，左眼蒙着黑色眼罩"——但最后真爱战胜了一切。现实也如剧中一样，女性必须努力接受"伤口因事业而光荣"的说法。但是，正如南卡罗来纳州的一位佳丽直率又讽刺地说，"我担心，我命里恐怕要嫁给一个战死的战士了"。[3]

另一些女性决定接受永不结婚的凄凉前景，或者采取批判婚姻的态度，以最大程度减轻自己失去结婚机会的痛楚。二十五六岁的艾玛·沃尔顿又庆祝了一个生日，感慨时光飞逝。她思考着："你谦卑的仆人以及很多处境类似的人的生活轨迹也可能是早已命中注定——但我们也将听从命运的安排，为了伟大事业的需要去忍受！"如果说沃尔顿能把独身看作一种爱国使命，那是因为战时的特殊环境，至少一定程度上帮她摆脱了一个未能找到丈夫的女性常常面临的耻辱，因为婚姻曾被认为是女性生命中最重要的成就。但她们发现自己处在一个新的世界，"做个老姑娘不是什么丢脸的事情"，彼得斯堡一位难民带着一丝宽慰说道。"我们总是可以信誓旦旦地说，打算与我们结婚的男人在战争中牺牲了。"[4]

有几位年轻女性对于自己意料之中的独身状态，既不认命也不抗拒，而是出于现实的必要去热情欢迎。"我本来就想做一个老姑娘，"萨拉·摩根在 1862 年 7 月大胆地宣布，"让世界看看那样的生活将会是怎样的。听一个女孩说，她不愿意没结婚就死掉，我感到震惊。"艾伦·罗伯茨试图保持单身状态，无牵无挂，以此来保护自己免受战争最残酷的伤害。"我认为即使没有丈夫，我们要伤心的事情已经够多的了。也有一些结过婚的女孩说，有一点让她们感到安慰的是，就算战争持续 10 年，她们也不会成为老处女，但我认为没有丈夫的女孩子们应该高兴。"对一些人来说，对婚姻的期望发生变化，使她们对婚姻制度本身持新的批判立场。十几岁的露西·巴克为弗吉尼亚一位朋友的婚姻感到悲哀，语气中表现出来愤世嫉俗的情绪，可能让人觉得是她曾经有过漫长而凄苦的经历的结果。"听这些年轻的新娘这样幻想着光明的未来，我感到难过——我想到的是 10 年后，她们发现自己的婚姻生活会和现在她们想象的完全不同。"阿拉巴马州的乔·吉利斯坦言，她觉得结婚这个想法毫无吸引力。"我可不想结什么婚，"她于 1861 年 11 月声称："我看到结了婚的女人必须去承担一些责任或拘于社会约束，我这种不受约束可以说高傲的脾气可受不了，那会让全家人都不高兴，而且我也看不出'老姑娘'的生活有什么不好的。所以呢，为我单身的福气高兴吧。没错，我可能会渴望爱情，现在就渴望。但是，我想象中我的丈夫该如何爱我，实际上男人做不到；而且，我看到很多妻子受到侮辱，那要是发生在我身上，肯定会毁了我的生活和希望。"然而，没过几个月，吉利斯出嫁了，但婚后生活并不幸福，比她当初预想的更加糟糕。后来她因难产去世，这才获得最终的解脱。[5]

战时的现实情况，要求南方的年轻女性们重估未来，她们必须承认婚姻原本的位置已经发生改变。她们知道男人正成为稀缺资源，必须采取不同的态度，策略往往也要改变。南方上层社会阶级的年轻女性的生活此前几乎完全以恋爱和结婚为中心，她们的身份与她们对未来做妻子和母亲的期待紧密相连，她们的情感期盼建立在异性恋的亲密关系之上。由于这些原因，战争和日益攀升的死亡人数，将完全打乱她们的人生规划，以及她们最根本的自我界定。将近四分之一的达到参军年龄（大抵上相当于适婚年龄）的南方男性死于战争，这改变了单身女性的社会选择，也必然会改变她们的情感生活和个人行为。

露西·巴克，18 岁；她的妹妹内莉，16 岁。摄于 1860 年
（弗吉尼亚州弗兰特罗亚尔镇沃伦遗产协会劳拉·弗吉尼亚·黑尔档案部提供）

总是充满爱意，带着强烈欲望

战争剥夺了年轻女孩异性求偶与恋爱的快乐和兴奋，她们日渐转向同伴，寻找一种替代性的情感生活。研究 19 世纪女性的历史学家证实，那个时期女性间热恋是很常见的，不过战争的环境可能强化了她们之间的这种常见关系。学校，尤其是越来越多的贵族小姐前往避难的寄宿学校，常成为快速发展这种人际关系的场所。"我们是一帮姐妹。"弗吉尼亚一所女子学院的学生代表在毕业告别辞中说。"我们一起度过了很多快乐的时光，而且可能的情况是，未来没

有什么更好的赐予，以补偿我们失去的这些美好时光。"她接着提到了战争的代价这个不祥的话题。[6]

18 岁的内蒂·福德伦发现，佐治亚州雅典城的露西·科布研究所在战前几乎人满为患。虽然与一位前线的士兵订了婚，福德伦仍坚持她所接受的教育会在未来有不时之需。因为比其他同学年纪大，她带着一丝轻蔑看待她周围的女孩子们，她们打发时间的方式和情感宣泄的方式是那么幼稚。丽贝卡，在附近另一所女性神学院学习，曾一度羡慕内蒂订婚，"我们这里的大多数人都很敬重，甚至迷恋军人"；也嫉妒内蒂与另一个女孩亲近——"我爱你，爱到难以自拔。"丽贝卡表白道。"我梦想着有一天在梦中，亲爱的，我梦见自己在与你接吻——但当我醒来却发现不过是一场虚无缥缈的梦。"丽贝卡希望这样直接的表白不会冒犯她，但她表示希望放弃这种强烈、费时又非理性的迷恋，尽管这已成为了她学生生活中重要的组成部分。"我爱跟我有共同之处的女孩，但是"，她发誓道："我将永不会准许自己真正爱上其他人。"她的誓言明确地表达出了她对友谊的认知与在寄宿学校更热烈的爱情之间的差别。差别，像她所说，是"喜欢"和"爱"。[7]

新奥尔良的克拉拉·所罗门记录下了自己和姐姐的暗恋，后者在克拉拉的学校当老师。克拉拉每天"最开心的时光"，就是靠近她心爱的贝拉。"我凝视着那樱桃般的嘴唇，带着心底最热烈的情感把自己的嘴唇贴上去。看到她美丽的头发，我想'多可爱啊'，望着那'幽蓝'的双眸，我想'哦！还有什么比这更可爱吗？'看到那张嘴，像刚刚摘下的甜美果实，我说，'哦！再没有比此更可爱的风景线了'……我用臂膀揽着她的腰，心里想'哦，我心里充满着对她的爱，真希望她心里也能这样爱我'。"[8]

虽然克拉拉怀着美好的希望，但"一看见她和 M 一起回家"，"妒忌这个绿眼怪物就控制了我"。克拉拉提到姐姐曾向一位漂亮的朋友"求爱"，承认自己偏爱金发女孩，不喜欢褐色头发的，还描述了一场"撩人"的梦，在梦里她"肆意地……亲吻和爱抚着"一位年纪大一些的女性朋友。"我多么开心啊，"她说道。"就算是真的，我的快乐也不会更加强烈吧。"总之，克拉拉是用一套传统上限于异性求爱的语言和意义框架，来理解她与其他年轻女人之间的关系。她充沛的少女情感、她的幻想生活，尤其是她特别关注身体层面的爱的表达，在我们这些 20 世纪的人看来，似乎是同性恋的表现。然而，在她那个年代，她的语言和感情不算反常或偏离常规；这样的表达方式，既反映了少女的敏感，也代表着一种真情实感的流露：在多愁善感的维多利亚时代中期，这种情感表现了真诚的友情，也反映了诚挚的爱情。

克拉拉在梦中真切感受的性爱欲望，在她的日常生活中是否得到了满足？很多有类似浪漫情怀的其他邦联年轻女性在生活中是否得到了满足？我们不得而知。伴随着这种深厚友谊的实际身体接触程度和性快感究竟到了什么程度，仍然无据可考。但对于 19 世纪中期的女性来讲，这种事情可能显得无关紧要。她们还处于前弗洛伊德时代，不会理解我们现在严格界定的异性恋和同性恋。强烈的，甚至看起来充满欲望的女性友谊，可以与异性恋爱甚至婚姻和谐共存。如果说 19 世纪的南方人对性别角色有更严格、更一成不变的约定，那么我们的性身份观念，也许更加固化、更加绝对。我们可能认为是女性之间的性行为，在 19 世纪中期，可能不过被看作是建立在情感吸引和相互依赖基础上的亲密关系的自然延伸而已。在战争的特定环境下，青少年充沛的情感，几乎不得不更加频繁地宣泄在同性身上。女性之前的亲密友谊、浪漫的情感表达，都受到高度赞扬，使这种发展趋势更有可能、更容易被人接受。玛丽·李说，"这场战争，催生了丰富的情感，形式各种各样；深切的痛苦、友谊、爱，都在这温床上过早成熟了"。[9]

我们认为的性欲望，与青少年的过度迷恋，可能会混在一起，难以区分。得克萨斯州 17 岁女学生路易斯·尼克尔斯的日记中，可以找到这样一个令人印象深刻的例子。尼克尔斯迷恋的对象是她的老师——莱斯夫人。她经常与这位老师同睡一张床，似乎还与同为老师的莱斯先生讨价还价。"莱斯夫人这周除了星期一，每天都和我睡一起，"尼克尔斯在 1863 年 5 月这样写道。但是第二天，她又说，"我想把今晚和星期五换一下，但莱斯先生不答应"。另一个星期，尼克尔斯满意地记录了她的成功。"莱斯夫人周二、周四和周五晚都和我睡，我在算术作业里写了条子，把她从莱斯先生那里抢了过来。"尼克尔斯对老师的感情很强烈。"我真的太爱她了，我不知道要是没有她我该怎么办。"年长的女教师显然也回应了她学生的挚诚。莱斯加入卫理公会反派时，尼克尔斯极力反对，莱斯也担心失去她这位年轻伙伴的爱慕。莱斯夫人拿走了路易斯的日记，在上面也写了一段。"我希望她可以信赖我。我真心诚意地爱着她，甚至愿意做任何事情来让她开心。路易斯，你说就算我以后再也不和你睡了，你也不在乎，这话你可以收回吗？你是认真的吗？"

几乎无法想象这种三角关系。莱斯太太和路易斯·尼克尔斯之间的交往究竟属于什么性质？在历史档案中完全沉默、更加神秘的丈夫又是怎么看的？都很难理解。在 19 世纪，"一起睡觉"可没有现在的委婉意义，但这两个女人的爱的表白，加上她们显然在共享一张床上赋予了强烈的欲望，表明睡觉就算未必有性爱的意思，也有更浪漫的内涵。[10]

战争笼罩下的整个南方，女性纷纷走到一起，给予彼此友谊和支持，比如刚刚出现的由亲朋好友组成的女性家庭，以及女性医院和救助协会。但是女性相互抱团，尤其是那些未婚的年轻女性，常常不仅是为了陪伴，也是为了获得异性恋爱中的那种感受和激情。正如萨拉·沃德利解释的那样，她想念不在身边的朋友瓦莱丽娅，

"一直想……总是充满爱意，带着强烈欲望"。这样的关系不完全是战争的产物，但环境的改变的确鼓励和强化了这样的亲密关系。1863 年，田纳西州的纳妮·哈斯金斯非常反感地说道，"最近我经常注意到，女孩子抱在一起、互相亲吻等。我觉得有时候那样做显得非常愚蠢"。[11]

我希望是军人的妻子

虽然纳妮·哈斯金斯对一位不在身边的女性友人频繁地表达深深的爱意，但是她和邦联很多未婚女性一样，把最强烈的情感投入到揣测未来结婚的可能性上。"我不知道以后能不能结婚，还是一辈子都只会是纳妮·哈斯金斯。"田纳西州一位住在寄宿学校的女孩用悦耳的哀叹之词，表达了南方大部分未婚年轻女性可能都有的情绪："哦，我的日子，真不容易！我希望是军人的妻子。"[12]

军营与普通民众居住的社区之间，俨然成了女性疯狂求偶的聚集地，年轻女性都忙着填补目前的空窗生活、确保她们的未来。朱迪斯·麦奎尔写道："这儿似乎弥漫着一种对于婚姻的极度狂热。"1862 年 9 月，弗吉尼亚州福基尔县的阿曼达·查普利尔坦言，她几乎爱上了她遇见的每一个男人，旅行布道的牧师或者取出坏牙的牙医，但最深刻的还是路过此地前往马里兰的军人们。爱丽丝·雷迪很高兴，有一支军队到了她田纳西州家乡附近。"对于军人的到来，我想这儿的女孩子们比其他任何人都要兴奋，现在这些情郎可是非常稀缺的资源。"里士满是公认最迷人且机会最多的地方。玛丽·切斯纳和她在联邦政府工作的丈夫一起住在邦联首府，一大群卡罗来纳州条件优越的佳丽们经常造访他们，她也似乎成了她们的年长女伴，她们的罗曼史吸引了切斯纳很多注意力——也占据了日记中很大的篇幅。里士满的生活，像一个卡罗来纳州姑娘描述的那样，"弥漫着悠扬醉人的管弦乐，充斥着身披勋章腰挂武器的男人……我们被迷得神魂颠倒"。里士满有太多未婚的男性，几乎应付不过来——哥伦比亚男性稀缺，这儿的资源却丰富得令人尴尬。"同时应付这么多男人，可真是一件微妙的事情！"在钦博拉索医院护士长菲比·彭博尔看来，似乎"里士满的每个女孩都订了婚，或者马上就要订婚"。[13]

阿曼达·沃辛顿发现，邦联军队进入密西西比州她家附近之后，生活有趣了很多。在 1862 年，因为没人陪伴，她宁愿待在家中也不愿出门去听音乐会或看舞台剧。"我们没有男伴，知道一会儿都得自己无精打采地去吃晚餐。"少数留守在家的男性，似乎也更偏爱她更加老练的姐姐。她发现，姐姐与人调情的时候，她不得不当同伴和女友——这尤其让人气恼。S 医生"每次来都要和姐姐谈情说爱。我就得坐在那里，什么都得忍着，因为当着我的面，他说话也不会顾忌。不过大多时候我也不去听，就坐在那里，不说话"。到 1863 年时，已经没有必要保持沉默了。因为维克斯堡战役以及西部其他军事活动，很多军队来到密西西比，阿曼达·沃辛顿也趁机和军队里的人接近。"我的确喜欢和士兵聊天，听他们讲自己军队里的冒险和奇闻轶事。"很多男人和平时追求她的人很不一样，但他们身着戎装、英俊潇洒——这种装束无疑让他们成为焦点，令任何一个女孩心驰神往。"我最喜欢 G 先生，"她坦言，"但我能轻易看出来，战前他并没有和我们这个阶层的人打过交道。但我爱所有的邦联军人。"阶级界限似乎暂时被抹去了。"参加我们的军队就是通行证，"凯特·卡明说。"男人们都是绅士"，因此都值得女士们去关注。[14]

战争的危险所激发的强烈感情，加上许多女人迫不及待地寻求伴侣，产生了各种非传统的因缘。正如艾玛·霍尔姆斯所说，"战争造就了很多奇怪的婚姻"。她猜想，其中至少有一些是草率性行为的结果。"军事封锁可挡不住人们结婚生子。"然而，阿曼达·沃辛顿的经验表明，中上层社会的女性，被出身卑微得多的男性追求，战前这样的男人她们一般是不会遇到的。关于年龄差距的传统观念也开始瓦解。1862 年，艾达·巴科为一种新"潮流"而感到痛心，她相信这种潮流已经"悄悄进入社会……也就是女人嫁给比她们小的男人"。阿拉巴马州一位观察者也说，"不超过十三四岁的小男孩……在蒙哥马利成熟的年轻姑娘周围绕来绕去"。选择合适男性配偶的标准、求爱行为的准则，在战时的压力下都降低了。玛丽·切斯纳震惊地发现，寡妇们不知羞耻地与火车上的陌生人调情，男人和女人在公共场合示爱，连她自己阶层的人都这样。"我还不如……还不如不知道呢，"从里士满到南北卡罗来纳的旅行结束之后，切斯纳写道，"女孩子们亲吻着那些可怕的男人们的背颈——呸！还有寡妇在公共车厢里用自己的睫毛蹭着堂弟的脸颊。"像许多护士长一样，她鄙视战时的求爱速度，鄙视人们没头没脑地冲进婚姻的极乐殿堂。一个女人哀怨着说自己在战争中失去了爱人，但在震惊的旁观者看来，这不是哀伤，而更像是一种求偶信号。"当她开始因为死去的情郎们而抱怨时，我知道她只是在追寻下一个目标……她不会浪费一点点时间。"[15]

　　紧迫感和标准的降低，影响了很多年轻女人的选择。南卡罗来纳州 16 岁的伊瑟·艾尔登解释了这一点："如果你想到，某个男人明天可能就会死掉，那你看他的眼光就很不一样了。之前我认为无趣、平庸的男人……现在看起来如此迷人。"一位 1863 年结婚的阿拉巴马州女性，决定安心守住一位伴侣时，也非常自觉地放弃了理想中的浪漫，这一点她表达得非常准确。她的未婚夫"与我过去梦想的英雄在各个方面都不相同。但是，我从没遇到过谁有梦里那么好，也不指望遇到。生活是现实的"。也许在战争年代，生活更加现实。克拉拉·麦克琳直言不讳："无数女士……只得嫁给她们不爱的男人，只是因为她们渴望感情。"她不妨再加一句，这些女性有时候是在寻求经济和情感保障。伊莎贝拉·沃德拉夫是位教师，她即将迈入中年，情况危急，于是通过通信的方式，与多年来未谋面的一位新近丧妻的男士订了婚。一位女性朋友给了她建议，用半开玩笑的口吻说，如果她嫁给了"一位有钱的绅士"，后来"厌烦了这个廉价货"，那她总是可以催着他到军队中去。伊莎贝拉·沃德拉夫的婚姻后来极不幸福，她可找不到这么简单的解决方法。玛丽·艾尔利内战时期的剪贴簿中，有这么一个中肯的评价："战争促成了很多桩婚姻，有些是很仓促的，日后就后悔了。"[16]

弗吉尼亚州的一位年轻女人，摄于 **1864** 年

（国会图书馆影像及照片部）

没有男伴的女人忙于求爱，这可不仅局限于第一次寻找丈夫的那些人。萨拉·肯尼迪给丈夫写信说，在她所住的田纳西州社区里，

遗孀们在社交上可出风头了。妻子们焦虑地等待着离家的丈夫传来消息，"只有遗孀和鳏夫很开心。他们郑重其事地将其社交活动冠以'找回青春俱乐部'的名"。人们认为年轻的寡妇是最具有吸引力的女人——"使人神魂颠倒、无法抗拒"。田纳西州的玛丽·贝尔说，"一个爱过又受过苦的女人，其温柔之美，令人心动，远胜过快乐、肤浅、喜好粉色白色的女孩。我想这就是遗孀们拥有吸引力的秘密吧"。一位年轻女性指责遗孀们比未婚女性更渴望婚姻，她解释说，已经知道婚姻生活快乐的人，更不愿意生活在婚姻之外。[17]

在战争中失去丈夫的一位年轻女士。玻璃干板相片，1863 年在钱塞勒斯维尔
一名牺牲的邦联军人身边发现（弗吉尼亚州里士满市邦联博物馆提供）

但是，人们对于追求婚姻的寡妇表现出来的震惊和关注，更加凸显了她们的非典型性，她们的行为看起来有违常规。因为战争，年轻的寡妇数量空前增多，这些女人还有几十年的人生，不希望这

漫长的岁月在孤独中度过。邦联的寡妇们积极寻求爱情和再婚，挑战了妻子应该忠诚地在悲伤和回忆中度过一生的传统。她们的行为表明，她们确实拥有与去世的配偶无关的独立身份，她们的生活不仅会继续，而且可能会有新的开始。寡妇求偶，特别是一些女性刚失去丈夫就迅速再婚，似乎是耻辱的事，挑战了丈夫死后女性应该继续忠诚的传统观念，证明了女性的欲望不仅存在而且难以抗拒。求爱、再婚就是一个人对幸福的追求的申明，应该优先于自我牺牲和自我压抑。绝大多数的邦联遗孀并没有再谈婚论嫁，但再次出现在婚姻市场上的也不少，足以引起关注与评论，并被认为代表了一种新的动向：过了少女羞涩时期的女人们仍可追求个人满足、成就自我。

各个年龄段的南方未婚女性都热衷于求爱和婚姻，但其实际结果如何，几乎无法评估。现存的邦联婚姻数据并不完整，而且战时人口迁徙频繁，因此无法获得准确的婚姻率（每 100 成年人中的婚姻数量）。但是，邦联人自己也对这个话题很感兴趣，因为他们认识到求爱方式和行为的改变，是战争带来的一个重要社会变革。《里士满问讯报》不时报道首都境内的婚礼数量。1862 年年底，当年的"婚姻普查"总数为 286。该报将这一数据与以往的年度总数相比，并作出了结论："战争，对柔情蜜意的发展，几乎没有实质性影响。"到 1864 年，总数已经下降到了 117。该报总结道："面包的问题（在这种年代是很难解决的一个问题），让越来越少的人相信爱情。"《问讯报》统计的是婚姻总数而不是结婚率，报纸没有考虑到战争期间弗吉尼亚州这座城市人口的快速增长。如果把人口数量的变化考虑在内，婚礼数量的下降就更能说明问题了。[18]

婚姻为南方女性提供了社会地位和身份，求爱给她们提供了消遣和目标。当战争摧毁了她们的婚姻理想和求爱机会，女性开始反思她们长期以来认为理所当然的事情：反思未能满足她们凤愿的社会和政治秩序，反思这些愿望本身。一旦婚姻不再是几乎不可避免的归宿，至少一些女性开始认为婚姻有问题，往往觉得婚姻并不完全可取。然而，更常见的情况是，一些单身女性仍然抱着渺茫的希望，认为婚姻虽未实现却仍是美好的愿望。这些女性常常被绝望感和紧迫感压垮；偶尔会摆出一种近乎丧亲般的姿态。她们表现出的悲伤，与结过婚但与自己的男人分居两地甚至生死永隔的姐妹们没什么不同。已婚的女性害怕失去她丈夫，而单身女性担心的则是找到丈夫的机会更加渺茫。

从很多方面来看，与和平时期相比，战争期间单身女性和已婚女性的日常生活更加相似。在邦联大后方的新"女性世界"里，大量已婚和未婚女性都没有男人的经常陪伴和慰藉。在这种情况下，不同婚姻背景的女性联合在一起，从家庭之外的活动中去寻找意义和满足：去服务国家和社区而不是服务男人和家庭。妻子们和单身女性日益抱团，从对方身上获得情感支持，获得在战时新世界中日益重要的女性友谊和交流。两位女性朋友前来拜访，在威廉斯堡住很长时间，哈丽埃特·凯里感到很开心。"如果没有这种快乐，我们的闲暇时光该怎么度过呢？有人同情我们的苦恼。大家一起怀着卑微的隐忍，忍受着上帝降临到我们身上的苦难，该是多大的宽慰。"在许多情况下，这只是简单的陪伴关系，但其情感意义往往更加强烈。尤其对于青春期少女来说，女性间的友谊成为她们少有的宣泄热情的机会。年长的女性可能也感受到了类似的相互关联和相互吸引，只是因为年纪更大，不再像年轻女孩那样喜欢浪漫言辞，而没有给我们留下激情爱恋的历史档案。也可能，年长女性已经不再有什么激情了。[19]

然而，不论年龄大小，女性都需要一定程度的亲密关系和亲密行为，这间接证实她们认同自己是有欲有求的人，是生命应该更加丰富的个体，而不应该只有牺牲。战争再一次让邦联女性对自我以及自身利益有了新的认识。

第七章

想象的生活：
阅读和写作

南方精英阶层的妇女之前受过教育，能够读书识字，这是她们战时一个重要的慰藉。就像梦里她们与远离的爱人团聚一样，醒时在书籍与知识的海洋畅游，给她们提供了一个没有痛苦、战争和死亡的世界——她们能在其中找到秩序、意义，找到无序和痛苦的生活中往往缺失的掌控感和目的性。用爱丽丝·雷迪的话说，与书籍相伴，许多邦联妇女"收获"了生存所必需的"慰藉和勇气"。[1]

人们早已意识到，19 世纪中上阶层的妇女群体是当时诸多小说的主要消费群体，正如 1854 年的《南方文学信使》所说，小说已经成为"当前时代最典型的文学活动"。纳撒尼尔·霍桑曾说"涂涂写写的妇女军团"在污染着全国的文坛。从他那人尽皆知的蔑视开始（如果不从艺术的角度看），人们至少已经勉强认可了妇女作家的受欢迎程度和其出书的多产性。[2]

19 世纪 20 年代，全国性的出版业和职业写作群体已经开始在美国出现，这在很大程度上是由于中产阶层女性读者和作者的出现。卡罗琳·吉尔曼、卡罗琳·李·亨茨、E. D. E. N. 索斯沃斯、马里恩·哈兰德（玛丽·弗吉尼亚·特修恩的一个笔名）、苏姗·沃纳、哈里特·比切·斯托夫人、奥古斯塔·简·埃文斯等女性作家日益受到关注并在商业上取得成功，这在很大程度上要依赖于成千上万的妇女们——她们是"伤感小说"或"家庭小说"的主要消费群体。到 19 世纪中期，用历史学家玛丽·凯莉的话说，美国的女性小说家"已经占据了大部分文学市场"。马里恩·哈兰德 1854 年的《独自一人》销售了 10 万册以上。据估计，索斯沃斯在其事业巅峰时期每年能赚六千多美元。亚伯拉罕·林肯赞扬哈里特·比切·斯托夫人的《汤姆叔叔的小屋》，称该书是南北战争的一个导火索。[3]

中上阶层的妇女接触文学，很大程度上是阅读，不仅体现在她们所购买的书籍数量上，更体现在其日记和信件上，这体现了阅读在她们生活中的重要性。书籍成为了自我省察和自我定位的主要载体。女性自身的经验一般比较局限，而关于女性苦难和成就的流行故事，使她们能够想象不曾体验的挑战。与生活中真正的亲朋相比，小说人物于她们而言往往同样真实、同样有影响力。阅读已远不止是消遣，因为它提供了一个环境，可以探索急剧变迁的美国社会困境以及妇女新身份的复杂性。南北战争的危机、南方生活的转变以及传统妇女理念面临的挑战，使得书籍引发的那些问题愈发尖锐，以至于给妇女的生活带来了真正的痛苦和煎熬。结果是，阅读给邦联妇女带来的娱乐和教育变得比战前更加重要。[4]

对于那些失去了丈夫和爱人，缺衣短粮，连亲人的行踪和安全都未知的妇女而言，书籍是她们快乐的一个重要源泉。弗吉尼亚·弗伦奇在 1865 年元旦时说："我们的生活，没有趣味，只有忍耐……我现在除了一盆温暖的炉火和一本好书之外没有什么快乐可言。"如果说弗吉尼亚·弗伦奇尚能够回忆那段有一丝快乐的时光，那南卡罗来纳州的艾玛·勒贡特则因年纪太小，根本没有很多这样的回忆了。在弗伦奇写下这段话的同一个月，勒贡特则在思考她在战争中长大成人所失去的一切。"如果没有我的那些书籍，我会度日如年。但书让我有勇气生活下去，并找到了我快乐的主要源泉。我从周遭的悲伤中逃离，避难于书籍之中。"勒贡特清晰地表达了阅读作为避难所的概念，这一概念是她这个阶层的邦联女性的共识：与其说书籍是物品，还不如说是个逃避现实的地方——1865 年，现实已经变得几乎无法忍受了。书籍既是安慰心灵的良药，也是转移内心困扰的幻想。[5]

妇女们常常通过读书来逃避现实。1865 年 3 月，格特鲁德·托马斯写道："我努力逃离现实，在阅读中忘记……忘记这永久的现在，忘记这难以摆脱的战争话题。"艾玛·克拉彻不好意思地承认，自己沉湎于书籍，几乎等于个人宣告投降，在隔离中获得安宁。"我知道，这是可鄙的，"她在信中对丈夫威尔写道，"但我觉得我已经为国家付出了我能付出的一切，现在我只想在书中使自己尽量远离正在上演的恐怖……使自己尽量远离心中每小时就要撕裂一次的伤口。"1863 年夏天，葛底斯堡和维克斯堡战败的消息传来，卡罗琳·戴维斯的反应，让她自己感到困惑，因为她只有一个不恰当却非常强烈的愿望，就是找一本能"一头扎进去"的好小说。她在自己的日记中坦白，"我还能去读小说，这让我感到惊讶。我这是怎么啦。我的感受，连自己都觉得很奇怪"。但实际上她的感受也没什么好奇怪的，因为数以百计的妇女们都有着这样的需求，特别是在面临巨大压力的时候，她们需要"忘我地去读一本书，以摆脱这可怕的现实"。[6]

然而，阅读不仅能起到逃避的作用，还能引领妇女过上新的生活。弗吉尼亚州的露西·巴克与艾玛·勒贡特差不多同龄，她描述道，阅读让她进入了一个文学想象的世界，成了积极的参与者。1862 年 3 月，一部新小说让她心情愉悦，并在日记中解释了这种喜悦的本质："真实的幸福是如此之少，这使我更喜欢沉浸在作家所创造的虚拟世界中，为自己创造一种想象中的生活。我喜欢把自己的个体融入想象的人物之中，分享他们的喜悦，分担他们的苦难，忘记我周围真实生活中那些丑恶的现实。我知道这是不对的，会让意志消沉，不利于我们虽不情愿却必须在这个世界中扮演的角色，最终会给我们带来很多不开心。但是，就目前而言，它使人们远离各种令人悲伤的念头，而且我觉得，随便做什么，都好过思考、担忧那些完全不可避免、无法挽回的失望。"

这份具有罕见自觉意识的宣言，说出了阅读的目的，以及阅读与南方战时妇女处境的关系。"真实生活中那些丑恶的现实"和巴克改变这些状况的无力，使她进入想象的世界；"失望"是"完全不可避免、无法挽回的"。战时南方的女性们，普遍都有一种悲伤感、一种令人沮丧的无力感，阅读成为了一种消遣，使她们的注意力从这种情绪中转移出来。但巴克所描述的阅读过程，却不仅仅是消遣和遗忘，不仅仅是慰藉和逃避。

像勒贡特一样，巴克努力"活在"书中，让阅读成为积极的事情，而不只是让人"失去勇气"——19世纪女性小说阅读的评论家们经常这样指责。巴克的辩护则对此进行了回应。巴克有个句子在修辞上非常有力，一连串动词分句像断奏一样爆发出来，告诉我们她要"融入""分享""分担"；她重构了自己以及自己正在阅读的书，用她的话来说，她在小说虚构的世界中，为她自己创造新的生活和新的身份。在故事中，巴克不仅逃离了现实，也逃离了令人恐惧的无用感，进入到积极的可能性和参与性之中。她发现了一个新的途径，通过想象并叙述不一样的人生历程，从她的处境和社会环境中脱逃出来，并在想象中开始自我意识的转变。[7]

同许多邦联妇女一样，巴克经常同姐妹们聚在弗吉尼亚州的弗兰特罗亚尔家中的客厅里，一起大声地朗读。朗诵增加了文学作品的特点和生动性；同时因邦联印刷品缺乏，朗诵也可以分享书籍和报纸。在玛丽·李位于温彻斯特家中，五位女性住客每晚都聚集在一起，大声朗读题材广泛的欧美小说，她们选择的作家与几十位其他南方妇女不无相似：威廉·萨克雷、查尔斯·狄更斯、韦尔奇·

柯林斯、维克多·雨果以及南方作家贝弗莉·塔克和奥古斯塔·简·埃文斯。李认为书籍是个"巨大的资源"，能保持她自己乃至全家人的士气。李解释道，如果她能够平静地聆听别人的朗读，那些书籍就能让我"忘掉脑子里想的事情"。就算心情不好、注意力不集中，"书籍也阻止了交谈的必要"，避免了家庭妇女们在焦虑的交谈中互相助长心中的恐惧，同时又消除了可怕而阴郁的沉默。卡罗琳·戴维斯和她的姐妹们沉迷于沃尔特·斯科特的威弗利系列小说，以至于她们忘了时间，一直读到深夜蜡烛熄灭为止。马里恩·哈兰德的畅销小说《独自一人》中，"一个叙述得非常有趣的危机"，会让露西·巴克和她的姐妹们忘乎所以，以至于当两个北方人突然闯进屋子搜寻叛乱士兵的时候，这些女人们因为毫无准备而大吃一惊。一旦女人们走进书中的世界，生活中的种种不快就都抛到九霄云外了。[8]

一些妇女将阅读与家务结合在一起，这样她们全天都能阅读。路易莎·麦柯德·斯迈斯回忆道，经过大量的练习之后，许多女性能够支起厚厚的书籍，在编织或缝纫的同时进行阅读。如果不具备这种技能，妇女们就轮流充当指定的朗读者，让其他人能够边听边继续工作。密西西比州不愿意做裁缝的安·马丁总结了某一天的这种活动："没完没了的衣服……有滋有味的书。"[9]

艾玛·霍尔姆斯是南卡罗来纳州卡姆登的一个难民，她于1862年秋天成立了一个读书小组，但她的目标不止于此。霍尔姆斯离开了卡罗来纳州低区的亲戚朋友，决定效仿她以前知道的查尔斯顿的一个俱乐部，以"促进社会交往"。参加的年轻女性同意每周二和周六会面两小时。第一次聚会非常成功，这很大程度上要归功于朗读者的技巧。"夏洛特（博伊金）的朗读非常讨人喜欢——她的声音非常悦耳，非常具有表现力——脸部表情也不停地变化，诙谐有趣。"朗读使得习以为常的独来独往变成了类似戏剧的表演，增进了友谊、社会凝聚力和妇女团结。书籍中的虚构世界帮助很多邦联女性逃离了战争带来的孤独，同样朗读这一社会活动，将妇女们聚在一起，分享支撑她们的"想象中的生活"，成为她们摆脱孤独的解药。[10]

定期的阅读课程

和南方社会经济一样，文学市场也受到了战争的破坏。南方妇女的读物，在很大程度上依赖于市面上能买到什么样的书。路易斯安那州的难民西德尼·哈丁曾声称自己"迫切地想读书，可这个全是松木林的可怜国家根本没有书"。艾玛·霍尔姆斯躲到卡姆登，运气就好多了，因为她能接触到一位居民收藏的当代小说集，"对于我而言，这是无价之宝"。然而，战前南方依赖于北方的出版业，因此邦联出的新书非常有限。玛丽·切斯纳很难过，很多英国和北方杂志因封锁停售，这让她投在订阅上的钱都打了水漂，这些刊物包括《布莱克沃德杂志》《大西洋月刊》《哈珀月刊》和《科恩希尔》等。1863 年，《里士满问讯报》写道，一些书被成功地走私到了查尔斯顿，"不过在大多数情况下，前往邦联各港口的蒸汽船上，装的是火药子弹，不是书籍"。得克萨斯州泰勒市的难民凯特·斯通想尽办法，用稀缺的读物来打发无聊而漫长的时光。一名当地妇女以每周50 美分的价格，租书给斯通家人以增加收入。但凯特仍然发现自己没有新书可读，只能重复阅读旧书。她几乎"已经把丁尼森的著作背下来了"，然后又回去读莎士比亚以及她最喜欢的沃尔特·斯科特爵士。不过，她最大的愿望，也许是获得一期《哈珀月刊》。她说："北方的文学作品对我们来说，就像流浪的以色列人眼中的'埃及肉罐'一样——我们渴望已久。"威廉斯堡的哈丽埃特·凯里

"感到真心遗憾"，因为最好的书似乎"大多在北方佬那儿"。不过，到 1864 年，佐治亚州的埃米莉·安德鲁斯已经开始迫切地期待着"和平时期大量新书如潮水般涌来"。[11]

虽然有众多限制，邦联妇女们仍然找到了大量书籍。小说对妇女来说有巨大的吸引力，因为妇女不仅用眼睛和大脑读书，似乎还用情感读书。佐治亚州的玛利亚·格林考虑是不是应该把小说彻底丢开，因为就算是"一个简单的爱情故事"，也会使她"像杨树叶一样颤抖，全身都抖起来，强烈的疼痛感在后背上下流动，浑身无力，连手也抬不起来"。阿曼达·沃辛顿很感激有一本小说让她感觉"痛苦"，她解释说"这正好适合我"。弗吉尼亚州的阿曼达·查普利尔读着《克利夫顿的诅咒》，不禁潸然泪下，因为这本书"刚好迎合了我前几周的心情"。艾玛·霍尔姆斯承认，读完阿尔福里德·德·维尼的小说之后，"泪水……噙满眼眶"，因为故事结束时，她觉得自己失去了真正的朋友：故事中的人物都很有感染力，"你会觉得自己就生活在他们中间"。和很多邦联妇女一样，霍尔姆斯特别喜爱米里亚姆·科尔斯·哈利斯写于 1860 年的小说《拉特里奇》；和很多女性读者一样，她用小说中的人物，去思考自己对男人、求偶和婚姻的期待。对于霍尔姆斯来说，亚瑟·拉特里奇代表着"我想嫁的最理想的男人"、一个"杰出人物"、一个"满含柔情的"男人。她写道，"有个人，我忘记是谁了，他反对用'柔情'这个词来形容男人，但我很喜欢，因为这个词传达出了丰富的意思——不仅仅是爱"。[12]

如果说拉特里奇代表了年轻的艾玛·霍尔姆斯的希望，那么奥古斯塔·埃文斯笔下的人物拉塞尔·奥布里则代表着护士长弗吉尼亚·弗伦奇对男人与婚姻的失望，因为这个人物让她丈夫身上的缺点暴露无遗。邦联女性白天常用来读小说，有时候晚上也读，而且将自己以及个人的情感生活投射到小说之中。1862 年春天，在麦克莱伦进攻里士满的危机期间，玛丽·切斯纳拿着小说彻夜未眠，她自问道"我怎么能睡着呢"？在小说中，她可以熬过并克服难以忍受的焦虑感。[13]

凯特·斯通（路易斯安那州立大学，路易斯安那州立大学图书馆联合会，路易斯安那及密西西比河谷藏品部，《布莱克恩波恩庄园》，约翰·Q. 安德森手稿）

　　玛丽·切斯纳也在非小说作品中找到了慰藉。1862 年年初，她从南卡罗来纳州哥伦比亚市一家图书馆借了爱德华·克莉齐的《15 场决定世界的战争》，并于当年 3 月 10 日写道，"今天读完了马拉松战役"。切斯纳将过去视为某种意义上的历史实验室，从中寻找可以帮助她理解当下的类似事件。她担心温泉关和滑铁卢的影响，思考亚历山大的领袖风格，好奇与罗马帝国军队和美国北方大军相比，希腊军队为什么规模很小。切斯纳在约翰·莫特利的《荷兰共和国的崛起》一书中寻找灵感，以理解南方获取独立、成立代表政府的斗争。艾伦·摩尔喜欢伊丽莎白·艾丽特的《革命中的妇女》，认为该书"非常适合当下这个时代"。当读到她的女性祖先们遭遇苦难却最终获得胜利时，她兴奋地写道："这让我有了勇气，能经受一切考验。"同样，查尔斯顿的伊丽莎白·普林格也开始涉猎历史方面的书，寻求一种"指导性阅读"，以此丰富一下自己阅读的书籍类型，不要仅局限于小说。尽管她似乎阅读得很慢，比如她花了七个月才读完莫特利的《荷兰共和国崛起》，但是她却从荷兰共和国的挫折与成功中，发现了她对邦联未来的"希望"。[14]

和普林格一样，大量的邦联妇女参与阅读，用爱丽丝·雷迪的话说，去参加"定期的阅读会""不仅仅是小说和诗歌"。丽丝·米切尔是个密西西比州的难民，为环境所迫闲散无事，但她把这看作"提高心智的最好机会"。她一直在如饥似渴地阅读小说，但她决定"未来几个月只读历史了"。战争结束后，康斯坦斯·凯里·哈利森回忆了她自己严格的学识训练："我一直阅读、学习。当时我们几乎没有昙花一现的读物，所以没什么诱惑能让我们偏离标准文学作品这条笔直又狭窄之路……每一天，我都要写点东西。"凯瑟琳·爱德蒙斯顿带着批判的眼光阅读历史与哲学，将自己的理念与她读到的作者进行比较。她发现这种交流让她在学识上既骄傲又谦卑。她阅读弗朗西斯·培根的散文，"很有规律地读，一天一篇"，然后她想："有时候我会冒出某个想法或观点，觉得这是我自己想出来的，一直欣喜地揣在心里，可是，哎呀说变就变！我又看到了这个想法，出自这位风格精炼、手法完美的大师之手……于是……我叹了口气，放弃了我的所有权"。[15]

战争迫使各阶层的邦联妇女去适应她们不习惯的工作，甚至需要精英阶层的妇女去编织缝补、买菜做饭、监管奴隶、照顾孩子，甚至要去找有报酬的工作。但与此同时，也有大量女人无所事事或者失业。和亲戚朋友住在一起的难民们往往没有特定的家庭责任；求爱活动本来会占用年轻女士和少女很多时间，但战时男人稀缺，恋爱的机会也很少；在远离前线的地区，连护士长们有时候也发现后方机构的工作不足以填补闲暇时间，本来她们可以用这些时间去陪伴现在已经离家的丈夫，或者从事和平时期那些娱乐和招待活动。1861 年秋天，《德鲍评论》注意到，奴隶制为白人妇女提供了一个特殊的机会。"环境特别有利。我们的社会形式让她不必从事其他国家妇女必须承担的体力劳动，因而有充裕的时间从事文学活动。""充裕的时间"——无所事事以及随之而来的无聊感，加上女性们渴望有所作为的心态，促使很多精英阶层的妇女从事知识性工作。对一些人来说，这种努力也不外乎参加"定期的阅读会"，利用闲暇时间提升自我。但其他人大方地承认，她们心里有着更加宏大的"志向"。[16]

写作之自由

这种爱好范围的扩大，不仅包含阅读也包含写作，最大意义的实现形式也包括成为 19 世纪众多"涂涂写写的女人"一员的欲望——南方女人们是带着骄傲引用霍桑的措辞。内战将美国数以千计的各阶层白人妇女变成了作者：写书信、写日志，记录重大历史事件，创作公开发表的歌曲、诗歌和小说。可以说战争保存了女人们的心声，成为我们理解她们和那个时代的最好的渠道。[17]

但是写作不仅反映了生活变化与时代变迁；成为作者这个过程本身也孕育了新女性的自我意识。正如佐治亚州一位妇女开始写日志时所说，在将近九年的战争与和平的岁月中，她都坚持写日志，"记录得好的日记，效果相当于定期的班级会议，能引领我们审视我们的内心，从过去的缺点中学习"。尽管她表达见解用的是自己的教派用语，但她认识到日志的作用更为重大，能推动精神和情感的成长。描述一个人的经历，可以使用书信，但更有力的是使用日记或日志，这需要自我反省，认可自己是个体、主体，也需要将某种具有特定方向和目标的叙事结构，加在生活中多变的事件之上。写作必然是一种探索与发现的行为；自传性写作必然会产生新的自我发现与自我理解。它是自我描述的过程，同样也是自我创造的过程。[18]

正如我们看到的，妻子与离家在外的丈夫通信，常能激发此前未有的亲密、坦诚，提高自我意识以及促进自我觉醒。正如朱莉娅·戴维逊对丈夫约翰所表述的那样，在战前，"我们都不知道对方有多宝贵"。在战时的通信中，他们发现了自己，也发现了彼此。历史学家卡伦·路司得认为，学习写情书，需要探索内心的自我和主体性，因而会产生新的认识。她写道，对19世纪的男人和女人来说，"自我"能够"通过浪漫爱情所需的传统沟通过程而被看得更清楚，……不同形式的个人表达或许是个体内在品质发展与保持的最重要途径。鉴于语言有能力塑造现实，向别人描述自己的生活，那么语言本身会产生重要的文化影响也就不足为奇了"。情书中"自我省察和自我表露的亲密行为"，激励着新的个人意识，对在社会环境影响下习惯于自我克制与自我否定的女人来说，这也激励她们重新关注自我，关注她们自身感受的价值和重要性。[19]

分居迫使女人们转向书信的写作，将其视为维持最珍贵的关系的基本手段，同时她们自己也开始书写其他类型的信函。写给政府官员的申请信和请愿书，超出了家庭这个常规的女性领域，这些书信要求公众关注此前人们心目中的私事——个人的生活，爱人的安全和福祉。在此，女性们的写作所代表的不仅仅是重新获得价值的自我，而且是更加直接、更加大胆地追求获得公众关注与自己的政治身份。许多女性敢于给邦联官员们写信，她们认为写作之举与传统女性行为已经有很大的差别。女性们写给杰弗逊·戴维斯或政府官员的信，往往以致歉和请求宽宥开头，因为写信本身代表着一种不太得体的张扬。阿蒂利亚·艾瑟里奇写信给邦联总统，开头便请求他"原谅我给你写信"。露西·怀特因给戴维斯写信而致歉，她解释道说本该由家中的男士书写这封信，但所有男性都去了战场。托马斯·沃玛克太太请求北卡罗来纳州长万斯"原谅"自己"擅自"写信，但是她解释称自己处境艰难，没有别的申诉渠道。为了获得万斯的帮助，马哈拉·亨德利不得不描述自己绝望的处境，她为此感到更加不安。"我不得不给您写信，"她解释道，"不过，我向您保证，这是件非常痛苦的事。"女性们为贸然写信感到不安，感到有必要道歉。这说明她们间接地承认，她们决定拿起笔向全国或各州官员请愿是大胆的创新之举，有着深刻的意义。她们的行为本身，暗含着个人的张扬，女性们觉得必须用公开的谦逊姿态加以平衡。这些信件代表她们想要获得公众的关注，这与她们作为女人的自我定义相抵触。然而，现实的必要性和内心的绝望，迫使女性使用语言和书信来表达全新的自我，但邦联女性对此既不欢迎，也不完全理解。[20]

如果说信件作为自我转型的媒介，女性们只能部分理解其意义的话，那么日记则唤起了更多的自我意识。邦联女性们公开谈论写日志的动机，也许是因为日记缺乏书信写作的实用目的。写给官员们的请愿书有具体的目标：请求让丈夫或儿子回来，或者提供生活必需品或物资；写给离家在外的爱人的信件，则可作为一种善行，符合女性服务与牺牲的观念。但是日记带有自我放纵与自我沉溺的意味，女性们常常感到需要对自己的努力进行解释和辩护。和阅读一样，情感上的需求往往是最重要的。萨拉·摩根在寻找"情感上的宣泄口"，朱迪斯·麦奎尔"焦躁不安"，要通过记日记来抚慰自己的情绪。到1862年，摩根已相信日记是她"生活中的必需品……一想到国家的悲惨状况，我就感到焦急、忧伤……在我情绪到达最低点之前，我会抓起笔，写上六七行……然后呢，好啦！理查又恢复了正常！哦，还有我的书籍，给予了我多么丰富的资源啊"！摩根担心她会"死掉，如果没办法表达情感的话"。克拉拉·所罗门认为日记相当于亲密的朋友，她用腓利门（亲爱的）这个专有名词来称呼日记，并且从中寻求"安慰天使"的"甜美陪伴"。[21]

玛丽·李的日记同样成了她"安静的朋友"，她可以对这个朋友抱怨、可以显露自己的软弱与绝望，而这些却不能在同住的四位年轻女性面前流露，她觉得自己对她们有着很多母亲般的责任。但她坦言，日记更像是压制情感的工具，而不能宣泄情感，她几乎把"涂涂写写"看作一件必须去做的事，这让她能够逃离令人不快的现实。她宣称，写日记最重要的准则是"记录事件，而非情感"。凯瑟琳·爱德蒙斯顿同样希望日记能更多地记录公众事务，而非私事；更多地记录"我们正在经历的大事"，而非内心的生活。爱德蒙斯顿将日记拟人化，称之为"你"，并将其首字母大写，但她同时又警告日记不要"把自己太当回事，以为你是我无话不谈的知己。我跟你说的，还不及我感受的一半"。艾玛·霍尔姆斯对自己写日志的目的，同样有一种历史性的认识，"多年以后"，她的日记将会"多有价值"啊，1861年6月的她心里想道，它"记录了我们光荣的南方联盟建立、成长过程中的重大事件"。[22]

南方很多写日记的女性希望通过这种纪实方式，参与到全国事业之中。路易斯安那州的丽丝·米切尔经常听到这个问题："谁会记录这场战争的历史？"她在1862年8月嘲讽道："但是，对我来说，还有个更难回答的问题——'谁又不会呢？'"。在这些未来的史学家兼日记作者之中，志向最大、最自觉的也许要算玛丽·切斯纳——她留下了七卷战时记录，C. 范·沃德沃德曾对此进行过深入的解释与分析。在战争期间，切斯纳一直在写日志，沃德沃德称之为进行中的大事记；战后在此基础上，她对这段经历进行了大幅度修订和艺术加工。从战争初期开始，切斯纳就将自己视为作家。她在 1861 年 10 月坦承，"想要涂涂写写的那份狂躁，在我心中十分强烈，我脑子里有个疯狂的想法，要写一个故事"。在战后的年代里，她就是这么做的，不仅仔细修改了她的战时记录，还完成了三部小说手稿。切斯纳当然在努力模仿 19 世纪女性畅销小说家，但与她们不同的是，她一生都未收获文学创作的果实。她只卖出了一篇短短的文章，这篇文章 1883 年被《查尔斯顿新闻信使报》录用——获得了 10 美元的稿费。[23]

许多其他女性也有着与切斯纳相同的文学追求。战前女性小说家的成功，使她们成为媒体上的英雄；而读者绝大多数都是女性，她们让女性作家成了值得钦佩和让人羡慕的角色。比如，佐治亚州一家寄宿学校的一位年轻女孩于 1863 年发现，她的一位老师曾投稿给一家刚成立不久的邦联期刊，她便难以抑制自己的激动之情，惊叹自己的老师竟是一位"真正的、活生生的女作家"！对有抱负、有地位的女性而言，写作似乎成了最具吸引力、最可行的志向。写作是一份可以在家里进行的工作，而且还可能带来丰厚的报酬——至少对于马里恩·哈兰德、E. D. E. N. 索斯沃斯、哈里特·比彻·斯托这样的人来说是这样的。不仅如此，人们还能在写作之中培养高尚的道德并陶冶情操。因此妇女们在努力定义如何才能作出有用的贡献、服务于周围的世界——服务于将需要自己独特文化的新邦联国，她们的努力往往集中在文学上。"或许现在时候到了"，密西西比州一位女作家在杰弗逊·戴维斯就职数周后写信给他说，"南方该从昏睡中醒来，欣赏自己的文学了"。[24]

如果男人们能在战场上收获名声、荣誉和目标，那么女人们则可以在文字的竞技场上获得相应的满足。田纳西州年轻的纳妮·哈斯金斯意识到文学创作对自己的吸引力，虽然她觉得自己无法胜任这样的挑战。"是的，"她在 1864 年 9 月承认："我想做些配得上女人之名的事情——但我又能够做些什么呢？我没有写作小说的能力，即使有，那也不过是继续重复世界上已经重复上千遍的东西罢了，没什么大不同。我写不了'回忆录'，因为并没有什么回忆，我有的每个18岁的女孩都有；我也写不了'游记'，因为我从没离开过这个州。"她既自豪又遗憾地总结道，她自己"不是汉娜·摩尔，不是夏洛特·勃朗特，不是斯塔尔夫人，就是纳妮·哈斯金斯而已"。[25]

佐治亚州的教师艾比·布鲁克斯同样渴望获得成就，也同样现实。她坦言："我渴望成为一位有价值的作家，能与那些优秀的作家一样，创作出令读者惊奇、触动他们心灵的句子。"但她意识到："现在世界上有那么多的二流作家，她们不可能全部成为社会名流或伟大作家，有些人应该感到满足。"有些人就是指艾比·布鲁克斯或纳妮·哈斯金斯。[26]

或者是艾玛·霍尔姆斯。她也承认，她"一直渴望……能使自己在某些方面与众不同……能感觉到自己并不是白白地活了一遭，我应该在身后留下一砖一瓦，对人类智慧的宏伟建筑有所贡献"。然而，她同样质疑自己的能力。"独创，我知道我不行。"她下结论道，她"真正的职业"是翻译和教书——传播他人的作品，而不是创作自己的作品。她认为，对自己的目标加以限制，要比"出于自负而去幻想超出我能力的事情"要好得多。弗吉尼亚·弗伦奇战前已经发表过不少作品，当她因忙于家务而少有闲暇写作时，她也一直心存疑问："我几乎绝望了——我的时间被各种事情占据，脑子里总担心着活下来就必须做的那些事情。"但她的自我怀疑，不仅是因为她意识到了周围环境的挑战。她在1864年2月写道，"或许即使我花费巨大的劳动、承受巨大的痛苦，完成这本书"，"也不会取得成功——那有什么用处呢？……我担心过不了几年，我就要过世了，身后没有留下任何痕迹，我的存在有意义吗？我从童年开始就渴望有些成就，渴望做些有益、伟大、值得纪念的事情，过几年我就要……死掉，不留下任何痕迹"。[27]

凯瑟琳·爱德蒙斯顿认为限制自己文学志向的主要因素，并非是自我怀疑，虽然她也经常怀疑自己，主要是对女性得体行为的强烈意识。她写过大量的诗歌，但从未寄给报社或杂志社。阻碍她的，不是她觉得自己的诗句"平庸"，也"不是她难以能称得上为诗人"，而是她意识到自己会"踏出（女人）的领域"。"那你真的会忘记一个女人最重要的装饰：谦逊。跑去出版作品不是女人的本分；如此广阔的领域并不适合她们。"[28]

这一点玛丽·李也有同感。本来她要写封匿名信，却被报纸署上了名字，这让她大吃一惊。然而，许许多多的南方上层妇女都反对这样的传统观念，她们敢于明确表达她们的文学抱负，尽管这与人们通常所期待的自我克制与自我否定的女性美德相冲突。甚至像爱德蒙斯顿这样的女人们，也承认这种以自我为中心的渴求；但她们出于得体的考虑，压抑了这些愿望。女人们日益接受作家这一适合她们性别的身份，这成为内战中南方的一个新动向。内战前，上层妇女们都是采取爱德蒙斯顿或李的做法，而不像数以千计其他邦联女性那样，急切地出版她们的诗歌、故事甚至小说。很少有人像卡罗琳·吉尔曼那样感到痛苦，她因为 1810 年部分诗歌未经授权而被出版，"我伤心地哭，感到非常惊恐，就好像被发现穿着男人的衣服一样"。作者的身份，日渐属于男女两性。[29]

在南方，由于男人们忙于军务，文学在很大程度上成了女性的领域。报纸上会定期出现女性作者署名的感伤诗歌，通常与战争话题相关，而且她们的作品也是邦联期刊的主要来源。康斯坦斯·凯里·哈利森是弗吉尼亚州的一位贵族，她嫁给了杰弗逊·戴维斯的秘书，且经常供稿给《南方新闻画报》《马格诺利亚周刊》以及《里士满问讯报》等。但她一直使用"雷福吉塔"这个笔名，以保持上流阶层的文雅。战争结束时，她已经写完了一整本小说。

1865 年北方人占领里士满时，一场大火吞没了她位于这座城市的出版商的办公室，小说手稿毁于一旦。克拉拉·达根·麦克琳战时大部分时间都在南卡罗来纳当女家庭教师，但她挤出时间为《南方战场与家庭》撰写故事，还多次得奖。邦联桂冠诗人亨利·蒂姆罗德说她是"拿鹅毛笔的姐妹"。[30]

艾米·克拉克曾是《南方文学信使》的重要投稿人，但后来稿件一度中断，她写信给编辑解释说：丈夫在军队里，她搬到北卡罗来纳与父亲和妹妹一起生活。有一次她坐火车前往军队营地护理受伤的士兵，途中创作了一首诗，题为《马纳萨斯战役》。一位军官从她的手中拿过诗歌，念给士兵们听，并期许这篇诗歌能在《里士满问讯报》上发表。后来《罗利旗报》又将诗歌作为单页发行，所得收入用于护理生病的士兵。自此之后，克拉克叙述道："邦联各州每个地方都找我要这首诗歌，打算让《新奥尔良皮卡尤恩日报》的编辑用同样的方式在新奥尔良发行。"现在她写信要求里士满的出版商也这样做。[31]

相较于护士和教师，公共对女性作家的限制更少。文字工作似乎符合家庭生活的很多理念。女士们不需要离开家庭，也不必从事那些有损于她们社会地位的体力劳动；尽管她们的言语会呈现于公众视野之中，有时候还要暴露她们的名字，但是作家本人仍在家庭领域的保护之下。新国家的文化需求和女性的心理、经济需求，鼓励了战时南方女性的写作，而公共媒体也反映出了这种普遍的热情。1861 年秋，《奥古斯塔立宪主义者周报》表扬当地女性的作品发表在邦联期刊上。玛丽·布莱恩是"南方无与伦比的女诗人"；安妮·布朗特的故事为她赢得了"不朽"的声名。写作使创造新的生活成为可能，这不仅体现在脑海中那个空想的世界里，也体现在现实生活中，因为写作为女性提供了一个诱人的机会，让她们可以收获名声和财富，赢得公众的关注和欢呼，而这一切在以前都是男人们的特权。[32]

邦联小说的写作与阅读

　　战时邦联小说的创作与畅销，有力地表明了写作与阅读在南方妇女生活中的意义。奥古斯塔·简·埃文斯于1864年出版了《玛卡里亚：牺牲的祭坛》，并将它献给了邦联军。作为一份来自女性的"微不足道的礼物"，献给"她挚爱的具有崇高爱国主义与自我牺牲精神的同胞们"，它"远离'营地'，远离危险却有不朽荣光"。埃文斯1835年出生在一个古老而显赫的南方家庭中，是一位热忱的邦联爱护者。她曾从莫比尔的家中赶到蒙哥马利，参加阿拉巴马州脱离联邦的庆祝仪式。战争一开始，她便兴致勃勃开始公共行动：她组织妇女们缝制沙袋以保卫莫比尔；建立了一所医院；后来又建立了一所孤儿院；还不顾兄弟们的反对去当护士。但是，像其他邦联妇女一样，她仍为自己身处国家危机之中却无能为力而深感沮丧。她遗憾地说："为了祖国的事业而加入行伍去舞刀弄枪，的确没有我的份儿。"她还觉得在"这场攫住了整个文明世界目光的最惊心动魄的戏剧中"，妇女们"行动范围有限，角色无足轻重"，不能不令人"叹息"。为了确保"祖国女儿们的微薄努力能够帮助推进我们正经受考验的、心爱的邦联事业"，埃文斯转向了写作，并不由衷地称之为"柔弱的女性之笔"。埃文斯这种谦逊自抑的态度，丝毫掩盖不住她1859年出版《比乌拉》之后取得的巨大成功。在战争爆发之时，她已是一位畅销小说作家，在全国颇有名气。因此，写作就顺理成章地成为她那受挫的爱国壮志的宣泄方式。[33]

　　《玛卡里亚》扉页的题词显示是献给邦联的赞歌；但它同时也表明埃文斯在寻找自己的战时角色，寻找"女人的作用"，这是对广大南方妇女生活与斗争的总体概括。埃文斯坐在负伤的战士旁边、在零星碎纸上撰写书稿，希望自己的作品能为白人妇女树立一个榜样，帮助她们在邦联大业中追求埃文斯所谓的"力量"。

　　小说的标题本身，既暗示了埃文斯试图让该作品成为她自己的献礼，又反映了女性战争故事的悠久传统，她希望能将自己的作品纳入这个传统。在古希腊时代，玛卡里亚曾将自己奉献给众神的祭坛，从而使雅典人免于外敌入侵。如同标题中的神话人物一样，该书的主角艾琳·亨廷顿自身也"有志于殉难"。但她必须克服令人生畏的阻碍，才能朝着这一目标不断前进，她还发现在"上帝的伟大葡萄园"中劳作是她的"毕生工作"。她必须拒绝休的求婚。休是她的表兄、是父亲为她选的夫婿，父亲还不停地威胁她，如果她不听话，就要剥夺她的继承权。然而，比拒绝这桩没有爱情的婚姻更加困难的是，由于古老的家族夙怨，她必须遮掩自己对拉塞尔·奥布里的挚爱，直到他走向战场、走向死亡的那一刻。最终，为了邦联的事业，她必须牺牲拉塞尔和父亲。

　　如同许多19世纪的女性小说作家一样，埃文斯采用了双女主角的写法。厄勒克特拉·格雷这个人物没有那么突出、有趣，但她的生活轨迹和好友艾琳差不多。厄勒克特拉充满了想象力与艺术创造力，足以与艾琳的理性和才智相媲美，她同样要抵制一桩没有爱情的婚姻，并最终将自己奉献给了邦联——甚至穿越北方封锁线去传递消息。埃文斯将这一部分写得惊心动魄，以表现女性的英雄主义。

　　艾琳和厄勒克特拉的斗争与该书整体结构中的根本矛盾冲突相吻合。在最近关于女性写作的研究中，卡罗琳·G.海尔布伦区分了男性小说与女性小说中的传统情节：认为传统上男性故事都是"求索式的"叙事，在这种叙事中，现实中的活动要优先于内心的冒险。与此相反，女性故事则会追溯女主角实现自我、通向浪漫的旅程。而在19世纪的美国小说中，这种自我实现往往体现在终成眷属上。然而，在《玛卡里亚》中，战争让艾琳遇到了前所未有的艰难抉择——到底应该将她的生活当作一种求索，还是一种浪漫？同样，埃文斯自己也必须考虑小说结构的另一种可能性。《玛卡里亚》一书中的基本矛盾冲突，就发生在这两种情节的界定与发展以及对女性生活的两种设想之间。艾琳和厄勒克特拉能够坚持下去，永不结婚吗？埃文斯前一部小说《比乌拉》中的冲突，似乎表明她抵制浪漫小说的写作模式是徒劳的，这次她能成功吗？文学学者安妮·古德温·琼斯指出，在《比乌拉》中，埃文斯只有通过"扭曲其女主角原有的性格"才能达成传统的结局。而埃文斯并未用这种方式损害厄勒克特拉和艾琳。拉塞尔在奔赴战场前，乞求艾琳至少允许两人通信，艾琳拒绝了拉塞尔的请求，也拒绝了他的追求。"我不想让喋喋不休的抱怨损害你我生命存在的价值。"与通常的男性小说角色非常不同的是，拉塞尔发现他的"雄心……在爱情面前……已黯淡无光了"。但埃文斯不会将拉塞尔这个角色设定为浪漫的求索者。埃文斯颠覆了传统的角色认定——男性征服世界，而女性拥有爱情——而是让艾琳坚持要求双方继续各自的求索。[34]

小说中的故事发生在战争爆发近 10 年前，艾琳和她的一个知己厄勒克特拉都在为独立而奋斗。她们都像传统的浪漫女主角那样失去了母亲，但都在努力获得经济和情感上的独立。孩提时代，艾琳就拒绝让一个奴隶帮她拿课本。她说："我不会选择被当作婴儿似的宠物或蜡制玩偶……我有力气，可以自己拿书。"厄勒克特拉也强调自己的力量，拒绝了表兄拉塞尔的资金支持——"我必须依靠自己"，还拒绝接受一份新发现的遗产——"我年轻力壮，希望能够自食其力"。两个女人描述自己，用的都是资产阶级个人主义的语言，强调自己的拥有权和决定权。艾琳的表兄休说，"你属于我，你是知道的"。艾琳回应道："不！我属于上帝，属于我自己。"父亲明令要艾琳结婚，艾琳权衡了自己对父亲的职责，以及对自己和造物主的职责。她说："我只对自己的行为负责，我是一个生而自由的美国人……只有我自己才能交出我自己。"在宣布自己的独立之后,艾琳感到一种"令人战栗的欢悦,她已挣脱了镣铐;她自由了"。

《玛卡利亚》作者奥古斯塔·简·埃文斯
(蒙哥马利阿拉巴马州档案与历史部提供)

但是,在庆贺个人自主的同时,埃文斯也谴责了完全放纵的个人主义导致的"自私"行为。她对 19 世纪中期美国兴起的资产阶级自由主义哲学的尖锐观点持保留意见。埃文斯对自我价值实现的理解是与家庭及社区紧密结合的,虽然后者常被视作自我价值的对立面。埃文斯承认,自我实现需要真实地面对自我,就像艾琳成功地"以自然所希望的方式成长了起来"。然而,一个人通过责任和归属将自己与社会群体相连,若脱离这个群体,一个人不可能达到真正的自由、不可能获得自我实现。艾琳鄙视"像寄生虫一样依附他人",但又认可她的朋友和精神导师哈维·杨牧师的教导:"人们相互间太过隔绝,太专注于他们的个人权力、利益或欢愉。我、我的,成了这个时代的上帝……我们应该多为别人而活。"

艾琳的独立宣言，是她自我发现的斗争的开始。在父亲和全家人都在睡觉的时候，艾琳偷偷学习知识，钻研深奥的天文学。但她仍然感到没有目标，觉得南方社会的时尚生活毫无意义："每个人都应在这世界上发挥作用，但我却感到自己只是一串槲寄生，生于他人之身，无所作为。"她认为，所有寻求真正幸福的人，"都应以某种方式工作"。厄勒克特拉表达了几乎完全相同的情感，表明她希望生命中有所追求。她声称："我要完成某件作品，当我的同胞们看到它时，他们会说：'那个女人并没有白活；因为她的到来和她的劳动，让这个世界变得更美好、更幸福了。'"厄勒克特拉毫不掩饰自己的雄心壮志，渴望将自己的名字铭刻于"我这个时代鲜活、悸动的心脏上"。

艾琳持续地呐喊"我想发挥作用"。她的呐喊，在埃文斯的生活中产生了共鸣，也在所有邦联妇女的日记中得到了相同的回应。就在她呐喊之时，战争爆发——成为一个意外的解决方案。在邦联的独立中，艾琳和厄勒克特拉也找到了真正的个人独立与自我实现；通过战争，她们发现了通向由艾琳的名字所代表的终极精神的和平的途径。埃文斯认为，这样一来，女人就不再是忍受这场战争，反而是由衷地欢庆它为自我实现带来的前所未有的机会。因此，通过邦联民族主义，这些女人也许能够真正做到发现自我。

1864年，随着近半数南方白人男性战死或负伤，单身生活对于许多女人来说都是不可避免的。埃文斯觉得，自己敢于让这种生活变得值得拥有。与其说现实催生了小说创作，倒不如说使其具备了合理性。在希腊语中，"玛卡里亚"这个词本身意思是"受到祝福"，而该书也以对单身的祝福收尾。艾琳强调，一个"敢于独自生活"的女人，无疑比那些同意"没有爱情的婚姻"的女人"更勇敢、更高尚、更优秀"。更重要的是，未婚的女人拥有从事工作、提供服务、实现成就的潜能。埃文斯退一步说，即使已婚女人可能在表面上更幸福，但单身女人毫无疑问更加有用，"因为她并不单独属于某个人，她的心能关照所有受苦受难的同胞"。和埃文斯一样，艾琳也认为，"我们民族的救赎，依赖于我们军队的英勇，但同样也依赖于我们的女人们的纯洁、奉献与爱国精神"。就像埃文斯一样，艾琳也将自己的时间奉献给了伤员和孤儿院。[35]

"厄勒克特拉"在希腊语中的意思是"未婚者"，她同样也接纳了独身主义，并致力于用艺术形式来表达南方民族的伟大。在艾琳的经济支持下，厄勒克特拉将管理一所为战时有志于投身艺术的妇女所开设的学校。值得注意的是，埃文斯用自己的方式提出了20世纪晚期出现的男女劳动同值同酬的概念，以争取扩大女性角色的影响。她写道："特定女性的雇用酬劳，总是远远低于拥有同等技能的男性……因此，要改善女性的境遇，一个可取的办法就是让她们非常易于从事独立产业活动，并扩大她们所适合的职业范围"。在《玛卡里亚》一书中，埃文斯将女性从单一的家庭事务中解放出来，并让她们在新国家的公共生活中发挥关键作用，从而极大地打破了原有的限制，为女性的活动领域提供新的界定。

然而，厄勒克特拉并未心存幻想，知道女性的双手仍被紧紧地"束缚着，她们行走于一条又短又窄的路途之上，从炉边到门槛，然后折回来"。事实上，埃文斯对女性的号召，引入了女性有限"合适职业"这一概念。《玛卡里亚》一书并未直接抨击这些一直存在的限制；相反，小说肯定了女性应循规蹈矩这一普遍观点，并公开谴责北方的女权主义和女性普选权。艾琳对这部小说的读者保证，"南方女性无意于篡夺立法权；她们所适合的工作是塑造这个国家的礼仪与道德"。男人们"擅长国家公文、机械加工、海军、陆军、政治经济学和农业化学"，而"严峻务实的日常生活如同粗糙的灰色哔叽布"，女人们的"天分"则是"在那上面刺绣"。

尽管埃文斯使用了追求自由、张扬个性的语言，但是她在小说以及私人通信中，都忠于社会等级制度的观念，即种族、阶级以及性别各自在其社会位置上发挥作用。艾琳引以为傲地宣布自己是自己的主人，而在全书中只作为背景人物出现的奴隶们被人奴役，埃文斯并不觉得这两者有什么冲突。正如拉塞尔解释的那样，责任即意味着"我们多少都被奴役着"。艾琳说要"对贵族家庭的荒谬言论予以蔑视"，但她和埃文斯本人一样，坚决反对"谣言惑众"的普选。艾琳所倡导的个人主义，以及她与厄勒克特拉在全书中所坚持的独立性原则，与《玛卡里亚》中同时体现的等级制度观念相互冲突。埃文斯因为战争而颠覆了家庭小说，在女性小说中又加入了追求男性的情节，因而加剧了她对女性地位认识上的矛盾，也强化了女性小说普遍架构中的固有冲突。

《玛卡里亚》并没有将这些矛盾置之不理，埃文斯试图将她的悖论控制在可接受范围内，方法是用宗教来解决她和女主人公所面临的悖论，也就是自我实现与自我否定之间的悖论，这对许多邦联女性的人生阅历至关重要。艾琳和厄勒克特拉自我实现的核心内容，埃文斯只将其重新定义为神圣的礼拜。对画家厄勒克特拉而言，"美感是通往天堂的阶梯……纯净的思想与神圣的灵感，来自上帝并归于上帝"。艾琳的天文观测首先让她想到："宇宙不可估量的高度与深度，宇宙的无限、庄严和荣耀——不在别的地方，就在那里，我将深深鞠躬，谦卑而虔诚地说，'这不是我的意愿，哦，上帝！这是您的旨意'。"追求艺术或知识道路上所暗含的自我肯定，便因此淹没在宗教归顺这个更大的背景之中。

关于自我价值实现的语句反复出现，在一定程度上削弱了对标题与全书都至关重要的殉道主题；但是结尾处提到基督，又肯定了殉道的观念，并化解了情节中的矛盾。艾琳、厄勒克特拉甚至生命垂危的拉塞尔，都皈依了宗教福音，在执行上帝的意愿中，找到了自我实现和自我否定的完美结合。在神圣的枷锁中，每个角色都找到了完美的自由，而埃文斯则找到了一个两全其美的方法。此前，正如厄勒克特拉所说，艺术"声誉是我唯一在乎的事情"。而现在，作为画家的她希望追寻世俗以及精神上的不朽。她尘世的成就，不再指向庸俗的野心，而是指向圣洁的服务。她的寻求历程，和艾琳一样，成了朝圣之旅。埃文斯写道，"因此，经过两条弯曲难行、荆棘满布却完全不同的小路后，两位悲伤的妇女都来到了责任这条宽阔的大道上，她们手拉手，奋力朝着神指定的目标前行，这个目标就是女人要发挥作用"。在这些女人的生活中，上帝取代了男人的位置；她们也许是单身，但是小说主体部分一再强调的独立在小说结尾又一次被牢牢限制住。最后，埃文斯推翻了自己曾颠覆的东西。

《玛卡里亚》在邦联广受欢迎，说明该书的主题以及书中难以解决的悖论在南方文化中引起了广泛的共鸣。这并不奇怪。埃文斯是为人接受甚至是深受喜爱的作者，《玛卡里亚》是战时南方出版且能够买到的为数不多的原创小说之一，小说中的邦联题材和爱国主义也增强了其时代性和吸引力。早在《玛卡里亚》正式出售之前，南卡罗来纳州的玛丽·莱格就热情洋溢地写信给哈里特·帕默说："我知道埃文斯女士已经写好了另外一本，我真的很想看一看。我特别喜欢《比乌拉》。"科迪莉亚·斯盖尔斯和贝拉·爱德蒙森这样的女人们把宠物取名为"比乌拉"，显然也对此很感兴趣，她们十分期待这部作品的问世。[36]

几乎每一个在日记或书信里谈到阅读的邦联女性都提到了《玛卡里亚》。一些人因无法获得该书而感到沮丧，幸运的人则记录了她们对这个故事的感受："我今天一直在读《玛卡里亚》，我非常喜欢。"纳妮·哈斯金斯在 1864 年 10 月写道："我认为埃文斯小姐毫无疑问是当下最好的作家（女小说家）。"年纪更大、更富有批判精神的玛丽·李对小说开头"大量迂腐的废话"有些不满，但是她表示，小说"最后一部分，关于战争的"描写"令人钦佩"。格特鲁德·托马斯同样认为，描述战前的部分不那么令人满意，"跟我们的生活相比，普通生活看起来、读起来是多么乏味无趣啊"。然而，读到战争年代时，托马斯十分佩服埃文斯的"魔咒"，以及她对"女人的作用"的强烈呼吁。托马斯说，《玛卡里亚》让她"听到了负伤男人的呻吟……想到我们对男人们所受的苦难如此忽视、如此冷漠，我感到脸红……第二天晚上，我就去医院探访了！这是对于埃文斯此书积极影响的最好的评论"。拉塞尔·奥布里这个人物形象在《玛卡里亚》的众多读者心目中非常鲜明，邦联支持者在谈话中经常提到他。有人问一位年轻的护士，病房里有没有逗趣的病人，她面带微笑回答道，"没有像拉塞尔·奥布里这样的人呢"。[37]

　　《玛卡里亚》带给南方的强烈影响同样表现在公共媒体对该书的态度上。埃文斯对家庭小说结构的修正被人关注，书中对邦联女性面对的矛盾的叙述，引发了南方各地读者的强烈反响。《里士满时报》上的一篇长文抱怨说，埃文斯"用比较暴力的方式对待我们的合理期待"。该评论者强调，事实上《玛卡里亚》只是一部"类小说——图书写作艺术上的一次新实验，由我们南方邦联的公民们正经历的时代引起的"，因为"尽管爱是该书的主体，但是书中对爱的介绍方式经过特殊设计，使其附属于所谓爱国主义的更高要求"。在《玛卡里亚》中，女士们敢于将公众事务置于私人事务之上。评论者反对艾琳想着不切实际的事情，而不去招待父亲的客人；反对她住在满是男人的医院里，而不住自己的家里；反对她放弃当母亲的机会；而且，最糟糕的是，她竟然还有个"错误的观点"，认为单身绝不是"孤独、难受"的状态。该评论者总结道，"埃文斯也许擅长描写人物，但不擅长安排故事情节"。对这位评论者而言，和数以千计生活被战争、贫困和死亡打乱的邦联妇女的经历一样，艾琳一生的故事与传统的模式和期望完全不同，因此无法理解。家庭小说形式上的改变，和真实生活中的变化一样，极不和谐，让人不适。田纳西州的贝拉·爱德蒙森在阅读时也有同样的感受。小说的开端让她"喜悦"，但她说自己对结尾"一些人物的命运不完全满意"。然而，爱德蒙森自己的命运与艾琳和厄勒克特拉并没有什么不同，因为她在战争期间当过邦联间谍和情报员，1873年去世时仍是单身。[38]

《莫比尔新闻晚报》发表了一篇评价《玛卡里亚》的文章，引起强烈反响。该文章最初是为密西西比州牛津市一个当地文学社团写的论文，作者是一位自称"菲蒂利亚"的女人。她坚称，没有哪个南方的姑娘会拒绝"皮肤黝黑却光芒四射的拉塞尔"。菲蒂利亚称自己爱上了"无与伦比的艾琳"，但她接下来的话很有意思，"和有些人……喜爱范妮·肯布尔一样，我们只想要一个范妮·肯布尔"。如果出现很多像艾琳一样的女主人公，"这个世界就需要新的分类方法：男人、女人、艾琳"。菲蒂利亚明白无误地把艾琳和英国女演员范妮·肯布尔联系起来——肯布尔曾公开批评南方，与佐治亚人皮尔斯·巴特勒离婚之后，她变得臭名昭著——这预示着妇女追求独立是危险的。不过或许最重要的是，菲蒂利亚指出《玛卡里亚》挑战了当时的性别体系。艾琳似乎无法归类，难以识别是男人还是女人，她这个人物成为人们对固化、确定的性别身份产生质疑的基础。她的存在本身有模糊男人和女人的属性的危险。[39]

奥古斯塔·简·埃文斯认为自己绝不是女权主义者。然而，《玛卡里亚》的读者们指责作者违反性别惯例，以至于创造了一个雌雄同体的女主人公；通过引入一个反常的新性别分类，改变了南方社会的性质。虽然《玛卡里亚》提出质疑并颠覆了男女身份问题的本质，它也没能为自己引起的矛盾提供解决方法。《玛卡里亚》的情节和人物塑造，都说明作者在利用战争带来的机会，在小说和自己的生活中拓宽可能的范围和想象的空间。但是至少部分读者的反应表明，埃文斯可能把边界推得太远了。《玛卡里亚》在公众眼中是一个"新实验"，但这个实验显然与许多"合理期待"严重不符。

埃文斯身为作家作出的选择，以及她对自己小说赖以存在的那些观点进行的重大改变，均可看作是与邦联女性的社会行为相对应的文学行为。那些邦联女性和埃文斯到医院当护士一样，承担了各种此前由男性独占的责任。通过对艾琳的描绘，埃文斯不仅像菲蒂利亚指责的那样在创造新的性别，同时也在创造一个新的文类。然而埃文斯也体现了社会保守主义的顽固，体现了传统对南方特权阶层白人妇女的影响。即使在《玛卡里亚》中，埃文斯最终传达了一个极富冲突性的讯息，并没有将对女性自主权的赞扬进行到底。

在战后的生活与写作中，埃文斯也作出了同样的退让。阿波麦托克斯战役之后，她首要的、最大的计划，是再写一个战争故事。这次埃文斯不打算把她自己局限在妇女的范围内，而是要尝试完全摆脱家庭小说的限制。埃文斯计划创作一部权威性的南方内战史，定下子孙后代理解邦联的基调。

埃文斯并未实现她的目标，1867年她解释了其中的原因。她非同寻常的声明充分体现了南方有志女性面临的命运：顺从和自我主张同在，服从和压抑的愤怒共存。埃文斯放弃了写一部邦联历史的打算，以示对邦联前副总统亚历山大·斯蒂芬斯的尊重，因为他也打算写一部。"我雄心勃勃、大胆设想，希望成为邦联的色诺芬，但我谦逊地把我的手指扼在计划的喉咙上，掐死了它……我承认，要放弃这个美好的梦想，我做了巨大的抗争……但是一双更有能力的手，从我这个弱女子的手指中抢走了它，然后向我挥手，示意我朝更加卑微的路上走去。"[40]

埃文斯的雄心壮志只是间接地被男性特权粉碎了——"掐死了"，谋杀是她亲手实施的。埃文斯将自己献在了她曾崇拜的祭坛上，她成了自己悖论的最终牺牲品。1867年，她重新回到家庭小说的"卑微路径"上，出版了非常流行的《圣埃尔莫》，女主角的生活乃至全书都在幸福的婚姻中获得圆满结局。1868年，33岁的埃文斯嫁给了一个比她大27岁的男人。战争、《玛卡里亚》、单身之福，都结束了。

《里士满时报》上称《玛卡里亚》是一次实验的评论者，就内战中南方女性阅读与写作的意义提出了自己的洞见。在书中，特别是在小说中，妇女可以创造新的生活，并能想象新的自我、新的身份、新的意义——这些似乎都很可怕，只能存在于文学幻想的世界。阅读和写作都激发了自我审视和自我发现，都是从根本上来说很"自私"的活动，妇女借此至少能够暂时摆脱女性自我克制和自我牺牲的要求，获得片刻的自我放纵和自我反思。阅读和写作带给人巨大的安慰，但事实证明文学活动常常也令人不安，因为它挑战甚至征服了统治阶层妇女中顽强存在的传统观念。宗教也同样发挥着类似双刃剑的作用。

第八章

哪怕主让我们承受屠戮：
妇女与宗教

　　1861 年 4 月 12 日，在查尔斯顿的家中，艾玛·霍尔姆斯被萨姆特要塞传来的隆隆炮声惊醒。几周以来，人们对新邦联国家的命运忧心忡忡，冲突爆发反倒让人松了一口气。当天下午晚些时候，她坐下来写日记，此时内战已经打响近 12 个小时。艾玛写道，几乎"每个人都显得平静而严肃"，大多数查尔斯顿人"对我们事业的正义性笃信不疑，对'战争之神'满怀信心"。[1]

　　自战争打响，邦联支持者们就在宗教里找到了正当理由和慰藉。政府官员和教会领袖鼓励人们相信建立邦联试验有着神圣目标。圣公会主教史蒂芬·艾略特强调，邦联是"在地上行……上帝之事的国家"，而邦联的立法机构则有意选取"Deo Vindice"——"上帝护佑"——作为这个新国家的格言。牧师们宣扬爱国主义，政客们标榜宗教诉求，政治上的民族主义和宗教上的使命感几近融为一体。[2]

　　宗教与政治、神圣与世俗的结合，对于战时南方的白人妇女们来说，意义重大，因为这为她们介入公共事务提供了新的合法性和话语。宗教向来被视作女性活动领域的核心部分，如今为她们开辟了通往男性政治领域和公共行动的道路。此外，宗教对个体有深刻的意义，是重要的知识和情感资源，也为理解战争、应对苦难提供了认知框架。妇女们利用宗教语言和信仰，来解释所面临的可怕的新境况，并从信仰中获取力量和慰藉。

苦难净化人

跟艾玛·霍尔姆斯一样，很多妇女对胜利的信心源于信仰上帝，因此能平静地面对战争爆发。1861 年年初，田纳西州的凯特·卡尼写道："我们的事业很弱小，但这没关系，只要上帝和正义站在我们这一边，我们终究会赢得胜利。"凯西亚·布雷瓦德明确地以《圣经》为自己的乐观信念的来源，她在日志里摘抄了《诗篇》第 118 章中一段宽慰人心的话："'有耶和华帮助我，我必不惧怕，人能把我怎么样呢？'"她还说，"在这场民族战争中，主显然站在我们这一边"。恰如邦联的桂冠诗人亨利·蒂姆罗德在著名的民族主义颂歌中所宣称的："质疑战争结局，就是缺乏对上帝的信仰。"[3]

媒体和牧师们大力宣传上帝眷顾南方。受此鼓舞，南方人将自己视为上帝的选民，并从《圣经》中寻找寓言或启示以支持自己对国家形势的神圣化解读。里士满的《基督徒观察者》宣称，南方邦联"将会是主的特别选民"。北方充斥着现代社会的腐朽，沉溺于钱财诱惑中，代表着邪恶；南方与其分离，是明智之举。艾玛·霍尔姆斯在日记中认真记下了查尔斯顿一位牧师令人宽慰的布道辞，这位牧师坚信南方邦联脱离北方，"完全相当于"以色列人离开"罗波安压迫统治下的犹太国"。还有些牧师将以色列人离开埃及或大卫王离开扫罗家视作南方独立的最佳预兆。很多信徒从《耶利米书》第一章那广为人知的神秘布道辞中获得鼓舞："耶和华对我说：'必有灾祸从北方发出，临到这地的一切居民。他们要攻击你，却不能胜你，因为我与你同在，要拯救你。'"上帝几乎已经应许了邦联的胜利。[4]

四月份萨姆特兵不血刃的胜利，八月份奇迹般以少胜多的马纳萨斯之捷，更增强了人们对神意的信心。举个例子，弗吉尼亚州奥古斯塔县的南希·艾默生，用《圣经》中天启般的语言，记述了南方早期的胜利和自己的乐观心情，"上帝的审判已经降临到北方，因为他们不再信主……我们一定能获得独立，且若引导得当，还将完成更高的使命，比以往任何时候都更加繁荣。自从开战以来，我对最终结果从未有过任何怀疑"。[5]

然而，个人和国家愈发严重的损失使信心日渐丧失，并迫使人们修正对战争象征意义的理解。死亡和败仗很快表明，邦联不是上帝选来示爱的，而是像约伯那样被选来蒙难的，用以考验并最终增强信仰、净化信仰的。1861年12月，查尔斯顿的一次布道会，让艾玛·霍尔姆斯想起了约伯对妻子的话："难道我们从神手里得福，不也受祸吗？"田纳西州的萨拉·艾斯蒂斯努力记住"主所爱的他必管教"。劳拉·尼斯贝特·博伊金也从一段布道辞中获得极大的安慰，认识到"每一波痛楚和蒙难"都把"把珍珠和钻石抛到岸边"。她强调，"苦难净化人，我相信那是真的"。[6]

随着战争的无边恐怖逐渐展现在人们面前，妇女们开始转向宗教，以理解她们的痛苦，获得活下去的勇气。1861年夏天，北卡罗来纳州的安妮·达登在日记中写道："哦，我们那正直的神会征服人邪恶的心灵，使他们停止这场残酷的战争。可是，神最清楚让我们再受什么磨难。我是说你的意志将达成，我的主，哪怕主让我们承受屠戮，我们也仍将继续信主，因为我们知道只有你的帮助才能够平息这场巨大的风暴。"基督教承诺，受苦并非一无是处。正确地应对苦难，可能是使加深信仰并获得最终救赎的途径。战时的意识形态强调，惩戒就是要重塑人格。要挺过战争的考验，邦联必须忏悔他们的罪。上帝的惩罚体现在暂时的失败中，但并不意味着不可能获得最后的胜利。相反，挫折应当被视作警告，要南方人净化心灵中的邪恶与不敬，改变自己及所处的世界，以获得上帝的眷宠。[7]

这样的说法经由牧师的布道传遍南方，安慰着南方人。告诉他们，只要留意上帝的警示，困难和失败，亨利和道纳尔森要塞、安提特姆，不过是抵达光辉胜利之前必经的驿站。阿比·斯洛科姆记录了一次"精彩的布道"，来自北卡罗来纳州的主教托马斯·阿特金森敦促教众扪心自问，在因之而受上帝惩罚的"民族的不义"中是否有自己的罪愆。佐治亚州的玛蒂·斯乌尔德听到一位牧师批评"旁观者"和勒索者，说他们是上帝发怒的根源；她非常高兴，因为她也相信，疯狂逐利的不良风气正侵蚀着饱受战争之苦的社会。朱莉娅·戴维逊可能也赞同斯乌尔德对社会疾病的判断，她自己也说过类似的话，"我告诉你，亲爱的约翰尼，我们还不够谦卑。有太多的敲诈勒索、太多的投机倒把、太多的追名逐利、太多的争权趋势。财富、财富，每个人都拼命想让自己富起来。我跟你说，我们必须自我谦抑，战争才会结束"。苦难与责罚将使南方人更好地实现作为上帝选民的目标。对此，凯特·福斯特解释道，"我们将走出炼炉，变得加倍纯洁，去完成上帝赋予我们的工作和战斗，因为邦联人被赋予了神圣的使命，以维护我们天父无上的威严"。[8]

宗教界将战争的艰难转化成惩戒、改造、救赎的叙事，给深陷水深火热中的南方人提供了力量和信心。凭借这种解说其经历的方式，宗教成为邦联妇女们最重要的慰藉之源。在给吉米的信中，莉齐·奥斯本写道，"如果没有《圣经》，我们可该怎么办啊？这可是现在最让我宽慰的东西"。一位年轻的新奥尔良母亲措辞更为强烈，她告诉在外面的丈夫："要不是宗教支撑着我，我一定早就自杀了！"宗教对于生存本身似乎都显得意义重大。地面上炮火纷飞，简·贝亚勒和家人挤在弗里德里克斯堡的地下室里，一起吟诵着《诗篇》。"虽有军兵安营攻击我，我的心也不害怕。"当邦联在西部连遭三次失败后，南卡罗来纳州的爱丽丝·雷迪将挫折看作"上帝因我们的自大而施行的……惩戒"，这样也就不再沮丧了。她告诉自己，要准备经受一些失败，"要是没有失败，那可真是一场空前的战争。我一点儿也不气馁，实际上我的信仰更加坚定了——我觉得，有了上帝的帮助，我们必将胜利、也终将胜利"。[9]

战后的朱莉娅·戴维逊

（佐治亚州亚特兰大市，亚特兰大历史中心）

和国家经受的考验一样，在基督教的教义中，死亡无非是另一种必经的磨难，助人获得更伟大的胜利——救赎与永生。失去至爱之人，跟军事失败一样，是上帝安排的一部分，因而必须接受，甚至应该庆贺永生的降临。卫理公会主教的女儿劳拉·海格德对此有着深刻的理解。她在寄宿学校写信安慰一位悲伤的朋友，"我知道要理解上帝通过死亡带给我们的教益是多么困难，但一旦我们理解了，破坏者的黑暗之路就会变成一条通往天堂的光明之路"。萨拉·埃斯皮 24 岁的儿子死于营地，她通过想象来世，得以平复丧子之痛：

"多好的一个转变啊，从难受、疲乏、烦扰的军旅生涯到天堂的欢腾！我觉得我们不应该为他感到悲恸，因为离开这个痛苦的时代是一种快乐的解脱。"和许多亲历烽火的妇女一样，南卡罗来纳州的玛丽·霍特在宗教里不仅找到了应对亲友间生离死别的方式，还明白了如何克服对死亡的恐惧。当一个北方士兵拿着手枪和刀子威胁她时，她平静地告诉对方，"如果你杀了我，我将直接进入天堂。我是基督徒"。[10]

最最重要的事情

南方妇女们不能到"帐篷营地"去，但她们觉得至少可以通过强化国家的基督教使命来扛起上帝的旗帜。"我们想做的，比我们能做的要多得多，"密西西比的安妮·哈珀回忆道："借助万能的主来完成我们未完成的事情，是令人满足的。"爱丽丝·雷迪说得更直接，"女士们……可以祷告。"——考虑到人们普遍给战争附上了基督教的意义，这可不是小贡献。1864 年，《一首写给时代的歌谣——向南方的女性致敬》以单页曲谱的形式在里士满发表，歌中敦促道："祷告吧，姑娘们，祷告吧！"如果战争依靠纯洁的信仰甚于强大的军队，那么妇女们就有重要的行动空间。"战争有个很大的好处，"劳拉·科默说，"那就是让每个人都有了行善的难得机会和权利。"[11]

然而，传统的组织化宗教，在邦联的后方并没有蓬勃发展。牧师们都上了前线，很多教堂关了门，或者大幅削减宗教活动的次数。密西西比州 11 岁的贝拉·斯特里克兰德的经历，无数南方人都有过。在 1865 年的日记中，贝拉写道："我们今天去做礼拜，却没什么礼拜可做了。"有时候，不同的教派之间不得不抛开异见，聚在一起，共用唯一留下来的牧师。即便教堂开门，由于交通不便，教徒们也来不了，因为他们的马匹、骡子和马车都被征用了。难民萨拉·艾斯蒂斯因居无定所而无法参加礼拜，以至于她担忧"自己几乎成了异教徒"。战场附近的教堂成了医院，几乎不可能组织例行的宗教仪式。很多教堂损坏严重或完全被毁。在维克斯堡被围期间，一位牧师在两位女性教民的坚持下同意举行礼拜仪式，但教堂遭到严重破坏，她们好不容易才在堆满了砖泥玻璃的残破教堂中找到坐的地方。在敌占区，南方人经常抵制去教堂礼拜，因为他们知道，那样他们就必须跟北方士兵混在一起，还要忍受为联邦总统做的祷告。"我们不能去教堂，"玛丽·贝尔从被占的田纳西州给丈夫写信说，"牧师们被迫为林肯祷告，为此我已经三年没去教堂了。"[12]

从 1862 年到战争结束前最后几个月，宗教在南部邦联部队里重新风行，但在后方却没有发生同等的盛事。《圣经记事》称，"不得不承认，如今部队里的宗教活动，要比后方多得多"。可指责邦联后方民众"冷漠"或不敬上帝时，必须考虑到后方家庭特殊的宗教表达方式。后方正式的宗教礼拜虽然减少，而且也没有可以比拟前线部队的大举复兴态势，但这并不一定意味着人们抛弃了笃信和虔诚。后方的宗教形式发生了变化，重点从以教堂为中心和在正式牧师引领下的礼拜仪式，转向以家庭为中心的礼拜——往往由女性主持，参与者也多为女性。随着信众的性别构成发生改变，宗教也从公共的男性领域变成家庭化的女性领域。[13]

在南方各村镇，妇女们建立起固定的祷告团体，甚至协调礼拜时间来增加请求的力量。一旦成为家庭的主心骨，妇女们就转而进行正式的团体祷告，欢迎黑人和白人家庭参加，以此加强团结，并使她们新的领导身份获得认同。霍尔姆斯一家从查尔斯顿逃到内地时，艾玛的妈妈开创了一种家庭早晚祷告模式。年轻的艾玛写道，这是"我们以前从未做过的"。玛丽·李在温彻斯特的家中举行过很多次大型的祷告会。有一次，她代行牧师的职责。面对好几十位妇女听众，她很紧张，所以尽管她"完成了礼拜仪式"，"却一直紧盯着祷告书念"。她准备好了做上帝之言的使者，却无法自如地发言，树立个人威信。在弗吉尼亚州的一家医院里，凯特·罗兰和母亲分别担任护士和护士长，很快又承担起教会人员的职责。她们不仅要向康复病人朗读每周日例行的祷告词；当救治努力失败、病人死去后，还要为他们举行基督教的葬礼。"我们一整个冬天都没有牧师，"凯特解释说，"所以我们得尽自己最大努力，来弥补这一不足。"[14]

军队的福音传教士们认为，妇女构成了战前教会的基础。战争开始时，不愿意信教、不遵守教规的主要是男人，《宗教先锋报》说他们"对以言辞和教义辛苦感化他们的人半信半疑或全然不信"。入伍后，这些人自然成为宗教复兴运动者们积极发展的对象，因他们此前"是最难受牧师影响的人"。在后方家里的妇女们已经是信徒，复兴运动者们在她们身上很难有这么大的收获。所以战时妇女虔敬事业的重点，不是基督教士兵那样的皈依，而是实践和领导，因为后方的宗教在一定程度上被家庭化了——越来越多地是在家庭场所和家人中间进行。[15]

至少部分南方邦联军营中的宗教热情来源于后方妇女。后者担忧的不仅是在此生，而是在永生中与丈夫离散。妇女们深省自身可能导致不蒙上帝悦纳的缺点，并敦促丈夫们效仿。战争期间，教堂将妇女们的说辞编进广受士兵欢迎的小册子中。到 1862 年年底，教派间的教册发行团体累计在邦联军队里散发了 15 万册《一位妈妈的临别赠言》，提醒士兵，"在所有男人里面"，他们是"最需要虔信上帝的"，并宽慰他们说，尽管战前教会里女性人数占优势，但"信神并不会让你变得女子气或者懦弱"。[16]

在和平时期，女人们会容忍丈夫不信上帝；但战争的危险使不信上帝的行为变得不可容忍。没有皈依的丈夫如果死去，就意味着永远分离，此后再无上帝应允的团圆的可能性。朱莉娅·戴维逊问约翰："你觉得，已经与上帝和解了吗？告诉我，亲爱的约翰，你对永生有什么样的期盼？"朱莉娅坚信，宗教信仰应该是"我们现在最最重要的事情，高于其他一切"。雷切尔·克里格海德对宗教问题非常看重，不惜跟丈夫发生冲突也坚持要他去参加礼拜。丈夫很反感她试图"统治"自己，但她不为所惧，因为她有更崇高的目的，即使他的狂怒让她"很痛苦"。马格丽特·休斯顿在写给部队中儿子的信里，特地引用了和儿子基督徒军人身份相关的圣经词句，"将这些词句牢记在心是个不错的主意"。制订计划每天读点《新约圣经》也是一个明智的做法，玛格丽特提醒儿子，要遵从《雅各书》第五章的要求，不忘唱圣歌的义务。虔敬上帝是取得胜利的重要前提，妇女们受此鼓舞，施行了相当的精神权威。"如果我们的人是敬畏上帝的士兵，"莉拉·考勒维说，"那我就不害怕失败。"[17]

战争让我们冷酷

然而，尽管有上帝的允诺，随着战争从几个月拖到几年，个人的丧亲之痛达到了难以承受的地步，人们的疑虑已挥之不去。1864年，C. A. 斯洛科姆夫人在哥伦比亚照顾受伤的儿子，她在信中描述了自己的情绪波动和对信仰的新认识："有时候我很沮丧，因为和平迅速到来的希望看来是落空了，我甚至担心我们的敌人太过强大——但是，我又不愿意相信仁慈的天父会让我们受苦，让我们受那些野蛮敌人的欺压……我相信，所有这些考验也许都是为了我们好，为了净化我们整个国家。"斯洛科姆先表达了疑虑，接着以惩戒和拯救的阐释来化解恐惧。但她依然透露了内心的焦虑和烦躁，这种情绪日益吞噬着妇女们的信心。跟历史上很多基督徒一样，邦联的妇女们在战时面临着棘手的神义论问题——无法解释为什么公正而万能的上帝会允许邪恶的存在。有时候，她们真的无法相信上帝会有意降痛苦和不幸于己；有时候，也很难相信自己还能再撑下去。[18]

日益攀升的死亡人数给妇女们带来剧烈的精神打击。到战争中期，所有的家庭几乎无一幸免。1863 年 9 月的一天，凯瑟琳·爱德蒙斯顿走访了一圈朋友，深深体会到那个血淋淋的夏天葛底斯堡和维克斯堡的含义。她走访了八户人家，每家都在悼念亡灵，不是丈夫，就是兄弟或者儿子。那年年底，凯特·斯通写道："几乎每家都在哀悼失去的亲人。"[19]

从战争最初的几个月开始，服丧就越来越成为妇女们的头等大事。男人们身穿军装，忙于紧急的军务。留在后方的妇女们穿上黑衣，为离世的人们举行哀悼仪式。祭奠战死的士兵，是给军事伤亡赋予更广泛的基督教意义，让政治牺牲附上超凡脱俗的宗教目的。妇女们的眼泪圣化了男人的死，确保他们在政治和宗教上的永生。每一位亡灵不仅是为邦联胜利作出贡献，也是更神圣的基督殉道者，而基督教意义上的殉道已经与邦联的事业融为一体。哀悼也切合了当时流行的关于女性特质的观点。更重要的是，基督徒的悲伤也含着谦恭与顺从，一种面对万能圣父的权力与意志时的自我克制。习惯了这种世俗观点的妇女们特别适合这种宗教工作。在战时的服丧活动中，邦联妇女们确认接受失去亲人的事实，顺应了世俗的和神圣的目的。丈夫、兄弟、爱人或者儿子是死了，但是国家和上帝的意志达成了。妇女们的服丧可以让她们安心地认可自己的附属性和服从性，其中承载着政治和宗教的意义。[20]

这种多重安慰的做法可以解释油画《拉坦内的葬礼》为何在战时如此受人追捧。该画由威廉·华盛顿在 1864 年完成，它不仅表现了妇女们在宗教仪式中新的核心地位，还体现了她们在服丧中的特殊责任。这幅3×4英尺的油画最初挂在艺术家位于里士满的画室里，吸引着"无数蜂拥而至的参观者"，因为参观人数太多，最后不得不移到国会大楼。在那里，一个木桶摆放在画的下方，接受人们的捐款以支持邦联的事业。这幅画成了国家的一种符号象征。

《拉坦内的葬礼》画的是一位年轻邦联陆军中尉的葬礼。他叫威廉·拉坦内，在1862年那场七日战役中牺牲。他牺牲后，牧师和家人都无法赶来参加最后的仪式，遗体留给了一群陌生人，即大后方的南方民众，只能由妇女们照看。一群妇女和奴隶一起掩埋了这位牺牲的英雄。

油画《拉坦内的葬礼》（1864年），威廉·华盛顿画（约翰·德哈迪特法官提供）

《拉坦内的葬礼》属于典型的历史叙事画，讲述了一个基督徒的牺牲和民族主义的胜利的故事，再现了妇女在既是宗教仪式又有政治意味的圣餐礼中充当司仪的场景。主持整个仪式的不是牧师，而是一位中年女性，但她就像温彻斯特的玛丽·李一样，依靠上帝和祈祷书说话。奴隶们靠在铲子上，与白人妇女一起，象征着大后方对邦联事业的支持。华盛顿的意思是，仪式化的悲伤具有团结人心和净化心灵的作用。《拉坦内的葬礼》讲述并神化了妇女服丧的文化责任。[21]

事实上，在战争头几个月里，阵亡士兵都被隆重地下了葬。1861年7月26日，第一次马纳萨斯战役中牺牲的士兵遗体被运回查尔斯顿，全城的商业活动都暂停了，三个骑兵队护送着遗体从火车站到市政大厅。英雄们的遗体停放在那儿供人们悼唁，然后一千多名士兵将他们护送到圣保罗大教堂，最后抵达马格诺利亚墓地。一年以后，康斯坦斯·凯里记叙了里士满好莱坞墓地一次令她难过、完全不同的葬礼。"六七副棺材放进一个大大的坑里，然后草草掩埋，这竟是一个应当心怀感恩的国家对宝贵生命的所有回报。"1862年年末，一位观察者注意到，里士满受伤的人成批地死去，然后四个人装进一副棺材；在战场上死去的则直接被扔进沟里。在密西西比州牛津市的一家医院里，一位护士回忆说，士兵们被埋时都是"一捆一捆的，就像死鸡一样"，没有牧师引领他们踏上永生之路。[22]

服丧的妇女。《新奥尔良的墓地》，《弗兰克·莱斯利画报》1863年4月15日

　　行为的改变意味着态度的大转弯。佐治亚州一家医院的护士长范妮·比尔斯记述了自己对待死者的行为改变。最开始时，她坚持参加每位阵亡士兵的葬礼，并在其墓前朗读一段悼词。"但现在已经不可能了，死者已经无可挽救，活的人总是需要帮助。"在战争的最后几年，棺材都很难找到了，也弄不到丧服。"人们不再像以前那样悼念死者了，"凯特·斯通在 1864 年 4 月写道，"每个人似乎都只活在现在——活一天算一天——否则，我相信很多人都会疯掉的。"哀悼和死亡本身都有了新的含义。凯莉·弗莱斯在 1863 年向未婚夫解释说，她的"观点跟一年以前已经完全不一样了"。"死亡已经远不如以前那样可怕，"凯特·斯通也这样认为。"战争让我们冷酷，"1864 年夏天，纳妮·哈斯金斯也写道。麻木也是一种保护，抵御着无尽的失落与痛苦。凯特·福斯特意识到自己情感上的转变始于弟弟的死：自那以后，"我成了铁石心肠，现在甚至不敢太深爱一个人了"。但这种克制其实也表明了另一种失落，一种情感上的放弃，一种感官的钝化，这本身也很可怕。"不要在战时埋葬我，"玛丽·李说，"现在所有的人都没什么感觉了。"[23]

　　基督教的顺从教义可能也促成了这种趋于麻木与克制的心理过程，但对于那些忍受着丧亲之痛的人来说，对上帝意志的顺从，无论何其圣洁，依然是个严峻的考验。每失去一位亲人，每一次新的恐惧，都可能击破那层防线。妇女们几乎将宗教教义和文本视作咒语，借此让自己努力超越痛苦与悲伤，渐渐摆脱了对现世的关切。"Il faut se resigner a la volonte de Dieu et accepter les croix qui'il nous envoie…Il faut me soumettre et prier et esperer"，新奥尔良的 A. 葛丽玛担心着在战场上的儿子，这样写道。妇女们不断地吟诵《旧约·申命记》第 33 章第 25 节，这是人们布道和静思时最喜欢的一段话，"你的日子如何，你的力量也必如何"——这是神的允诺，要让考验和忍耐相称，不会要求自己的子民去做无法做到的事情。[24]

　　但顺从和克制是有限度的，朱莉娅·戴维逊就是一个典型例子。她将持久的悲痛归咎于自己，"我知道，如果我是一位真正虔诚的基督徒，对万能的主有着足够的信仰，我会过得顺利些。我会说，一切都会好起来的。哦，我真希望我是这样的人。这样我就可以将一切都归于命运，但是，唉，我知道我就是做不到这一点"。苏珊·考德威尔一次次地埋怨自己不能"获得力量，制服自己那颗叛逆的心，以传扬神的意志会被奉行。天呐，要想顺服是多么困难的事啊"。即使有宗教的支撑，考德威尔还是相信"我再也忍受不了"。她也渴望成为一个虔诚的基督徒，死后到天堂，相信自己也能到那里并寻得安息，"但是我发现这太难了，我心里如此抵触"。"我正在努力学会说'你的旨意将被奉行'"，一位得克萨斯州的妇女写道。"主啊，赐予我学习之福吧，'不是我的意志，而是你的，我主的意志，将被奉行'"，一位刚听到自己的丈夫在葛底斯堡阵亡的妇女这样祈求上帝。当人生的现实跌至谷底时，妇女们在基督教里寻找说服自己的信念，"把这个世界像袍子一样宽松地穿在身上"。在亚特兰大一家报纸上发表的一首诗歌中，一位佚名妇女改变了她的质疑，"不虔诚的眼睛"重新凝神注视：

> 我不能哭泣，我不敢祷告；
> 抗拒的念头和悲伤的心情，
> 将我今日孤独的灵魂动摇，
> 夜晚也带不来宁静。
> ……
> 为什么强权践踏正义
> 罪恶凌辱无辜
> 为何我在悲伤之夜苦苦祈求
> 得不到任何回复？

但是在表达了苦恼之后，诗人放弃了质疑，转而抨击在万能的上帝面前质疑本身的合法性：

为何？……但当我移转我不虔诚的眼
遥望那光芒万丈的天边
我躬聆这沉静的回答
投射自上空那明星的光华

寰宇万国运转浩阔
各拱中心的太阳升落
而我竟敢怀疑全能造物主的手
会明智地掌控其中一个否

谦恭而敬畏，我回落大地，
显得多么弱小、枉然；
这片土地，不过是
伟大的造化链条中的一环。[25]

在妇女们的自我贬低中，疑虑得到了化解：她们贬低自我，贬低那个敢于质疑的"我"。在很大程度上，上帝在这儿的合法性不是来自其仁慈，而是来自其力量。诗人在诗中提到上帝的智慧，证据是他的力量；而诗人对他的崇拜，不是因为爱，而是因为谦卑、敬畏和无力。

但有些妇女反抗这种逆来顺受，不愿意谦卑地接受失败和死亡。纳妮·哈斯金斯不仅为邦联一系列的军事失利揪心，更为弟弟的死悲恸。在读到一则日记时，她很惊讶。"我写的时候，"她说，"就像是埋怨上天。"很快她便告诫自己，打消任何对上帝的安排不敬的想法。"不，毕竟这可能还是为了我们好。"克拉拉·所罗门为邦联的伤亡悲痛不已，信仰开始动摇。"但是打住，"她写道，"我们正在与天意抗争。'主将安排好一切'"。在思考邦联可能最终失败这个几乎不能触及的话题时，爱丽丝·雷迪承认，"我本不想反抗主的律令，但我的信仰从没像今晚这样脆弱过"。1861 年亨利·蒂姆罗德写道，对战争结局的质疑，就是对上帝的不信任；他这样说，是想通过南方坚定的宗教信仰，来推动邦联民族主义。然而这话一语成谶，是他始料未及的。对邦联国家信心的日益缺失，必然冲击并削弱人们的宗教虔诚。玛丽·盖伊写道，有些妇女"明确表示，如果我们的事业失败，她们就不会信仰那个有祷必应的上帝"。[26]

1862 年年底，萨拉·艾斯蒂斯坦白道，"有时候我也有邪念，觉得上帝已经抛弃我们了"。温彻斯特的科妮莉亚·麦克唐纳德失去了丈夫，无家可归、穷困潦倒。她描写自己躺在沙发上，"连续几个小时，心情糟糕透了，感到上帝不再可信，自己孤独无助"。她跟艾斯蒂斯一样，感到被上帝抛弃了，但慢慢地她又记起上帝的无数好处来了："想到这些，我又感到释然了，'哪怕主让我们承受屠戮，我仍信于他'。"对于玛丽·盖伊来说，弟弟的死是对她信仰的考验，但她没能通过这个考验："我不相信弟弟的死是主的意志，我也不愿对主说，'你的意志将被奉行'。"[27]

显然，一些妇女再也无法被动地承受战争的痛苦，开始为自身利益而行动。1862 年，路易斯安那州的艾达·维尔康姆在写给邦联战争部长的信中，说自己不愿再逆来顺受，不愿再平静地接受命运，而要寻求政治表达。《申命记》中那句广为流传、令人宽慰的话，被她逆转过来。上帝已经承诺，你的日子如何，你的力量也必如何。但是艾达·维尔康姆要求她的丈夫退役，她的解释是，"我已经做了一切来顺从上帝，平静地顺服，但是我发现，一个人只能承受人类能力范围内的磨难"。在这里，维尔康姆将人受的苦难限定在世俗的人性的框架之内，她的忍耐力是人性的，不是神性的；而上帝在让人受难时，并没有提供他允诺的照顾。时代对她的要求，超出了她被赋予的能力范围。[28]

对于众多怀疑者来说，这种"反叛性"仍是一个抽象的神学问题，却有可能通过具体形式来表达。艾达·维尔康姆的这种行动主义，是南方邦联将政治和宗教结合在一起的必然结果。如果战争只是更大的宗教问题的一个隐喻和类型，妇女们就可以思考当前事件的道德意义，并对公共领域的运作作出合理性的判断。

世俗世界的权力机构是神职机构的延伸。上帝已将他的权力授予白人男性——他在世间的代言人，并确定了白人妇女和黑奴的从属地位。在很多南方妇女看来，这造就了一个以上帝为最高主宰的权力体系：上帝是天父，接下来便是杰弗逊·戴维斯。各个阶层的妇女写在给戴维斯总统的请愿信里表达出这种思想。妇女们的日记表明政治介入较新鲜，也表明她们在宗教化的行动和表达领域里，更觉自由自在。一位北卡罗来纳州的妇女请求将其丈夫从部队放回家时，这样解释说，"我不知道怎么请求我想要的关照，但有人告诉我，心诚则灵，现在我把您当'人间的父'，请求您给予我帮助"。弗吉尼亚州切斯特菲尔德县的一位妇女知道，致信一位公务人员，意味着踏入一个新的领域。"我不习惯向主以外的任何人提出诉求。"莫比尔的安娜·麦克康奈尔向戴维斯总统求助，称其是"我们县的救世主"。亨丽埃塔·麦克唐纳德请求让儿子退伍时，恳求戴维斯"就像对主恳求拯救我灵魂一样"。政治性的请愿，直接来自于宗教祷告的传统、习惯甚至语言。[29]

天堂与世俗的机构看来是一体的。北卡罗来纳州希尔斯伯勒的年轻女子伊丽莎白·科利尔非常明白二者的关系："所有人最后依赖的那个人是上帝——但同样没错的是……女人们明白必须把她们的天性依附在男人身上，通过这种方式才明白了必须依赖上帝。"依赖与顺从都受神学与政治的调遣。但到了战争末期，向她们承诺的会陪伴她们的保护伞看来已经消失，依赖他人是危险的。不论是上帝还是杰弗逊·戴维斯，都不会在乎妇女们绝望的请求。女人们现在孤身一人，努力照顾好自己，自力更生——这个突如其来的东西强加在她们身上，让她们付出了巨大的代价。妇女们令人动容地请求戴维斯帮助她们从难以忍受的环境中解脱，但戴维斯的下属将她们的请愿书盖上"归档"印章后便置之不理；同样，上帝对诚挚的祷告和请求也充耳不闻。慢慢地，从苦难产生的不再是顺从，而是愤怒——直接针对上帝和国家的愤怒。[30]

邦联的投降，使南方妇女们的信仰面临难以克服的挑战，这个信仰体系曾经解释了她们的世界，向她们证明了在漫长的四年里为响应号召而作出的巨大牺牲是值得的。有些妇女深感愤怒，觉得遭到了背叛，于是明确拒绝上帝，即使只是暂时的。"我不知道如何承受这一点，"格蕾丝·埃尔默在1865年5月写道，"我无法让自己顺服。对上帝不善的想法会冒出来；一些问题，关于他的正义、仁慈……无法压制下去。"基督教关于苦难和救赎的叙事，曾经那么长久地安慰着妇女们，她们努力将其与现实统一，可现在她们找不到理由，也无法理解。"每一个白天和夜晚，每一个安静的时刻，"埃尔默写道，"我都极力试图弄清楚这个可怕事实的含义。"弗吉尼亚·弗伦奇也有类似经历，苦苦思索怎样才能理解她现有的信仰系统无法解释的东西："这就是我现在力图明白的东西——我渴望弄清楚，'什么样的金色果实藏在外壳里？'……我相信我们应该看得见果实，如果不是现在，以后也会看到。"玛丽·李声称自己"完全糊涂了"，说她就像"海上的一条船，没有导航员，也没有指南针"。信仰和社会秩序的等级分层，曾经是她们安放灵魂和身份的地方，如今都被推翻了。上帝和杰弗逊·戴维斯都没有像她们长久以来认为的那样给她们导航。基督教和邦联民族主义都不再足以担当起引航的重任了：无论是她们长期信赖和期待的上帝或杰弗逊·戴维斯都没有为她们领航，基督教与邦联民族主义也都不足以为指南针了。[31]

基督徒的顺从逻辑，包括女性顺从的逻辑，在战争中受到了重创。与此同时，宗教与政治在战时的结合也为南方妇女介入部分公共事务提供了条件。战前北方的改革也正是起源于信仰和行动的结合。但南方妇女并没有享受到她们的北方姐妹们在战前所获得的精神上和社会上的赋权。对于南方妇女们来说，变革的源泉不是主动选择，而是来自现实需要，即她们所谓的"创新之母"。邦联时期的现实，迫使白人妇女们认识到，依赖上帝或男人是危险的。一种新的与上帝的距离感和分离感，加上对曾经长期依赖的男人的不信任感，推动着邦联的妇女们在战后走向新的独立。妇女们觉得必须成为自己的领航员和指南针。

第九章

释放我积压的怒火：
邦联妇女和北方男人

      战时，妇女对北方士兵的敌视是众所周知的，她们这一愤怒情绪在这群北方士兵身上表露无遗。北方媒体宣称，南方妇女绝非大多数人想象中那样优雅、和善，她们是"女魔头"，恶毒、凶狠，咒骂占领南方的部队，甚至对其进行身体攻击。一名《纽约世界报》的通讯记者报道："我从未见过更甚于此的……刻薄、仇恨和狠毒。"另一名记者评价道："无论从哪一方面说，她们都是'比男人更加厉害的反叛者'。"白人女性通过各种方式袭击敌人：语言、肢体动作、夜壶，有时甚至还有手枪，很多南方人赞扬这是女性勇气和爱国主义的表现。[1]

      然而，女性的愤怒不仅包含简单的政治忠诚。南方女性对北方军队的态度，既肯定又超越了性别和阶级的界限；她们的行动表明，关于她们地位和权力的传统观念既在延续又被颠覆。前所未有的愤怒和激进，常常使她们自己都大为愕然，这其实是她们内心深处其他怨恨情绪的错位表达，而这些愤恨对她们向来珍视的身份与情感构成了更严重的威胁。[2]

女性权力的时代

      许多邦联女性从未直接面对过联邦士兵。然而，北方加紧了军事攻击，向南部派遣部队，先征服后占领，很多白人女性便处于敌军的直接控制之下。在邦联边界处，弗吉尼亚、田纳西、路易斯安那以及密西西比等州的部分地区，南方妇女和北方士兵每天面对对方，是联邦统治下的两个阵营。女人们发现在新奥尔良或纳什维尔，她们永远处于"被俘"状态；在谢南多厄河谷，她们则必须适应蓝军和灰军的轮流出现，因为敌对双方都对某些据点展开激烈争夺。或许最引人恐慌的是发生在1864年，一直以远离战场而感到宽慰的佐治亚州和南北卡罗来纳州的妇女们，突然直面了战争的可怕——因为谢尔曼明确表示，平民，或者至少平民的财产和信念，都是可以攻击的军事目标。

不少南方妇女经历的战争，不是在战线后方，而是在战线之上，在逐渐被现代战争变成前线的大后方。敌军来到凯瑟琳·科克伦所在的弗吉尼亚小镇后，她说："我们终于看到了大象。"可以预料，面对这前所未有的境遇，妇女有些不知所措。如果几个世纪以来的习俗禁止她们进入"帐篷营地"，如果社会强迫她们压抑愤怒和凶狠、回避暴力，那么当战场就在眼前，她们又该怎么办？1862年年初，北方佬控制了温彻斯特，玛丽·李对他们充满敌意，这让她感到惊讶、惶恐。于是她请求一位不在身边的朋友，"为我祷告……让我怀有爱国主义的同时，保留我的基督徒特性和女性特点"。内心深植的宗教情感和女性角色意识，与她作为邦联成员的政治责任是相矛盾的。李很不情愿地被战争逼入了一个公共领域，担心她四十多年来培养的家庭美德会遭到破坏。[3]

1862年3月，一位联邦军官来到李家门口称。因为有传言说她家里藏了一面邦联旗帜，联邦军官要她交出来。军官警告她说，如果他们迫于无奈搜查她的房子，那么他可能无法控制手下的士兵，这让李勃然大怒。现在她面对的，不是已经习惯的、期待中的男性保护，而是威胁恐吓。她写道，"我这辈子都没有过这种感受。我气得发疯，整个人都在发抖"。和很多南方上层妇女一样，李认为她的地位和性别应该也肯定会保护她——在把她当成敌人之前，应该首先把她当作女人；不仅仅是女人，还是一位女士。这位军官的警告令人气愤，是因为它直接挑战了对女性特权的预设。玛丽·李开始了与北方佬三年的斗争，努力伸张她作为女人的要求；同时利用性别特权，用行动来表达她对邦联的支持。战争初期，李想办法与北方局宪兵司令见了面，希望能用妇女理所当然具有的期待好好熏陶一下他。"我告诉亚历山大上尉……我们都是反叛者，但是我们期待能根据文明战争的方式把我们当作市民对待，而且作为女人，我们要求得到礼遇，每位女士都有权要求绅士礼貌相待。"或许是出于对她的尊重，或许是被她的观点说服，亚历山大最后"鞠躬致意，同意我的观点"。两个月后，米尔罗伊将军说，要让士兵们住到李家的客厅和餐厅里，李来到他面前，故意摆出"镇定自若的样子……就是要求给予保护，每位妇女都有权利向每个男人提出这样的要求"。就像亚历山大上尉被说服一样，米尔罗伊态度也变得温和了，认可了她的主张。[4]

像李一样，南方各地妇女都认为，无论差异多大，北方人和南方人对于白人女性的特权都有共同的文化共识，这让女人们感到宽慰。邦联女士们相信性别的盔甲能够保护她们，并以此安慰自己。想到战争头几个月里北方的一次进军，爱丽丝·雷迪"很惊讶，他们进军（自己）却不感到恐惧。黑尔上校说，'真正的女人可以……消除他们恶意的企图'……我现在就倚仗这个了"。然而，偶尔他也会想，把自信建立在一把手枪上，也许更加牢靠。和黑尔上校一样，乔治·佩迪也鼓励妻子凯特将她性别和地位的道德力量作为防御武器。他写道，"亲爱的，即便千军万马涌入家中，你也要保持女性的尊严，那群懦夫将屈服于你平静的凝视中"。田纳西州的弗吉尼亚·弗伦奇更加直截了当地提醒。当一个来抢东西的北方佬企图进入她家时，"我将我的手放在他的肩膀上，并且直视他的眼睛……问他'你是个男人吗?'，他犹豫了一下——我竟敢拦住他，他似乎很惊讶，他回答说'是的'。我又问道'你是个绅士吗?'此时他并没有回答……我说，'如果是个绅士，就拿出绅士的样子，离开吧'"。弗伦奇相信北方佬不会侵犯女性最深处的隐私，因此把珠宝藏在裙箍里。像艾玛·勒贡特和无数其他南方妇女一样，她觉得"他们应该不会搜我的身"。[5]

萨凡纳的邦联妇女和北方男人。《萨凡纳骑兵团的妻子、女儿和仆人接受美国军需部的救助》，《弗兰克·莱斯利画报》1865 年 2 月 25 日

事实上，性别特权为邦联女性撑起了把保护伞，也致使她们更为好斗。大部分北方士兵都不愿意伤害南方的白人女性，尤其是那些看上去属于中上层阶级的女士。联邦军官经常管束或训斥那些没有对妇女表示足够尊重的士兵。即便战争后期实行的焦土政策威胁到妇女们的财产（这当然是她们最终生存的基础），却也很少发生人身攻击。白人女性，尤其是那些精英们，很少会成为入侵士兵强奸的对象。联邦士兵们行使他们军事征服后的传统权利时，不幸成为他们性侵对象的，十有八九是黑人女性。[6]

　　总体情况如此，当然也有例外。在突袭战和游击战区域，无纪律的士兵更有可能挑战玛丽·李所谓的"文明战争"。例如，白人女性并没有完全幸免于密苏里州泛滥的暴力，不过史学家迈克·费尔曼认为，至少在理论上，密苏里州的游击队也有自己的原则，如禁止"伤害妇女和儿童"。他写道，非正规部队"比联邦士兵更加迫切地需要相信，他们在女士面前是绅士"。在北卡罗来纳州西部和田纳西州东部，平民的忠诚在整个战争中表现得不一致，态度也一直模棱两可。在这样的地区，白人女性被当作参与者，因此在非常规战争中成为潜在的攻击目标。有报道显示，为强迫妇女们供出丈夫的藏匿地点，士兵把她们的大拇指绑住悬挂起来或者挤压在栅栏下面。然而，这些受害者，基本上都不是来自奴隶主家庭的特权阶级。那些来自山区的南方精英本来就不多，而且他们有逃难的动机和条件，以避开即将到来的社会动乱。[7]

　　不对白人女性使用暴力这一原则为邦联女性提供了男人所没有的机会和自由。1862 年 4 月，玛丽·李说："这肯定是女性权力的时代；男人害怕做事情，所以把一切都交给女人。"阿曼达·查普利尔也确定，妇女"不会像男人一样害怕表达自己的情绪"。一位密苏里州的奴隶主解释道，"作为一名女士"，她还"不习惯为她可能说的所有话负责"。温彻斯特的科妮莉亚·麦克唐纳德对破坏她财产、侵占她房子的北方佬进行毫不留情的言语攻击，以至于玛丽·李说她的邻居"大胆无畏""是个敢于说真话的女英雄"。尽管麦克唐纳德挑衅好斗，士兵们却从未碰过她。但是他们的确抓住了一个机会，对她十几岁的儿子哈利拳打脚踢，因为哈利在回答他们问题时，很傲慢地声称自己是"分裂分子"。凯特·卡尼的母亲也同样免受攻击。一个北方佬抢走了她的马，她大胆反对，一个义愤填膺的士兵大声说，"如果她是个男的，我会用鞭子抽她"。阶级的保护常常会强化性别的保护。玛丽·李认为，入侵温彻斯特的北方人为南方妇女的贵族气质所倾倒。"那威严庄重的样子，让他们完全折服；他们对弗吉尼亚州第一批移民家族（F. F. V.'s）有着崇高的敬意，为了从我们这里听到一句友善的话，他们愿意做任何事情。"[8]

妇女也充分利用了她们的豁免权。由于基本上不用担心北方人的报复，很多女性似乎也摆脱了界定她们为女性的那些条条框框。在她们眼里，北方佬似乎被排除在礼节和怜悯之外。玛丽·李解释道，"我极其蔑视他们，以至于我并没有意识到他们是人类"。爱丽丝·雷迪对抛开女性礼节仍感到内疚，她希望能避免跟敌方士兵直接交谈，因为她觉得不能"控制自己的嘴巴……感觉可以对他们吐口水，除了说他们是狗之外，不愿意用别的称呼"。雷迪承认，"我心里想着、嘴里说着对他们的诅咒，想起来连我自己都感到震惊"。情绪失控成为许多妇女面对入侵者反应的基本特征；南方女士应该习惯于牢牢控制自己的情绪，可北方佬的出现让深锁这些女性内心的情绪得以发泄。凯瑟琳·布龙承认，"我说过很多奇怪的话"。萨丽·芒福德"震惊于自己对北方佬的强烈情绪"。弗吉尼亚的凯瑟琳·科克伦也为自己口中冒出来的傲慢言论感到惊讶。"我忍不住与他们争吵；似乎这是对我愤怒的一种释放。"南卡罗来纳州的艾玛·霍尔姆斯坦白，她从嘲弄谢尔曼的部队中获得了巨大的满足感。"哦，能够释放我积压的怒火，是多么畅快的一件事情呀。"霍尔姆斯在漫长的四年战争中情绪沮丧，她口头攻击了敌人——就在这个几乎没有风险的过程中，将情绪发泄了出来。[9]

妇女们很自豪地记述她们如何聪明地回应北方佬的挑衅，有时会记录漫长的对话，以显示她们在言辞上的胜利。在1862年半岛战役中，麦克莱伦占据弗吉尼亚州威廉斯堡期间，一群年轻妇女第一次聚集起来，哈丽埃特·凯里说，"每个人都有很多故事可以谈，如勇敢反诘的事例，那些挑衅的恶棍经常给我们这样的机会"。凯特·卡尼在与一名北方军官的唇枪舌战中，似乎赢得了他手下北方士兵的支持，让她非常开心。她做了一场"犀利的演讲"，指责联邦军人在夏伊洛、布尔朗以及里士满懦弱撤退。这时，一个二等兵闯进来，敦促她不要忘记质问他的队长，北方佬在皮特斯堡渡河战役中为什么一见到敌人就仓皇逃跑。[10]

在抵抗北方入侵的战役中，女人们感到无用武之地，而这样的对抗让她们可以直接参与对敌军的进攻，这使她们感到满足。此前对很多邦联妇女来说只不过是"无力的怒火"，在面对联邦士兵时，却能够表达出来并命中目标；南方女性们抓住机会，充分利用如路易斯安那州的萨拉·摩根所说的"妇女的武器：舌头"。就像哈丽埃特·凯里和她的朋友们互相鼓励那样，妇女也可以有机会"勇敢"起来，与男人比试胆量，至少在口头战争的范围之内。联邦军队靠近她在田纳西州的家时，爱丽丝·雷迪称"雄心壮志向我低语，现在也许就是让你自己成为女英雄的时刻"。参战的荣耀会鼓舞男人，南方女人也同样深受这种浪漫观念的感染，因而一位北方军官认为，她们"有一种强烈地欲望，都想当女英雄"。[11]

有时女人不仅仅使用语言。在佐治亚州的罗马镇，一所女子学院的学生将夜壶倒在从她们窗下经过的士兵身上。田纳西州的伊丽莎白·麦卡米看到一名北方佬抢夺她侄子的面包时，进行了暴力回击，连她自己都吓了一跳："我自己还没明白过来怎么回事，手里已经拿起一根烧炉子的木棍，使劲敲打那个北方佬的肩膀。"一名士兵想从一名阿肯色州妇女手里夺走她去世弟弟的衣服，结果被她从楼梯上推了下去。另一名阿肯色妇女看到六个联邦战士走进她家，在桌子边坐下准备吃饭，她从炉子里铲了一铲子灰倒在桌子上。这些北方佬咧咧嘴，离开了。更甚至，一名北方士兵要到贝拉·博伊德母亲位于弗吉尼亚州的房子里搜查，16岁的贝拉·博伊德从裙子下面掏出手枪，将他打死，但她也并未受到制裁。[12]

持有武器的权利

少数邦联妇女试图当兵，以表达她们女性英雄主义的壮志和对北方佬的愤恨。从一开始，妇女们就很羡慕她们的兄弟和丈夫能为荣耀而战，很多人幻想着成为男人，参与到英勇的战斗之中。对其中一部分人而言，这种幻想得以成为现实。在南方和北方，约400名妇女乔装打扮参军入伍。1863年1月，《查尔斯顿水星报》讲述了艾米·克拉克的故事——她是最有名的女战士之一，志愿去当二等兵。据该报的解释，她参军是为了不与丈夫分离。丈夫在夏伊洛牺牲之后，她继续参加战斗，受过两次伤，后来被北方军队俘虏，北方佬发现了她的真实性别。"但是他们不允许她返回"南方，该报解释道，"除非她穿上女装"。很明显，这种做法相当于先使俘虏失去战斗力，然后才予以释放。克拉克这样的行为极其特殊，几乎不会影响人们关于女性角色的普遍观念；偶尔出现的圣女贞德不太可能颠覆世界。像克拉克这样，应征入伍的动机可以理解为妻子的忠诚，造成的影响就更微乎其微了。不过，在报道与艾米·克拉克类似的妇女的冒险故事时，《米利奇维尔南方联盟报》觉得有必要向读者保证一下，"没有听到任何有悖这位女英雄的良好品德和名声的消息"。她的动机要与随军妓女严格区分。[13]

与个别妇女乔装参军相比，更为常见的是有关地方团体组织起来保卫家园的报道。在战争的最初几个月中，此类事件往往体现了妇女希望加入波澜壮阔的战争、为生活找一个目标的心愿，因为她们的生活与男人们相比，显得毫无意义。例如，在佐治亚州美肯市的威斯里安女子学院，学生们组织成军事连队，并操练演习。在战争后期，几乎没有男人留在家乡保护她们，妇女们常常感到必须努力自卫。在佐治亚州的拉格兰奇，妇女们团结在一起，组织了一个军事连队，她们自豪地称之为"南希·哈特"——是当地独立战争时的一名女英雄，曾勇敢地设计抓获了一些英国军官。她们招募了一位经验丰富的残疾士兵作为教官。拉格兰奇"几乎所有的年轻女性"都练习行军和射击。她们在一个农田里演练，几头倒霉的牛中弹而死。当一支北方部队靠近小镇时，邦联军队的一个逃兵命令已经集合的南希·哈特连成员回到各自家中，但是没人"听从这样一个非军队化的要求"。当联邦骑兵到达时，他们发现妇女士兵们全副武装，准备进行战斗。连队的一名军官"相信安抚敌人是个好策略"，于是她邀请了北方佬喝茶。拉格兰奇因而免遭焚毁，那位联邦军指挥官后来与南希·哈特连的一名成员结婚了。[14]

多年后回顾战争经历时，莉拉·莫里斯认为那是玩闹。她讲述了一个关于女性才智和勇气的故事，其中没有恐惧或愤怒的阴影：在战后和解的浪漫氛围中，女人们对入侵者的敌意以及她们行动目标的严肃性，几乎全都消失了。然而，弗吉尼亚州哈利森堡的 28 名女性，却是以完全不同的心态去组织军团的。在 1864 年 12 月写给邦联战争秘书的一封信中，安妮·萨缪尔斯、艾琳·贝尔和她们的同事们要求："为了保卫家园，应当赋予遭受厄运的邦联中的部分女性持有武器的权利。"她们解释说，最近的征兵法案包括"年龄在 16 岁到 60 岁之间的所有'创造之主'"。由于"她们所依赖的邦联军队的无能"，这些妇女已经遭受了"能够想到的所有愤怒和痛苦"，现在她们要努力自己解决问题。所谓的"创造之主"们抛开了她们，也没能保护她们，这让哈利森堡的女士们感到愤怒，准备自己抗击联邦军队。战争秘书讽刺地回答道，"我们还没准备好请女士们到战场上帮忙"，但他同样也没有准备好为妇女们提供她们所寻求的保护。[15]

妇女们的愤怒同时针对邦联和北方的男人：针对邦联男人，因为他们无能；针对北方男人，因为他们带来了军事威胁。虽然战争秘书嘲笑了女士们的军事志向，但是他的言语也像邦联的普遍论调一样，赞美了南方女性对北方敌人的直言不讳。他承认，哈利森堡的女人将不满发泄到入侵者身上，比发泄在自家男人的"无能"上要好得多。不管女士们不寻常、不得体的愤怒中存在着什么样的潜在危险，恐怕没有比北方佬更能为社会所接受的发泄目标或宣泄口了。北方佬成为一个安全阀，否则这些让妇女们的挫败情绪将会直接发泄到她们自己的家庭、家人或社会秩序上。在与北方佬的对抗中，妇女们的愤怒和失控被限制在安全的范围内，对这些妇女本身以及南方女性传统来说，都没有什么危险。

审慎更佳

至少有一些妇女与她们的姐妹们那凶狠好斗的姿态不同，她们担心敌对行为会同时威胁妇女的安全和打破人们对于女性得体的评判标准。在一定程度上，不同年龄阶段的女性持不同的意见，年长的妇女更加担心毫无控制的敌意会带来危险的后果，在遵守礼仪和自我控制方面也更加老练。玛丽·李非常担心北方士兵会把最出言不逊的温彻斯特妇女的住处烧毁，同时她也担心无教养的行为会给妇女们的品格和美德带来影响。她问："我们是否会再次变成温柔、文雅的女士？使用温和的词语，以愉快和友好的姿态走在街道上？嘲笑和轻蔑已成为习惯用语，我担心它们不能轻易复归为比较淑女的表达方式了。"她认为妇女们的挑衅动作很"粗俗，冷漠轻蔑的沉默则更让人难堪"。她在日记中吐露说，"彼此间看哪个女人最牙尖嘴利"的较量很快就让她厌烦了。[16]

李提倡操纵而不是对抗，并对她私下里取得的成果感到自豪

——尽管一直处于北方人的监督之下。玛丽·李到温彻斯特周围乡村为邦联士兵收集衣服、靴子和物品，说服联邦医生允许温彻斯特的妇女们护理邦联伤员并给他们提供食物，多次消除北方部队占领她的房子和财产的威胁，因而她为自己"掌管男人的能力"感到高兴。正如南方妇女使用她们的裙箍来隐藏珠宝一样，李利用她的性别特权来隐藏她的反抗活动。玛丽·李利用北方部队的风度和克制来对付他们。李意识到，暴力对抗虽然便于情感的发泄，也更能带来满足感，但是经常收效甚微，而且要付出自降南方女性贤良淑德的高昂代价。[17]

路易斯安那州的萨拉·摩根反感她的女性同胞们"粗鲁、无礼的行为"，并因此重新思考战争的目的。"我坚持认为，如果我们男人的勇猛和骑士精神没有办法拯救我们的国家，我宁愿让我们的国家被一个勇敢的民族占领，而不愿意因为一些所谓'女士'们的脏话和表演而获得自由……如果一位女士因为一位绅士穿着联邦制服，就冲他脸上吐口水，我会把她引为同道吗？"对摩根而言，阶级和性别身份的要求，要超越国家。凯特·卡明同样认为，沉默比公开的侮辱更具有说服力、更加得体。她强调，"英勇虽好，审慎更佳"。[18]

不加节制的仇恨和敌意，使很多虔诚的南方女性变得不仅有失淑女身份，而且不再像基督教徒。爱丽丝·雷迪对自己的强烈仇恨感到"震惊"，她坦言："有时我害怕我正逐渐失去以前拥有的所有同情心。"密西西比州19岁的阿曼达·沃辛顿担心，对于杀害她弟弟的北方佬，她无法压制"内心深处强烈的复仇渴望"，这也许会妨碍她和弟弟以后在天堂团聚。玛丽·李和艾达·巴科都要努力克服反感心理，才能去护理英勇的邦联战士旁边的联邦伤员。巴科坦言，"像对待其他人那样对待他们，的确很困难，但我知道那是我的职责"。正如玛丽·李担心的那样，她的爱国主义可能会损害她作为基督教徒的责任感。"邪恶、仇恨的情感"让萨拉·摩根感到害怕：

"我认为一个女性的心里不应该怀有这样的情感。虔诚女性们，内心满是'基督徒的仁慈'，竟会突然爆发，'破口大骂、滔滔不绝'，诅咒北方佬发瘟疫、生热病、遭饥荒。""啊，女人们啊"，她喊道，"你们的神圣使命，已经变成了多么令人厌恶的暴力啊！"[19]

菲比·列维·彭博尔注意到很多基督徒朋友的伪善，庆幸自己生来就是犹太教徒，自己信奉的宗教倡导的不是"宽恕"，而是她口中的"以牙还牙"。一天晚上，她和一批特别"虔诚的"基督徒妇女在一起，见识到了她们极端的报复心理。一个妇女保留了北方佬的骨头，并将其放在后院里展示；另一个妇女要找个北方佬的头骨当珠宝盒。"我提议，"彭博尔说，"在战争结束前，她们都应当加入犹太教，别提什么宽恕、和平与善意，还是相信耶和华的剑吧。"[20]

部分妇女顾及女性特质与基督精神，因而能够文明地对待征服者。特别是在占领区，长期的接触向人们证实了敌人也是人。一些妇女出于自身利益和传统礼仪的考虑，作出了和解的表示，向联邦士兵寻求帮助或陪伴。即使是在因当地妇女毫无顾忌地公然敌视而彰名的温彻斯特，玛丽·李也失望地发现，到1863年年底，只有一两个家庭拒不招待北方佬。贫苦的弗吉尼亚妇女依靠接受联邦房客以增加收入。李写道："几乎我们所有的朋友，都靠着在家里接待北方佬获利。"联邦军官们不仅支付租金，还带来柴火和食品——这在饱受战火的小镇可是稀缺物资。李心目中的"敢于说话的女英雄"科妮莉亚·麦克唐纳德，也开始在夜幕的掩护下接受好心的北方士兵送来的一包包食物。她要抚养九个孩子，生活很不容易，北方士兵对此表示同情。[21]

南方的女士们发现，她们与阶层相似的联邦男人之间共性很多、冲突很少。"如果我遇到一位绅士，"北卡罗来纳州的玛丽·布朗向她的继子解释道，"我尊重他是位绅士，哪怕他性情和我不同。我认为，一些阿什维尔人用轻蔑的态度来对待联邦人，让他们自己显得很可笑"。在被北方占领的纳齐兹，这种兄弟友爱的模式可能达到了顶点。在这个密西西比州的小镇，住着旧南方最富有的棉业贵族。1861 年，很多居民发现，热情地支持分离主义革命代价太大。1863 年夏天小镇被北方占领时，这种政治倾向毫无疑问进一步促使小镇居民用缓和的态度对待入侵者。安妮·哈珀回忆，"有一阵子"，镇里的妇女们"谈论我们是不是该让他们到家里来，那会不会是背叛我们已经离开的军人，但很多人决心道，我们不能比敌人更小气，我们已经接受了很多急需的帮助，接受了那么多的善意，我们能给出的最好回报，就是礼貌地招待他们"。哈珀知道双方本该是敌人，这种社会交往很特殊，但她以纳齐兹所拥有的独一无二的贵族气息来解释本镇居民的做法并为他们辩护。"只有具有最高文化水平和尊严的人，才能在这么反常的境地中有尊严地生活下去，纳齐兹恰好就是能找到这种人的地方。"[22]

看到很多年轻的纳齐兹朋友"接纳"来自北方佬的"关注"，凯特·福斯特觉得很矛盾。这看起来是对军队中的亲人和朋友的背叛，然而她也意识到联邦士兵有很多值得钦佩的地方。"联邦士兵刚来的时候，我以为他们中没有一位绅士。但他们对我表达过善意，也的确很礼貌。"联邦军队的克罗克将军看起来不像敌人，更像是朋友，这支联邦军队的行为至少让哈珀觉得，"派到纳齐兹的都是绅士"。后来军队领导层更换，"绅士"士兵们被调走，中止了军民友好相处的关系模式。遇到与自己社会出身完全不同的北方军队，纳齐兹的女士们终于知道了"落入敌人手里是什么样子"。[23]

（自称女士的）妇女

如果说纳齐兹被占领的头几个月代表了邦联市民和占领者之间

友好相处的可能性，那么联邦少将本杰明·巴特勒控制下的新奥尔良则代表了另一个极端。这个南方最大的城市于 1862 年 4 月落入联邦军队之手，巴特勒面临一项艰巨的任务：管理怀有极深敌意的市民。新奥尔良的居民们没有表现出一点儿战败者的屈服，他们拒绝遵守新到的北方人的命令，并且三五成群、蜂攒蚁聚，威胁巴特勒和军队的安全。巴特勒被迫采用武力和威慑手段，逐渐放弃了任何和解的伪装。不愿解散的人群被联邦的火炮驱散；拒绝接待北方佬的店铺被查封并且出售；一个毁坏联邦旗帜的人被判处绞刑；拒绝为美国总统祈福的牧师被流放到北方。"很快，"巴特勒写道，"除了来自上层社会的妇女之外，我们的士兵不再受到不文明的对待。"[24]

新奥尔良的女士们自认为会免受男人所经历的严酷对待，因而仍然以轻蔑的态度对待北方人。联邦士兵一进入教堂或电车，她们便马上怒气冲冲地离开，而且还冲巴特勒手下的士兵吐口水或向他们倒夜壶，试图以此来侮辱征服者。巴特勒不知道该如何回击这些侮辱行为。他发现这些人一般都很年轻，往往"漂亮、有趣"，在社会上有地位，如果采取严酷措施使其成为烈士，她们一定会受到很多人的关注和同情。与此同时，巴特勒也知道他必须控制这些行为，因为"如果这些事情被允许，一个城市难以堪称治理良好"。[25]

5 月 15 日，巴特勒发布了他那广为人知的第 28 号将军令，聪明地利用了有关阶级和性别的普遍观念，以迫使新奥尔良的妇女们克制自己的敌意行为。

密西西比的邦联女人和北方男人。"密西西比河上的战争——分裂州的
女士们到联邦军需部门领取物资"，《弗兰克·莱斯利画报》1863 年 10 月 10 日

第 28 号将军令

　　鉴于美利坚合众国的官员和士兵，已多次受到新奥尔良妇女们
（她们自称女士）的侮辱……巴特勒下令：此后凡有女性以言辞、手
势或行为向任何合众国军官或士兵示以侮辱或蔑视，一律将其视为
寻机招揽生意之街头妇女，并追究相应责任。[26]

　　巴特勒的命令直指南方白人女性身份中的矛盾。他强调，应当
从她们的行为来认识她们，而不是依据她们自称的女士地位和特权。
行为像妓女一样粗俗的妇女，将被当成妓女；如果她们抛弃了女性
的优雅和自持，就应当被剥夺只给予女士的保护。与很多其他北方
司令官不同，对于妇女们利用和滥用女性特质之举，巴特勒可不买

账。"我可不是靠洒玫瑰露来打仗的。"他解释道。不过巴特勒正确地预测到，几乎所有南方女性都渴望纳入"女士"之列，因而会按照他希望的方式来行动，不需要每日强制执行。女性极其害怕被人看成"街头妇女"，她们不敢想象失去尊严的后果，因此从没有哪位北方军官真的需要执行命令。正如巴特勒明智地预言，这个措施能"自动地被执行"。新奥尔良的女性们害怕被当作道德和社会最底端的妇女，于是自行控制了自己的行为。[27]

显然，巴特勒操纵了高度内化的阶级和性别认同，以控制南方女性，或者明确地说，迫使她们自己控制自己。"所有新奥尔良的女士，"巴特勒解释道，"自我克制，不侮辱我们的军队，因为她们不想被当作普通的女性；而所有的普通女性自我克制，不侮辱我们的军队，是因为她们想被当成女士，这个城市拥护分裂的女性就是这两类。"从更深层面上看，他是发出了一份关于女性角色和地位转变的声明。第 28 号将军令要女性为她们在公共场合的行为负责；巴特勒不允许她们游离于政治责任或惩罚之外。巴特勒采取这个立场，就是认可了女性的政治力量。她们标志性的姿态，如挥舞旗子、吐口水、口头反驳都有着实质性的意义。1862 年夏末，他要求新奥尔良所有市民宣誓效忠美利坚合众国，并在法令中将所有妇女纳入约束范围，这一举动再一次引起公众的惊讶和愤怒。第 76 号将军令和之前的"妇女令"一样受到攻击，被认为"违反了本可培育一个文明民族的英勇精神"，但第 76 号令与之前的措施完全一致，因为它赋予了女性政治能力和责任。[28]

对于巴特勒"向这块土地上的女人宣战"，新奥尔良的女性作出了愤怒的回应。和宣称"不习惯为她可能说的所有话负责"的那位密苏里人一样，她们拒绝这项新的授权所带来的责任。新奥尔良的女性抨击第 28 号令冒犯了神圣的女性纯洁，她们与全世界传统女性特质的捍卫者一起，利用这次对抗抵制战时变革的威胁，重申关于妇女地位的最传统的观念。在南卡罗来纳州，玛丽·切斯纳认为这份公告直截了当"把新奥尔良的女性交给了他的士兵"；新奥尔良前市长认为这个措施等于命令士兵，"史无前例地冒犯贞洁的女性"。《莫比尔广告与纪事报》认为，第 28 号令"表面上是对女士们的警告，但实际上是给士兵们的明令许可"，是"唆使士兵冒犯新奥尔良的女性"。《纽约时报》抗议这项措施，伦敦报刊和议会认为巴特勒"不可容忍的残忍"，将军是畜生。[29]

虽然这项措施成功地避免了路易斯安州那妇女独自与北方士兵间的发生直接对抗（巴特勒也曾担心有人会因此流血牺牲）。然而，第 28 号将军令却引发了对南方女性的同情和愤怒的浪潮。命令的初衷与措辞与国际社会对它的解读不同——这可以帮助我们理解战时在性别问题上的争论。邦联话语把这项措施解释为对女性贞洁的威胁，从而提及并强调了女性弱小无助、依赖他人的观念，这是女性顺从的依据，深深根植于女性易受性侵犯的预设之中。无论新奥尔良的妇女自行引发了女性脆弱的话题，还是仅仅配合政府和媒体，巴特勒心目中的公共秩序事项，迅速在很大范围内变成了性侵害的问题——这值得我们思考。第 28 号将军令本身并未以任何显性或隐性的方式鼓励士兵进行性攻击；街头妇女讨价还价、出售性服务，交易行为中毕竟涉及女性能动性的各种复杂问题，绝不是公然强奸。巴特勒的措施把妇女当作政治行动者，赋予了她们责任与权力；对命令的敌对回应，则将妇女们视为生理特征的被动受害者。用今天学者的话来说，巴特勒的命令关乎性别身份，强调男性女性的区分中有社会建构的成分，这是任何文化中赋予男女不同角色的意识形态基础。第 28 号将军令有力地肯定了社会对女性身份和行为的理解中必然存在的可变性，战时环境已使这种可变性越来越清晰。然而，巴特勒开创性、反潮流的妇女政治化措施，几乎被批评者的喊叫声淹没，他们强调女性天生不同，身体上更加低劣，因而具有社会依赖性，这种依赖性是"自然"的、表面看来不可更改的。因此，对巴特勒的攻击，不是源于对性别身份的观念，而是源于对性的理解；是从生物学而不是意识形态方面，去考虑男女之间的深刻差异。批评者乃至整个世界用来抗议巴特勒法令的逻辑，被新奥尔良的妇女们借用过来，以强调性别差异固定不变、女性必须永远服从的传统观念。在这里，和很多其他实例一样，邦联妇女逃避了赋权的责任，躲进了安全、确定的传统掩体中。[30]

然而，就算不是无法避免的，巴特勒对获权妇女的这次特定表现，也使这种回应势在必然。第 28 号将军令认可了战时从礼仪到政治的转变。妇女不可避免地被卷入公共领域；象征性的政治依然是政治。巴特勒承认了这些变化，但是在言谈之中对妇女的公开行动却不屑一顾。第 28 号将军令一方面认可了新出现的女性公开行动，另一方面又贬低它，在公开行动的妇女与妓女间画等号。因此，根据巴特勒表述中的逻辑，他给妇女提供的选择，其实不算真正的选择。他认可她们的敌对行动，就是允许她们进入了责任和权力的领域；然而凭借这一套说辞，他又调动起她们身上存留的文雅习性，把她们打发回私人领域。

巴特勒没能安抚平民，在外国居民的权利问题上也遭遇危机，导致他于 1862 年 12 月离职，由纳撒尼尔·班克斯接任。班克斯打算对这个混乱的城市进行更加宽容的治理，因此立即受到了当地居民的挑战，他们把他的大度当成了软弱。妇女们又公开侮辱北方士兵，并公开表示对邦联的忠诚。1863 年 2 月底，妇女们持续的口无遮拦引发了一个在民间传奇化地被称为"手帕战役"的事件。一批被捕的邦联士兵被装上船，打算运到巴吞鲁日进行战俘交换。这时新奥尔良的女士们勇敢地表达了她们对南方的一贯同情，到堤坝上聚集起来，为即将离去的英雄们欢呼。联邦军队试图控制人群，制止他们叛乱的情绪。但是这群妇女挥舞着阳伞和手帕，拒绝解散。

几名妇女在混乱中受了轻伤。一份南方的报纸发表了一首诗歌，赞美女士们的勇气，并嘲讽士兵们的愚蠢。然而更重要的是，班克斯明显重申了前巴特勒式的对妇女的理解，认为妇女从根本上讲存在于政治责任与后果之外。女人们在手帕之战中取得"胜利"，主要是因为北方男人拒绝与她们这样的敌人交战。[31]

THE LADIES OF NEW ORLEANS before GENERAL BUTLER'S Proclamation.

After GENERAL BUTLER'S Proclamation.

《第 28 号将军令的效果》，《哈珀周刊》1862 年 7 月 12 日

很多联邦军官不愿意承认战争已将女性政治化，这为有眼光的邦联妇女提供了前所未有的机会去为南方大业作贡献。和战争后期的游击队一样，这些妇女自觉地利用了人们认为她们无辜且免于政治罪行的心态，以隐藏她们自己，掩盖她们的政治行动，让北方人颇为头疼。因为北方人在对付南方奴隶主阶层时，不敢丢下丝绒手套般外柔内刚的策略，而采取激烈措施。玛丽·李一边扮演着被世人广为接受的慈爱女性角色，护理伤员、提供食物，一边在被北方占领的温彻斯特多次进行反叛活动，给邦联军队传递信件、消息和物品。她"掌管男人"的能力一直保护着她，直到战争的最后几个月，谢立丹的谢南多厄河谷战役之后，政策收紧，导致她被驱离家乡，遣送到邦联战线后方。但是，即便是在 1865 年实行的新焦土政策过程中，李也没有被枪杀或监禁，也未受到任何身体伤害。联邦军在行动中对她强大且有效的南方游击队员这一事实身份表示认可，这让她始终感到震惊与愤怒。战争快结束时，有消息说南方妇女必须宣誓效忠，让她非常愤怒。她写道："我们竟被这么重视，将我们当作男人一样对待，这难道不荒谬吗？"她自己的行为有颠覆传统性别角色的意义，但这一点玛丽·李是无法理解的——也不愿意理解。[32]

战场情场，没什么不公平

沦陷区有不计其数的南方妇女可能像李一样，在日常生活中进行着抵抗，以帮助她们在邦联部队中的丈夫、儿子和兄弟。据估计，北方佬曾将几百名不够忠诚的女性驱逐到邦联战线后方。然而，很少有妇女像邦联的传奇女间谍贝拉·博伊德那般。博伊德的事迹为人所知，主要是通过她 1865 年的自传和她在战后的剧院巡演，因此常常被人当作是天花乱坠的想象而非事实。但是，20 世纪 40 年代路易斯·西格德的研究表明，军队记录及其他文件证明了她描述的大部分生活细节是真实的。但是，从我们的角度出发，验证她每一件功绩是否真实并不重要，重要的是她如何解释自己的策略，以及如何描述她在 1864 年被迫流亡欧洲之前所经历的重重困难。[33]

无论从哪个角度来说，博伊德都是邦联妇女中的例外，而不是典型。然而，她用来对抗北方佬的策略，代表的是一系列策略范围内的一个端点：她只是一个极端的例子，因为极端，所以也许更引人注意、更能说明问题——体现了南方一些妇女为了达到非常反传统的女性目标，如何动用了关于女性特质的通行观念。博伊德的间谍生涯，依赖于对性别传统进行操纵，使间谍活动能够进行。在政治和军事斗争的男性领域内，她的女性身份是个伪装。凭借出其不意这一制胜法宝，她成功地获取并传递了对邦联军队极有价值的信息，以至于"石墙"杰克逊授予她上尉军衔，并任命她为荣誉副官。即便在她恶名远扬再不可能以无辜女性自居后，博伊德继续受到北方的特殊保护和豁免，不必为她从事间谍的所有行为负责。

与博伊德相比，玛丽·李在掌控男人方面显得非常业余。博伊德于 1844 年生于弗吉尼亚州谢南多厄河谷的温彻斯特以北的马丁斯堡，是一个在当地很显赫的奴隶主家庭的女儿。贝拉在巴尔的摩城郊一所高等女子学院接受教育，但早年即以任性反叛为人所知——她曾经把马骑到了家里的客厅里，以抗议家人不许她参加成人聚会。

博伊德最初进入公众视野是在 1861 年。当时她 17 岁，开枪打死了一名北方士兵，因为对方用"难听得超出想象"的语言咒骂她母亲。这位士兵的战友们威胁要将博伊德的房子烧毁，但是一组调查该事件的军官最后得出结论，说贝拉"做得完成正确"。他们认为，她是位女士，面对侮辱行使了防卫权；那名士兵的行为不够绅士，因此看来就该死。[34]

事件发生后不到一周，北方人发现博伊德在与联邦士兵打情骂俏时搜集情报，传递给邦联军官。博伊德又一次被豁免了，负责指挥的上校军官只向她宣读了一条说明类似行为可获死刑的军令。博伊德成功的间谍生涯就此开始。

贝拉·博伊德（名片小照；弗吉尼亚州里士满市邦联博物馆提供；凯瑟琳·韦策尔拍摄）

根据她的描述，她在接下来三年内的功绩，几乎每一件都是因为她利用了北方人对女性的预设，以此让毫无防备的敌人落入圈套。她的马跑到了马丁斯堡附近的联邦军战线以内，她可怜兮兮地请求抓住她的联邦军放她回家。献殷勤的北方骑兵主动提出护送这位女士穿过边境线，她也感激地接受了对方好意。但是当他们到达邦联阵地时，博伊德却将北方士兵作为俘虏交给了邦联军。她从北方人那儿获取了安全通过的礼遇，却不愿意以礼遇回报他们。她解释道，"我安慰自己说，'战场情场，兵不厌诈'"。[35]

1862 年 5 月，联邦军和邦联军在弗吉尼亚州弗兰特罗亚尔的对抗一触即发，博伊德打算沿着谷地将情报送到杰克逊手里。但是弗兰特罗亚尔被联邦军占领，她需要通行证才能进入。她解释道，"我知道，一点儿小奉承、几个精心准备的小礼物，总会让菲尔布朗上校高兴，于是我去了一个花店，选了一束非常漂亮的花，写上我向他致意的话送过去，请他帮帮忙，允许我回到弗兰特罗亚尔"，她有个叔叔和阿姨住在那儿，她经常去。接下来的第二天可能是她职业生涯中最出名的日子，贝拉出城送了信，使得杰克逊的军队成功占领了弗兰特罗亚尔，并向温彻斯特挺进。根据传说，这位年轻的姑娘，站在前进的邦联军中，一边挥舞着太阳帽，一边大声说着北方军的行动细节。菲尔布朗上校因为联邦军的打败而受到质询，他指着贝拉的礼物，解释道，"问题都出在这束花上……送花的人是这一切失利的罪魁祸首"。[36]

显然，联邦军开始意识到，他们免除贝拉·博伊德的政治责任代价非常昂贵。一位联邦陆军上校直截了当地告诉她，"你给我们事业带来的伤害，比那些男人的一半加起来都多"。然而，博伊德却继续利用自己的优势要求她作为女性的权利。弗兰特罗亚尔惨败之后，北方媒体呼吁要对她进行惩罚，贝拉却抱怨说，媒体的无端"辱骂"伤害了她。"他们似乎认为，侮辱一个无辜的年轻女孩，可以证明他们的男子气概，表明他们的爱国主义。"[37]

犯了谋杀、谋反和间谍罪之后，贝拉仍旧言不由衷地声称无辜，这一点只有联系她自称无罪后面的话，才能够理解。她坚持认为，她是一名无辜的年轻女孩，她的年轻和性别使她在责任范围之外。正如我们今天会因某人精神错乱而判其无罪，博伊德也以年龄和女性特质为理由自称无辜。

事实证明，博伊德太危险了，联邦军队不能置之不理。1862 年 7 月，联邦军官将她监禁在华盛顿的旧国会山监狱。贝拉食物充足、住处舒适，在囚禁中也享受了特殊待遇。在狱中的两个月期间，她不仅与一名狱友订了婚，还迷倒了旧国会山监狱的主管，她被释放后，主管还为她筹备了一套嫁妆，用插着休战旗的船只运到了里士满。回到南方之后，博伊德再也没有提过她的婚事。但是，在邦联女性中几乎独一无二的她，至少享有了一衣橱的新衣服。

在下一场浪漫冒险中，博伊德对男人的操纵开始受众人讥讽。再次入狱并被释之后，博伊德于1864年春天决定，将聪明才智用于向欧洲走私往来文书。她乘坐偷越封锁线的"灰狗"号，从北卡罗来纳的威尔明顿出发。但离港后不久，船只被联邦海军舰艇扣留。等到她的船到达纽约市加油时，贝拉已经俘获了掌管"灰狗"号的北方军官。在该船离港驶往目的地波士顿之前，有人看到她和萨缪尔·哈丁船长一起购物看戏。然而，在去马萨诸塞州的路上，已经成为战俘的原邦联船长却神秘地逃脱了；哈丁对此负有重大嫌疑，因而在军事法庭上被指控为共犯并判处监禁。但在此之前，哈丁追随着已被驱逐出美国的贝拉到了伦敦，两人在那儿结了婚。

哈丁的最终命运笼罩着迷雾。他回到了美国，为"灰狗"号上的行为负责。但1865年2月从特拉华要塞释放后，他是否前往伦敦与贝拉团聚，至今仍不清楚。有些记录说，他在监狱中染病而死；有些则坚称他是在海里淹死的。时至今日，仍有传闻说，贝拉可能参与了他的失踪和死亡。贝拉和"灰狗"号船长被俘之后，他帮助了他们，发挥了他的作用；贝拉此后没什么地方用得着他。1865年战争结束时，贝拉才21岁，成为了寡妇和哈丁的幼小孩子的母亲。迫于生计，她开始从事表演。在这个领域内，她已经是专家了。

贝拉·博伊德至今仍是个谜一样的人物。奇怪的是，重视她的人并不多。研究严肃历史的学生不太注意她。然而，她非凡的事迹是个最极端的例子，体现了数以百计的邦联女性的志向和策略：她们使用女人的武器，但并不根据女性规则行事。邦联妇女向来善于驱使男人，在战时只是将这些技能用于新的目的。在利用其女性特征方面，贝拉·博伊德也许是最灵活、最具有掌控力的一位；很少有女性像她那样自觉地布局谋篇，对北方的敌人进行攻击；也很少有女性像她那样不为疑虑或愧疚所动。但是，博伊德对性别预设的利用，让人更好地理解内战时期男女交流的许多基本原则，迫使南方人和北方人都承认，女性可以非常强大；用一位联邦军官描述贝拉的话来说，也可能非常"危险"。女性的"柔弱"成为了女性力量的基础。不过，也许最有意义的是，博伊德的故事标志着固定观念的动摇，这在一定程度上使她能够同时具备两种性别身份，生活在两种性别关系的世界里。贝拉·博伊德保持着女士的穿着和礼节，但她的行为、举止和志向，却像男人。博伊德和其他数以百计像玛丽·李那样的邦联妇女们，用各种方式遏制了北方人的嚣张气焰，用她们自己的方式大长见识，并坚定地步入战地。

然而，对于这戏剧性的发展，她们既不接受也不完全承认。贝拉·博伊德声称："我没把自己当作妇女权利的卫道士，倒宁愿做个娴静淑女，向密友而非公众表情达意。"贝拉坚守着女性领域，因为这是她力量的源泉。[38]

间谍之所以取得成功，是因为他们并不是表面的样子。在这个意义上，非凡出众的贝拉·博伊德在实际层面和象征层面上，都可以代表南方妇女。像博伊德一样，南方女性们发现在战争年代自己必须伪装，粉墨登场，虽然这与她们战前生活中的身份气质并不协调。贝拉·博伊德成功地利用了这些不一致；其他妇女更倾向于把这种矛盾当成负担，而不是机会。但几乎所有女性都用新眼光去看待她们自己和她们的女性特质。当个女人，似乎渐渐不再像是一个生理意义上的身体部件；更像是一件衣服，可以修改，甚至更换。

第十章

假如我能解脱束缚，一次也好：
性别的装束

1862 年夏天，路易斯安那州的萨拉·摩根在她的日记中吐露，她一直想试试不在家的弟弟的衣服。吉米的衣服已经在她的衣柜里挂了六个星期了，最后她终于鼓起勇气把衣服拿了出来。她说："我走得太远了，竟然把衣服放到了床上。"可是，接下来她转过身去，把她的宠物鸟拿出了房间。"我很羞愧，都不想让我的金丝雀看到我这个样子。"等她回来打量衣服的时候，"我失去了勇气，我第一次也是最后一次的伪装就这么结束了。我听过许多女孩子夸口说穿过男人的衣服；我不明白她们哪儿来的勇气。"[1]

对于邦联妇女来说，衣服有丰富的意义。在最显性的层面上，衣物的匮乏以及随之而来的艰辛，标志着奴隶主阶层的妇女失去了财富和地位；但更为重要是，服饰的多样选择和时尚的演变，体现了对妇女身份和地位的观念的变迁，反映了对性别范畴的流动性、不稳定性乃至任意性的新认识。服装成为南方人的一种语言，用以探索和表达他们与个人、社会、文化等层面的战时变化之间的关系。[2]

对很多像萨拉·摩根那样的妇女而言，衣服既是欲望也是恐惧，既是可能也是不可能。"我要是个男人就好了！"她感慨道。"这里我认识的每一个女人都因要穿着衬裙而抱怨自己的不幸，为什么我们不能像男人一样去战斗呢?"摩根在象征的意义上将衣服等同于性别,把服装当成妇女受约束的标志;衬裙体现并象征着妇女的附属地位。然而这样的表述却包含着强烈的含义,关系到妇女生活中性别的意义及转变的潜力。妇女只需要换掉衬裙,就能扭转她的性别导致的"不幸",目的仅可能是与男人并肩战斗。如果更换衣服意味着接受这样的责任,难怪摩根会没有勇气去试穿吉米的衣服了。在战争的大戏中,性别——以及它的保障、特权、机遇和责任——只是一套戏服。[3]

有什么,就穿什么

邦联经济衰弱,对战时南方妇女服装的供给和式样产生了直接影响。我们前文已经提到,所有南方人,不论黑白贫富,都因为战前依赖北方的纺织品而遭遇到了困难。家庭生产的发展,仅能补充小部分需求,而且家庭制造的织物往往质量粗糙,很像南方白人所称的那种"黑鬼布"。1865年艾玛·勒贡特抱怨道,她的"内衣是未经漂白的粗糙家纺布,和之前我们给黑人穿的差不多,还更加粗糙"。由于地位和舒适感等原因,上层妇女们总是努力避免穿粗布衣服;想各种办法,让自己有足够的衣服穿,并且合适得体。最有特权的人,会从偷越封锁线的人手里获得北方或欧洲的时尚服装,但这样的幸运人士极少。更常见的情况是,奴隶主阶层的妇女努力应付,常常想出聪明的替代品来,像小说人物斯嘉丽·奥哈拉那样,用起居室的窗幔做出一件外套。不仅窗帘,家用的亚麻制品、桌布、床单,以及穿破或丢弃的旧衣服,都能加以改造,变成内衣、衬裙甚至舞会上穿的长外套。[4]

"说起我的衣服,"弗吉尼亚州的玛丽·李说,"有什么,就穿什么，不管是否合适。"虽然她想到了自己在服丧期间，但也别无选择，只能穿着带荷叶边的蝉翼纱裙子出门；她几乎没有什么冬天的衣服可穿，夏天的连衣裙一直穿到11月，尽管10月份已是寒意袭人。不过，时尚的诱惑也未全部消失。攻占南方的北方部队带来了北方潮流服装的信息，李记录了她为跟上潮流所做的勇敢努力。她在日记中写道："今天上午根据最新的纽约时尚改了一件裙子的袖子。"阿拉巴马州的帕瑟尼亚·黑格用树皮和树枝将未漂白的床单染色，做成深棕色的衣服料子，并用破旧礼服的部分料子来装饰纯土布——"一块是旧的黑丝绸，还有一些红色美利奴羊绒片，以及一块旧蓝围巾的剩余部分"。难民凯特·斯通从身无分文的当地人那儿购买穿过的旧衣服，因为"我们就只能得到这些"，但她觉得"穿别人的旧衣服很奇怪"。马格丽特·普雷斯顿应对衣物短缺，靠的不是心灵手巧，而是自我牺牲。开战一年后，她骄傲地说道，她"努力克制，没买一件衣服"。来自阿拉巴马州的乔·吉利斯有着同样的克己精神，她假装自己不在意衣服和饰品，这样她家里所有的资源都能用于为她当牧师的丈夫做衣服。皮革极其匮乏，妇女们要用布和纸缝制鞋子，孩子们只好光着脚。1864年5月，莉齐·内白勒特说，她11岁的女儿玛丽·内白勒特已经几个月都没穿过鞋子了。在北卡罗来纳州的卢瑟福县，一群妇女向泽布伦·万斯州长抱怨说，"一半的女士"因为没有鞋穿只能待在家里，不能上教堂做礼拜。[5]

莉齐·内白勒特后悔自己战前没有好好打扮，那时不仅有衣服卖，而且也买得起。到1864年，她的衣柜空空荡荡，以至于她不得不把很多年前送给奴隶的一件衣服买回来。那是"一件漂亮的印花布裙子……像新的一样"，莉齐花了3.5美元买下来，觉得很高兴。兴奋之余，她似乎没注意到，从奴隶手中买回自己扔掉的衣服这件事，蕴含着讽刺的意味和象征着地位的丧失。玛丽·切斯纳更敏锐地分析了特权根基的动摇。与她很多里士满的朋友一样（她尖刻地称之为"以前的富人，白人女士们"），切斯纳常常将衣服卖给一个黑白混血女人，她经营的商店主要面向首都获得了自由的黑人。在联邦军队行进的地区，被解放的奴隶妇女炫耀她们从女主人那儿搜来的服饰，作为她们新地位的象征。这一幕的含义，南方白人女性一定能意识到。凯特·斯通家的奴隶是被丢弃在她的家族位于路易斯安那州的种植园里，听说那些奴隶穿着她母亲的衣服"跳来跳去"，并"取代了她的女主人地位"，她感到极为震惊。非裔美籍妇女穿着锦缎丝绸，违反了南方不成文的禁奢律。她们展示了一个"完全颠倒的世界"，体现了南方奴隶主阶层的权力日渐削弱；她们以衣服为语言，攻击着种族等级制度，其力度远远大于萨拉·摩根对性别结构的挑战。[6]

裙箍少了

战争时期的物资匮乏，可能导致了邦联时期一个最引人注目的时尚变化。有裙箍的裙子在19世纪50年代初期开始流行，到1861年南北战争爆发时，依然是显示女性身材的标志物。裙箍本身是个做工精致的铁架子，用布裹住，用绳结固定在腰间。裙箍穿在裙子里面，使裙子蓬松起来——用一位服装史学家的话来说，"真是硕大无朋"——有时直径达五英尺。这种风格的文化含义和动人之处，我们只能推测。但裙箍的问世，似乎恰逢维多利亚时代的家庭理想出现，女人拥有独立领域的观念占据上风，裙箍则是这一观念的物质体现。穿裙箍的妇女，等于随身携带着封闭的私人空间；宽大的裙子代表了妇女应当受到保护的那个范围。而且，维多利亚时代的文化否定、压制中、上层妇女的性欲，而裙箍掩盖并改变了妇女的生理外形。被撑大的裙子或许需要20码布料做成，是阶级和性别地位的宣言，因为裙箍需要消耗大量的布，而且对于必须经常从事体力劳动的妇女来说，穿起来也不太容易。穿着这种服装，几乎不可能高效地活动。因而，这种样式最适合用来彰显中上层妇女的身份，她们拥有特权、受到保护，总体上缺乏活力，生活中的职责主要是有品位的奢华消费。[7]

战时南方的裙箍减少，引起了男人和女人的关注。1862 年，摩根·考勒维从里士满写信向妻子莉拉报告，"裙箍少了，有些女士根本不穿"。密西西比州的艾玛·克拉彻告诉丈夫威尔，她已经"跟随时尚，抛弃了裙箍"，但只是在家里这样。至于正式场合的服装，她承认，她感到有义务回归到约定成俗的风格。凯特·斯通也宣称她在 1869 年夏天已彻底放弃了裙箍，因为裙箍看起来太奢侈了——与战时的匮乏和贫困不相符。她说："一个女人带着个大裙箍到处走，还光着脚，有什么比这更滑稽呢？"很多妇女放弃穿裙箍，为做裙子节约了很多布料，而且也节约了做裙箍本身所需的材料。大部分布料都买不到，普通的印花布不仅稀有，而且到 1864 年价格已是战争开始时的 10 倍，因此，这样的想法即使对最富有的家庭来说，也越来越重要了。[8]

和裙子一样，用铁箍和绳结做成的裙箍也会磨损，有时候会造成令人难堪的场面，密西西比州年轻的阿曼达·沃辛顿就遭遇过。1862 年春天的一个上午，她高高兴兴地穿着一件黄裙子到教堂去，但是当她做完礼拜动身回家的时候，裙箍开始往下掉。"我朝马车奔跑过去，几乎无暇跟任何人说话，但是还没有上车，这可恨的东西就砰地一声滑落在地。我觉得太可怕了。"[9]

一名用裙箍走私奎宁到南方的邦联妇女被抓住。《裙箍和奎宁》，
《弗兰克·莱斯利画报》1862 年 11 月 22 日

　　有些妇女，比如帕瑟尼亚·黑格，利用废旧裙箍余下的部分，
作出了新的裙箍。其他妇女则花大价钱买，如密西西比州的安·马
丁花了 50 美元买一副新的替换旧的。还有一些妇女，比如莉齐·哈
丁，坚持"绝望""搜寻裙箍"，却徒劳无果。1863 年年初，艾伦·
摩尔预计军队会向北进入宾夕法尼亚州，于是给丈夫萨缪尔寄了一
份购物清单，特别指出她最大的愿望是新裙箍。对这种样式的依赖
非常强烈而且很难消除。艾玛·克拉彻自愿在家里放弃裙箍，但是
在公众场合不穿的话，她就会感到不对劲。弗吉尼亚州的凯瑟琳·
科克伦承认，继续使用裙箍是女性"弱点"的证据，但她还会继续
使用。她写道："我意志力不够强，不穿裙箍去见老朋友，我做不
到。"科克伦承认裙箍象征着下层妇女仍旧向往的地位，这也许强化
了她对这种风格的执着。一次去弗吉尼亚州西部旅行时，她在一户

山区人家借宿。更衣后，这家的女主人请求试穿她的裙箍，内心充满渴望。从女主人对时尚的渴望中，科克伦看到了女性"虚荣心"的证据。"生活中缺少那么多必须具备的舒适"，餐桌上大家共用她仅有的一把茶匙，"但她在世界上最想得到的东西却是一副裙箍"。裙箍或许是软弱和虚荣的标志，尽管那时候科克伦的财富和地位已经被战争严重侵蚀，但它也是一条难以消除的社会分界线，分隔着科克伦和她山中借宿人家的女主人。[10]

然而，经济性和实用性逐渐削弱了裙箍的影响力。新奥尔良州一个关注时尚的少女克拉拉·所罗门，在 1862 年 6 月开始"翻新裙箍"，不过她决心让裙箍"尽可能小"。其他人，无论是主动选择还是现实使然，无论是自己喜好还是无法购得，统统都放弃了裙箍。裙箍消退之后，女性的体型就不那么不自然了。上层妇女和下层妇女的分界线也变得不那么分明，而且女士们获得了行动的自由，要履行战时的新责任——这是必需的。妇女经历的着装变化和更大范围内的战时社会现实相仿，女性单独的领域衰退，身体周围的受保护空间缩小。[11]

士兵头

除了着装样式之外，战争也引起了妇女发型的显著变化。年轻妇女开始喜欢留短发，这使很多长辈感到不安和震惊。和衣服一样，这种新式发型时尚也蕴含某种现实的逻辑。精致的长发，需要花很多时间打理，梳头发、别发夹都很花工夫，这些任务常常由奴隶完成。但随着奴隶解放的临近，奴隶劳动日益减少。北方军队占领新奥尔良后，克拉拉·所罗门一定在想，她家的奴隶露西还能替她打理多久的头发。1862 年 6 月的一个早上，她还同往常一样等着露西为她打理头发，这时她担心起来："我是多么依赖别人啊，梳妆打扮的事儿，如果露西不'帮一把'，我就无法见人。"实际上，克拉拉和她的姐妹确实剪了头发，罗莎的头发短得几乎像削成了"士兵头：那可是女士们最高的理想。"一种被叫作"叠瓦式"的发型席卷了整个南方。南卡罗来纳州一位妇女回忆战争年代时解释说，这种发型不仅有实用意义。"剪短发已经在一些年轻妇女中成为时尚，"她回忆道，"如果不能像兄弟们一样加入战斗，至少她们要尽可能让自己看起来像军人。"1864 年 7 月，田纳西州 18 岁的纳妮·哈斯金斯和两个朋友一起，"三个人都剪了叠瓦头，我看起来简直就像一只受伤的兔子，头发全剪掉了。妈妈为此生我的气，直到今天上午才跟我讲话"。难民西德尼·哈丁把头发剪短之后，也遇到了类似的负面评价。她在日记中写道："他们没完没了地谈论这件事。"不过，哈丁似乎觉得，一位年迈退役的军官的话，值得详细记录下来。他说，她的短发让她有一种"英姿勃勃的样子……该组建一支穿灯笼裤的娘子军去打仗"。与衣服的样式一样，男人和女人的发型差异也变得越来越小。[12]

妇女的生活和职责开始变化，她们对衣服的需求和偏好亦随之改变。1863 年夏天，曾经因为裙箍往下掉而极为恼火的阿曼达·沃辛顿开始定期去钓鱼，以补充家中日益减少的食品。但是，她发现裙子极大地妨碍了她的工作。"我开始给自己做一套裤装，"她在日记中写道，"这样钓鱼时就不会沾满泥巴。"科迪莉亚·斯盖尔斯出门时都要随身带一把手枪，她把头发从一侧分开，看起来像个男人，而且穿得像游击队员一样，以保障自己的安全。有意思的是，邦联出版的原创小说很少，其中有一部就将服装反串作为其浪漫幻想情节的中心主题。《卡斯汀：一段迷人的罗曼史》中，男人、女人都穿异性的服装，将内战的战场变成了混淆性别的实验场所。不过，这个情节剧特征突出的故事所用的夸张手法，却体现了真实的社会行为和社会焦虑。正如前文所说，多达好几百名与众不同的妇女真的乔装打扮，将自己伪装成男人，以获得士兵的身份；数以千计的邦联妇女借鉴了男性服装和男性时尚的特点，以此分享男性所拥有的特权、保障和责任。[13]

其他妇女挑选新衣服时没那么多的目的性，而更多是带着好玩和试试的想法。战时的戏剧演出，尤其是那些广受喜爱的活人静态画，激励着体面的妇女们穿上戏服并首次登台。舞台是一个角色和身份都可以创造和改变的场所。戏服成为表演的象征，在戏剧和生活中提供了自我塑造和重新定义的可能性。艾玛·克拉彻自己没有参加一天晚上在维克斯堡举行的活人静态画表演，可她却经历了性别和身份转变的冒险。她发现了一堆戏服，放在一起准备演出后第二天上午归还，她忍不住试穿了一条侍从穿的裤子。穿男人衣服产生的感受异常强烈，促使她在给丈夫威尔写信时，思考衣服如何塑造了女性的身体，并构建了她们的生活方式。她写道，"女人的裙子层层叠叠、又长又重，裹着她的脚，一旦脱下裙子，的确会感到轻盈飘逸，我想一旦我解脱束缚，我的脚恐怕会像芭蕾舞演员那样将飞起来，很难控制住"。但是，艾玛突然因为自己玩孩子气的装扮游戏而感到难堪，很快她换回平常穿的衣服。可她不会忘记体验中获得的选择感和可能性，以及辨识出的释放与负担的对立两极，虽然可能仅仅局限于服装领域。[14]

1864年，在弗吉尼亚州的彼得堡，一群年轻妇女将演戏和反串着装延伸到了剧院之外。她们决心检验一下一位寡妇永不再婚的誓言，便让其中一人装扮成"快乐的罗萨丽奥"。这位假冒的绅士"用上了绅士衣柜中所有的行头"，甚至包括胡须，因此成功地赢得了那位寡妇的芳心。到筹划婚礼时，恶作剧的人才揭开这个秘密。《里士满问讯报》向读者保证，"两位女士都是本地有地位的名流"，同时指出这场"非同寻常的求爱""几乎使一位女士成了'已婚男士'"。在邦联南方这个新奇世界中，妇女们似乎能将自己变成男人。性别身份有了不确定性和流动性，因此这位感到既惊讶又好笑的里士满编辑才会在报上进行评价。南方早已明白"跨越"种族范畴的概念，但现在固定的性别二分法似乎也能够挑战了。[15]

着女装

虽然内战时南方妇女们进行了服装实验，实际上邦联最著名的着装反串者——尽管可能迷雾重重——却是一位男性。1865年5月内战即将结束时，杰弗逊·戴维斯被抓获，抓捕者报告说他穿着女人的衣服。戴维斯极有可能藏在披风下，大概是他妻子的披风，表面看来像是飘逸的礼服。公共媒体和大众很快编制了一个截然不同的故事。在漫画和版画中，这位被推翻的总统身穿全套女士服装：带裙箍的裙子、衬裙、系带的女帽。历史学家妮娜·希尔博认为，这些形象代表了"北方男人嘲弄南方男人的普遍愿望"。但南方人与这些肖像有不同的关系。尽管"穿衬裙的杰夫"中敌意的描绘肯定不是出自南方人之手，但是在阿波麦托克斯战役后的几个月内，被打败的南方军队必然能见到这个形象：《莱斯利画报》等全国流行的刊物、宽页传单、乐曲、报纸等，几乎到处都有。毫无疑问，南方人民将这些行为视为北方人获胜的特权，是对落败的敌人所受痛苦的羞辱。然而，与此同时，由于变装在战争期间形成的意义语境，南方人肯定也能理解画上的这些形象。杰弗逊·戴维斯当然不是第一位被人看到穿女人披风的邦联男人。[16]

罗威娜·韦伯斯特生活在阿拉巴马州的一个双方争夺区，她说如果北方军队突然到来，女人们则常常帮助邦联士兵"着女装"，以帮助他们逃跑。男人也会把自己伪装成女性，以便从事间谍活动。

邦联士兵着女装，不仅为了政治目的，也为了娱乐。海伦·加纳回忆，一队来自路易斯安那州的军队，在她位于密西西比的家附近驻扎下来，他们给哥伦布镇的人们表演了戏剧节目。士兵们从当地妇女那儿借来裙子，他们的热情演出让当地人很高兴。那位"女主角"，加纳回忆说，"脸上的胡子还看得见"。同女人一样，战争的大戏也给男人提供了机会，去体验不同的性别角色，要么是演戏娱乐，要么是作出一些看似轻浮、实则有深意的行为。一位里士满美女差点成为已婚男士，同样女主角也不妨留点胡须。[17]

士兵们的戏剧表演有狂欢的意味，这在邦联军的其他反串表演中也很明显。1863 年元旦，南卡罗来纳州斯巴达堡市一所学院的小伙子们穿着女装在城里游行。这项庆祝活动有位置倒错的特征，承认了一个逆转的世界——这是历史上所有庆祝活动的特点，当然也非常适合表现南方蓄奴州社会秩序崩溃的现实情况。然而，这种行为在邦联的某些地区还有着额外的意义，因为随着现代战争的入侵，以及后方和战场界线的模糊，男女各有所属、各司其职的意识形态已经受到了严峻的挑战。某种程度上，这些年轻人应该也是借此体现他们所处的另类位置：他们是学生，可他们周围几乎所有的年轻男人都上了战场。1861 年，得克萨斯的妇女们曾将裙箍送给那些不自愿当兵的男人。这些卡罗来纳的男孩子受到特别保护，因此可能也在用同样的话语，表达自己潜意识里的矛盾情绪以及负罪感。[18]

对于战争给传统服装和传统角色带来的挑战，南方妇女们公开表达了她们的欲望和恐惧。男人们的表达没有这么明确，但是很难想象这种爱恨交织的心理没有起作用。杰夫·戴维斯的形象，把女性化和失败联系在一起。这显然表明，对于动摇传统性别角色所蕴含的羞辱和潜在的地位丧失，人们有着反感的情绪。但是邦联男人们可能同样渴望拥有女性的某些特征和庇护。最明显的是，南方妇女受到保护，不用服兵役——没人要求或者指望她们在战场上牺牲生命。随着战争死亡人数的上升，最初的男人特权，逐渐变成了负担和责任。

"穿衬裙的杰夫"传单（1865 年），纽约美国新闻公司印刷了 1000 份，每份售价 10 美分（费城图书馆公司提供）

从邦联流传的一则轶闻，可以看出士兵们对于妇女不用打仗这一特权所持有的态度变化。在战争开始之前，一名步兵与众人合唱《妈妈，带我入梦乡》，这首歌祈求离开战场，回到童年，回到母亲呵护的臂弯中：

> 向后转，时光啊，向后转吧，飞逝中
> 将我带回童年，就只在今天晚上：
> 妈妈，从没有回音的岸边回来吧
> 再次带我回到到你的心田，像从前一样。

合唱将结束时，这名步兵突然停下来，激动地打断歌声，说如果他能再回到儿童时代，这次要当个女孩。杰弗逊·戴维斯据说借助女装逃跑，也表达了躲避男性责任和危险的相同愿望。不仅只有女人才刚刚认识到传统性别身份的限制和责任，也不仅只有她们才通过服装的语言来表达更换服装、改变角色中所蕴含的让人既兴奋又畏惧的可能性。[19]

男人心，女人身

有时候，妇女们超越服装话语，讲述她们深深感受到的身份与外表之间的不一致性。她们的感受不符合当时社会对于女性举止和情感的通行标准。因此，她们觉得禁锢自己的不仅有错误的服装，还有错误的身体。"主啊，"莉齐·内白勒特恳求道，"如果你将我造成女人，为什么要赋予我如此反叛、如此邪恶的感情？为什么我不能像卑贱软弱的奴隶那样感受和思考呢？上帝给了我生命，但是就我而言，他对弱者可不宽厚。"萨拉·摩根也说过几乎完全相同的话，另外还提到战争中出现了很多性别特征的倒置，比如她所表现出来的勇气，周围的男人却都没有。"只有问问老天，为什么让你拥有男人心、女人身，却让那些长着胡须的东西神经那么娇弱？"[20]

几乎每位写日记的邦联妇女，都在某一时刻表达过想成为男人的愿望。萨拉·摩根感慨道，"噢，要是我是男人就好了！那我就能穿着马裤，奋勇杀敌！"贝拉·爱德蒙森于1864年3月写道："就在今天上午，我真希望自己是一个男人。"伊丽莎白·科利尔呼喊，"上帝啊，但愿我是个男人"！艾玛·沃尔顿也附和，"我多希望自己是个男人啊"！萨丽·芒福德坦言，"有时候我确实渴望成为男人"。这些情绪既革命又保守，既有颠覆意义又具有根本的传统特征。某种程度上，这些情绪表现了女性刚刚意识到的不满，即对女性所处领域受到限制的不满。战争后期，妇女们的失望往往伴有愤怒，她们认为男人们似乎不称职；让她们来做男人的工作，可能会更好。听说巴特勒在新奥尔良的恶行之后，阿比·斯洛科姆宣称，自己对"男人的懦弱极度失望和厌恶"，因为那些男人留在城中却未能保护路易斯安那的女人。艾尔西·布莱格也同样感到沮丧。"如果我们的战士们继续这样丢脸"，邦联军在西线经历了一系列挫败之后，她写道："那我们女人最好上阵，把男人们送回家养鸡。"一队士兵从维克斯堡撤退下来时，妇女们冲他们喊："你们让我们失望！"温彻斯特的妇女们甚至想抓住邦联骑兵的缰绳，阻止他们撤退，她们认为这等于无耻地将城镇拱手让予敌军。从某种意义上讲，阿波麦托克斯战役只是白人男性的最后一场失败，他们早已失去了对该地区奴隶的控制，事实证明他们也不能为家人提供食物、衣服，不能保障他们的安全。[21]

然而，成为男人的愿望和促使男人履行责任的努力，把妇女们的不满情绪变成了对现状的支持态度。战争年代，南方白人妇女意识到，外界给予她们的期待与她们自身的愿望和需求极不相容。但是，她们不愿意或许也不能够通过表达失望来促进重要的变革。萨拉·摩根对不能表达自己的不满很恼怒。"难道我死的时候，这些难以名状的渴望都不能实现吗？我说不清楚，但是……我不满意！我有不满！"像很多妇女一样，她陷入了希望自己是一个男人的幻想。通过成为男性或者渴望成为男性，来消除自身的不满，这并不能真正改变现状：这是努力逃离使她们处于从属地位的体制，而不是直接挑战体制。这不是努力扩张女性的角色：虽然表达了个体女性的不满，实际上却强调了女性身上现有约束的合理性。[22]

战争期间，邦联男性和女性使用性别反串的概念，来压制女性的新角色和新责任所包含的革命意义。当女性表现得果敢、有力或独立时，她们的行为会被视为超出了女性行为的界限，因此对女性特质的主流观念不构成威胁。一位萨凡纳的法官在审判发起暴动、抢夺面包的妇女时，阐明了这种策略："一旦妇女成为暴民，她们就不是妇女了。"他企图用这种声明来否认妇女诉诸暴力的开创性意义。与此同时，他也试图否认妇女能够或者将会以这种不体面的方式表达自己。但是无意间，他也承认，已经不能根据女人的外表、她们表面上的女性身份，来理解她们的行为。她们穿着女人的衣服，拥有女人的身体，行为上却像男人。[23]

人们常常认为，优秀的女人拥有男人一样的智力。玛丽亚·哈勃德的妹妹露西是一个非常"少见的天才"，她的头脑"几乎与男性一样"。同样，玛丽·切斯纳也认为她那学识渊博的朋友路易莎·麦柯德拥有"男人一般的智力"。对于到前线做护士的邻居伊丽莎·麦基，克拉拉·麦克琳也以同样的方式来解释她的力量，说她一直表现得勇敢而自信，看起来"几乎就是个男人。实际上我曾经告诉过她，和她讨论一些微妙的话题时，我总是感觉不自在，我几乎很难相信她不是伪装的"。[24]

麦克琳提到了关于服装和剧院的流行比喻，再次强调了战时性别角色中令人惊讶的、不确定的因素。然而，同玛丽·切斯纳以及那位萨凡纳的法官一样，她同时肯定了女性的本质性特征这一传统观念。女人一定不是强壮、聪明、勇敢的，看起来具备这些特点的人，肯定不是真正的女人，而是穿着女人衣服的男人。在男性和女性特征可以流动和协商的新情况下，大多数南方的精英妇女们更加坚守熟悉的观念和身份。就以玛丽·切斯纳的例子而言，人们会怀疑她不愿意承担新的责任，为此她拒绝改变。她自己缺乏实力和勇气去当护士，麦柯德的成就使她感到威胁，因此才认为这些成绩不仅不同寻常，而且不自然。

其他女性更加自觉地批判格特鲁德·托马斯所谓的"大多数南方妇女的传统主义"。凯瑟琳·爱德蒙斯顿强调，女人脑子里的想法，就像"梁上的旧钉子一样，折断它们或是把它们敲进去，都可以；但是要把它们拔出来，绝对不可能！你以为已经将它们处理掉了，可它们还在那里，和以前一样上着锈，牢固得很"。然而，托马斯和爱德蒙斯顿都有意将自己置于批评的范围之内。妇女们的自我意识不断提升，往往通过抵制自我转变的可怕前景，来应对战争对她们身份的威胁。艾玛·克拉彻曾经预计，"一旦我解脱束缚"，摆脱女性服装和角色的限制，"我的脚恐怕会像芭蕾舞演员那样凌空跃起，很难控制"。改变服装、抛弃传统女性特征，在实际意义和比喻意义上，都会动摇她这个人。她牢固的身份，她对自身以及自己个人行为的控制，统统都会消失，仿佛重力瞬间消失。难怪像改变戏装一样去改变生命，看上去那么可怕。难怪萨拉·摩根没有勇气试穿她弟弟的衣服。难怪南方白人妇女意识到了改变，却最终逃避甚至抵制改变，因为那会侵蚀她们的自我定义和独立领域，后者的根基则是她们珍视的种族、阶级、白人、精英的特权，以及更为矛盾的性别权利与性别局限。[25]

第十一章

憎恶、厌烦了这可怕的战争：
爱国主义、牺牲精神与个人利益

南方上层阶级的妇女无论多么努力地固守原有的特权和身份，仍然深受巨变的打击和困难的考验。战争旷日持久，连年不绝，情感和物质上的匮乏在不断侵蚀她们的内心。个人的绝望感日渐强烈，对此前依赖的那些人逐渐失去信心，对自己忍耐的能力也开始怀疑，这一切促使女人们思考她们的世界中那些最基本的理念。作为女性，她们一直习惯于先考虑别人。但是面对战争的无情摧残，以及日渐困难的自我生存，她们开始更多地考虑自己。爱国主义所要求的自我牺牲的观念及实践，以及长期的自我克制，越来越威胁到个体的生存。到战争结束时，苦难和损失已经深刻地改变了妇女对自我与社会关系的理解。痛苦让她们重新认识作为个体的自我：不仅仅有职责和义务，还有需求、利益甚至权利。这种变化从个人和心理层面开始，最终对内战后期南方的社会和政治产生重要影响。[1]

心中压力无限

越战过后，我们清晰而强烈地看到了战争对于参与者心理的影响。对于这些难以平复的深创巨痛的认识已有提高，但我们几乎只关注作战人员，或许是因为美国的伤亡人员和受害者绝大部分都是军人。然而，与入侵国相比，在被侵略国，痛苦的范围更加广泛，有时候平民要忍受比军人更多的劫掠和残暴。越南人民如同南方邦联的人一样，对战争的这一面有痛彻的体会。许多越南老兵有创伤性压力反应，在美国内战中应该也有——这不仅包括士兵，也包括南方的平民，尤其是直面着严重的恐慌、破坏和损失的南方妇女。[2]

妇女们自己知道，常年的战争挑战着她们的情绪稳定。阿拉巴马州的玛丽·简·库克·查迪克在 1865 年前的几篇日记中，就预计接下来几个月会很困难。她列举了自己面临的"艰难处境"：与丈夫似乎无尽头的分离，"照顾一个大家庭"的责任，最无望的经济和政治前景。不仅如此，她"刚刚才从一次精神崩溃中恢复，最近发作得越来越频繁了"。田纳西州的弗吉尼亚·弗伦奇似乎有着同样的命运：日益严重且频繁的"精神崩溃"。"我担心，"她坦白道，"紧张焦虑长时间地压迫着我的精神，我要崩溃了。"弗吉尼亚的艾玛·道伯森承认，自己"有时候发了疯。我必须坦白，因为压力，我有时候会歇斯底里、突然发作"。林奇堡的安妮·厄普舍抱怨她的贫困和绝望，说自己"濒临疯狂的边缘"。[3]

玛丽·李是一个勇敢的女人，战时大部分时间她都在双方争夺的温彻斯特镇的前线，但她也觉得，到 1865 年自己已经"完全精神错乱了"。她记录了几位新病人到了斯汤顿的弗吉尼亚州精神病院，"被战争逼疯了——全是女人"。她表示，"我对此并不感到惊讶"。到 1865 年 6 月，建立联邦彻底破灭，玛丽·李宣布自己"精神上完全崩溃"。田纳西州的凯瑟琳·库珀担心自己出现类似的心理失衡，但考虑到她的情况，这也不足为奇。库珀生活在一个饱受双方军队轮番蹂躏的地区，她为军队输送了十个儿子和五个孙子，回来时五死四伤。听到第十个孩子生病的消息，"几乎让我发疯。我想有时候我经受的考验已超过了我的承受能力"。在战争的最后几个月内，北卡罗来纳的埃米莉·哈利斯一直担心她会发疯。从战争一开始，她就觉得自己有义务"把悲痛紧锁在心中"，以保护她年幼的孩子。她说，"真的，我没有时间悲伤"。但这种自我压制，终究要付出代价。到 1864 年，她开始质疑她努力的目的。"生活本身已无意义"，她说道："无非为了那些需要我帮助的人。"她也开始担心失去理性。"我感觉像疯了一样，"她写道，"我几乎能够感觉到皱纹爬上了我的脸庞，头上的黑发日渐变白。"[4]

玛丽·格林豪·李（弗吉尼亚州温彻斯特市，温彻斯特—弗里德里克县历史协会提供）

许多女性了解自己身体状况和精神状态之间的关系。对有些人来说，物质匮乏产生严重的心理影响。温彻斯特的科妮莉亚·麦克唐纳德努力养活九个孩子；为了不使孩子们挨饿，她自己经常不吃饭。"身体变得羸弱之后"，她发现自己开始变得"心理脆弱"。"我的情感不受控制……我已经失去了抵抗的能力，失去了所有自我控制。"她的沮丧如此强烈，以至于她感觉自己"很愿意跟这个世界以及世界上的一切说'晚安'"。身体虚弱既是精神压力的原因，也是其结果。女人们描述，焦虑使人极度疲惫，折磨得她们食不下咽、夜不能寐。"这场可怕的战争让每个人心中充满着焦虑"，玛丽·莱格给南卡罗来纳的朋友哈里特·帕默写信道，"所以精神上承受着重压而身体也时常垮掉，这事不足为奇"。[5]

持续的压力使得一些妇女通过麻木自我情感以自保。阿波麦托克斯战役前几天，佐治亚州的艾比·布鲁克斯写道，她的"痛苦和考验"已经让她"僵化"了，把她变成了石头，感觉都麻木了。"我很少关心任何人或任何东西。我什么也不喜欢，既不悲伤也不高兴。"一位弗吉尼亚妇女说，悲伤已使她认识的很多人"呆了、傻了"。弗吉尼亚州的萨拉·普莱尔也注意到，"遭遇了重大不幸的人肯定都意识到一种怪异的感官衰竭"。很多女性用"冷漠无情"来描述她们已经改变的态度。"有时候我觉得，"莉齐·内白勒特给丈夫威尔写信说，"我的心好像枯焦了一样，没有以前的感受能力了。"[6]

压抑感受，往往包含着精神上的低落和一种虚无感，这来自于苦难的重负，也来自于面对邦联日益增多的军事失败而产生的无力感。"我在为什么而活着?"贝拉·爱德蒙森问道，"为什么我侥幸活着，一天天毫无幸福?"另一位女人也愤怒的地质问："为什么我要亲眼目睹这些呢?"在战争的压力下，"我在慢慢垮掉"。妇女们感觉到健康和理智受到威胁，于是她们的注意力慢慢离开国家和社会，甚至离开丈夫和家庭，转到她们自己及自我生存上来。联邦军队牢牢掌握田纳西大部分地区之后，弗吉尼亚·弗伦奇写道，"我必须坦诚我不太爱国，以至于只要我自己能好起来，我才不管什么国之不国。"她承认，自己"情绪低落"，以至于她说服自己，"根本不在乎邦联或者邦联的什么人"。"邦联!"埃米莉·哈利斯写道："我简直讨厌这个词。"[7]

你就是必须回家

面对看起来无穷无尽而且越来越没有意义的牺牲的要求，1861年妇女们一度激昂的爱国主义热情开始减退。1863年夏天的屡战屡败之后，朱莉娅·戴维逊对她的丈夫约翰说道，"噢，我该多么希望这场战争结束啊，如果北方佬又揍我们，我希望他们快点"。格特鲁德·托马斯也表达了类似的"焦急，希望早点结束"。新奥尔良一位妇女写信给儿子说，"je ne vois que des sacrifices, des victimes, la ruine, la misère, rien de gagné"。到1864年，内战中的各场战役似乎不再光荣，而是"没有结果的杀戮"。

妇女们那种先国家后个人的无私之情开始消解。她们最初对事业的奉献是有条件的，依赖于她们忍受战争困难的能力，以及对邦联未来的希望，而这种希望正在快速破灭。康斯坦斯·凯里前往七松战场，寻找受伤的表弟，她说这次她看到了"各种形式的身体伤残"，并说自己因此"永远相信，没有什么值得去打仗"！马格丽特·扎肯·普雷斯顿收到了继子和他几个朋友的死讯，抗议道："现在谁去想胜利、谁在乎胜利？"萨拉·简·山姆斯说"我们大家都逃脱不了，都要努力去忍受这苦难，我已经感到憎恶、厌烦了"。早在1862年，朱莉娅·勒格兰德就已经相信，"没有什么值得这样牺牲"。[8]

精英阶层的妇女们此前的浪漫尚武精神情绪，因为疲惫和绝望，逐渐让位于务实的和平主义。玛莲达·布兰森·摩尔编写的《南方单词拼写书》（1864年在罗利出版），以最特殊、最奇特的方式，表达了这种新观点。战争期间，摩尔为邦联的年轻人创作了一系列初级读本、读物和拼写课本。1864年的拼写课本是最后一册，其中第

22 课的情绪，有别于此前教材中洋溢着爱国主义的练习题。摩尔使用一个音节的单词，给邦联孩子们带来了一个完全不同的声音，抗议的倒不是南方的政治价值，而是为此付出的苦难代价。

> 这场悲哀的战争不是好事。
>
> 我爸爸去了，死在军队里。
>
> 我的哥哥也去了，被击中了。一个弹片炸掉了他的头。
>
> 我的婶婶有三个儿子，都死在部队里。现在她和女儿们不得不工作谋生。
>
> 我要为我的妈妈和姐妹们工作。
>
> 我希望，等我到了能上战场的年纪，我们已经有了和平。
>
> 如果我是个男人，需要制定法律，假使我能，我要拒绝任何战争。
>
> 如果小男孩打起来，大人会拿鞭子惩罚他们；但是男人们如果打起来，他们说"真勇敢！"

摩尔的书以南方小男孩的口吻，表达了一名邦联女性的情绪。在 20 世纪的人听来，让人想起与第一次世界大战及战后世界联系在一起的讽刺、疏离和冷漠。[9]

讨论战争时，邦联女性越来越多地使用"值得"和"收益"这样的字眼，对付出和收益有了新的关注，大部分南方精英阶层的妇女此前不知道什么是匮乏和损失，如今也有了自我利益的新意识，并以此去审视她们的处境。对祖国大业的忠诚不是无止境的，必须放到收支表里计算，而未来苦难的负担和最终失败的可能性在收支表里占据了主要篇幅。弗吉尼亚一位年长的女士经历了日益严峻的战争考验，坦白地说她对整个邦联实验越来越怀疑。"我没办法，只好有些不爱国——有时候觉得有点儿自私，"她继续意味深长地说道，"而且，我怀念以前在旧联邦时候的和平和舒适。"1864 年 10 月，北卡罗来纳州的萨尔·马布里问她的丈夫罗伯特，"你觉得回到联邦怎么样？难道你不觉得，这好过让我们所有的男人都牺牲掉吗……我经常想，如果我能让战争停止，那我很快就能和你在一起了，和我爱的所有人在一起"。[10]

到战争最后几年，战争的艰辛和匮乏开始孕育的，不是高尚和牺牲的品格，而是一种新的自私，人们开始意识到个人的需求和欲望，意识到就算不谈幸福的话，最低限度的个人生存也是有要求的。整个邦联开始出现腐败现象，最明显的体现是普遍的敲诈和投机，这些问题引起了公众关注，推动了州和全国的立法，宗教也开始担忧这些试炼着的南方的罪恶。不过，妇女往往是这些经济和道德犯罪的受害者，而不是制造者，因为她们主要是作为消费者参与到市场活动的。[11]

邦联妇女面对敌人。《一队联邦军来到南方一个种植园主家中》，
《哈珀周刊》1863 年 4 月 4 日

女性的自我关注和个人利益，主要体现在越来越不愿意把她们爱的人送入邦联军队。战争初期，女性们曾鼓励她们的丈夫和兄弟

加入战争，但在战争的最后几年，能看到截然不同的态度。早在1862 年或 1863 年，男人的第一段兵役即将期满时，许多妻子就坚持认为，自己的丈夫已经为联邦事业作出了足够多的贡献。1862 年 7月，北卡罗来纳州的玛丽·贝尔直言不讳地对阿尔福里德说，"我想在这场战争中，你该做的那一份已经完成了。"最初对军事英雄主义的浪漫迷恋，迅速让位于对战争危险的清醒认识。1862 年年底，佐治亚的路易莎·莱斯给丈夫撒迦利亚写信，敦促他离开军队，找一个能够免除兵役的职位。她宣称："你已经服役够久的了，该休息一下了。"1862 年秋天在得克萨斯当难民的玛丽·威廉斯·普格警告她丈夫，她和她的奴隶们都需要他回来。他已经做得"该让自己和他人满意了"，而她"耐心且乐观地"忍受了他不在家的日子，她认为"现在我当然应该得到回报"。普格催促丈夫要么找人替自己服役，要么利用 1862 年 10 月豁免奴隶监工兵役的法律。"除非我看到未来更有希望，否则我现在的良好表现都是做做样子，马上就会消失。"她还警告说，知道他马上就要回家，是奴隶们"良好表现"的唯一理由，"事实是……你就是必须回家"。同一年，佛罗里达州的奥克塔维亚·史蒂芬斯催促丈夫温斯顿，"放弃吧，趁你现在还活着"。在她看来，"谈论保卫你的家和国"是愚蠢的，"因为你无法保卫它们，它们现在早就没了，所以放弃吧，否则就来不及了"。对奥克塔维亚·史蒂芬斯来说，输掉战争但保住丈夫显然比两者都失去要划算得多。可是温斯顿仍然继续打了两年仗，最后奥克塔维亚最担心的事情还是发生了。[12]

越来越急迫的征兵号召，先让母亲、妻子和姐妹们犹豫，继而引起了她们的抵抗。"我们还是眷恋着沃尔特，把他留住，"弗吉尼亚州一位妇女解释道。"至少我已经失去了勇气。我厌倦了战争，厌倦了屠杀、痛苦……恐惧。"埃米莉·哈利斯表示，她感觉想要与那些把她丈夫留在行伍里的人和北方佬二者作同等的斗争。南卡罗来纳的马格丽特·爱斯特林权衡了爱国主义的要求和她自己的期望，最后坚决地选择了后者。她的两个儿子都在军队，她写信给杰弗逊·戴维斯说："我不必告诉你我对国家的忠诚，我已经作出的牺牲，以及我愿意作出的更多牺牲……但是，我要我的大儿子回家。"玛丽·斯盖尔斯在她最后一个儿子即将应征入伍时，给邦联战争部长写了一封感人至深且意味深长的信。"我知道国家需要她所有的孩子，我以前也想我能够满足国家的需求。我将自己的祈祷、时间、财产、孩子都献给了祖国的事业。但是现在，羊圈中最后一只羊将被带走，我心中那个母亲、那个无助的女人占了上风，压倒了爱国者。"[13]

玛丽·斯盖尔斯希望退出爱国职责这个公共领域，重新主张家庭、私人生活、对他人的依赖在女性生活中的首要性。斯盖尔斯希望重建性别的道德交易，即女性用"无助"和顺从，来换取男性的关心与保护。她希望回到原来的世界，让国家的需要让位于她的内心渴望，让位于她的家人和家庭。玛丽·奇切斯特在写信给囚禁于北方军队监狱中的儿子时，也表达了这样的期望。她坦言，"其他人仍在考量，但我希望等你真的获得战俘交换机会的时候，你会认为，你公共服务的时间已经足够了，而你的家庭需要你的保护和帮助"。格特鲁德·托马斯清楚地看到了（家庭与）忠于家国之间的冲突，以及冲突的解决方案："我愿意奉献自己的丈夫以为邦联夺取亚特兰大吗？不，不，不，一千个不！"[14]

在某种意义上，女性爱国主义的消退表现为直接回归到传统的女性关注，几乎是反动式地重申私人生活和家庭，拒绝此前曾敦促女性承担的更加公共、更加政治化的责任。但与此同时，女性的新视角也声明了个人权利和身份，表达了自我利益，具有明显的现代性。她们退出公共领域，在很大程度上是因为她们意识到，邦联的公共利益并不包括她们自己的利益，因为它可能威胁到她们爱的人的生命，剥夺她们的生活必需品，要求她们去管理那些桀骜不驯、令人害怕的奴隶。这个国家此前没有认可女性合法的政治声音，在危机时刻也没能充分考虑女性的需求。

战前，南方的精英女性认为她们在一个有机的社会秩序中处于从属地位，她们接受这些——这是她们作为受保护和帮助对象的代价。但是，白人男性在战时既不能保护她们的人身安全，也不能保障她们的基本的生存，她们对这个世界以及其社会预设开始怀疑。原有的、稳固的社会关系预设了男女优劣之分，但这种社会关系现在发生了改变，成为政治理论学者所说的契约式社会关系。女性不再认为她们的牺牲和服从理所当然，而是有条件的：男人们必须满足自己对他们的某些期待。"虚拟"政治代理的观念，即主张女性的权益能够被她们的男人保护，原来是一句空话。除了家庭和国家的利益之外，女性开始认可并保护自己的利益，将自己看成个体，不仅有责任和义务，也有权利和合法的欲求。[15]

由战争带来的这种女性对自我认识的看法，伴随着更大范围内美国政治生活的转型，很多学者认为，19世纪早期和中期的这种变化，是政治形式和价值观念从共和主义到自由主义的转变，是美德和社群被派系及自我利益替代的过程。内战进程中南方女性观念的变化，提醒我们关注该转型过程中的心理基础。因为女性对自身社会地位的认识的改变，源于她们发现自己具有了承担超过作为单纯的他人附属品德和更重要的社会角色的新能力。[16]

在几乎无法忍受的情感缺失甚至物质匮乏中，南方女性认可了个人的需求和欲望，发现了新的自我利益和新的自我。关于妇女和战争的很多讨论可能认为，新的功劳和成就，如当护士、教师或管理种植园，是她们自尊自强的基础，但实际上不是这样。对自我的新认识，其基础不是成功的经历而是绝望，是生存下去的根本需求。正如南方女性经常提到的，"必要性"在这个意义上的确是"创新之母"；就像朱莉娅·戴维逊给丈夫约翰的信中说的那样，只有"必要性"，才会"让我变成一个不一样的女人"。[17]

战争的最后几个月，许多女人特别是处于中下层阶级的妇女，不仅不让丈夫和兄弟回到部队，还积极催促他们逃跑。上前线，受伤或牺牲几乎是肯定的，而且近乎毫无意义。面对这样的情况，似乎可以接受当逃兵的耻辱和被处死的风险。邦联军的领导者认识到，女性有能力说服士兵逃离部队。一位军官甚至为此督促战争部长开始审查信件，因为他坚持认为，"目前我们国家托利主义和逃脱军队之恶盛行，根源就是写给……军队的信"。北卡罗来纳州的一位邦联军官直言不讳地说："逃离之所以发生，是因为受到了鼓励……尽管女士可能不愿意承认事实，但她们却要为我国的逃军行为和奢靡之风……负责任。"在社会秩序的每个层面，女性都在以她们独特的方式推动南方军队走向失败。[18]

公众哀叹女性作为爱国者的缺陷，这已经成为邦联媒体的常见言论。1864年《蒙哥马利广告日报》的一封来信谴责女性腐蚀了人们对祖国大业的忠诚。这位化名米凯尔的作者一开始写道，"以前，女人在爱国的奉献上与男性媲美……但是她们的精神已经发生了变化，多么大的变化啊。援助社团已经消失；它们只剩下一个名字，什么都不是了。自我牺牲已经消失，妻子和姑娘们只想办法让丈夫和情人远离危险的兵役"。讨论了女性对于征兵和服役的干扰之后，米凯尔开始谈论第二项饱受指责的女性战时错误。他继续写道："从没有这么多的宴会……从没有这么多的看戏和公共娱乐活动……经过短暂的克制之后，如今迷恋衣饰、炫耀珠宝华服——此类奢侈和愚蠢的行为，远胜从前。"[19]

享乐和不计后果的狂欢

1864 年年末，奥古斯塔·简·埃文斯在《莫比尔纪事报》上发表文章，同样猛烈地抨击她的妇女同胞。她质问道："当每一缕风都在为即将死去的英雄们歌唱安魂曲……享乐和不计后果的狂欢能在社交圈里大行其道吗？南方妇女难道彻底忘记了爱国主义和人道主义的要求，竟在这极端艰苦的时刻轻歌曼舞，无视自由的先驱们在浴血的战壕中瑟瑟发抖，或衣不蔽体地躺在荣耀的冰封战场上？"埃文斯召唤邦联烈士们的"英魂队伍"和她一起声讨女性的背叛，与她一起呼喊，"可耻！你们的堕落，是可耻"。[20]

1864 年和 1865 年，针对邦联精英阶层的浮华喧嚣，埃文斯自然不是唯一的批评者。女性对个人利益的意识日益增长，逐渐变成了自我放纵；牺牲被其常见的对立面放纵替代，1865 年，连阿拉巴马的一个长老教会尊者委员会，也觉得有必要训斥平时头脑清醒的教众们："谴责目前存在而且恐怕会日渐盛行的享乐精神，特别是我们一些教区的女性教众。"弗吉尼亚州的萨拉·普莱尔觉得"在危险和困难时刻寻欢作乐的倾向""非常奇怪"；但南卡罗来纳的格蕾丝·埃尔默明白，"彻底拥抱当下的快乐"，为"临时躲避周围的恐怖"提供了可能性。随着苦难日益升级，人们越来越渴望逃避。面对她所在的佐治亚小镇的寻乐之风，格特鲁德·托马斯解释说，常年的战争在一定程度上麻木了南方人的感受，使他们对其他人的痛苦不那么敏感。詹姆斯·切斯纳十分害怕他的妻子玛丽也这样失去同情心，说她生活"腐化"，不愿意放弃频繁的聚会和娱乐。但是在战争后期的几个月里，首都里士满刮起社交"旋风"，经常召集聚会的女主人有几十位，切斯纳不过其中之一。罗伯特·斯坦纳德太太非常有名，据说她一个冬天花了三万美元用于娱乐；而邦联军队在这个冬天却驻扎在周围乡村，忍饥挨饿。[21]

1864 年 2 月，《里士满问讯报》希望，兰特的到来能结束"这不计后果的寻乐季节，这个冬天里士满已经成了狂欢节的场所，充满着不道德的寻欢作乐"。在该报看来，里士满无穷无尽的派对和舞会，是"漠视国难的可耻体现……是对这片土地上的悲惨和痛苦的嘲弄"。在邦联另一端的得克萨斯州，"加尔维斯顿的女士们"计划为这个港口城市的军官们办一场冬季舞会。但这即将到来的"狂欢与喧嚣"，得罪了那些吃不饱、工资低的士兵，他们计划到时候对堆满佳肴的餐桌进行突袭。邦联军官们听说士兵们的计划之后，下令骑兵就位，准备对付叛逆的士兵。骑兵表示不愿意做这种事情，呼吁取消女士们举办的这次娱乐活动。[22]

战争最后几个月内引起广泛关注和评论的寻欢作乐，是在面临甚至抵制阶级特权瓦解大势所趋时所作的重审。沉溺于狂欢中而备受批评的女性，不属于社会下层——她们缺乏享乐的条件。表达对牺牲话语的不满以及现实的困窘，贫困的妇女往往采用面包暴乱的方式，战争后期这在南方非常普遍。在萨凡纳、莫比尔、海波因特、彼得斯堡、米利奇维尔、哥伦比亚甚至首都里士满，一群群绝望的妇女聚集起来，要求获得她们认为该得的物资；在很多农村地区，成群结队的妇女冲入种植园区，抢夺田地里可以收割的庄稼。这两种看似无关的现象：上层社会女性的寻乐、下层社会女性的暴力，都是邦联未能在父权社会秩序之下满足白人女性期待之后的反应。面包暴动和无节制的狂欢，都体现了女性自我主张的新阶段。两者都强有力地表达了女性的欲望，都明确拒斥了强调牺牲的观念体系。[23]

不同的经济和阶级现状，对生命可能性的不同理解，影响了刚开始出现的不满情绪，导致了精英阶层和社会下层女性的不同做法。

这两个不同的女性群体虽然都有被剥夺感和愤怒感，但相互之间几乎没什么认同，都认为对方的行为是堕落的。贫穷的女性指责精英家庭没能履行帮助不幸者的义务，"富人还像以往一样过着好日子"。中上层阶级的女性们对暴动者放弃自尊和体面感到害怕和震惊，尽管也同情她们绝望的困境。格特鲁德·托马斯担心，"我们惧怕我们之中道德沦丧的暴民，如同惧怕我们共同的敌人，这样的日子恐怕不远了"。个人利益削弱了贵族的责任意识，同样也侵蚀了爱国主义。一位贫穷的妇女抱怨弗吉尼亚州思博茨维尼亚县的饥荒，她写信给总统说，"一位贫穷的母亲如果去找这儿的富人，那是愚蠢的行为。他们都铁石心肠。宁愿将剩下的东西扔给狗吃，也不会给饥饿的孩子"。[24]

战争促使南方的白人妇女作出了许多类似的牺牲。军队中基本上都是男性，大后方绝大多数人都是女性。各阶层的男性中参军服役者以及伤亡者的比例都很高，这些使得妇女的战时经历有很多重要的共同点。性别团结了邦联的女性，但阶级差别却将她们分开。冲突结束时，科妮莉亚·麦克唐纳德回忆了战争对富人和穷人的不同影响。她说，"我常常想：没有比最后那几个月里的政府更加专制的了。有些人因为所受教育和生活习惯而能鼓足激情，凭借着骄傲、尊严忍受苦难，上层阶级便是如此——因为他们并没有这样看待政府。然而，对于仅有立锥之地和三分薄田聊以为生的人们而言，他们知道无论换哪个政府，他们的处境都差不多，对他们来说，政府就是强迫参军。他们心里永远担心着家人在受苦"。[25]

简单来说，在赋予上层社会特殊地位的体制中，南方的上层人比其他男女同胞们拥有更多。尽管南方精英阶层的妇女对奴隶制、邦联领导以及各自的男人都感到失望，但是她们仍旧依恋甚至主张残存的特权。即便在爱国主义热情已被战争消磨殆尽之时，即使在邦联已经灭亡之时，南方的白人精英妇女仍旧坚守着传统的等级秩序和种族秩序，她们的重要性是在这种秩序中得以定义的。的确，她们对邦联的失望，主要是因为邦联没有保护和维持这种特权，没有满足白人妇女的个人利益。

在淑女传统中，南方的妇女接受了性别从属关系，以换取持续的阶级和种族优越感。然而，对这一交易的理解，在战争过程中发生了深刻的变化。她们几乎不再指望受到男性的保护，她们对自己的新认识，来自于需求而不是机遇——这使她们强烈意识到独立的危险和自立的重大责任。南方精英女性怀疑自己也怀疑她们的男人。因此在面对战后世界时，怀着新的现实主义态度，既有根深蒂固的愤懑也有极其可怕的孤立感。她们一心维护的社会秩序，只不过是聊胜于无。对男性力量和能力的理想化认识、曾支撑着南方的父权社会，如今证明不过是神话，而女性在自身的能力或成绩中，也找不到替代男性力量和威权的基础。然而，面对奴隶解放这一可怕的现实，白人女性开始将父权制的重建当作不得不接受的交易。邦联之女、邦联纪念协会以及歌颂"未竟大业"的女性团体，在战后纪念男性勇气和战时成就，表明女性在努力使她们心目中必要之事再次合法化。如果白人男性能再次统治世界，南方的女士们将会努力去表现她们对男尊女卑的信心，以此说服自己和他人，这样的社会秩序不仅自然而且可取。[26]

我们不可能……和以前一样了

被联邦军队驱逐之后，玛丽·格林豪·李再没回过温彻斯特。她定居在巴尔的摩，在那里度过了漫长的余生。她收留房客，致力于教会事物和南部同盟女儿联合会的活动。她在 1865 年年末说，"现在政治重建也许无法避免，但社会重建仍掌握在在我们手中，可以避免"。[1]

战后，莉齐·内白勒特和丈夫威尔努力适应得克萨斯棉田里的自由劳动，她描述了两人"七年的奋斗"。到 1870 年，内白勒特家的不动产贬值了 60%；随着奴隶们的解放，他们的私有财产价值只有之前的 5.5%。1871 年春天，威尔死于肺炎，莉齐正怀着第三个女儿，才五个月。莉齐 38 岁即成为寡妇，还有一大半的人生等待着她去走完。她一直活到 1917 年，19 世纪 80 年代曾因撰写戒酒方面的专栏而短暂出现在公众视野中。具有讽刺意味的是，她生命中最后几十年是在二女儿位于奥斯丁的家中度过的：二女儿名为贝蒂，就是那个战时出生的、不受欢迎的孩子。[2]

阿拉巴马州的乔·吉利斯在战争后期靠着教书来养家糊口，她的丈夫是个巡回牧师，收入还不够支付他自己的食宿。但是，她发现做家务才是最困难的事。她在 1866 年写道，"有时候我有个厨师，有时候没有，什么事都是边猜边做。我对料理家务一窍不通，缺乏经验，这可是个很大的考验"。她经常整晚哭泣，想着自己的困难，想着丈夫不支持、不理解。乔·吉利斯生下第二个孩子后引起并发症，于1868年11月去世。[3]

邦联失败后，艾玛·克拉彻和丈夫威尔从圣安东尼奥回到了维克斯堡。1863年，威尔因为身体问题退役时，他们曾作为难民搬到了圣安东尼奥生活。艾玛有两个年幼的儿子，她在维克斯堡一所女子中学教书以补贴家用。

1869年，路易斯安那的凯特·斯通嫁给了她战时认识的一位邦联官员。他一开始帮人管理种植园，后来获得了自己的土地。他们生了四个孩子，其中两个夭折了，只有两个长大成人。凯特在南部同盟女儿联合会和当地的读书俱乐部里都很活跃，这毫无疑问反映了她在战争期间无法满足的对阅读的渴望。

格特鲁德·托马斯急切地盼着战争结束，但战后的生活更加艰难。她的丈夫杰夫既没能力赚钱，也毫无责任可言——在一系列灾难性的风险投资中，耗尽了她仅剩的一笔微薄的继承财产。格特鲁德通过教书挣钱来抚养孩子。到19世纪末，她已成为南方新的禁酒运动中的领袖，曾当选为佐治亚妇女选举权协会主席和南部同盟女儿联合会全国财务主管。[4]

早在1862年，露西·巴克就极有先见之明地说过，"我们所有人都不可能和以前一样了"。这些女人和旧南方奴隶主阶级成千上万的妇女一样，对她们来说，阿波麦托克斯战役带来了一个新的世界，此后的生活超出了她们的设想和期望。可能最显著的变化是，这是一个没有奴隶的世界。奴隶资产曾是特权的基础，失去奴隶就意味着财富的流失和地位的削弱。但是，对于这些家庭中的女性来说，奴隶解放有着更个人化的意义。自由劳动力的到来使家庭日常工作和白人女性生活中的常规事务发生了彻底变革。军事冲突结束后不久，艾玛·莫迪凯注意到，"现在每个地方，人们都在谈论'仆人'"。在一代人之后，"仆人问题"依然困扰着南方女性。19世纪

90 年代初，范德比尔特一位社会学家问一位卡罗来纳的妇女，战争对她这阶层的南方白人女性最大的影响是什么。这位妇女年纪很大，知道奴隶解放之前的"好日子"是什么样的。她毫不犹豫地给出了答案。她说，女士们之前是"社交生活中的女王"，"战后大多成了做家务的苦工"。[5]

战役的后果。油画《回到弗里德里克斯堡》（1865 年），
大卫·英格利什·亨德森画（葛底斯堡国家军事公园提供）

但是，白人女性劳动的增加不仅仅是在家庭方面。以奴隶为基础的财富的消失，使得之前很多富有的家庭生活变得艰难，需要女性到外面工作。和艾玛·克拉彻、乔·吉利斯、格特鲁德·托马斯一样，很多女性都去教书。到 1880 年，南方的教师中女性人数首次超过男性。越来越多的体面女性要找工作，促使南方人给予女性教育以更多的关注。19 世纪 90 年代，一所南方女子学院的校长说，近四分之一的毕业生能养活自己。他解释说，与战前相比，这种期望使得学生更加认真勤奋地完成学业。19 世纪 80 年代，几所南方州立大学引入了男女同校的教育模式；女子学院相继成立，如 1886 年建

立的杜兰索菲·纽科姆学院，旨在为女性提供与男性同样的受教育的机会。到 19 世纪 90 年代，范德比尔特这位研究人员写道，经济状况的必要性，让"自立变得愈发体面"，他的一位受访者对于抛弃战前对"女性依赖他人、柔弱无助的高贵品质"的观念表示赞同。[6]

在经历了战争之后，南方的女性发现她们很难继续歌颂柔弱无助的特质。当男性的庇护消失后，女性的依赖显得代价太大、太痛苦。女性没打算去管理奴隶、经营农场、管教孩子或者通过工作来为自己提供生活的基本保障。战争使众多女性身陷绝望的困境——这是令人难忘的教训。而蓄奴阶层很多妇女的战后生活，更让众人对此牢记于心。寡居的生活让很多人不得不独立，甚至那些丈夫已从战场归来的女性，也因为以奴隶为基础的财富和政治力量的消失，无法再依赖男性的供养。战后，白人女性广泛活跃在各个领域，积极参加公共工作和改革，这些表明，她们决心永远不再让自己陷入完全无助的状态或依赖他人。女性教育机会的增加、女性对改革婚姻财产法的提倡、19 世纪 90 年代出现的争取女性选举权的运动，都代表了女性对于捍卫自己利益所作出的努力。其中，对于男性的不信任激发了这些女性决心改变的热情。[7]

战后，很多南方白人男性自顾不暇。因此在很大程度上，女性依赖他人是不可靠的。战后经济的不稳定，推动了已婚女性财产法运动。在财政极不稳定的时期，白人男性将夫妻双方的财产加以区分，可以保护家庭的利益。格特鲁德·托马斯的财产如果能不受丈夫杰夫债务的影响，他们两人都会过得更好。战后新的女性财产法得到了保守男性和大部分主张扩大女性政治权利者的支持，因为既维护了传统者利益又维护了激进者的利益。这些新举措对家庭内部权力和婚姻关系却有深远的意义。因为正如历史学家苏珊·勒布索克所写，这些法律体现了"一种新的视角，即男性不负责任"。法律意味着国家介入以保护女性免受男人的伤害，而不是发挥其传统作用，维护男性作为女性保护者的权利和义务。[8]

对很多南方白人男性来说，困难远不止财政上的。从越南战争中，我们明白了战争带来的伤害之深、影响之久，这能帮助我们了解战后的一代代人们。我们有理由认为，很多前邦联士兵在阿波麦托克斯战役后很多年，可能都患有创伤后应激障碍。家庭私人记录会暗示南方白人男性有这种障碍。战争结束后大约两年，南卡罗来纳的阿曼达·希姆斯这样描述她的父亲，"精神上和肉体上都支离破碎了"。凯特·斯通说她的哥哥"很少说话"，她的爷爷"非常抑郁"。杰夫·托马斯说自己"适合去疯人院"，除了抑郁之外，他的妻子格特鲁德还隐约提到他酗酒和无端发怒。女人们要面对传统"保护者"的失败和无能，同时要维护她们自己的利益，这是一项非常微妙的艰巨任务。不仅如此，她们还要应对这些受伤、崩溃的男人。尽管女人们在四年的战争中忍受了很多痛苦，但她们毕竟没有亲身经历战场上的恐怖，也不需要为军事失败承担那么多责任。南方白人男性的康复，成了邦联女性在战后的首要责任。[9]

建立南部同盟女儿联合会、女士纪念协会以及进行各种纪念"未竟大业"的活动，在很大程度上就是为了帮助这种康复。阿波麦托克斯之后几年内，女性开始组织起来，以举行纪念仪式、修建纪念碑和设立周年纪念日等形式来怀念死者。到19世纪80年代，南部同盟女儿联合会不仅纪念烈士，还扩大了女性的关注范围，纪念各种形式的邦联斗争。在个人和心理层面上，这些努力是为了使战败的邦联人重新相信他们的荣誉、勇气和男人气概，将失败重新定义为高贵的牺牲和最终的道德胜利，从而埋葬失败的痛苦。但"未竟大业"还在更广泛的社会和政治层面上发挥作用，因为它不仅要恢复南方男人们的自我，还要修复更大的父权体制。[10]

女人们对男人的能力产生了怀疑，并意识到了保护自己利益的必要性，但当面对战后的种族巨变时，她们又不愿意永久抛弃白人男性的权力和保护。1863 年丈夫休假结束回到前线时，埃米莉·哈利斯写道，"我永远不习惯留下来当一家之主。我天生就渴望被人指引和保护"。很多女人被战时的责任吓住了，希望能将部分负担转移给丈夫、兄弟和儿子。她们知道不能完全依靠这些男人，但是希望至少能够避免承担他们的所有义务。用莉齐·内白勒特的话说，"干一个男人的活儿"——这对很多邦联女性来说，是一项几乎令人崩溃的任务。因此，虽然用 20 世纪末的眼光来看，这几乎是个既进步又反动且无法解释的悖论，格特鲁德·托马斯以及很多像她一样的南方女性，却能够一面为妇女选举权奔走，一面为"未竟大业"努力，这在当时是合乎情理的。[11]

　　经历战争之后，南方的白人女性对于自己以及作为女人的利益有着新的理解。与战前相比，战后的女性组织蓬勃发展——这将持续推动女性意识的发展。除了支持女性选举权或"未竟大业"的组织之外，还有戒酒社团、教育和社会改革团体、教会及传教组织、文学团体以及妇女俱乐部，女性参与其中，努力推动个人进步与社会发展。安·斯科特写道，协会的力量"有其自身的活力"，促使女性进入公共生活，并与其他人建立紧密的联系。[12]

　　但是，这些性别身份，与"女士身份"所依赖的阶级和种族特权密不可分。不可避免地是，普遍存在的种族问题将白人男性和女性联系在一起，这削弱了白人女性挑战家长制的意愿。黑人的自由，似乎对女士的地位和她们一直珍爱的特权构成了直接而紧迫的威胁。例如，在 19、20 世纪之交的北卡罗来纳州，在一次明显有着象征意义的民权集会中，年轻的白人女孩们坐在花车上出场，车身上写着"保护我们"的字样。她们参与游行，支持一位致力于剥夺黑人公民权的候选人。即使在战争期间，精英女性就已经认识到她们急需保留"至少一个服侍她们的黑人"。19 世纪末广泛讨论的"仆人问题"，实质上体现了黑人解放后，南方女性重建白人的权威、重新获得作为白人的利益的努力。在这场斗争中，同族的男性自然会成为她们的重要盟友。因此种族特权破坏了性别在战后南方的重要性和共性，分化了黑人女性和白人女性，削弱并减缓了南方女权运动的发展，重建阶层和种族特权的任务似乎更为紧迫。

19世纪90年代一些南方妇女开始积极支持女性获得选举权，她们的运动体现了地域性和种族主义特征。她们支持女性参与选举的理据，强调的不是女性获得权力；而是白人女性若获得选举权，则有可能成为一个潜在工具，削弱黑人获得选举权带来的影响。这些女性追求的，与其说是与白人男性的平等，不如说是相对于黑人男性的优越权利。南方州妇女选举权大会所用的信头说："给予最愚昧的男性，却不给予最进步的女性，这样的政府是不完整的。"这表明其追随者认为，她们在种族和阶层上都更加优越，在一次南方选举权集会上，一位发言者说："以前的奴隶成了曾经的女主人的政治主人——世界从未有过这样的事。"南方妇女选举权的支持者们精心创造了一种同盟关系，能同时服务于白人女性和白人男性的利益：试图通过定义共同的阶级和种族目标，采用共有的白人至上主义话语，来达成白人之间的团结。选举权运动和对"未竟大业"的歌颂都是精英主义的，都强调白人的优越性，而且保护女性与康复男性的目标也相辅相成，两者均体现了战后南方新与旧的矛盾互动。[13]

战后南方的白人女性是生活在新世界里的面貌一新的人。但是，那些记着旧时南方阶层和种族带来的好处的人，仍旧非常渴望留住残存的地位。19世纪末的女性再明白不过的道理，玛丽·李早在1865年就已经意识到了，那就是"社会重建握在我们手中，而（我们）可能会阻止"。经济社会环境改变所带来的现实需求，四年危机期间获得的自我认识使得南方白人女性能够在旧时精英主义的自我意识之上，创造出新的自我。

重新思考南方历史的重负

美国构筑于繁荣和成功之上，因此南方贫穷和失败的经历在国内十分独特。历史学家 C. 范·沃德沃德曾告诉我们，"南方历史的重负"，源于内战中对恶的理解和惨败的悲剧。这种历史影响，遗留至今。让南方人几乎没有理由去相信，在美国"他们能依靠自我，实现一切"。[1]

南方历史的重负在文化上影响深远，在此基础上形成的地方文学，其中心主题是历史的呈现。威廉·福纳克的提醒也许最有力：对南方人来说，过去从未死去，甚至并未真正过去；对于每一个南方白人男孩来说，时间将永远定格在 1863 年 7 月 3 日的下午两点钟，不久皮克特冲锋将给南方不败的神话带来致命一击。[2]

人们常常提到福克纳在 20 世纪末仍旧生动、有力、持久的那一幕，其促使我们就广泛讨论的南方历史重负问题提出新的疑问。沃德沃德本人改变了自己最初的观点，以回应越南战中的失利给美国不败的神话带来的挑战。但是这些反思只突出了军事成就在此处讨论的民族身份和南方身份观念中的重要性。背负着沃德沃德所描述的重负的南方人、时间永远停留在 7 月 3 日下午两点的南方人，是南方的白人，而且是南方的男人。

对于妇女和非裔美国人来说，南方历史同样沉重，但是其构成方式不同。以奴隶身份生存了 200 年，他们承受着压迫，也有过反抗。而这一切在具有丰富传统的非裔美国人的历史和文学中得到广泛和深入的探讨。从前文我们可以看到，南方的历史也包含了许多南方白人妇女所背负的独特重负。对于妇女的角色和身份的转变，对于南方女性权利和女性主义的发展——这一历史重负有着深远的影响。[3]

本书中我所提到的妇女的内战经历，使她们深深怀疑自己的处事能力，以及质疑女性独立或解放带来的益处。但是，战争使她们对男人的能力产生怀疑，也让许多南方白人女性产生了不依靠丈夫生存的渴望。19世纪末和20世纪关于妇女权力的主张，经常反映出这一矛盾的历史影响，以及妇女战时失败和怀疑的历史重负。美国其他地区女权运动的乐观和奔放，在南方并不突出。例如，选举权运动中担任领袖的很多精英女性，都表达过对男性的蔑视，因此她们需要自己来保护妇女和儿童的利益。南方女性的自我主张，来自于现实的需要，起源于失望和无助，其根源与北方女性不同。南方女性主义的诉求、特点和程度，受到妇女对自身局限的认识的影响。就像南方的男性一样，南方女性已经懂得，成功转瞬即逝；由于自身的经历，她们很难认同苏珊·安东尼那句经常被引用的充满自信的口号："失败，不可能"。[4]

为了深刻而全面地了解19世纪末和20世纪的南方妇女，我们有必要进行细致的研究，但这种研究才刚刚开始；美国南方妇女的历史依旧年轻。如果条件允许，也许我们可以庆祝一下，这种历史现在至少已经过了襁褓期。我提出的模式和描述的历史遗产虽非定论，但我认为这很符合女性主义时至今日，在南方影响仍极其有限的事实，也符合人们对南方白人女性似乎既铿锵又柔弱这一矛盾传统的普遍看法。从《牺牲的祭坛》到《钢木兰花》的路，仍有待继续探索，但是我们无须怀疑，毁灭性的战争经历给妇女带来了深刻持久的影响，与其对南方男人的影响大相径庭。战后南方的白人女性承担着她们独特的南方历史的重负。

注释中所使用的缩写

ADAH	阿拉巴马州档案和历史部，蒙特利尔市
AHC	亚特兰大历史中心，亚特兰大市
BU	布朗大学约翰·海伊，罗德岛州普罗维登斯市
CU	康奈尔大学 J. M. 欧林图书馆手稿部，纽约州伊萨卡市
DU	杜克大学威廉·R. 帕金斯图书馆手稿部，南卡罗来纳州达勒姆市
EU	埃默里大学罗伯特·W. 沃德拉夫图书馆特藏部，佐治亚州亚特兰大市
GDAH	佐治亚档案与历史部，佐治亚州亚特兰大市
HC	霍林斯学院费什伯恩图书馆，弗吉尼亚州
HFPC	长老会及改革教会历史基金会北卡罗来纳州蒙特利特市
HL	汉德利图书馆温彻斯特—弗里德里克县历史协会，弗吉尼亚州温彻斯特市
LC	国会图书馆，华盛顿特区
LRCSW	致邦联战争部长的信函
LSU	路易斯安那州立大学希尔纪念图书馆档案与手稿部，路易斯安那州巴吞鲁日市
MDAH	密西西比档案与历史部，密西西比州杰克逊市
MOC	邦联纪念馆，弗吉尼亚州里士满
MUO	迈阿密大学俄亥俄分校国王图书馆特藏部，俄亥俄州牛津市
NA	国家档案馆，华盛顿特区
NCDAH	北卡罗来纳档案与历史部卡罗来纳，北卡罗来纳州罗利市
RU	莱斯大学福德伦图书馆沃德森研究中心，得克萨斯州休士顿
SCHS	南卡罗来纳州历史协会，南卡罗来纳州查尔斯顿市

SCL	南卡罗来纳州图书馆，南卡罗来纳州大学，哥伦比亚，南卡罗来纳州
SHC	北卡罗来纳州大学南方历史藏品部，南卡罗来纳州教堂山
THNOC	新奥尔良历史收藏馆，路易斯安那州新奥尔良市
TSL	田纳西图书馆与档案馆，田纳西州纳什维尔
TU	杜兰大学霍华德—蒂尔顿纪念图书馆，路易斯安那州新奥尔良市
UFL	佛罗里达大学 P. K. 佛罗里达历史图书馆，佛罗里达州盖恩斯维尔
US	南方大学杰西·保尔·杜邦图书馆，田纳西州塞沃尼
UTA	得克萨斯大学美国历史中心，得克萨斯州奥斯汀
UVA	弗吉尼亚大学奥德曼图书馆手稿部，弗吉尼亚州夏洛茨维尔
VHS	弗吉尼亚历史协会，弗吉尼亚州里士满
VSL	弗吉尼亚图书馆，弗吉尼亚州里士满
WC	温思罗普学院达库斯图书馆档案与特藏部，南卡罗来纳州罗克希尔
WM	威廉玛丽学院格雷格·斯威姆伯爵图书馆手稿及善本部，弗吉尼亚州威廉姆斯堡
YU	耶鲁大学斯特林纪念图书馆手稿与档案部，康涅狄格州纽黑文

引 言

[1] 露西·丽贝卡·巴克:《伤心的大地,甜蜜的天堂:露西·丽贝卡·巴克日记》,威廉·佩·巴克编辑版,伯明翰,阿拉巴马州:奠基石1973年版,第50页。

[2] "蜂拥逃离家长关系",见本杰明·夸尔斯:《内战中的黑人》,波士顿:利特尔& 布朗出版社1953年版,58;引自《蒙哥马利广告日报》1864年7月1日。在过去的十年间,历史学家对种族、阶层和性别分类分析方法的使用,最开始被看做是具有创新性的,然后是时髦的,到最近是近乎平庸的。同时,同时期从事历史实践的保守派评论家将种族、阶层和性别的颂歌作为他们所谓的"政治正确性"的攻击目标。但是我认为这些类别在20世纪80年代远远称不上新颖和具有创新性,他们也不是从现时的政治角度发源出来的。人们不断接受、阐明这些类别,从而证明了它们的重要性。就像这本书中19世纪女性的主张被充分证明一样,南方蓄奴阶级中的女性通过这些类别有意识地确认自己的身份。种族、阶级和性别交叉的特点是贵富身份的界定特征;这些也是被内战所解放的社会和文化力量直接攻击。

[3] 早期关于奴隶在解放自己过程中所扮演角色的分析,参见奥姆斯特德·罗宾逊:《朱比洛时代:密西西比山谷中的内战和奴隶制度的终结(1861—1865)》,博士论文,罗彻斯特大学1976年;艾拉·柏林、芭芭拉·J. 菲尔兹,塔沃丽雅·格里姆夫、约瑟夫·P. 里迪和莱斯利·S. 罗兰:《自由:对解放黑人奴隶的历史记录》,1861—1867,系列1,卷1,《奴隶制的瓦解》,纽约:剑桥大学出版社1985年版;文森特·哈丁:《这里有一条河:美国黑人争取自由》,纽约:乔万诺维奇出版社1981年版;利昂·F. 里瓦克:《暴风雨中的漫长岁月:奴隶制结束之后》,纽约:科诺夫出版社1979年版;詹姆斯·麦克弗森和艾拉·柏林的争论:《谁解放了奴隶?》,《重建》2,编号3(1994):35—40;柏林(Berlin):《解放黑人奴隶及其在美国生活中的意义》,重建2,编号3(1994),第41—44页。

关于内战中的妇女,参见玛丽·伊丽莎白·梅西、邦尼特·布莱克斯:《美国妇女和内战》,纽约:科诺夫出版社1966年版;再版名称为《内战中的妇女》,林肯:内布拉斯加大学出版社1994年版。弗朗西斯·巴特勒·西姆金斯、詹姆斯·韦尔奇·巴顿:《邦联妇女》,里士满:加勒特和迈西出版社1936年版,可供查询早期学术论述。

迅速成为当代热点的例子,参见乔治·C. 雷博:《内战:妇女和南方爱国主义危机》,乌尔班纳:伊利诺伊大学出版社1989年版。凯瑟琳·克林顿和尼娜·西尔伯:《分裂的家庭:性别和内战》,纽约:牛津大学出版社1992年版。

[4] 乔治·菲茨休:《南方的社会学:或是自由社会的失败?》,里士满:莫瑞斯出版

社 1854 年版，第 217、216、214 页。旧时代南方的女性，参见安妮·菲罗尔·斯科特：《南方女性：从基础到政治（1830—1890）》，芝加哥：芝加哥大学出版社 1970 年版；伊丽莎白·福克斯·吉诺维斯：《在种植园家庭里：旧时南方的黑人和白人妇女》，教堂山：北卡罗来纳大学出版社 1988 年版；吉恩·E. 弗里德曼：《与世隔绝的花园：女性和南部福音教会组织（1830—1900）》，教堂山：北卡罗来纳大学出版社 1985 年版；凯瑟琳·克林顿：《农场的女主人：旧时南方的女性世界》，纽约：万神殿出版社；苏珊·勒布索克：《彼得斯堡的自由女性：一个南方城镇的地位和文化，1784—1860》，纽约：诺顿 1984 年版。

［5］《米利奇维尔南方联盟报》1865 年 1 月 7 日；莉齐·内白勒特，见德鲁·吉尔平·福斯特：《尝试做男人的生意：美国内战中的奴隶制、暴力和性别》，《性别和历史》第 4 期（1992 年夏），第 197 页；《蒙哥马利广告日报》，1864 年 7 月 1 日。

［6］这里我在讨论女权运动理论家所谓的多个和专一的主观立场和主观性的产生。比如，参考凯瑟琳·贝尔西：《构建主题：阐释文本》，J. 牛顿和 D. 罗森菲尔特主编：《女权主义的批判和社会变革》，伦敦：梅休因出版社 1985 年版。伊夫林·布鲁克斯·希金波坦：《非裔美国妇女的历史和种族的语言分析》，《迹象》第 17 期（1992 年冬）：第 251—274 页。关于种族和性别的合作构建，鲁斯·弗兰肯伯格：《白人女性、种族的重要性：白种的社会构建》，明尼阿波利斯：明尼苏达大学出版社 1993 年版。

［7］关于妇女对其他两场战争的保守反应的对比例子，参考玛丽·路易斯·罗伯茨：《没有性别的文明：法国战后的性别重建，1917—1927》，芝加哥：芝加哥大学出版社 1994 年版；苏珊·金斯利·肯特：《成就和平：英国战争中性别的重建》，普林斯顿：普林斯顿大学出版社 1993 年版。

［8］关于创新之母的必要性，参考《克拉拉·所罗门日记》1862 年 5 月 18 日；《阿米莉亚·平肯德给伊莎贝拉·沃德拉夫的信》1862 年 8 月 4 日，《伊莎贝拉·安·沃德拉夫文集》《朱莉娅·戴维逊给乔治·戴维逊的信》1863 年 9 月 8 日，《戴维逊家庭文集》。

第一章

［1］本章的标题来自 1861 年 6 月 9 日《新奥尔良皮卡尤恩日报》；《露西·沃德给韦迪·巴特勒的信》1861 年 1 月 21 日，《露西·沃德·巴特勒文集》，藏于弗吉尼亚州夏洛茨维尔市弗吉尼亚大学艾德曼图书馆手稿部（UVA）。因为本书的主题是精英、白人、南方妇女，因此在讨论这一群体时我不会反复重复"精英的、白人的、南方的"这几个形容词。我的假定是：就像代词具有明确所指对象一样，我表达的意思通常还是清楚的。我只

会在讨论其他妇女群体的时候使用这些形容词，以及有时为了强调应该对早期女性历史文献中的一种危险倾向引起注意而使用这些形容词。这种倾向也就是把所有阶级、所有种族的女性合并在一起，而忽视她们的差异。构建以及重新构建阶级和种族差异是本书的中心内容，也是研究战时南方作为统治阶级妇女身份的中心任务。见伊丽莎白·斯佩尔曼所著《无关紧要的女人：女性主义思想中的排斥问题》，波士顿：灯塔出版社 1988 年版；见邦妮·桑顿·迪尔：《种族、阶级以及性别：论广泛姐妹情谊的前景》，载于《女性主义研究》第 9 卷（1983 年春季），第 131—150 页；见南希·A. 休伊特：《超越寻找姐妹情谊：20 世纪 80 年代美国女性的历史》，载于《不平等的姐妹：美国女性历史的多元文化读本》，由维姬·鲁伊斯和艾伦·卡罗尔·杜布瓦主编，第二版，纽约：劳特利奇出版社 1994 年版，第 1—19 页。

　　［2］《露西·沃德给韦迪·巴特勒的信》1861 年 1 月 21 日，《露西·沃德·巴特勒文集》，藏于弗吉尼亚州夏洛茨维尔市弗吉尼亚大学艾德曼图书馆手稿部（UVA）。凯特·卡明：《凯特：一位南部护士的日记》，理查德·巴克斯代尔·哈维尔主编，巴吞鲁日：路易斯安那州立大学出版社 1959 年版，第 39 页。

　　［3］《露西·沃德给韦迪·巴特勒的信》1861 年 1 月 21 日，《巴特勒文集》，藏于弗吉尼亚州夏洛茨维尔市弗吉尼亚大学艾德曼图书馆手稿部（UVA）。与许多弗吉尼亚人一样，沃德反对非洲奴隶贸易。邦联的宪法禁止奴隶贸易，部分原因是做出一个姿态，以便争取还在摇摆不定的州，尤其是弗吉尼亚州。

　　［4］《艾达·巴科日记》1860 年 12 月 12 日，藏于南卡罗来纳州哥伦比亚市南卡罗来纳大学的南卡罗来纳州图书馆（SCL）；《阿曼达·希姆斯给哈利特·帕默的信》1861 年 12 月 9 日，《帕默家族文集》，藏于南卡罗来纳州哥伦比亚市南卡罗来纳大学的南卡罗来纳州图书馆（SCL）；凯瑟琳·安·德弗罗·爱德蒙斯顿：《一位支持独立的女士的日记：凯瑟琳·安·德弗罗·爱德蒙斯顿日记，1860—1866》1861 年 4 月 16 日，主编贝丝·G. 克雷布特里和詹姆斯·W. 巴顿，罗利：档案与历史司出版 1979 年版，第 50 页；《露西·巴格比回忆录》，载于《巴格比家族文集》，藏于弗吉尼亚州里士满市弗吉尼亚历史学会（VHS）；《凯西亚·布雷瓦德日记》1861 年 1 月 6 日，藏于南卡罗来纳州哥伦比亚市南卡罗来纳大学的南卡罗来纳州图书馆（SCL）。也见于艾米·默雷尔：《两支部队：里士满市内战期间妇女的行动主义》，杜克大学本科毕业论文，1993 年；伊丽莎白·瓦伦最近的学位论文认为，战前的南方也常常违反而不是遵守这些规定。她纪实性地描述了弗吉尼亚州的妇女更广泛的政治行动主义，超出了迄今为止学者们所认可的范围。但是她也表明了一种互相矛盾的意识形态长期存在。参见瓦伦：《"我们希望被计算在内"：战前弗吉尼亚州

的白人妇女和政治》，耶鲁大学博士论文1993年。想要了解妇女与政治方面的内容，参阅保拉·贝克：《政治的通俗化：女性与美国政治社会，1780—1920》，载于《美国历史评论》第89卷（1984年6月），第620—647页；迈克尔·麦杰尔：《政治风格与女性力量，1830—1930》，载于《美国历史期刊》第77卷（1990年12月），第864—885页。

[5] 萨拉·摩根：《萨拉·摩根内战日记》，主编查尔斯·伊斯特，阿森斯：佐治亚大学出版社1991年版，第121、73—74页；《巴科日记》1861年1月19日，藏于南卡罗来纳州哥伦比亚市南卡罗来纳大学的南卡罗来纳州图书馆（SCL）；萨缪尔·普克特主编：《战斗的号召：从女性的观点看脱离联邦》，《佛罗里达历史季刊》第35卷（1957年1月），第267页。

[6] 爱德蒙斯顿：《一位支持独立的女士的日记》，第54、34页。

[7]《苏珊·康沃尔日记》1861年2月4日，北卡罗来纳州教堂山北卡罗来纳大学南部历史收藏（SHC）；爱德蒙斯顿：《一位支持独立的女士的日记》，第35页。南部邦联的蓄奴妇女采用了男女各自领域、公共和私人不同领域这样的语言，以表示她们对战争带来的转变感到不安，以理解并探索她们生活中的变化。我们一定要注意，这些是她们的分析和观念描述，我们应当把她们对自己经历的描写与我们对她们世界形态的评估区分开来。在战争过程中，邦联的妇女使用"领域"这样的字眼以使抵制改变合理化，通过完全否定它以减轻变化带来的震惊，有时，通过用熟悉的字眼来描述它以使变化更容易接受。她们的描述常常代表着理想和妙方，在历史学家看来似乎与她们自己的行为和境况不一致。这一点从一开始就从她们在脱离联邦问题上互相矛盾的言行中表现得很清楚。我更感兴趣的是，她们使用这样的字眼表明了她们什么样的意识形态和社会策略，而不是这些词是否准确地描绘了她们的行为和生活。虽然我在前言里说过，随着战争的爆发私人生活本质上就结束了。邦联女性对这一点的意识是缓慢的、迟疑不决的、痛苦的和不完全的。她们在整个战争期间都表现出了这样的渐进发展过程。研究女性的历史学家常常未能把他们对"各自领域"的分析理解与他们的19世纪研究对象的理解区分开来。若要阅读这方面的论述，请参阅琳达·K.科伯：《各自的领域、女性的世界、女人的地方：女性历史中的修辞》，《美国历史期刊》第75卷（1988年6月），第39页。

[8]《N.范·比尔给杰弗逊·戴维斯的信》，1861年8月14日，LRCSW，RG109，第10卷轴，5521，华盛顿特区国家档案馆（NA）。《玛丽·艾尔利剪贴簿》，17，藏于弗吉尼亚州里士满市弗吉尼亚历史学会（VHS）；爱德蒙斯顿：《一位支持独立的女士的日记》，44；《范妮·佩姬·休姆日记》1861年4月17日，藏于弗吉尼亚州夏洛茨维尔市弗吉尼亚大学艾德曼图书馆手稿部（UVA）；《朱莉娅·戴维逊给约翰·戴维逊的信》1861年1月8

日，《戴维逊家族文集》，藏于佐治亚州亚特兰大的亚特兰大历史中心（AHC）。《布雷瓦德日记》，1861年4月13日，藏于南卡罗来纳州哥伦比亚市南卡罗来纳大学的南卡罗来纳州图书馆（SCL）。

[9] 马格丽特·克劳馥·亚当斯：《一位祖母的故事》，载于托马斯·泰勒、A. T. 斯迈斯、奥古斯特·柯恩、M. B. 奥本海姆、玛莎·华盛顿主编：《邦联里的南卡罗来纳妇女》，2卷，南卡罗来纳州哥伦比亚市：州立出版公司1903年版，第1卷，210；《凯特·罗兰日记》1863年12月12、29日，佐治亚州亚特兰大艾莫利大学罗伯特·沃德拉夫图书馆特殊收藏部（EU）。

[10] 卡明：《凯特》，49；来自安·卡特伦的信，《温彻斯特弗吉尼亚人报》1861年5月8日；《萨拉·劳顿给亨利·卢茨·杰克逊将军的信》1861年9月9日，《萨拉·劳顿文集》，佐治亚州亚特兰大市佐治亚州档案与历史部（GDAH）；《母亲给威廉·奥特的信》1862年3月18日，《威廉·奥特文集》，德克莎斯州休斯顿市莱斯大学福德伦图书馆沃德森研究中心（RU）；《费恩给赫尔达·费恩·布莱恩特的信》1862年5月19日，《赫尔达·安妮·布莱恩特文集》，北卡罗来纳州达勒姆市杜克大学威廉·珀金斯图书馆手稿部（DU）。

[11] 《萨拉·埃斯皮日记》1861年4月19日，亚拉巴马州蒙哥马利市亚拉巴马州档案与历史部（ADAH）；《莉齐·奥斯本给吉米·奥斯本的信》1861年10月14日，《凯瑟琳·伊丽莎白·奥斯本文集》，佐治亚州亚特兰大市佐治亚州档案与历史部（GDAH）。

[12] 《威廉·奥特给玛丽·奥特的信》1862年8月9日，《奥特文集》，德克莎斯州休斯顿市莱斯大学福德伦图书馆沃德森研究中心（RU）。

[13] 艾拉·格特鲁德·克兰顿·托马斯：《秘密的眼：艾拉·格特鲁德·克兰顿·托马斯日志，1848—1889》，弗吉尼亚·英格拉姆·伯尔主编，教堂山：北卡罗来纳大学出版社1990年版，192；菲利普·N. 拉辛主编：《大卫·戈莱特利·哈利斯日记》（Philip N. Racine），诺克斯维尔：田纳西大学出版社1990年版，268；贝蒂·赫恩登·莫里：《贝蒂·赫恩登·莫里的邦联日记，1861—1863》，爱丽丝·莫里·帕马利主编，华盛顿特区：私人印刷，1938年，第3—4页。

[14] 理查德·B. 哈维尔：《路易斯安那·伯奇：一位邦联女大学生的日记》，载《佐治亚历史季刊》第36卷（1952年6月），第153页。

[15] 莫塔·洛基特·艾瓦里主编：《内战中的一个弗吉尼亚女孩，1861—1865》，纽约：阿普尔顿出版社1903年版，第27页；爱德蒙斯顿：《一位支持独立的女士的日记》，第69页。

[16] 莉拉：《女性爱国者》，载《南方月刊》第1卷（1861年10月），第115页。

［17］南部邦联的公共话语与大众文化可以看作是迈克尔·傅科描述的"权利的技术",这样比较适当,其作用是按照不断变化的文化和社会需要重新修改人类的身份。参见傅科:《语言的话语》,纽约:兰登书屋1971年版;科林·戈登主编:《权力与知识:访谈选录及其他著述,1972—1977》,纽约:万圣庙出版社1980年版。

［18］希欧多尔·冯·拉哈什:《我想改名字:一首受欢迎的歌》,奥古斯塔:布莱克曼及兄弟出版社1863年版;《查尔斯顿每日信使报》1861年8月15日;戴维斯的话引用在一份未知名的报纸里,报纸夹在《乔治·巴格比剪贴簿》里,第2册,第128页,见《乔治·巴格比文集》,藏于弗吉尼亚州里士满市弗吉尼亚历史学会(VHS)。

［19］《心中的胜利》,收录于《南部的歌曲》,里士满:伦道夫出版社1862年版,第68—69页。

［20］《我们的母亲也曾这样做过》,同上,第70—71页;《里士满新闻、历史与文学档案》1863年9月3日,第105页;《查尔斯顿每日信使报》1861年8月19日;《我亲吻了他,让他走了》,夹在巴格比剪贴簿里,第5册,第99页,《乔治·巴格比文集》,藏于弗吉尼亚州里士满市弗吉尼亚历史学会(VHS)。

［21］《普里西拉·芒尼克海森·邦德日记》1862年6月29日,路易斯安那州巴吞鲁日市路易斯安那州立大学山陵图书馆档案与手稿部(LSU)。

［22］《新奥尔良皮卡尤恩日报》1861年6月9日。

［23］朱莉娅·勒格兰德:《朱莉娅·勒格兰德日记,新奥尔良,1862—1863》,凯特·梅森·罗兰和莫里斯·克罗克斯奥尔主编,里士满:埃弗雷特·韦迪出版社1911年版,第52页;《克拉拉给杰西·基特里奇的信》1863年5月4日,收藏者沃伦·奥格登。路易斯安那州新奥尔良市杜兰大学霍华德—提尔顿纪念图书馆特殊收藏部(TU)收藏了内战期间各种各样的信件。

［24］萨拉·摩根:《内战日记》,第166页。

［25］同上,第411页;《爱丽丝·雷迪日记》1862年4月13日、19日,北卡罗来纳州教堂山北卡罗来纳大学南部历史收藏(SHC)。想要阅读关于女性希望自己是男人的更多评论,参见《艾玛·沃尔顿给J. B. 沃尔顿的信》1863年5月12日、7月15日,《沃尔顿–格兰尼文集》,藏于路易斯安那州新奥尔良市新奥尔良历史收藏部(THNOC);《卡罗琳·基恩·希尔·戴维斯日记》1865年2月13日,藏于弗吉尼亚州里士满市弗吉尼亚历史学会(VHS);《萨拉·洛伊斯·沃德利日记》1861年4月21日,北卡罗来纳州教堂山北卡罗来纳大学南部历史收藏(SHC);艾玛·霍尔姆斯:《艾玛·霍尔姆斯小姐日记,1861—1866》,约翰·马斯扎勒克主编,巴吞鲁日:路易斯安那州立大学出版社1979年

版，第 323 页；《阿米莉亚·巴尔给珍妮的信》1861 年 2 月 15 日，《阿米莉亚·巴尔文集》，德克莎斯州奥斯丁市德克莎斯大学美国历史中心（UTA）；《玛丽·格林豪·李日记》1862 年 6 月 3 日，弗吉尼亚州温彻斯特市汉德利图书馆温彻斯特—弗里德里克县历史学会（HL）；《萨拉·安·格罗夫·斯特里科勒日记》1865 年 5 月 11 日，藏于弗吉尼亚州夏洛茨维尔市弗吉尼亚大学艾德曼图书馆手稿部（UVA）。

[26] 萨拉·摩根：《内战日记》，第 77 页。

[27]《戴维斯日记》1865 年 2 月 13 日，藏于弗吉尼亚州里士满市弗吉尼亚历史学会（VHS）；凯特·斯通：《布莱克恩波恩：凯特·斯通日记（1861—1868）》，约翰·安德森主编，巴吞鲁日：路易斯安那州立大学出版社 1955 年版，第 24、17 页；爱德蒙斯顿：《一位支持独立的女士的日记》，第 611 页；《A. 格里玛给阿尔福里德·格里玛的信》1864 年 7 月 23 日，载《格里玛家族文集》，藏于路易斯安那州新奥尔良市新奥尔良历史收藏部（THNOC）。阅读更多关于在女性中广泛引起的无能为力的情绪，参见：《沃德利日记》1863 年 8 月 20 日，北卡罗来纳州教堂山北卡罗来纳大学南部历史收藏（SHC）；《阿曼达·查普利尔日记》1862 年 4 月 19 日，藏于弗吉尼亚州里士满市弗吉尼亚历史学会（VHS）；霍尔姆斯：《日记》，第 251、323 页。文中法语的意思"行动是最好的解决办法。"

[28]《雷迪日记》1862 年 2 月 16 日，北卡罗来纳州教堂山北卡罗来纳大学南部历史收藏（SHC）；《巴科日记》1860 年 12 月 12 日，藏于南卡罗来纳州哥伦比亚市南卡罗来纳大学的南卡罗来纳州图书馆（SCL）。

[29] 勒格兰德：《日记》，第 53 页；《戴维斯日记》1865 年 2 月 4 日，藏于弗吉尼亚州里士满市弗吉尼亚历史学会（VHS）；斯通：《布莱克恩波恩》，第 87 页；《新奥尔良皮卡尤恩日报》1861 年 6 月 9 日。

[30]《有教养的女性——在和平时代和战争年代》，《南方战场与家庭》1863 年 4 月 11 日；《奥古斯塔立宪主义者周报》1861 年 7 月 17 日；兰斯洛特·迈诺尔·布莱克福德：《我亲眼目睹了荣誉》，剑桥：哈佛大学出版社 1954 年版。第 160—161 页。

[31] 萨拉·艾格尼丝·普莱尔（罗杰夫人）：《和平与战争回忆录》，纽约：麦克米兰出版社 1904 年版，第 131、133 页。也见于《艾玛·克拉彻给威尔·克拉彻的信》1861 年 12 月 18 日，载《克拉彻—香农文集》，得克萨斯州奥斯丁市得克萨斯大学美国历史中心（UTA）。她在一个义卖集市做工因为"我没有其他的事可做"。

[32]《露西·沃德·巴特勒给韦迪·巴特勒的信》1861 年 5 月 2 日，载《巴特勒文集》，藏于弗吉尼亚州夏洛茨维尔市弗吉尼亚大学艾德曼图书馆手稿部（UVA）。关于南部

的乡村特点及其对女性的影响，参见伊丽莎白·福克斯·吉诺维斯：《在种植园家庭里：旧时南方的黑人和白人妇女》，教堂山：北卡罗来纳大学出版社 1988 年版，第 1 章。关于城市环境中女性文化和社区的讨论，参见苏珊·勒布索克：《彼得斯堡的自由女性：在一个南方小镇的地位与文化（1784—1860）》，纽约：诺顿出版社 1984 年版。有关南部女性社团，参见李·安·怀特斯：《慈善与穷人：在佐治亚州奥古斯塔出现的家庭政治（1860—1880）》，《社会历史期刊》第 17 卷（1984），第 606—616 页；瓦伦：《我们希望被计算在内》，安妮·斯科特在《天然盟友：美国历史上的女性社团》，乌尔班纳：伊利诺斯大学出版社 1991 年版，一书中讨论了女性团体在全国范围内的广泛性，然而她关于北方的观点似乎比关于南方的更具说服力，因为她所列举的例证非常特殊，不具典型性。有关南方妇女社团及其密切关系，参阅吉恩·E. 弗里德曼：《与世隔绝的花园：女性和南部福音教会组织（1830—1900）》，教堂山：北卡罗来纳大学出版社，1985 年版。

[33]《查尔斯顿水星报》1863 年 1 月 1 日。

[34] 妇女救援社团名单，1862 年 1 月 1 日，州长文件，亚拉巴马州蒙哥马利市亚拉巴马州档案与历史部（ADAH）；露西·沃德给韦迪·巴特勒的信 1861 年 5 月 2 日，载《巴特勒文集》，藏于弗吉尼亚州夏洛茨维尔市弗吉尼亚大学艾德曼图书馆手稿部（UVA）。阅读类似的评论，参阅：《艾伦·摩尔给萨缪尔·摩尔的信》，《萨缪尔·J. C. 摩尔文集》，北卡罗来纳州教堂山北卡罗来纳大学南部历史收藏（SHC）。有关妇女社团，参阅弗朗西斯·巴特勒·西姆金斯与詹姆斯·韦尔奇·巴顿：《邦联妇女》，里士满：加勒特与迈西出版社 1936 年版，第 22 页；乔治·C. 雷博：《内战：妇女与南方民族主义的危机》，乌尔班纳：伊利诺斯大学出版社 1989 年版，第 139—140 页。

[35] 爱德蒙斯顿：《一位支持独立的女士的日记》，第 60、30 页。

[36] 玛丽·安·赫夫：《南部邦联佐治亚州妇女的角色》，硕士学位论文，艾莫利大学 1967 年，第 22 页。

[37] 斯通：《布莱克恩波恩》，第 47 页；赫夫：《南部邦联佐治亚州妇女的角色》，第 18—19 页；H. E. 斯特克斯：《叛乱中的伙伴：内战期间阿拉巴马州的妇女》，新泽西州卢瑟福镇：菲尔利狄更斯大学出版社 1970 年版，第 105 页。也见于救援社团的会议记录，载于泰勒：《南卡罗来纳州妇女》，第 1 卷，第 11—12 页、36—53 页；《妇女防卫社团文集》，弗吉尼亚州里士满市南部邦联博物馆（MOC）；斯巴达堡妇女救济协会，藏于南卡罗来纳州哥伦比亚市南卡罗来纳大学的南卡罗来纳州图书馆（SCL）；《格林维尔（南卡罗来纳）妇女援助协会会议记录（1861—1865）》北卡罗来纳州达勒姆市杜克大学威廉·珀金斯图书馆手稿部（DU）；以及 E. 默顿·库尔特：《美利坚联盟国（1861—1865）》，巴吞鲁

日：路易斯安那州立大学出版社1950年版，第405—439页。

[38]《莉齐·奥斯本给吉米的信》1861年8月24日，《奥斯本文集》，佐治亚州亚特兰大市佐治亚州档案与历史部（GDAH）；《查尔斯顿水星报》1862年4月29日（诗歌），3月18、19日。有关激励爱国主义的戏剧表演，参阅《内蒂·福德伦给罗伯特·米切尔的信》1862年9月18日，《米切尔－福德伦文集》，佐治亚州亚特兰大市佐治亚州档案与历史部（GDAH）。

[39]《莫比尔广告与纪事报》1862年9月25日；《玛丽·莱格给哈里特·帕默的信》1862年1月15日，1861年9月26日，《帕默家族文集》，藏于南卡罗来纳州哥伦比亚市南卡罗来纳大学的南卡罗来纳州图书馆（SCL）；《玛丽亚·M.哈勃德日记》1861年12月15、16日，藏于弗吉尼亚州里士满市弗吉尼亚历史学会（VHS）；《克拉拉·D.麦克琳日记》1861年8月9日，北卡罗来纳州达勒姆市杜克大学威廉·珀金斯图书馆手稿部（DU）。参阅玛丽·梅根·查普曼：《"活的图画"：19世纪美国小说与文化中的女性与活人画》，博士学位论文，康奈尔大学1992年。

[40]《查尔斯顿水星报》1862年9月15日；《米利奇维尔南方联盟报》1864年10月18、25日。

[41]《艾玛·克拉彻给威尔·克拉彻的信》1861年12月18日，《克拉彻－香农文集》，得克萨斯州奥斯丁市德克萨斯大学美国历史中心（UTA）。

[42]《哈勃德日记》1861年12月16日，弗吉尼亚州里士满市弗吉尼亚历史学会（VHS）；《丽丝·米切尔日记》1864年4月3日，藏于路易斯安那州新奥尔良市杜兰大学霍华德—提尔顿纪念图书馆特殊收藏部（TU）；斯特克斯：《叛乱中的伙伴》，第157页；《弗朗贝给泽布伦·万斯的信》1863年3月16日，《泽布伦·万斯文集》，北卡罗来纳州罗利市北卡罗来纳档案与历史部（NCDAH）。

[43]《查尔斯顿水星报》1862年3月12、14日。参阅玛莎·博迪写给密西西比州州长约翰·J.佩特斯的信，她要求他把她价值1200美元的钻石转交给一个妇女炮艇社团。《博迪给佩特斯的信》1862年2月，《约翰·J.佩特斯文集》，密西西比州杰克逊市密西西比档案与历史部（MDAH）。

[44]《查尔斯顿水星报》1862年10月12日、3月14日。

[45]《莫比尔广告与纪事报》1862年9月10日。

第二章

[1]毫无疑问，仍然有大量的奴隶存在。从白人女性的言语中可以清晰地看到她们对

黑人男性的称呼不同于对于白人男性的。参照第三章的更加深入的关于白人女性在战时对奴隶的称呼的讨论。本节标题和第一个引语来自《路易莎·沃尔顿给伊莎贝拉·沃德拉夫的信》1862年1月3日，《伊莎贝拉·安·沃德拉夫文集》，DU；《马格丽特·扎肯·普雷斯顿的生活和信件》，波士顿：霍顿米弗林1903年版，伊丽莎白·兰道夫·艾伦编辑，第137、133页；《内蒂·福德伦给罗伯特·米切尔的信》1862年12月16日，《米切尔－福德伦文集》，GDAH；《玛丽·格林豪·李日记》1862年6月2日，HL。关于近似言论的例子，参照《艾玛·克拉彻给母亲的信》，1863年2月19日，《克拉彻·香农文集》，UTA；《萨拉·怀特给犹大·P. 本杰明的信》1862年3月9日，LRCSW，RG109，卷76，W104，NA；《阿曼达·沃辛顿日记》1862年2月13日，MDAH；《安妮·哈珀回忆录》，第14、15页，MDAH。关于草稿，参照阿尔伯特·伯顿·摩尔：《邦联中的征兵制度和冲突》，纽约：麦克米伦1924年版；梅默里·米切尔：《北卡罗来纳州的征兵制度和免税制度的法律问题（1861—1865）》，教堂山：北卡罗来纳州大学出版社1965年版。

〔2〕《南希·霍尔等人给泽布伦·万斯州长的信》1863年8月11日，《泽布伦·万斯文集》，NCDAH；《兰道夫县公民给州长的信》1862年11月28日，《州长文集》，ADAH；《乔纳森·皮茨给州长约翰·吉尔·肖特的信》1862年4月4日，《州长文集》；《M. L. 斯坦斯尔给州长约翰·吉尔·肖特的信》1862年3月27日，《州长文集》。

〔3〕伊丽莎白·P. 哈丁：《莉齐·哈丁的私人战争：一个肯塔基邦联女孩关于内战在肯塔基州、弗吉尼亚州、田纳西州、阿拉巴马州和佐治亚州的日记》，格伦·克利夫特编辑，法兰克福：肯塔基历史学会1963年版，第226页。她的言论提及了一首流行歌谣：《那把空椅子：也许我们应该见面，但我们应该想念他》，里士满：戴维斯＆桑斯出版社。

〔4〕约翰·C. 卡尔霍恩：《约翰·C. 卡尔霍恩文集》，克莱德·N. 威尔逊编辑，第22卷，哥伦比亚：南加利福尼亚大学出版社1981年版，14：84；同时参照史蒂芬妮·麦克丽：《小世界的主人们：战前的南卡罗来纳农民家庭，性别关系和政治文化》，纽约：牛津大学出版社1995年版。

〔5〕《劳伦斯·琼斯给约翰·吉尔·肖特的信》1962年3月17日，《州长文集》，ADAH。

〔6〕参照兰道夫·B. 坎贝尔：《一个奴隶王国：得克萨斯的奇特组织（1821—1865）》，巴吞鲁日：路易斯安那州立大学出版社1989年版，第231—251页。

〔7〕拉蒂西亚·拉芳·阿什摩尔·纽特：《刺激的旅程：拉蒂西亚·拉芳·阿什摩尔·纽特的内战日记》，佛罗伦斯·安石摩尔·卡奥斯·哈姆雷特·马丁编辑，迈阿密：西曼1975年版，第82页。小节标题引自《萨丽：致我亲爱的姐姐》1862年5月14日，《玛丽·

A. 盖什文集》，NCDAH。

[8]《萨拉·艾斯蒂斯日记》1862 年的 7 月 15 日、6 月 11 日、11 月 15 日、6 月 18 日、10 月 6 日，TSL。

[9]《萨丽：致我亲爱的姐姐》1862 年 5 月 14 日，《玛丽·A. 盖什文集》，NCDAH；《莱拉·乔恩给威利·乔恩的信》1861 年 10 月 25 日、1864 年 11 月 14 日，《乔恩·兰德文集》，GDAH；《莱拉·乔恩给威利·乔恩的信》1863 年 12 月 14 日，《威利·乔恩文集》，DU。

[10]《艾玛·克拉彻给威尔·克拉彻的信》1862 年 3 月 1 日，《克拉彻－香农文集》，UTA；《莉齐·奥斯本给吉米·奥斯本的信》，《凯瑟琳·伊丽莎白·奥斯本文集》，GDAH；《艾伦·摩尔给萨缪尔·摩尔的信》1861 年 10 月 8 日，n. d.［1861］，1862 年 3 月 23 日，《萨缪尔 J. C. 摩尔文集》，SHC。同时参照《密涅瓦·伯恩给罗伯特·伯恩的信》1861 年 12 月 19 日，《罗伯特·伯恩文集》，EU。

[11] 玛丽·伊丽莎白·梅西：《邦联体制下的难民生活》，巴吞鲁日：路易斯安那州立大学出版社 1964 年版，第 116—118 页。

[12]《安·玛丽·斯图尔特·特纳：致我亲爱的母亲》1864 年的 9 月 29 日，10 月 17 日，12 月 12 日，《安·玛丽·斯图尔特·特纳文集》，RU。同时参照《詹姆斯·特纳给安·玛丽·斯图尔特·特纳的信》1863 年 8 月 18 日。

[13]《伊丽莎白·麦卡米回忆录》，TSL；西德尼·哈丁在《难民生活》中引用，第 12 页；马尔维娜·吉斯特 1865 年 2 月 14 日，《南方的巾帼英雄：绝望之冬》，第 12 页；凯瑟琳·M. 琼斯，第 2 卷，1955；rpt.，圣西蒙岛，Ga.：知更鸟书集 1975 年版，2 第 173 页；同时参照《凯特·罗兰日记》，1861 年 6 月 22 日，MOC。

[14] C. 范恩·沃德沃德：《玛丽·切斯纳的内战》，纽黑文：耶鲁大学出版社 1981 年版。

[15] 梅西：《难民生活》，第 15 页；马格丽特·费伦·斯科特和雷切尔·威尔逊：《霍林斯和内战》，《霍林斯校友报告》1961 年春，第 16—18 页；霍林斯研究所：《南部的教师的教育程度……附上该机构的一个表格》，林奇堡：弗吉尼亚力量出版社 1864 年版；《伯特利教会组织》，佐治亚州：博克博伊金出版社 1862—1864 年版；《萨雷普塔·格雷戈里致亲爱的姨妈》1865 年 2 月 28 日，《索亚文集》，NCDAH；《罗伯特·德·施魏尼茨给泽布伦·万斯的信》1863 年 7 月 7 日，《万斯文集》，NCDAH；露西·沃斯·伦敦·安德森编辑：《邦联体制的北卡罗来纳州的女人》，费耶特维尔，北卡罗来纳州：坎伯兰出版社 1926 年版，第 61 页；《法姆维尔女子学院》，宽边，1863 年 8 月 10 日；参照许多女子寄宿学校的报纸新

闻，比如：《里士满问讯报》1862 年的 9 月 5 日、12 月 30 日，1863 年的 6 月 26 日、7 月 3 日；惠灵顿·史蒂芬斯女士汇集，UDC 汇编，9，第 84—85 页，GDAH。

[16]《玛丽·格林豪·李日记》1865 年 3 月 14 日，HL。

[17] 本节标题是由一个来自法国的作者翻译，《A. 格里玛给阿尔福里德·格里玛的信》1865 年 2 月 14 日，《格里玛家族文集》，THNOC。最初关于难民的工作见梅西：《难民生活》。以下也能发现难民的生活，乔治·C. 雷博：《内战：妇女与南方民族主义的危机》，乌尔班纳：伊利诺斯大学出版社 1989 年版秋，第 181—220 页；弗朗西斯·巴特勒·西姆金斯和詹姆斯·韦尔奇·巴顿：《邦联妇女》，里士满：加勒特马希出版社 1936 年版，第 100—110 页；吉恩·E. 弗里德曼：《与世隔绝的花园：女性和南部福音教会组织（1830—1900）》，教堂山：南卡罗来纳大学出版社 1985 年版，第 95—98 页；丹尼尔·萨瑟兰：《寻找家园：战争和重建期路易斯安那州的移民》，《路易斯安那州历史》，第 21 期，1980 年，第 341—359 页。梅西在《难民生活》一书的第 28、29 页评论了难民的阶级和性别。至于对难民的阶级怨恨的讨论，请查阅《克莱伯恩》和《受伤士兵和驱赶他的黑人前往得克萨斯的 S 先生的对话》1863 年 10 月，在《M. L. 劳顿剪贴簿》，第 36 页，AHC。同时也请看托马斯·泰勒夫人、A·T. 斯迈斯夫人、奥古斯特·科恩夫人、M·B·奥本海姆小姐和玛莎·华盛顿小姐编辑：《邦联中的南卡罗来纳女性》，哥伦比亚，南卡罗来纳州：州立出版公司 1903 年版，第 74—75 页。马格丽特·玛卡拉：《马格丽特·玛卡拉的战时体验：田纳西州的难民同盟》，罗伯特·帕丁，田纳西历史季刊 24（1965 年春），第 39—53 页。对于谢尔曼的把女性从佐治亚州罗斯威尔工厂大量搬迁到北部的讨论，请看哈特威尔·T. 拜纳姆：《谢尔曼驱逐罗斯威尔的女性：1864》，《佐治亚历史季刊》1970 年第 54 期，第 169—182 页。

[18]《南希给理查德·杰特的信》1864 年 6 月 12 日，《南希·杰特文集》，EU；《萨拉·埃斯皮日记》1863 年 8 月 7 日、12 月 18 日，ADAH。

[19] C. 范恩·沃德沃德和伊丽莎白·穆伦福德：《玛丽·切斯纳的私人评论：未出版的独立战争日记》，纽约：牛津大学出版社 1984 年版，第 230—231 页。这些内容来自于战争期间写作的未公开发表的日记，因此并未遭到篡改。《西德尼·哈丁日记》1863 年 1 月 9 日、8 月 8 日，LSU。

[20] 凯特·斯通：《布莱克恩波恩：凯特·斯通日记（1861—1868）》，约翰·Q. 安德森编辑，巴吞鲁日：路易斯安那州立大学出版社 1955 年版，第 238 页。在《安妮·香农·马丁日记》中也能看到，MDAH。

[21]《南部每日卫报》1864 年 4 月 22 日。

［22］比尔·阿尔普、查尔斯·H. 史密斯:《比尔·阿尔普:所谓的战争期间南部见闻》,纽约:大都会档案室 1866 年版,第 103 页。

［23］萨拉·摩根:《萨拉·摩根内战日记》,阿森斯:佐治亚大学出版社 1991 年版,第 481 页;《萨拉·洛伊斯·沃德利日记》,1863 年 9 月 25 日,SHC;《莱拉·乔恩给乔恩女士的信》1865 年 2 月 19 日,《威廉·奥古斯都·乔恩文集》,EU;马尔维娜·吉斯特:《南方的巾帼英雄》1865 年 3 月 17 日,第 2—200 页。

［24］萨拉·摩根:《萨拉·摩根内战日记》,第 211 页;《马格丽特·贝克维斯回忆录》,第 2—28 页,VHS; 《丽丝·米切尔日记》1864 年 4 月 19 日、1862 年 2 月 19 日,TU。

［25］"我们的流放之苦。""她因为流放而非常沮丧因此终日闭门不出,日渐消瘦。"作者将文中法语翻译为了法文。《A. 格里玛给阿尔福雷德·格里玛的信》1865 年 2 月 14 日;《A. 格里玛给福雷克斯·格里玛的信》1865 年 1 月 7 日, 《格里玛家族文集》,THNOC。

［26］《约瑟芬·威斯特致她的父亲》1864 年 10 月 6 日,《约瑟芬·威斯特致她的母亲》1864 年 10 月 3 日,《乔治·W. 威斯特文集》,DU。

［27］本节标题引用自《里士满问讯报》1863 年 1 月 13 日的一篇文章的标题。

［28］莱希·福特发现在 1810 年至 1840 年的 30 年间,南卡罗来纳州的家庭作坊的产值下降了 1/3。这个减少同时发生在了拥有奴隶和没有奴隶的家庭中,到 1850 年,在斯巴达堡地区,1/4 没有奴隶的家庭已经不再进行加工制造活动。他总结认为手工产品仍然是自耕农民的衣服的主要来源,但并不是唯一的来源。请看福特《南部激进主义:南卡罗来纳州故事 (1800—1860)》,纽约:牛津大学出版社 1988 年版,第 82—83 页。在南卡罗来纳州内部,史蒂芬妮·麦克丽发现了自耕农仍然在自己制作衣服,同时她强调这些家庭"自给自足,相互依赖和市场导向"。请看麦克丽:《小世界的主人们》,第二章,第 76 页。我很感激麦克丽,因为分享了她的洞察力和研究笔记给我。史蒂芬·汉在佐治亚州内陆地区的统计显示出了在 1850 年至 1860 年期间该州在家庭农业发展方面发生了一个明显减缓,见《史蒂芬·汉的南部民粹主义的根源:佐治亚州内陆的自耕农和改革 (1850—1890)》,纽约:牛津大学出版社 1983 年版,第 299、300、302 页。如果需要看一个更宏观的关于该区域家庭手工业衰退的研究,请看劳拉·米尔顿·特赖恩:《1640 年—1860 年的美国家庭手工业发展:关于工业立市的研究》,芝加哥:芝加哥大学出版社 1917 年版,第 242—376 页。许多庄园主在其账目上列出了相当大量的购买"黑人制造"的衣服,可是作为一个相反的例子,请看《密涅瓦·玛丽·路易斯·汉斯·库克日记》,MDAH,她拥有一个在独

立战争期间主要由女性奴隶组成的、在美国国内领先的服装加工厂，但不幸的是她的日记在那时就停止了。也请看看《独立战争期间的服装制造业》和《编制出款式》，《莉娜·丹西·莱德贝特文集》，UTA。

[29]《南方新闻画报》1862 年 12 月 20 日；《米利奇维尔南方联盟报》1863 年 1 月 13 日；《里士满问讯报》1863 年 1 月 13 日；《M. L. 劳顿剪贴簿》，第 26、60 页，AHC；亚瑟·帕默·哈德森：《简朴的装束》，《密西西比的民歌和它们的背景资料》，教堂山：北卡罗来纳大学出版社 1936 年版，第 265—266 页。也请看凯莉·贝尔·辛克莱：《简朴着装的南方女孩》，政治独立和经济独立联盟在革命时期已经有了起源，他们提倡国内生存，并在后续的南部民族主义的出现下得到了巩固和加强。麦克丽的《小世界的主人们》一书中的第二章也描述了发生在南卡来罗那州 1820 年—1830 年期间的手工制品的改革。

[30]《玛丽·斯佩特给玛丽·W. 布莱恩的信》1862 年 2 月 19 日，《约翰·赫里特基·布莱恩文集》，NCDAH；《埃斯皮日记》1862 年 4 月 9 日，ADAH；凯特·卡明：《凯特：一个邦联护士的工作日记》，理查德·巴克斯代尔·哈维尔编辑，巴吞鲁日：路易斯安那州立大学出版社 1959 年版，第 64 页；玛莎·简·克罗斯利：《一位爱国邦联女性的战争日记（1862—1863）》，H. E. 斯特克斯编辑：《阿拉巴马历史季刊》20 期（1958 年冬季刊），第 613 页；《玛丽·莱格给哈里特·帕默的信》1863 年 12 月 10 日；《帕默家族文集》，南卡罗来纳州图书馆；《奥克塔维亚·史蒂芬斯给温斯顿·史蒂芬斯的信》，《布莱恩特—史蒂芬斯文集》，佛罗里达大学图书馆；《沃德利日记》1865 年 3 月 7 日，SHC。详见斯通：《布莱克恩波恩》，第 146 页；《凯特·罗兰日记》1864 年 11 月 15 日，EU。

[31]《威尔·内白勒特给莉齐·内白勒特的信》1864 年 6 月 17 日，以及《莉齐·内白勒特给威尔·内白勒特的信》1864 年 4 月 5 日、2 月 12 日，《莉齐·内白勒特文集》，UTA；《乔治·佩迪给凯特·佩迪的信》1864 年 2 月 22 日，出自《鞍囊与纺车：南北战争时期乔治·W. 佩迪和凯特·费瑟斯顿·佩迪的信件》，乔治·佩迪·卡蒂诺编辑，美肯：摩斯大学出版社 1981 年版，第 216 页；《阿曼达·布洛克给罗伯特·布洛克的信》1861 年 1 月 30 日，《罗伯特·布洛克文集》，GDAH。关于战前女奴作为纺织工的内容，详见伊丽莎白·福克斯－吉诺维斯：《在种植园家庭里：旧时南方的黑人和白人妇女》，教堂山：北卡罗来纳大学出版社 1988 年版，第 120—129 页、第 178—185 页；关于内战期间奴隶的纺织生产活动，详见《玛丽·库里给邓肯·库里的信》1862 年 11 月 17 日，《库里山种植园文集》，GDAH；以及《哈珀回忆录》，16，MDAH。见到白人女纺工有多奇怪，详见《苏·理查德森日记》1864 年 8 月 2 日，EU。

[32]详见《E. 瓦尔特斯女士给泽布伦·万斯州长的信》1863 年 4 月 17 日；以及

《南希·基给泽布伦·万斯的信》1864 年 8 月 25 日；《泽布伦·万斯文集》，NCDAH；《梳棉机：州际战争期间如何保证阿拉巴马州人民的安全》，由克莱德·E. 威尔逊汇编，WPA；《托马斯·H. 沃茨州长文集》，ADAH；《奥克塔维亚·史蒂芬斯给温斯顿·史蒂芬斯的信》1862 年 10 月 23 日，《布莱恩特－史蒂芬斯文集》，UFL，以及《莉齐·内白勒特给威尔·内白勒特的信》1864 年 4 月 5 日，《莉齐·内白勒特文集》，UTA。

〔33〕十分引人注目的是，大量的现存的关于大范围涉及纺织生产的文献参考都是著于战后的回忆录，战争期间的文献更多涉及学会技能、获取原材料的艰难以及原因。详见玛丽·埃德娜·洛伦兹和安妮塔·米勒·斯坦珀：《密西西比的土制粗布：19 世纪的纺织品和生产它们的女人们》，杰克逊：密西西比档案与历史部 1989 年，玛丽·埃德娜·洛伦兹和安妮塔·米勒·斯坦珀：《〈密西西比的土制粗布：19 世纪的纺织品和生产它们的女人们〉一书的稿件来源》，1991 年 8 月，第 185—218 页。斯坦珀和洛伦兹描述了一群非常引人关注但却是非典型的纺织工人———一位田纳西女性以及在战后继续与她一同工作的奴隶。详见《纳西莎·L. 布莱克日记》，MDAH。又见玛丽·埃德娜·洛伦兹：《田纳西种植园里两条相互交织的生命：纳西莎·L. 布莱克日记中记录的纺织生产》，载于《南方季刊》第 27 期（1988 年秋季刊），第 73—93 页。我很荣幸能有机会在 1994 年 6 月 9 日与玛丽·洛伦兹就战争时期的纺织生产进行电话沟通。

〔34〕《玛丽·格林豪·李日记》1863 年 5 月 28 日，HL；玛丽·安·哈利斯·盖伊：《战时南方的生活》，亚特兰大：宪法工作办公室 1892 年，第 42 页；泰勒等：《南卡罗来纳州的女人们》，第 1 卷，第 190 页；《朱莉娅·戴维逊给约翰·戴维逊的信》1864 年 2 月 25 日，以及《约翰·戴维逊给朱莉娅·戴维逊的信》1863 年 1 月 28 日，《戴维逊家族文集》，AHC。又见西姆金斯和巴顿：《邦联女性》，第 148—152 页。关于许多靠纺织为生的底层女性令人绝望的生活状况，详见：《压迫》，载于《孩子们的朋友》1862 年 12 月，以及《蒙哥马利广告日报》1864 年 6 月 23 日。《艾玛·勒贡特日记》1865 年 1 月 6 日，SHC。

〔35〕详见玛丽·伊丽莎白·梅西：《邦联的代用品》，哥伦比亚：南卡罗来纳大学出版社 1952 年版，及帕西尼亚·安托瓦内特·黑格：《一个封锁的家庭：内战时期南阿拉巴马的生活》，1888 年，林肯：内布拉斯加大学出版社 1991 年版，以便获取有关详细内容。

〔36〕《莱拉·乔恩给威利·乔恩的信》1864 年 5 月 23 日，《乔恩文集》，EU；《苏珊·米多顿给哈利奥特·切夫斯的信》1862 年 2 月 22 日，《切夫斯家族文集》，SCHS，引自弗里德曼：《与世隔绝的花园》，第 98 页。

第三章

［1］亚历山大·史蒂芬斯：《南方邦联》亚特兰大，1861 年 3 月 13 日。

［2］详见伊丽莎白·福克斯－吉诺维斯：《在种植园家庭里：旧时南方的黑人和白人妇女》，教堂山：北卡罗来纳大学出版社 1988 年版，其中将奴隶管理称为"最高级别的政治问题"（第 206 页）。总体而言，又见詹姆斯·L. 罗克：《没有奴隶的主人：南北战争和复兴期间的南方种植园主》，纽约：诺顿 1977 年，以及马莉·弗朗西斯·韦纳：《种植园女主人和女奴隶们：性别，种族和南卡罗来纳女人们（1830—1880）》，博士论文，罗彻斯特大学 1985 年。又见乔纳森·M. 韦伊纳：《南北战争与重建期间阿拉巴马的女种植园主与种植园主的妻子们（1850—1870）》，载于《阿拉巴马评论》30 卷（1977 年 4 月），第 135—149 页。

［3］《美肯每日电讯报》1863 年 12 月 17 日、19 日，引自克拉伦斯·莫尔：《在自由的门槛上：南北战争期间佐治亚州的奴隶主和奴隶们》，阿森斯：佐治亚大学出版社 1986 年版，第 221 页；《詹姆斯·F. 百利给 H.P. 沃森的信》1862 年 3 月 31 日，《州长文集》，ADAH。关于邦联征兵制，详见阿尔伯特·伯顿·摩尔：《邦联中的征兵制度和冲突》，纽约：麦克米伦 1924 年版；保罗·D. 埃斯科特：《苦难者的恸哭：联盟的福利问题》，载于《南北战争史》，23 卷（1977 年 9 月），第 228—240 页。

［4］《美肯每日电讯报》1862 年 9 月 1 日，引自莫尔：《在自由的门槛上》，第 221 页。

［5］详见《美利坚合众国法案及决议汇编（第一届国会第三次会议通过）》，里士满：R.M. 史密斯 1863 年，第 158 页、第 213—214 页；詹姆斯·M. 马修斯编辑：《美利坚合众国法案及决议汇编》，里士满：R.M. 史密斯 1862 年，第 30 页；《国会有关征兵及豁免的法案汇编》，休斯顿：得克萨斯州书籍与职业印刷厂 1862 年，第 8 页（引用）；《南方历史协会文集》48 卷（1941 年），第 104 页；摩尔：《邦联中的征兵制度和冲突》，第 83—113 页。

［6］《B.A. 史密斯女士给州长肖特的信》1862 年 6 月 18 日，《州长文集》，ADAH；《一位种植园主的妻子给约翰·J. 佩特斯州长的信》1862 年 5 月 1 日，《约翰·J. 佩特斯文集》，MDAH；又见《莉蒂西亚·安德鲁斯给约翰·J. 佩特斯州长的信》1863 年 3 月 28 日，《约翰·J. 佩特斯文集》，MDAH，以及《莉齐·内白勒特给威尔·内白勒特的信》1863 年 4 月 26 日，《莉齐·内白勒特文集》，UTA。

［7］《露西·A. 夏普给宏·约翰·C. 兰道夫的信》1862 年 10 月 1 日，LRCSW，S1000，RG109，卷 72，M437，NA；《萨拉·怀特塞兹给宏·詹姆斯·塞登的信》1863 年

2月13日，LRCSW，RG109，卷115，W136，NA；凯瑟琳·爱德蒙斯顿：《一位支持独立的女士的日记：凯瑟琳·安·德弗罗·爱德蒙斯顿日记（1860—1866）》，贝丝·G.克雷布特里和詹姆斯·W.巴顿编辑，罗利：北卡罗来纳档案与历史部1979年，第240页；《弗朗西斯·米顿给〈基督教指数〉编辑的信》1864年6月6日，托马斯·沃茨：《州长文集》，ADAH；《玛莎·福特给乔治·福特的信》1861年10月7日，《汤姆林森·福特文集》，EU；《阿曼达·沃克尔给战争部长的信》1862年10月31日，LRCSW，RG109，卷79，W1106，NA。

[8]《凯西亚·布雷瓦德日记》1860年11月28日，1861年4月4日，1860年12月29日，SCL。

[9] C.范恩·沃德沃德编辑：《玛丽·切斯纳的内战》，纽黑文：耶鲁大学出版社1981年版，第198—199页；《艾达·巴科日记》1861年9月21日，SCL。

[10]《萨拉·埃斯皮日记》1861年7月11日、13日；又见1861年6月3日，ADAH；《费利·佩格拉姆女士回忆录》，《洛瑞·舒福特文集》，NCDAH；温斯洛普·D.乔丹：《二溪的骚乱与宁静：南北战争奴隶阴谋的调查》，巴吞鲁日：路易斯安那州立大学出版社1992年版，第271、288页。又见《苏珊·巴格比日记》1861年1月9日，HC。关于投毒，详见如《安妮·克拉克·雅各布斯回忆录》，第59页，MDAH；关于纵火，详见罗伯特·梅：《南方精英女性，部分极端主义与男性政治领域》，载于《密西西比历史期刊》，50卷（1988年11月），第266页；关于谋杀，详见《劳拉·科默日记》1862年6月5日，SHC。

[11]《劳拉·李日记》1862年3月12日，WM；《博科特日记》，1861年2月27日，SCL；《莫比尔广告与纪事报》，1862年9月11日；《里士满问讯报》，1862年9月9日，《艾比·布鲁克斯日记》1865年7月8日，AHC。

[12]《哈蒂·莫特利给詹姆斯·塞登的信》1863年5月25日，LRCSW，RG109，卷103，M437，M430，NA；《M.K.史密斯女士给战争部长的信》1862年9月23日，LRCSW，S997，RG109，卷72，NA；《南希·霍尔等人给泽布伦·万斯州长的信》1863年8月11日，《泽布伦·万斯文集》，NCDAH；《勒蒂·肯尼迪小姐代表密西西比贾斯珀县东北的女士们的发言》1862年9月15日，LRCSW，RG109，卷56，K148，NA。又见《莉达·塞山姆给佩特斯的信》1862年10月8日，《约翰·J.佩特斯文集》，MDAH。

[13]《露西·奥特金斯给战争部长兰道夫的信》，1862年10月13日，LRCSW，RG109，卷79，M1091，NA；《哈利特·皮普金给S.库珀·阿基·金和因斯普·金的信》，第12卷，Box 18，H2636，NA；《玛丽·沃茨给宏·詹姆斯·塞登的信》1863年5月15日，

LRCSW，RG 109，卷 116，W315，NA。我很明显不同意玛莎·霍兹的观点，她认为"白人男性将他们的妻女同男性奴隶落在家里并未引起南方白人的性警觉"，引自《战争期间违法性行为对话录：白人女性与黑人男性》，载于《分裂的家庭：性别和内战》，凯瑟琳·克林顿和妮娜·西尔伯编辑，纽约：牛津大学出版社 1992 年版，第 239 页。

〔14〕W. 莫里·达斯特：《阿尔福里德·英格拉姆女士维克斯堡日记》1863 年 5 月 27 日，载于《密西西比历史评论》，44 卷（1982 年 5 月），第 171 页；《贝蒂·赫恩登·莫里日记》1862 年 4 月 25 日，LC；达登引自乔丹的《骚乱与宁静》，第 304 页；《凯瑟琳·布龙日记》1862 年 5 月 11 日，《布龙家族文集》，RU。又见《克拉拉·所罗门日记》1862 年 5 月 8 日，LSU。关于黑人部队，又见《艾伦·摩尔给萨缪尔·摩尔的信》1864 年 4 月 2 日，《摩尔文集》，SHC，关于黑人联盟士兵，详见《凯特·罗兰日记》1865 年 3 月 30 日，MOC。

〔15〕《玛丽·格林豪·李日记》1864 年 4 月 3 日，HL。

〔16〕康斯坦斯·凯里·哈利森：《一位弗吉尼亚女孩在南北战争的第一年》，载于《世纪》30 卷（1885 年 8 月），第 606 页；《布雷瓦德日记》1860 年 11 月 28 日，SCL；爱德蒙斯顿：《一位支持独立的女士的日记》，第 301 页。

〔17〕伊丽莎白·撒克逊：《一个南方女人的战争回忆录》，孟菲斯：皮尔彻出版 1905 年版，第 33 页；尤金·D. 吉诺维斯：《翻滚吧，乔丹：奴隶创造的世界》，纽约：万神殿出版社 1874 年版，第 99 页。

〔18〕《布龙日记》1864 年 5 月 1 日，RU；《安娜·格林给玛莎·琼斯的信》1862 年 4 月 16 日，《普雷斯科特·琼斯文集》，GDAH；《莉拉·考勒维给摩根·考勒维的信》，1863 年 1 月 22 日、19 日，《摩根·考勒维文集》，EU。

〔19〕琼·卡欣：《自从战争爆发：凯特·麦卡路与威廉·麦卡路的婚姻》，载于克林顿和西尔伯：《分裂的家庭：性别和内战》，第 200—212 页；《玛丽亚·霍金斯给泽布伦·万斯的信》1863 年 12 月 11 日，《泽布伦·万斯文集》，NCDAH。

〔20〕爱德蒙斯顿：《一位支持独立的女士的日记》，第 220 页；又见《奥克塔维亚·史蒂芬斯给温斯顿·史蒂芬斯的信》1862 年 7 月 15 日，《布莱恩特 - 史蒂芬斯文集》，UFL；梅：《南方精英女性》，第 255 页；《巴科日记》1861 年 5 月 3 日、12 月 25 日，1862 年 3 月 17 日、9 月 8 日，SCL。

〔21〕《埃斯皮日记》1862 年 3 月 12 日，ADAH；又见苏珊·布莱克福德的描写，在史蒂夫·崔普：《不安宁的日子：弗吉尼亚林奇堡的种族和阶级关系（1858—1872）》，博士论文，卡内基梅隆大学 1990 年，第 151 页；《爱丽丝·帕默给哈里特·帕默的信》1865

年 7 月 20 日，《帕默家族文集》，SCL；以及《劳拉·科默日记》1862 年 1 月 2 日，SHC。关于这个问题，详见福克斯 - 吉诺维斯：《种植园家庭》，第 63 页。凯瑟琳·克林顿引用一篇伊丽莎白·克雷温未发表的研究，基于黑人叙事文学和 WPA 访谈，她发现只有 10%的奴隶声称受过女主人的鞭打，8% 声称女主人很少有或几乎没有任何权威。详见克林顿：《种植园女主人：老南方的女人世界》，纽约：万神殿出版社 1982 年版，第 187 页。关于种植园女主人与战争，又见摩尔：《在自由的门槛上》，第 221—222 页。

[22]《莉齐·内白勒特给威尔·内白勒特的信》1864 年 3 月 12 日，《莉齐·内白勒特文集》，UTA；《埃米莉·达什尔·珀金斯给贝拉·爱德蒙森的信》1864 年 2 月 22 日，引自《邦联逝去的女英雄：贝拉·爱德蒙森的日记和信件》，威廉·加尔布雷斯和洛瑞塔·加尔布雷斯编辑，杰克逊：密西西比大学出版社 1990 年版，第 192—193 页。

[23]《莉拉·考勒维给摩根·考勒维的信》1862 年 11 月 7 日，《考勒维文集》，EU；《布龙日记》1862 年 5 月 24 日；《莉齐·内白勒特给威尔·内白勒特的信》1864 年 4 月 15日、1863 年 8 月 18 日，《莉齐·内白勒特文集》，UTA。

[24]《莉齐·内白勒特给威尔·内白勒特的信》1863 年 8 月 28 日，《莉齐·内白勒特文集》，UTA。有一个关于女性无能的观点惊人得与此一致，详见《卡罗莱娜·佩迪格鲁给查尔斯·佩迪格鲁的信》1862 年 6 月 19 日，《佩迪格鲁家族文集》，SHC。

[25]《莉齐·内白勒特给威尔·内白勒特的信》1863 年 4 月 26 日，《莉齐·内白勒特文集》，UTA。

[26] 同上，1863 年 8 月 18 日。

[27] 同上，1863 年 11 月 17 日。

[28] 同上，1863 年 11 月 23 日、17 日。

[29] 同上，1863 年 11 月 23 日。

[30] 同上，1863 年 11 月 29 日。

[31] 同上。

[32] 同上，1863 年 12 月 6 日。

[33] 同上。

[34] 同上，1863 年 4 月 26 日。《关于萨拉对其他奴隶的窃听》，详见同上，1863 年11 月 4 日、25 日。莉齐对鞭打的评论出现在同上尾注中一封未注明日期的信件中。

[35] 同上，1864 年 2 月 12 日、6 月 3 日。

[36] 同上，1864 年 3 月 20 日，信件片段。

[37]《莫莉致亲爱的姐妹的信》1864 年 9 月 23 日，《威廉·奥古斯都·乔恩文集》，

EU；艾比盖尔·科里：《得克萨斯州奴隶种植园研究（1822—1865）》，博士论文，得克萨斯大学1932年，第71页。关于租佃的困难，详见《玛莎·福特给乔治·福特的信》1861年12月22日，《汤姆林森·福特文集》，EU；《苏·理查德森日记》1865年1月2日，EU；以及《莉拉·考勒维给摩根·考勒维的信》，《考勒维文集》，EU。

[38] 我非常感谢约翰·茵斯科在1992年4月在OAH所发表的论文，这一论文让我开始研究玛丽·贝尔和阿尔福里德·W.贝尔在杜克大学的文集。然而我的观点与其经历的见解非常不同。详见约翰·茵斯科：《阿帕拉契亚邦联的斗争：一位山区女性与她战时的团体》，载于《北卡罗来纳历史评论》，69卷（1992年10月），第388—413页，以及《玛丽·贝尔和她的奴隶采购：阿帕拉契亚邦联的机遇与乐观主义》（作者慷慨给予的未发表论文）。又见戈登·B.麦金尼：《南北战争期间北卡罗来纳州女性角色》，载于《北卡罗来纳历史评论》，69卷（1992年1月），第37—56页。

[39]《玛丽·贝尔给阿尔福里德·贝尔的信》1862年1月30日，9月21日，5月22日、29日，《贝尔文集》，DU。

[40] 同上，1864年3月11日、19日，11月17日，12月8日。

[41] 同上，1864年11月24日。

[42] 同上，1864年11月24日，12月16日。关于女性对家庭奴隶的欲望，详见福克斯–吉诺维斯：《在种植园家庭里》，第142页。

[43] 艾拉·格特鲁德·克兰顿·托马斯：《秘密之眼：艾拉·格特鲁德·克兰顿·托马斯日志（1848—1889）》，弗吉尼亚·英格拉姆·伯尔编辑，教堂山：北卡罗来纳大学出版社1990年版，第236页；玛丽·切斯纳见伊丽莎白·穆兰菲尔德：《玛丽·博伊金·切斯纳：自传》，巴吞鲁日：路易斯安那州立大学出版社1981年版，第109页；《玛丽·布朗给约翰·B.布朗的信》1865年6月20日，《W.万斯·布朗文集》，NCDAH；简·豪威森·贝亚勒：《弗吉尼亚弗里德里克斯堡：简·豪威森·贝亚勒日志（1850—1862）》，弗里德里克斯堡：弗里德里克斯堡历史基金会1979年，第43页。

[44]《莱拉·乔恩给威利·乔恩的信》1863年3月18日，《乔恩文集》，EU；《萨拉·肯尼迪日记》1863年8月19日，TSL；《布雷瓦德日记》1861年1月26日，SCL；《W.W.博伊斯女士给W.W.博伊斯的信》1862年4月12日，引自《邦联议员沃伦·埃金信件集》，贝尔·I.威利编辑，阿森斯：佐治亚大学出版社1959年版，第4—5页。

[45]《布雷瓦德日记》1861年1月21日，SCL；《莉齐·内白勒特给威尔·内白勒特的信》1864年未注明日期信件的片段，《内白勒特文集》，UTA。

[46] 贝蒂·赫恩登·莫里：《贝蒂·赫恩登·莫里邦联日记（1861—1863）》，爱丽

丝·莫里·帕马利编辑，华盛顿：私人印制 1938 年，第 89 页。

[47] 贝亚勒：《工作日志》1862 年 6 月 1 日，第 47 页；《伊丽莎·肯德里克·沃克尔尔回忆录》，第 117—118 页，ADAH。

[48]《凯瑟琳·科克伦回忆录》1862 年 3 月，第 1 卷，VHS；《玛丽·格林豪·李日记》1862 年 6 月 29 日、7 月 15 日，HL；《劳拉·李日记》1863 年 6 月 13 日，1864 年 8 月 18 日，WM。又见《萨拉·菲奇·博特斯日记》1863 年 7 月 6 日、8 日、23 日，11 月 1 日，《阿萨·菲奇文集》，CU。

[49]《玛丽·格林豪·李日记》1862 年 3 月 22 日，HL。

[50]《艾玛·莫迪凯日记》1865 年 5 月 6 日，《莫迪凯家族文集》，SHC；吉诺维斯：《翻滚吧，乔丹》，第 105—106 页；罗伯特·曼森·迈尔斯编辑：《骄傲之子：一个关于佐治亚和南北战争的真实故事》，纽黑文：耶鲁大学出版社 1972 年版，第 1274、1287、1308 页。

[51]《布龙日记》1861 年圣诞节，RU；夏洛特·拉夫纳尔：《来自 1865 年 2 月—5 月南卡罗来纳伯克利圣约翰斯的两本日记：苏珊·R. 杰威和夏洛特·圣·J. 拉夫纳尔小姐保管的日志》1865 年 3 月 1 日、11 日，南卡罗来纳州匹诺波利斯：圣约翰斯狩猎俱乐部 1921 年，第 37 页；《艾玛·斯莱德·普雷斯科特回忆录》，第 1 卷，第 10 页，AHC。详见福克斯－吉诺维斯：《在种植园家庭里》，第 197 页。

[52] 安妮·菲罗尔·斯科特：《南方女性：从基础到政治（1830—1930）》，芝加哥：芝加哥大学出版社 1970 年版，第 28—32 页。关于这一点，详见福克斯－吉诺维斯：《在种植园家庭里》，第 115 页、128 页。又见《阿曼达·沃辛顿日记》1863 年 4 月 25 日，MDAH。

[53] 乔治·C. 雷博：《内战：妇女与南方民族主义的危机》，乌尔班纳：伊利诺斯大学出版社 1989 年版，第 255 页；《凯特·福斯特日记》1863 年 11 月 15 日，DU；苏珊·达布尼·斯梅德斯：《关于南方种植园主的记忆》，弗莱彻·格林编辑，纽约：克诺普夫出版社 1965 年版，第 223 页；《莉齐致姐妹的信》1863 年 3 月 23 日，《W. 万斯·布朗文集》，NCDAH；玛莎·霍恩：《战争经历》，载于《60 年代密西西比女性回忆录》，邦联女儿联盟密西西比分会，密苏里州杰弗逊城：休·史蒂文斯，第 43 页；《沃辛顿日记》1865 年 8 月 13 日，MDAH；马尔维娜·吉斯特·沃林：《南方的巾帼英雄：绝望之冬》，1865 年 3 月 8 日，凯瑟琳·M. 琼斯编辑，第 2 卷，第 197 页（马尔维娜·布莱克·吉斯特在战争早期丧夫，并在战事结束后嫁给沃林）；《亨丽埃塔·菲茨休·巴尔女士的南北战争日记（1862—1863）》，萨莉·基格·温编辑，俄亥俄州玛丽埃塔：玛丽埃塔学院出版社 1963 年

版，第 25 页。又见《安妮·哈珀回忆录》，第 46 页，MDAH；艾玛·霍尔姆斯：《艾玛·霍尔姆斯小姐日记（1861—1866）》，约翰·马斯扎勒克编辑，巴吞鲁日：路易斯安那州立大学出版社 1979 年版，第 467 页；以及《萨拉·安妮·格罗夫·斯特里克勒日记》1862 年 8 月 12 日，UVA。

［54］《阿米莉亚·巴尔给亲爱的詹妮的信》1866 年 3 月 3 日，《阿米莉亚·巴尔文集》，UTA；《莉齐·内白勒特给威尔·内白勒特的信》1863 年 8 月 8 日，《内白勒特文集》，UTA；《玛瑟拉·佩奇·哈利森日记》1863 年 4 月 28 日，UVA。

第四章

［1］《玛丽亚·M. 哈勃德日记》1861 年 9 月 10 日，VHS。本章章节名的引用来自于 1862 年 3 月 7 日《里士满问询报》的《一个老弗吉尼亚人的女儿》。

［2］我将在这里回答克劳迪亚·戈尔丁所称的"没有金钱或实务补偿的、为自己家人而做的工作和基本上总是有报酬的在家庭内部或以外的工作"之间的"重要的区别"。参见戈尔丁：《理解性别鸿沟：一部美国女人经济史》，纽约：牛津大学出版社 1990 年版，第 13 页。对于经济学家来讲，这种女性劳动的市场特征是至关重要的；对于我们的目的来说，公共与家庭的区别——为家人劳动和为他人劳动也是至关重要的。

［3］参见爱丽丝·凯斯勒－哈利斯：《出去工作：一部有关美国工薪女性的历史》，纽约：牛津大学出版社 1982 年版；伊丽莎白·福克斯－吉诺维斯、《在种植园家庭里：旧时南方的黑人和白人妇女》，教堂山：北卡罗来纳大学出版社 1988 年版；苏珊·勒布索克：《彼得斯堡的自由女性：在一个南方小镇的地位与文化（1784—1860）》，纽约：诺顿出版社 1984 年版；简·H. 皮斯和威廉·H. 皮斯：《少女，女人和妇人：战前查尔斯顿和波士顿的选择与束缚》，教堂山：北卡罗来纳大学出版社 1990 年版；以及维多利亚·E. 拜纳姆：《不守规矩的女人们：旧南方社会与性别控制的政治学》，教堂山：北卡罗来纳大学出版社 1992 年版，第 7—8 页。

［4］艾玛·霍尔姆斯：《艾玛·霍尔姆斯小姐的日记（1861—1866）》，约翰·马斯扎勒克编辑，巴吞鲁日：路易斯安那州立大学出版社 1979 年版，第 102 页，引用自巴恩韦尔。《莱拉·乔恩给威利·乔恩的信》1862 年 3 月 20 日，《威利·乔恩文集》，DU。

［5］艾拉·格特鲁德·克兰顿·托马斯：《秘密之眼：艾拉·格特鲁德·克兰顿·托马斯日志（1848—1889）》，弗吉尼亚·英格拉姆·伯尔编辑，教堂山：北卡罗来纳大学出版社 1990 年版，第 237 页。

［6］本节标题来自《玛丽·简·库克·查迪克日记》1864 年 9 月 10 日，DU。W. 巴

克·伊恩斯和约翰·G·巴雷特编辑：《北卡罗来纳州内战纪录》，教堂山：北卡罗来纳大学出版社1980年版，第231、237页；托马斯·伍迪：《美国女性教育史》，第二卷，纽约：科学出版社1929年版，1：498。乔尔·帕尔曼发现这一时期的南方女性文化程度远低于北方。电话通话，1994年7月5日。

　　［7］卡尔文·威利：《1862年公共学校管理报告》，伊恩和巴雷特：《北卡罗来纳州内战纪录》，第231页；《奥古斯塔宪政日报》1863年5月14日。

　　［8］《中央长老会报》，1864年9月8日版；J. K. 柯克帕特里克：《与我国未来教育利益有关的女性的职责》，伊恩和巴雷特：《北卡罗来纳州内战纪录》，第232页；J. K. 柯克帕特里克：《北卡罗来纳教育杂志》，第7期（1864年7月），第88—89页。参见北卡罗来纳州教育协会为鼓励女性参与教育所做的努力，《州教育协会第六次年会议程》，《北卡罗来纳教育杂志》，第4期（1861年11月），第326页。

　　［9］霍林斯学院：《南方教师的教育……和学院课程表的连接》，林奇堡：弗吉尼亚力量出版社1864年版，第15页；《南方女性的教育现状》，《德鲍评论》，第31期（1861年10—11月），第382—383页。参见雷切尔·布莱恩·斯蒂尔曼：《美国南方邦联各州的教育概览（1861—1865）》，博士论文，伊利诺伊大学香槟分校1972年。

　　［10］《南方女性的教育现状》，第382—383页、381页、385页。参见克里斯蒂·安妮·法纳姆：《南方淑女教育：（美国南北）战争前南部的高等教育和学生社会化》，纽约：纽约大学出版社1994年版。

　　［11］《南方女性的教育现状》第384、385页。

　　［12］《有教养的女性——在和平时代和战争年代》，《南方战场与家庭》1863年4月11日。

　　［13］詹姆斯·G. 拉姆西、宏·詹姆斯·G. 拉姆西：《对斯泰茨维尔康科德女校年轻女士们所做演讲的演讲稿（1863年5月29日）》，斯泰茨维尔，N. C.：艾尔德尔出版社1863年版，第16页；霍林斯学院：《南方教师的教育》，第13—14页、15页。

　　［14］《信托人、官员和塔斯卡卢萨女校学生年录》，塔斯卡卢萨，阿拉巴马州：J. F. 沃伦1861年，第8页。

　　［15］《查迪克日记》1864年9月10日，DU；《里士满问讯报》1863年7月10日。

　　［16］《丹尼尔·沃德拉夫日记》1862年5月1日，HC。

　　［17］《艾比·布鲁克斯日记》1865年1月23日，AHC；《玛丽·斯特林菲尔德给W. W. 斯特林菲尔德的信》1864年3月27日，《W. W. 斯特林菲尔德文集》，NCDAH；《詹妮·彭德尔顺杂志》1864年6月15日，《玛丽·E. W. 谢尔文集》，MDAH；《埃米

莉·帕金斯给贝拉·埃德蒙森的来信》，收录在《邦联逝去的女英雄：贝拉·爱德蒙斯顿的日记和信件》，威廉·加尔布雷思和洛瑞塔·加尔布雷斯编辑，杰克逊：密西西比大学出版社1990年版，第7页；萨拉·摩根：《萨拉·摩根内战日记》，查尔斯·伊斯特编辑，阿森斯：佐治亚大学出版社1991年版，第153页。

[18] 福克斯－吉诺维斯：《在种植园家庭里》，第46页引用；霍尔姆斯：《日记》，第172页；《阿内斯致亲爱的丈夫》1863年4月29日，收录在沃伦·奥格登各种各样的内战信件，TU；《马格丽特·吉利斯日记》1863年7月19日、1864年5月30日，ADAH。

[19] 《卡罗琳·基恩·希尔·戴维斯日记》1862年1月2日，1863年2月28日，VHS；《克拉拉·D. 麦克琳日记》，1861年8月11日，DU；《霍尔姆斯日记》第315、410—411、418页；《艾玛·斯莱德·普雷斯科特回忆录》，第2卷，第32—33页，AHC。

[20] 《布鲁克斯日记》1865年2月27日、3月6日、2月1日，AHC；《阿米莉亚·平肯德给伊莎贝拉·沃德拉夫的信》1862年8月4日，《伊莎贝拉·安·沃德拉夫文集》，DU。

[21] 小节标题来自马尔维娜·吉斯特：《南方的巾帼英雄：绝望之冬》，凯瑟琳·M. 琼斯编辑，第2卷，佐治亚州圣西蒙斯岛：知更鸟图书1975年版。《伊丽莎白·里奇蒙德给泽布伦·万斯的信》1864年4月5日，《泽布伦·万斯文集》，NCDAH。另参见《迪莉娅·琼斯写给泽布伦·万斯的信》1863年1月6日，《万斯文集》，NCDAH。

[22] 《戴安娜·约翰逊写给杰弗逊·戴维斯的信》1864年7月18日，RG109，公民档案，国家档案馆；《莉齐·亚林顿写给杰弗逊·戴维斯的信》1864年11月9日，来信收到，邦联财政部部长RG365，国家档案馆；《安妮·布鲁诺写给战争部部长的信》1863年3月，LRCSW，第82卷，B233，国家档案馆；《M. H. 西德诺写给杰弗逊·戴维斯的信》1864年4月9日，RG109，公民档案，国家档案馆；《凯瑟琳·温德尔写给杰弗逊·戴维斯的信》1862年3月6日，RG109，公民档案，国家档案馆。另参见《凯特·罗兰日记》1862年2月5日，MOC。

[23] 《苏·怀汀写给杰弗逊·戴维斯的信》1864年4月28日，RG109，公民档案，国家档案馆。

[24] 乔治·C. 雷博：《内战：女性与南方民族主义危机》，乌尔班纳：伊利诺伊大学出版社1989年版，第131—135页；珍妮特·E. 考夫曼：《财政部女孩儿》，《内战图解》第25期（1986年5月）：第32—38页。

[25] 检查报告，军需部，里士满1864年8月26日，检查报告，RG109，第7，22卷，M935，国家档案馆；《里士满问询报》1862年11月4日；备忘录，《约翰·惠特福德

文集》，NCDAH。J. C. 康普顿：《塞尔玛兵工厂》，W 文件，ADAH；玛丽·安·赫夫：《邦联时期佐治亚州女性的角色》，文学硕士论文，埃默里大学 1976 年，第 44 页；考夫曼：《财政部女孩儿》，第 36 页；《里士满问询报》1863 年 3 月 17 日。当时社会上对于制衣工人工资如此之低的不公平现象有广泛的认同。参见《里士满问讯报》1863 年 11 月 3 日；《镇压》，《儿童之友》1862 年 12 月。另参见伊丽莎白·麦斯威尔等：《给泽布伦·万斯的信》1864 年 10 月 8 日，《万斯文集》，NCDAH。

［26］玛丽·德特雷维尔：《一个邦联女孩给其在弗吉尼亚的表哥的信件节选》，收录在《邦联时期南卡罗来纳女性》，托马斯·泰勒、A. T. 斯迈斯、奥古斯特·科恩、M. B. 波彭海姆、玛莎·华盛顿编，哥伦比亚，S. C.：州立出版公司 1903 年版，第 2 章，第 181 页。另参见茱丽娅·摩根，她描述了她的孩子们在工作时制作弹药筒的情况。发工资时，"这些女孩们这么爱国以至于没有接受她们的劳动所得，但是男孩们认为他们可以为自己存一点钱"。朱莉娅·摩根：《当时是怎样的：叛乱中的四年》，纳什维尔：卫理公会主教教堂出版社 1892 年版，第 105 页。

［27］《麦克琳日记》1862 年 5 月 31 日，DU；C. 范恩·沃德沃德编辑，玛丽·切斯纳：《内战》，纽黑文：耶鲁大学出版社 1981 年版，第 350 页。

［28］《阿德莱德·斯图尔特写给姑姑的信》1864 年 11 月 7 日、9 月 30 日，1865 年 1 月 23 日，1864 年 9 月 30 日，《约翰·迪米特里文集》，DU。

［29］马尔维娜·吉斯特，见凯瑟琳·M. 琼斯编辑：《南方各州的女英雄》，第 2 章，第 120 页、173 页、199 页、200 页。

［30］引自玛丽·切斯纳：《玛丽·切斯纳的内战》1861 年 6 月 29 日，沃德沃德，第 85 页。苏珊·雷弗比：《被征召的护理：美国护理行业的困境（1850—1945）》，剑桥：剑桥大学出版社 1987 年版；查尔斯·罗森博格：《照顾陌生人》，纽约：基础读物出版社 1986 年版；罗森博格：《弗洛伦斯·南丁格尔传染病：医院这所道德大学》，纽约：剑桥大学出版社 1992 年版；简·E. 舒尔茨：《不好客的医院：内战医药行业的性别与专业化》，Signs17 1992 年冬：第 3623—3692 页；弗朗西斯·B. 西姆金斯和詹姆斯·W. 巴顿：《南方女性对邦联军队伤病员的工作》，《南方历史杂志》第 1 期，1935 年 11 月，第 475—496 页；安·道格拉斯·沃德：《战争中的战争：联军中的女性》，《内战历史》第 18 期（1972 年 9 月），第 197—212 页；尼娜·贝内特·史密斯：《奔向战争的女人们："内战中的联军护士"》博士论文，西北大学 1981 年；伊夫林 J. 德赖弗：《邦联中的护理工作：艺术状态（1861—1865）》（未出版但承蒙作者出借）；阿琳·基林：《支持大事业：内战期间南方女性的护理工作》（未出版但承蒙作者出借）；玛丽·丹尼斯·马赫修女：《包扎伤

口：美国内战中的天主教修女护士》，康涅狄格州威斯特波特：格林沃德，1989年；雷博：《内战》，第121—128页；H. H. 坎宁安：《格雷的医生们：邦联的医疗服务》，巴吞鲁日：路易斯安那州立大学出版社1958年版。有关1812年战争期间的以男性为主导的护理工作，参见维克拉·罗宾逊：白帽子：《护理的故事》，费城：利平科特出版社1946年版，第140—142页。

[31] 凯特·卡明：《凯特：邦联护士的日记》，理查德·巴克斯代尔·哈维尔编辑，巴吞鲁日：路易斯安那州立大学出版社1959年版，第135页；《墨比尔广告纪录报》1862年6月11日；《米利奇维尔南方联盟报》1862年7月22日。

[32]《邦联浸信会报》1862年10月15日；《弗洛伦斯·南丁格尔与南方女士们》，《南方月刊》第2期（1862年5月），第6、7页。

[33]《查尔斯顿每日信使报》1861年8月16日；女性救助协会，1861年6月8日，MOC；《亚特兰大每日情报》1862年11月6日、1861年9月27日；《奥古斯塔宪政主义者周报》1861年9月4日。

[34]《玛丽·拉特里奇·福格给杰弗逊·戴维斯的信》1861年9月16日，5688，LRCSW，RG109，第10卷，M437，国家档案馆；《莉蒂西亚·泰勒·森普尔写给犹大·本杰明的信》1861年11月19日，7535，LRCSW，RG109，第15卷，M437，国家档案馆；菲尔丁·刘易斯·泰勒：《萨丽·汤普金斯上校》，《邦联老兵》第24期（1916年11月）：第521、524页；《威廉·安德森给朱丽叶·奥皮·霍普金斯的信》1861年9月1日、11日，《阿拉巴马医院文集》，ADAH；另参见露西尔·格里菲斯：《朱丽叶·奥皮·霍普金斯女士和阿拉巴马军事医院》，《阿拉巴马评论》第6期（1953年4月）：第99—120页；《弗洛伦斯·南丁格尔与南方女士们》，第5—9页。

[35] W文件，ADAH；格林维尔女性协会纪要，1863年1月3日，DU；《路易·梅德威给杰弗逊·戴维斯的信》1864年9月13日，《杰弗逊·戴维斯文集》，DU；《梅塔·莫里斯·格林波尔日记》1862年10月10日，SHC。

36《J. B. 马格鲁德给勒罗伊·沃克尔的信》1861年7月18日，2686，LRCSW，RG109，第10卷，国家档案馆；马格鲁德还注意到做奴隶的女性的工资是士兵工资的一半。有关在医院工作的非洲裔美国人，参见克拉伦斯·莫尔：《在自由的门槛上：南北战争期间佐治亚州的奴隶主和奴隶们》，阿森斯：佐治亚大学出版社1986年版，第128—135页。莫尔列举了佐治亚州无数个医院护理人员的数据，见《萨缪尔·豪林斯沃斯·斯托特文集》，UTA；类似的数据参见蒙哥马利，阿拉巴马州，1864年12月26日，于W文件，邦联医院，ADAH；《美国邦联各州国会杂志》，第1卷，1861—1865年，华盛顿特区：政府印刷局 1904—1905 年，第 726 页；美国战争部：《叛乱的战争：联盟与邦联军队官方记录汇编》，共 127 卷和目录，华盛顿特区：政府印刷局 1880—1901 年，系列 1，第 4 章，第 883 页。

［37］卡明：《凯特》，第 16 页。

［38］《邦联国会杂志，第一届国会，第二次会议》，《南方历史协会报纸》，里士满：伯德印刷社 1928 年，第 46 章，第 237 页，参议院 1862 年 9 月 25 日。

［39］官方记录，系列 2，第 4 章，第 199—200 页，1862 年 9 月 27 日。《邦联浸信会报》1862 年 10 月 8 日；雷博：《内战》，第 166 页。

［40］菲比·耶茨·彭博尔：《一个南方女人的故事：在邦联时期的里士满生活》，贝尔·欧文·威利编辑，佐治亚州：知更鸟图书 1974 年版，第 16、115 页。彭博尔（Pember）的名字在某些文献里也拼写为 Phebe。原书中只用 Phoebe 但是在注释里引用原始拼写。

［41］同上，第 17 页。

［42］同上，第 15—16 页；范妮·A. 比尔斯：《回忆录：四年战争中的个人经历与历险》，费城：利平科特出版社 1888 年版，第 94、204 页；《艾达·巴科日记》1863 年 1 月 10 日，SCL。另参见 J. 弗雷兹·理查德：《南方军队中的弗洛伦斯·南丁格尔：埃拉·K. 纽瑟姆女士的经历，1861—1865 年战争期间的邦联护士》，纽约：百老汇 1914 年；埃米莉·V. 梅森：《一个医院护士长的回忆录》，《亚特兰大月刊》1902 年 9—10 月，第 305—318、475—485 页；朱莉娅·摩根：《当时是怎样的》；南卡罗来纳医院救助协会：《南卡罗来纳医院救助协会的弗吉尼亚报告（1861—1862）》；里士满：麦克法兰和弗格森 1862 年。

［43］彭博尔：《一个南方女人的故事》，第 19 页。

［44］同上，第 34 页。

［45］同上，第 57 页；卡明：《凯特》，第 65 页。

［46］卡明：《凯特》，第 124、208 页。

［47］同上，第 135 页。

［48］同上，第 198、113 页。

［49］《艾玛·克拉彻给威尔·克拉彻的信》1862 年 3 月 20、21 日，《克拉彻 – 香农文集》，UTA。

［50］同上，1862 年 4 月 7 日、8 日。

［51］彭博尔：《一个南方女人的故事》，第 21 页。参见《萨拉·克兰回忆录》，《涅

科尔森家族文集》，AHC；《莱拉写给汤姆叔叔的信》1864 年 7 月，《汤姆林森·福特文集》，EU；《艾玛·莫迪凯日记》1864 年 5 月 25 日、6 月 17 日，《莫蒂凯家族文集》，SHC；康斯坦丝·凯里·哈利森：《62 年的里士满景相》，《于内战中的战役与领导者》，罗伯特·安德沃德·约翰逊和克拉伦斯·克拉夫·比尔合编，第 4 卷，城堡出版社 1956 年版，第 2 章，第 445 页，萨拉·艾格尼丝·普莱尔、罗杰：《和平与战争的回忆录》，纽约：麦克米伦 1904 年，第 182 页。

[52] 普莱尔：《和平与战争的回忆录》第 182—183、187、185 页。

[53] 沃德沃德：《玛丽·切斯纳的内战》，第 158、372、667、668 页。

[54] 科妮莉亚·皮克·麦克唐纳德：《一个女人的内战：一本日记和战争回忆录》，1862 年 3 月，由门罗 C. 格文编辑和撰写书籍介绍，麦迪逊：威斯康星大学出版社 1992 年版，第 38 页；《有关截肢》。另参见《玛丽写给朱丽叶·奥皮·霍普金斯的信》1861 年 8 月 8 日，阿拉巴马州医院，ADAH；卡明：《凯特》第 25 页；《哈丽埃特·凯里日记》1862 年 5 月 8 日，WM；S. E. D. 史密斯女士：《士兵们的朋友》，孟菲斯，田纳西州：《公报》1867 年，第 53 页；《玛丽·格林豪·李日记》，1862 年 11 月 12 日，HL。另参见福格劳曼和简·法雷尔－贝克：《内战中的截肢：从身体到社会》，《医学历史杂志》第 48 期（1993 年 10 月），第 454—475 页。

[55]《玛丽·格林豪·李日记》1863 年 9 月 25 日，HL；《劳拉·李日记》1862 年 9 月 20 日，WM。

[56]《玛丽·格林豪·李日记》1862 年 9 月 27 日，1863 年 8 月 14 日、7 月 29 日，1864 年 5 月 28 日，HL；《劳拉·李日记》1864 年 9 月 20 日，WM。

[57]《玛丽·格林豪·李日记》1862 年 4 月 1 日，1863 年 11 月 6 日，HL；《劳拉·李日记》1862 年 4 月 1 日，1864 年 7 月 11 日，WM；珀西·L. 雷恩奥特，编辑：《写给科迪莉亚·斯盖尔斯的内战来信》，《密西西比历史杂志》第 1 期（1939 年 7 月）：第 173 页；《艾达·巴科日记》1862 年 1 月 1 日、2 月 14 日，SCL。另参见《凯瑟琳·布龙日记》1862 年 9 月 13 日，《布龙家庭文集》，RU。

[58]《玛丽写给朱丽叶·奥皮·霍普金斯的信》，1861 年 8 月 6 日，阿拉巴马州医院，ADAH。有关生病的护士，参见卡明：《凯特》，第 75、262 页，其中她描述纽森女士由于生病辞去医院工作，和南卡罗来纳医院救助协会，报告，第 15 页。

[59] 参见《查尔斯顿每日信使报》1863 年 7 月 16 日；《查尔斯顿水星报》1863 年 7 月 30 日。

[60]《劳拉·李日记》1864 年 9 月 20 日，1862 年 9 月 27 日，WM；另一个类似事

例，参见于《我的心是如此桀骜不驯》，考德威尔的书信（1861—1865），J. 麦克·威尔顿编辑，沃伦顿，弗吉尼亚州：福基尔国家银行1991年，第155页，苏珊·考德威尔对于从安蒂特姆涌入弗吉尼亚州沃伦顿的大量伤员的描述；有关弗吉尼亚州库尔佩珀犹如一个大医院，参见丹尼尔·萨瑟兰：《战争介绍：弗吉尼亚州库尔佩珀县的民众们》，《内战历史》第37期（1991年6月），第134页。

[61] 卡明《凯特》，第99页；史密斯：《士兵们的朋友》，第80页。

[62]《艾玛·克拉彻给威尔·克拉彻的信》，1862年2月7日、3月21日，《克拉彻－香农文集》，UTA；理查德：《弗洛伦斯·南丁格尔》第93页中埃文思引用；茱丽娅·摩根：《当时是怎样的》，第123—124页。

[63]《米尔德里德·达克沃斯写给朱丽叶·奥皮·霍普金斯的信》1861年11月11日，阿拉巴马州医院，ADAH。

[64] 卡明：《凯特》，第4页。同样的情绪参见第191页。

[65] 有关对敏感性的摧毁，参见彭博尔：《一个南方女人的故事》，第114页；有关有限的同情，参见卡明：《凯特》，第153页；沃德沃德：《玛丽·切斯纳的内战》，第677、304页；《麦克琳日记》1862年3月3日，DU。

[66] 沃德沃德：《玛丽·切斯纳的内战》，第85页。

[67] 卡明：《凯特》，第91页；莫尔：《在自由的门槛上：南北战争期间佐治亚州的奴隶主和奴隶们》，第130—135页；1864年12月26日西部医疗部的 R. L. 布罗迪向乔治·威廉·布伦特所做的报告，W 文件，邦联医院，蒙哥马利，ADAH；《晨报汇编》1864年1月14日，《海伦·汤普森文集》，MDAH。对其他护士来说，这种无力感和人们所说的"幸存者的内疚感也很明显"。参见薇拉·布里坦：《一份年轻人的遗嘱》，纽约：广阔视角图书1978年版。

[68] 霍尔姆斯：《日记》，第315页；《艾玛·克拉彻给威尔·克拉彻的信》1862年3月21日，《克拉彻－香农文集》，UTA。

[69] 沃德沃德：《玛丽·切斯纳的内战》，第350页。

第五章

[1] 乔治·佩迪·卡蒂诺编辑：《鞍囊与纺车：南北战争时期乔治·W. 佩迪和凯特·费瑟斯顿·佩迪的信件》，美肯：摩斯大学出版社1981年版，第180页。另有几乎完全一致的语言，详见《密涅瓦给罗伯特·伯恩的信》1863年1月17日，《罗伯特·伯恩文集》，EU；《艾伦给萨缪尔·摩尔的信》1863年1月22日，《萨缪尔·摩尔文集》，SHC；

《奥克塔维亚给温斯顿·史蒂芬斯的信》1862年11月21日，1863年11月6日，《布莱恩特－史蒂芬斯文集》，UFL。本章标题引自《朱莉娅给约翰·戴维逊的信》1863年6月29日，《戴维逊家族文集》，AHC；本节标题引自《A. 格里玛给阿尔福里德·格里玛的信》1863年11月27日，《格里玛家族文集》，THNOC。法文由作者翻译。

[2]《艾玛给威尔·克拉彻的信》1862年1月22日，《克拉彻－香农文集》，UTA。《莉齐·内白勒特给威尔·内白勒特的信》1863年5月30日，《莉齐·内白勒特文集》，UTA；《玛丽·贝尔给阿尔福里德·贝尔的信》1862年1月30日，《阿尔福里德·W. 贝尔文集》，DU；以及《玛丽·库里给邓肯·库里的信》1862年3月31日，《库里山种植园文集》，GDAH。

[3]《艾玛给威尔·克拉彻的信》1862年1月22日，《克拉彻－香农文集》，UTA。关于释梦，详见《莉齐·奥斯本给埃姆的信》1861年2月18日，《凯瑟琳·伊丽莎白·奥斯本文集》，GDAH。

[4]《艾玛给威尔·克拉彻的信》1861年1月4日，《克拉彻－香农文集》，UTA；艾拉·格特鲁德·克兰顿·托马斯：《秘密之眼：艾拉·格特鲁德·克兰顿·托马斯日志（1848—1889）》，弗吉尼亚·英格拉姆·伯尔编辑，教堂山：北卡罗来纳大学出版社1990年版，第193页；艾玛·霍尔姆斯：《艾玛·霍尔姆斯小姐的日记（1861—1866）》，约翰·马扎拉克编辑，巴吞鲁日：路易斯安那州立大学出版社1979年版，第147页；《卡罗琳·基恩·希尔·戴维斯日记》1865年2月20日，VHS。

[5]《M. M. 杜拉尼日记》1862年6月13日，VHS；《莉齐·奥斯本写给吉米·奥斯本的信》1861年9月12日，《奥斯本文集》，GDAH。关于等待消息，详见《戴维斯日记》1862年7月8日，VHS；关于坏消息作为慰藉，详见《马格丽特·贝克维斯回忆录》1862年6月1日，第6页，WHS。马格丽特·扎肯·普雷斯顿的姐姐于12月听说她的儿子在7月去世，详见伊丽莎白·兰道夫·艾伦编辑：《马格丽特·扎肯·普雷斯顿的生活和信件》，波士顿：霍顿·米夫林出版集团1903年版，第172页。卡瑟琳·科克伦称"沉默变得愈加可怕"（1863年5月15日），载于《卡瑟琳·科克伦回忆录》第1卷，WHS。

[6]《A. 格里玛写给阿尔福里德·格里玛的信》1863年11月27日，格里玛家族文集，THNOC；理查德·F. 里奇韦：《不惜任何代价的自给自足：邦联邮局在北卡罗来纳的运营（1861—1865）》，夏洛特：北卡罗来纳邮政历史协会1988年，第50页。又见玛丽·伊丽莎白·梅西：《在邦联的难民生活》，巴吞鲁日：路易斯安那州立大学出版社1964年版，第127页。段落中法语意思："离别总是令人感伤，即便可以通过书信聊以慰藉，可当无法收到心爱之人任何回音时，种种忧虑便绕在心头。"由作者进行翻译。

[7]《艾玛·克拉彻写给威尔·克拉彻的信》1861 年 1 月 4 日，《克拉彻 – 香农文集》，UTA；《范妮·戈登给约翰·戈登将军的信》1864 年 5 月 15 日，《范妮·B. 戈登文集》，GDAH；详见《艾伦·摩尔写给萨缪尔·摩尔的信》1863 年 3 月 22 日，《摩尔文集》，SHC；《莉齐·内白勒特给威尔·内白勒特的信》1864 年 5 月 29 日，《内白勒特文集》，UTA；《亨茨维尔民主党人》1861 年 8 月 21 日；《玛丽·贝尔给阿尔福里德·贝尔的信》1862 年 5 月 22 日，《贝尔文集》，DU。又见《密涅瓦给罗伯特·伯恩的信》1861 年 12 月 23 日，《罗伯特·伯恩文集》，EU。关于信件，详见史蒂芬·M. 斯托：《南方的性行为和权力：种植园主生命中的礼节》，巴尔的摩：约翰·霍普金斯大学出版社 1987 年版，第 50—121 页。

[8]《莉齐·内白勒特给威尔·内白勒特的信》1863 年 6 月 9 日，《内白勒特文集》，UTA；《艾玛·克拉彻写给威尔·克拉彻的信》1862 年 3 月 13 日，《克拉彻 – 香农文集》，UTA。详见《科妮莉亚·诺布尔日记》，1862 年 10 月 8 日，UTA。

[9]《乔治·佩迪给凯特·佩迪的信》1862 年 4 月 18 日，载于卡蒂诺：《鞍囊》，第 83 页；《大卫·麦克雷文给阿曼达的信》1864 年 12 月 25 日，载于《大卫·奥兰多·麦克雷文和阿曼达·兰茨·麦克雷文的通信（1864—1865）》，路易斯·A. 布朗编辑：《北卡罗来纳历史评论》第 26 期（1949 年 1 月），第 73 页；《玛丽·贝尔给阿尔福里德·贝尔的信》1862 年 2 月 11 日，《贝尔文集》，DU。

[10]《罗丝·路易斯给丈夫的信》1863 年 2 月 22 日，《伯韦尔·博伊金·路易斯文集》，DU；《艾玛·克拉彻写给威尔·克拉彻的信》1862 年 2 月 1 日，《克拉彻 – 香农文集》，UTA；《艾玛·克拉彻写给威尔·克拉彻的信》1862 年 3 月 14 日，《克拉彻 – 香农文集》，MDAH；《朱莉娅给约翰·戴维逊的信》1863 年 6 月 29 日，《戴维逊家族文集》，AHC。《乔朗萨·赛姆斯的信》1864 年 2 月 7 日，《本尼迪克特·约瑟夫·赛姆斯文集》，SHC。

[11]《萨拉·肯尼迪日记》1862 年 12 月 22 日，TSL；《苏珊·考德威尔给莱克格斯·考德威尔的信》1862 年 12 月 14 日，《我的心是如此桀骜不驯：考德威尔信件集（1861—1865）》，迈克尔·威尔顿编辑，沃伦顿：福基尔县国家银行 1991 年，第 162 页。又见《E. P. 佩里致亲爱的妻子的信》1863 年 2 月 12 日，伊莱贾·P. 佩里：《欢喜丘之旅：伊莱贾·P. 佩里队长南北战争期间的信件集》，CSA，诺曼·D. 布朗编辑，圣安东尼奥：得克萨斯大学出版社 1982 年版，第 140 页。

[12]《朱莉娅·戴维逊写给约翰·戴维逊的信》1862 年 1 月 3 日，《戴维逊家族文集》，AHC。"见到大象"，约翰·菲利普·里德写道，意味着"面对一个严峻的考验……首先意

识到现实的境况，或者期待际遇难以置信的事"。详见里德：《大象法律：陆地训练中的财产和社会行为》，圣玛丽奥：亨廷顿图书馆 1980 年版，第 ix、x 页。非常感谢萨拉·戈登对该文献的贡献。

［13］卡蒂诺：《鞍囊》，第 197、203、51 页。

［14］《玛丽·贝尔给阿尔福里德·贝尔的信》1862 年 8 月 26 日、1 月 30 日，《贝尔文集》，DU。

［15］《莉齐·内白勒特给威尔·内白勒特的信》1864 年 4 月 15 日、5 月 13 日，《内白勒特文集》，UTA。

［16］《艾玛给威尔·克拉彻的信》1862 年 2 月 1 日、4 月 8 日，《克拉彻 – 香农文集》，UTA；《埃米莉·哈利斯日记》1863 年 11 月 7 日，WC；《拉维妮娅给 R.L. 达布尼的信》1862 年 5 月 5 日，《C. W. 达布尼文集》，SHC。关于逃避责任，详见《路易斯莎·布朗·珀尔日记》，詹姆斯·胡布勒编辑，载于《田纳西历史学季刊》第 38 期（1979 年秋），第 308—321 页；《奥克塔维亚给温斯顿·史蒂芬斯的信》1862 年 10 月 1 日，《布莱恩特 – 史蒂芬斯文集》，UFL。

［17］详见威尔顿：《我的心是如此桀骜不驯》。

［18］佩里：《欢喜丘》，第 103 页；《摩根·考勒维给莉拉·考勒维的信》1863 年 8 月 28 日、12 月 20 日，《摩根·考勒维文集》，EU。

［19］《朱莉娅·戴维逊写给约翰·戴维逊的信》1863 年 8 月 12 日，《戴维逊家族文集》，AHC。

［20］《玛丽·贝尔给阿尔福里德·贝尔的信》1862 年 9 月 27 日、7 月 21 日，《贝尔文集》，DU。

［21］《奥克塔维亚给温斯顿·史蒂芬斯的信》1862 年 10 月 31 日，《布莱恩特 – 史蒂芬斯文集》，UFL；《罗伯特·布洛克给阿曼达·布洛克的信》1863 年 11 月 8 日，《罗伯特·布洛克文集》，GDAH；詹姆斯·里德：《出生率控制运动和美国社会：从个人恶习到公共道德》，纽约：基本书局 1978 年版。

［22］《莉齐·内白勒特给威尔·内白勒特的信》1863 年 8 月 13 日、12 月 6 日，1864 年 7 月 3 日、5 月 17 日，《内白勒特文集》，UTA。又参见《艾伦给萨缪尔·摩尔的信》1861 年 12 月 5 日，7 日，《摩尔文集》，SHC；《詹姆斯·特纳给安妮·特纳的信》，1864 年 2 月 8 日，《安妮·玛丽·斯图尔特·特纳文集》，RU。当特纳到家后，他承诺"他会爱她，但保持一定距离，以安抚她怀孕时的恐惧"。

［23］《约翰·戴维逊给朱莉娅·戴维逊的信》1861 年 1 月 29 日，《戴维逊家族文

集》，AHC。参见"奥克塔维亚·史蒂芬斯关于温斯顿的性束缚的讨论"，《奥克塔维亚给温斯顿·史蒂芬斯的信》1863 年 5 月 26 日，《布莱恩特 – 史蒂芬斯文集》，UFL。

［24］《约翰·戴维逊给朱莉娅·戴维逊的信》1864 年 3 月 5 日；又参见 1864 年 3 月 22 日，《戴维逊家族文集》，AHC。参见"奥克塔维亚·史蒂芬斯关于妓院和她丈夫的忠诚以及担心"，《奥克塔维亚给温斯顿·史蒂芬斯的信》1862 年 7 月 27 日、11 月 21 日，1863 年 6 月 19 日，1864 年 1 月 18 日，《布莱恩特 – 史蒂芬斯文集》。

［25］《莉齐·内白勒特给威尔·内白勒特的信》1864 年 7 月 3 日，《内白勒特文集》，UTA。

［26］卡蒂诺：《鞍囊》，第 20 页。《朱莉娅·戴维逊写给约翰·戴维逊的信》1864 年 5 月 1 日，《戴维逊家族文集》，AHC；《威尔·内白勒特给莉齐·内白勒特的信》1863 年 11 月 22 日，以及《莉齐·内白勒特给威尔·内白勒特的信》1863 年 11 月 29 日，《内白勒特文集》，UTA。

［27］玛莎·霍兹：《战时关于非法性交的讨论：白种女人和黑种男人》，载于《分裂的家庭：性别和内战》，凯瑟琳和尼娜·西尔伯编辑，纽约：牛津大学出版社 1992 年版，第 235 页。

［28］《莉齐·内白勒特给威尔·内白勒特的信》1864 年 3 月 28 日，《内白勒特文集》，UTA。相似的故事详见《艾伦给萨缪尔·摩尔的信》1864 年 4 月 10 日，《摩尔文集》，SHC。

［29］《约翰·戴维逊给朱莉娅的信》1864 年 3 月 5 日、4 月 1 日，以及《朱莉娅·戴维逊写给约翰·戴维逊的信》1864 年 4 月 17 日、2 月 25 日，《戴维逊家族文集》，AHC。

［30］《莱拉·乔恩给威利·乔恩的信》1863 年 3 月 18 日，《威利·乔恩文集》，DU；卡蒂诺：《鞍囊》，第 255 页。

［31］《莱拉·乔恩给威利·乔恩的信》1863 年 5 月 10 日，《威利·乔恩文集》，DU；《莉齐·奥斯本给吉米·奥斯本的信》1861 年 9 月 11 日，《奥斯本书信文件集》，GDAH；朱迪斯·沃尔泽·列维特：《带到床上来：美国的孩子抚养 1750—1950》，纽约：牛津大学出版社 1986 年版；理查德·W. 沃茨和桃乐茜·C. 沃茨：《躺着：美国生育史》，纽约：自由出版社 1977 年版；萨莉·G. 麦克米伦：《老南方的母性：怀孕、分娩以及婴儿抚养》，巴吞鲁日：路易斯安那州立大学出版社 1990 年版；卡罗尔·史密斯 – 罗森伯格：《女性世界的爱与仪式》，载于《标志》第 1 期（1975 年秋），第 1—29 页。

［32］《摩根·考勒维给莉拉·考勒维的信》1862 年 5 月 7 日；《莉拉·考勒维给摩根·考勒维的信》1862 年 9 月 30 日、10 月 6 日；《摩根·考勒维给莉拉·考勒维的信》1862 年

10 月 16 日;《莉拉·考勒维给摩根·考勒维的信》1862 年 10 月 27 日、11 月 7 日。《考勒维文集》，EU。

［33］《阿内斯·尤斯提斯给塞莉斯泰因·法夫罗的信》1865 年 3 月 8 日，《亨利·法夫罗文集》，TU；《艾玛·克拉彻写给威尔·克拉彻的信》1861 年 12 月 28 日，《克拉彻－香农文集》，UTA（本节标题引自这封信）。另请参阅《马格丽特·吉利斯日记》1861 年 5 月 5 日，ADAH，乞求免于生育，一个具有讽刺意味的声明——战争后她会死于分娩。

［34］托马斯:《秘密之眼》，第 187 页；艾伦:《马格丽特·扎肯·普雷斯顿的生活和信件》，第 158 页；托马斯·泰勒、A. T. 斯迈斯、奥古斯特·科恩、M. B. 波彭海姆、玛莎·华盛顿:《邦联南卡罗来纳州的妇女》，卷二，哥伦比亚，南卡罗来纳:州立出版公司 1903 年版，2：145；《艾伦·摩尔写给萨缪尔·摩尔的信》1861 年 8 月 12 日，《摩尔文集》，SHC；《肯尼迪日记》1863 年 10 月 5 日，1864 年 9 月 10 日，TSL。

［35］《凯莉·贝利日记》1864 年 8 月 3 日、9 月 10 日，AHC。

［36］《玛丽·贝尔给阿尔福里德·贝尔的信》1862 年 5 月 22 日，《贝尔文集》，DU；《玛丽·W. M. 贝尔给其丈夫的信》1863 年 9 月 1 日，《玛丽·沃克尔·梅里韦瑟·贝尔文集》，TSL；《诺布尔日记》1863 年 5 月 18 日，UTA；《艾伦·摩尔写给萨缪尔·摩尔的信》1863 年 7 月 23 日、5 月 1 日，《摩尔文集》，SHC。

［37］苏珊·考德威尔:《我的心是如此桀骜不驯》，第 54、247 页；《莉拉·考勒维给摩根·考勒维的信》1862 年 4 月 24 日，《摩根·考勒维给莉拉·考勒维的信》1862 年 4 月 24 日，《考勒维文集》，EU；1863 年《玛丽·W. M. 贝尔给其丈夫的信》未注明日期，《贝尔文集》，TSL。《致母亲》，《埃奇菲尔德广告人报》1863 年 3 月 18 日。

［38］《莉齐·内白勒特给威尔·内白勒特的信》1863 年 8 月 13 日、12 月 13 日、10 月 28 日，1864 年 5 月 17 日、3 月 12 日，《内白勒特文集》，UTA。另见《艾伦·摩尔写给萨缪尔·摩尔的信》1863 年 8 月 2 日，《摩尔文集》，SHC。研究家庭暴力的当代学者强调区别惩罚和虐待的重要性。琳达·戈登特别强调区分时文化和历史视角的意义。我认为莉齐的阿姨和威尔预期的不赞成意味着在 19 世纪田纳西白人家庭中，鞭打 10 个月大的婴儿通常不被视为可接受的抚养方式。见戈登:《他们自己生活的英雄:家庭暴力的政治和历史》，纽约:维京企鹅图书公司 1988 年版，第 5、180 页。另参阅伯特伦·怀亚特·布朗:《虐待儿童、公共政策与育儿:一个历史的方法》，载于《管理年轻一代:工作文集》第 2 卷，芭芭拉·芬克尔斯坦编辑，校区:马里兰州州立大学教育学院 1981 年版，第 1—34 页。历史学家菲利普·格雷文在《解放儿童:惩罚的宗教根源和身体虐待的心理影响》（纽约:克诺夫出版集团 1991 年版）一文中指出一切体罚都是虐待行为。对于黑人家庭内

的奴役暴力的影响，见布伦达·史蒂芬斯：《在弗吉尼亚州的奴隶家庭中的痛苦和混乱（1830—1860）》，载于《欢乐与悲哀：维多利亚南部的妇女，家庭与婚姻（1830—1900）》，卡罗尔·布雷斯编辑，纽约：牛津大学出版社1991年版。

[39] 伯特伦·怀亚特·布朗：《南部的荣誉：南北战争前的美国南方的道德与行为》，纽约：牛津大学出版社1982年版，第169页。见凯特·罗兰关于体罚她年幼的儿子的矛盾心理，《凯特·罗兰日记》1864年11月19日，EU。

[40]《格蕾丝·埃尔默日记》1865年2月11日，SCL。本节标题引自这封信。

[41]《L. 弗吉尼亚·弗伦奇日记》1865年9月25日，TSL。另参阅赫歇尔·高尔：《贝尔谢巴泉和L. 弗吉尼亚·弗伦奇：作为历史学家的小说家》，《田纳西历史季刊》42（1983年夏天）：115—137；弗吉尼亚·刘易斯·佩克：《L. 弗吉尼亚·弗伦奇的生活和工作》，博士论文，范德堡大学1939年。

[42]《弗伦奇日记》1865年2月8日，TSL。

[43] 同上，1864年9月25日。

[44] 同上，1865年2月14日、5月14日。《论拉塞尔·奥布里和玛卡利亚》，第七章。

[45]《弗伦奇日记》1865年3月27日，1864年5月8日，1863年5月11日，TSL。

[46]《朱莉娅·戴维逊给约翰·戴维逊的信》1864年7月21日，《戴维逊家族文集》，AHC.

[47] 凯瑟琳·爱德蒙斯顿：《凯瑟琳·安·德弗罗·爱德蒙斯顿日记（1860—1866)》。贝丝·G. 克雷布特里和詹姆斯·W. 巴顿，罗利：北卡罗来纳州档案和史料局1979年，第166页。

[48]《弗伦奇日记》1865年8月20日，TSL。《玛莎·福特给乔治·福特的信》1862年1月29日，《汤姆林森·福特文集》，EU。

第六章

[1] H. R.，信件，《南方文学信使》38（1864年2月），第125页。本章标题引自萨拉·艾格尼丝（罗杰夫人）《战争与和平的回忆》，纽约：麦克米伦1904年版，第25页。

[2]《莉齐·内白勒特日记》1852年5月3日，《莉齐·内白勒特文集》，UTA；《凯特·福斯特日记》1871年12月7日，DU。关于19世纪初的单身女性，参阅李·弗吉尼亚·钱伯斯·席勒：《自由，一个更好的丈夫：在美国的单身女性：1740—1840年的几代

人》，纽黑文：耶鲁大学出版社1984年版。

［3］《丽贝卡给内蒂·福德伦的信》1863年5月21日，《米切尔·福德论文集》，GDAH；《安娜·科特兰给哈里特·帕默的信》1862年5月14日，《帕默家族文集》，SCL；J. J. 德雷尚普斯：《爱的埋伏》，莫比尔：A. G. 霍恩1863年，第54页；C. 范恩·沃德沃德编辑：《玛丽·切斯纳的内战》，纽黑文：耶鲁大学出版社1981年版，第588—589页。

［4］《艾玛·沃尔顿给阿比·斯洛科姆的信》1863年10月5日，《沃尔顿·葛列尼文集》，THNOC；普莱尔：《回忆录》，第259页。

［5］萨拉·摩根：《萨拉·摩根内战日记》1862年7月24日，查尔斯·伊斯特编辑，阿森斯：佐治亚大学出版社1991年版，第175页；《艾伦·罗伯茨给埃洛拉·里斯的信》1864年12月4日，《邦联日记》，8：第209—210页，GDAH；露西·丽贝卡·巴克：《伤心的大地，甜蜜的天堂：露西·丽贝卡·巴克日记》，威廉佩巴克出版，阿拉巴马州伯明翰：奠基石1973年，第34页；《马格丽特·吉利斯日记》1861年1月23日，ADAH。

［6］贝蒂·A. 莱尔：《告别演说》1863年7月6日，南方女子学院，圣彼得堡，弗吉尼亚州，16，VSL。

［7］《丽贝卡给内蒂·福德伦的信》1863年5月21日、4月23日，《米切尔－福德论文集》，GDAH。关于冲击，参见南希·莎莉：《击碎：堕落前的妇女关系》，1979年，第17—27页。玛莎·维希纳斯：《距离和渴望：英国寄宿学校的友谊》，1984年，第600—622页；卡罗尔·史密斯·罗森伯格：《爱与仪式的女性世界：19世纪美国妇女之间的关系》，1975年，第1—29页。关于（美国南北）战争前南部寄宿学校里浪漫友谊的讨论，请参阅克里斯蒂·安妮·法纳姆：《南方淑女教育：（美国南北）战争前南部的高等教育和学生社会化》，纽约：纽约大学出版社1994年版，第155—167页。

［8］《克拉拉·所罗门日记》1862年3月29日，LSU。

［9］同上，1861年11月21日，1862年4月5日、3月25日；《玛丽·格林豪·李日记》1862年10月4日，HL。关于19世纪末对同性恋范畴的讨论，见杰弗里·韦克斯：《同性恋的建构》，《性，政治与社会：自1800年以来性的监管》，伦敦：朗文出版社1981年版，第96—121页；乔纳森·卡茨：《同性恋的发现（1880—1950）》，《男/女同性恋年鉴：一种新的纪录》，纽约：哈珀与罗出版公司1983年版，第137—174页；以及约翰·D. 埃米利奥和埃斯特尔·弗里德曼：《朝着一种新的性秩序（1880—1930）》，《私事：在美国性的社会历史》，纽约：哈珀与罗出版公司1988年版，第171—235页。

［10］《路易斯·M. 尼克尔斯日记》1863年5月21日、22日、17日、22日，9月9日，UTA。

[11]《萨拉·洛伊斯·沃德利日记》1863 年 12 月 10 日，1863 年 8 月 13 日、12 月 11 日、2 月 26 日，SHC；《纳妮·哈斯金斯日记》1863 年 5 月 3 日，TSL。

[12]《哈斯金斯日记》1863 年 3 月 23 日，TSL；《莉齐·索耶致姑妈的信》1861 年 12 月 17 日，《索耶文集》，NCDAH。关于南部的求婚，见 H. E. 斯特克斯：《叛乱中的伙伴：南北战争中阿拉巴马州的妇女》，卢瑟福，新泽西州：费尔利迪金森大学出版社 1970 年版，第 148—167 页；乔治·C. 雷博：《内战：妇女与南方民族主义的危机》，乌尔班纳：伊利诺斯大学出版社 1989 年版，第 51—54、193—194 页；史蒂芬·M. 斯托：《事实，而不是它的愿景：在南方种植园主阶级中一个女人的示爱以及她的环境》1983 年春季，第 113—130 页；卡伦·路司得：《寻心：19 世纪美国的女人、男人和浪漫的爱情》，纽约：牛津大学出版社 1989 年版。

[13] 朱迪斯·麦奎尔：《一个战时南部难民的日记》，《1867 年报道》，纽约：Arno 出版社 1974 年版，第 329 页；《阿曼达·查普利尔日记》1862 年 9 月 9 日，VHS；《爱丽丝·雷迪日记》1862 年 2 月 13 日，SHC；马尔维娜·沃林 1865 年 3 月 15 日、12 日，托马斯·泰勒夫人、A. T. 斯迈斯夫人、奥古斯特·科恩、M. B. 波彭海姆、玛莎·华盛顿编：《邦联南卡罗来纳州的妇女》，卷二，哥伦比亚：南卡罗来纳州立出版公司 1903 年版，1：282；《彭博尔致卢·吉曼的信》1864 年 2 月 19 日，彭博尔：《一个南部女人的故事》，佐治亚州圣西蒙斯岛：知更鸟图书 1990 年版，第 137 页。

[14]《阿曼达·沃辛顿日记》1862 年 1 月 9 日、2 月 5 日，1863 年 9 月 24 日，1865 年 1 月 19 日，MDAH；凯特·卡明：《凯特：一个邦联护士的日记》。

[15] 艾玛·霍尔姆斯：《艾玛·霍尔姆斯小姐的日记》，1863 年 1 月 21 日、6 月 11 日，约翰·马斯扎勒克，巴吞鲁日：路易斯安那州立大学出版社 1979 年版，第 225、266 页；《艾达·巴科日记》1862 年 1 月 31 日，SCL；《托马斯·B. 霍尔给小博林·霍尔的信》1863 年 6 月 15 日，《博林·霍尔文集》，ADAH；沃德沃德：《玛丽·切斯纳的内战》，第 472、489—490 页。

[16] 奥尔登援引弗朗西斯·巴特勒·西姆金斯和詹姆斯·韦尔奇·巴顿：《邦联妇女》，里奇蒙：加勒特和马西出版社 1936 年版，第 188 页；《吉利斯日记》1863 年 2 月 7 日，ADAH；《杰克给 C. D. 麦克琳的信》1863 年 8 月 13 日，《克拉拉·达根·麦克琳文集》，DU；伊莎贝拉·沃德拉夫：《私人看法》1864 年 12 月 18 日，《沃德拉夫文档》，DU；《偶然认识的人》，《玛丽·艾尔利剪贴簿》，第 7 页，VHS。

[17]《萨拉·肯尼迪给丈夫的信》1864 年 3 月 19 日，《萨拉·肯尼迪文集》，TSL；《玛丽 W. M. 贝尔给丈夫的信》1863 年 9 月 1 日，《玛丽·沃克尔·梅里韦瑟·贝尔文

集》，TSL；《纳奥米·海耶斯给露西·波尔克的信》1863 年 7 月 26 日，《露西·威廉姆斯·波尔克文集》，NCDAH。

［18］《里士满问讯报》1862 年 12 月 30 日，1864 年 1 月 1 日。

［19］《哈丽埃特·凯里日记》1862 年 5 月 31 日，WM。

第七章

［1］《爱丽丝·雷迪日记》1861 年 4 月 23 日，SHC。本章标题引自露西·丽贝卡·巴克：《伤心的大地，甜蜜的天堂：露西·丽贝卡·巴克日记》，阿拉巴马州伯明翰：奠基石1973 年版，第 41 页。

［2］《南方文学信使》，引自尼娜·贝姆：《小说、读者和评论家：对美国南北战争前小说的回应》，伊萨卡：康奈尔大学出版社 1984 年版，第 36 页。

［3］玛丽·凯莉：《要求私人空间的妇女，公共舞台：19 世纪美国文学的家庭生活》，纽约：牛津大学出版社 1984 年版，第 7 页。

［4］关于作为作家和读者的妇女和文学市场，参阅凯莉：《要求私人空间的妇女》；琳达·K. 克贝尔：《"我们承认女士们有时阅读：共和国早期女性的阅读"》，教堂山：北卡罗来纳大学出版社 1980 年版，第 233—264 页；尼娜·贝姆：《女人的小说：关于妇女在美国的小说指南（1820—1870）》，伊萨卡：康奈尔大学出版社 1978 年版；贝姆：《小说、读者和审稿人》；简·汤普金斯：《超棒的设计：美国小说的文化工作（1790—1860）》，纽约：牛津大学出版社 1984 年版；伊丽莎白·莫斯：《南北战争前的美国南方的国内小说家：南方文化的捍卫者》，巴吞鲁日：路易斯安娜州立大学出版社 1992 年版；苏珊·库尔特拉普·迈克奎因：《做文学生意：19 世纪美国女作家》，教堂山：北卡罗来纳州大学出版社 1990 年版；迈克尔·华纳：《共和国的字母：18 世纪的美国的出版物与公共领域》，哈佛大学出版社 1990 年版；安妮·古德温·琼斯：《明天是新的一天：在南方的女作家（1859—1936）》，巴吞鲁日：路易斯安娜州立大学出版社 1980 年版。在阅读方面，见凯茜·N. 戴维逊等：《阅读美国文学史和社会史》，巴尔的摩：约翰·霍普金斯大学出版社 1986 年版。在（美国南北）战争前的岁月里，40% 期刊和报纸的小说是由妇女写的；到 1872 年为止，女性作家在美国出版的小说占 75%。见库尔特拉普·迈克奎因：《做文学业务》，第 2 页。

［5］《L. 弗吉尼亚·弗伦奇日记》1865 年 1 月 1 日，TSL；《艾玛·勒贡特日记》1865 年 1 月 28 日，SHC。同时参见《艾比·布鲁克斯日记》1865 年 1 月 28 日，AHC；《哈丽埃特·凯里日记》1862 年 6 月 18 日，WM。对阅读存在类似药物和幻想般的效果，

请参见伊丽莎白·福克斯－吉诺维斯：《在种植园家庭里：旧时南方的黑人和白人妇女》，教堂山：北卡罗来纳州大学出版社 1988 年版，第 261 页。福克斯－吉诺维斯并没有明确涉及战争年代，我认为对南方妇女来说书籍对内心慰藉的重要性变得更加突出。

[6]《艾拉·格特鲁德·克兰顿·托马斯日记》1865 年 3 月 29 日，DU；《艾玛·克拉彻给威尔·克拉彻的信》1862 年 1 月 24 日，《克拉彻－香农文集》，UTA；《卡罗琳·基恩·希尔·戴维斯日记》1863 年 1 月 21 日，VHS；《勒贡特日记》1865 年 2 月 5 日，SHC。

[7] 巴克：《伤心的大地，甜蜜的天堂》，第 41 页。

[8]《玛丽·格林豪·李日记》1853 年 10 月 11 日、4 月 19 日，HL；《戴维斯日记》1865 年 2 月 1 日，VHS；巴克：《伤心的大地，甜蜜的天堂》，第 185 页。

[9]《路易莎·麦柯德·斯迈斯回忆录》，SCL，第 50 页；《安妮·香农·马丁日记》1864 年 3 月 11 日，MDAH；另参阅《莉齐·西蒙斯日记》1862 年 9 月 12 日，UTA；艾玛·霍尔姆斯：《艾玛·霍尔姆斯小姐的日记（1861—1866）》1862 年 9 月 12 日，约翰·马斯扎勒克，巴吞鲁日：路易斯安那州立大学出版社 1979 年版，第 461—462 页；《艾玛·莫迪凯日记》1864 年 5 月 14 日，《莫迪凯家族文集》，SHC；托马斯·泰勒、A. T. 斯迈斯、奥古斯特·科恩、M. B. 波彭海姆、玛莎·华盛顿：《邦联南卡罗来纳州的妇女》，卷二，哥伦比亚，南卡罗来纳：州立出版公司 1903 年版，1：80；《马格丽特·贝克维斯回忆》，2：8，VHS。

[10] 霍尔姆斯：《日记》，第 202 页。

[11]《西德尼·哈丁日记》1863 年 9 月 29 日，LSU；霍尔姆斯：《日记》，第 177 页；C. 范恩·沃德沃德等：《玛丽·切斯纳的内战》，纽黑文：耶鲁大学出版社 1981 年版，第 242 页；《里士满问讯报》1863 年 2 月 20 日；凯特·斯通引用埃德蒙·威尔所：《为国家流血》，纽约：法拉，施特劳斯和吉罗出版社 1962 年版，第 260—261 页；斯通：《布莱克恩波恩：凯特·斯通日记（1861—1868）》，约翰·Q. 安德森编辑，巴吞鲁日：路易斯安那州立大学出版社 1955 年版，第 233 页；《凯里日记》1862 年 6 月 10 日，WM；《埃米莉·安德鲁斯给爱丽丝·尼尔斯·安德鲁斯的信》1864 年 6 月 19 日，《爱丽丝·E. 尼尔斯文集》，DU。关于难以获取书籍的影响，见艾拉·格特鲁德·克兰顿·托马斯：《秘密之眼：艾拉·格特鲁德·克兰顿·托马斯日志（1848—1889）》，弗吉尼亚·英格拉姆·伯尔编辑，教堂山：北卡罗来纳大学出版社 1990 年版，第 188—189 页。

[12] 安娜·玛丽亚·库克：《一个米利奇维尔女孩的日记（1861—1867）》，詹姆斯·C. 邦纳编辑，阿森斯：佐治亚大学出版社 1964 年版，第 37 页；《阿曼达·沃辛顿日记》

1862 年 2 月 17 日，MDAH；《阿曼达·查普利尔日记》1862 年 10 月 25 日，VHS；霍尔姆斯：《日记》，第 200—201 页。见《沃辛顿日记》1865 年 10 月 25 日，MDAH，她认为她不应该读小说但又情不自禁。对一种相似但又具有 20 世纪风格罗曼蒂克英雄的类似吸引，见贾尼斯·A. 拉德威：《阅读罗曼史：女性、父权制与通俗文学》，教堂山：北卡罗来纳大学出版社 1984 年版。

［13］沃德沃德：《玛丽·切斯纳的内战》，第 326 页。

［14］同上，第 296、301 页；《艾伦·摩尔给萨缪尔·摩尔的信》1864 年 2 月 7 日，《萨缪尔·J. C. 摩尔文集》，SHC；《伊丽莎白·普林格日记》1861 年 8 月 27 日、3 月 10 日，SCHS。另见《索菲亚·帕特里奇日记》1864 年 1 月 14 日，NCDAH；凯瑟琳·爱德蒙斯顿：《一位支持独立的女士的日记：凯瑟琳·安·德弗罗·爱德蒙斯顿日记（1860—1866)》，贝丝·克雷布特里和詹姆斯·巴顿编辑，罗利：北卡罗来纳档案与历史部出版社 1979 年版，第 654 页。

［15］《雷迪日记》1862 年 4 月 8 日，SHC；《丽丝·米切尔日记》1862 年 3 月 1 日，TU；康斯坦丝·凯里·哈利森：《喜忧参半的回忆》，纽约：斯克里布纳出版社 1911 年版，第 123 页；爱德蒙斯顿：《一位支持独立的女士的日记》，第 655 页。

［16］《南部妇女的教育》，《德鲍评论》（31 卷）1861 年 10 月/11 月，第 390 页。

［17］本节标题来自《托马斯·沃玛克夫人给泽布伦·万斯的信》1863 年 6 月 23 日，《泽布伦·万斯文集》，NCDAH。有很多重要的、不断增长的关注妇女的自传体著作及它们在女性自我的定义上的重要性的著作，见莎丽·本斯多克编辑：《自我意识：女性自传体作品理论与实践》，教堂山：北卡罗来纳大学出版社 1988 年版；《关于女性身份：女性写作》，《批评探索》8（1981 年冬），第 347—361 页；伊丽莎白·布鲁斯：《自传体行为：一种文学正在变化的情况》，巴尔的摩：约翰·霍普金斯大学出版社 1976 年版；埃斯特尔·C. 耶利内克：《女性自传的传统：从古代到现在》，波士顿：传文出版社 1986 年版；耶利内克编辑：《女性自传体》，布卢明顿：印第安纳大学出版社 1980 年版；帕特里夏·斯帕克斯：《想象一个自我》，剑桥：哈佛大学出版社 1976 年版；卡罗琳·海尔布伦：《写述一个女人的一生》，纽约：诺顿 1988 年。更多关于自传的内容，见詹姆斯·奥尔尼编辑：《自传：散文理论和批判》，普林斯顿：普林斯顿大学出版社 1980 年版；奥尔尼编辑：《自传方面的研究》，纽约：牛津大学出版社 1988 年版；阿尔伯特·E. 斯通：《自传体的场合和原始行为》，费城：宾夕法尼亚大学出版社 1982 年版；以及珍妮特·瓦尔纳·冈恩：《自传：面向经验的诗歌》，费城：宾夕法尼亚大学出版社 1982 年版。描述关于战时南北方的女性的情况，见玛丽·伊丽莎白·梅西：《内战中的女性》，林肯：内布拉斯加大学出

版社 1994 年版，第 175—196 页（最初发表时为邦尼特·布莱克斯：《美国妇女和内战》，纽约：克诺夫 1966 年）。

［18］《苏珊·康沃尔日记》1857 年 3 月 18 日，SHC。

［19］《朱莉娅·戴维逊给乔治·戴维逊的信》1863 年 6 月 29 日，《戴维逊家族文集》，AHC；卡伦·路司得：《寻心：19 世纪美国的女人、男人和浪漫的爱情》，纽约：牛津大学出版社 1989 年版，第 26—27 页。另见史蒂芬·M. 斯托：《南方的性行为和权力：种植园主生命中的礼节》，巴尔的摩：约翰·霍普金斯大学出版社 1987 年版。

［20］《阿蒂利亚·艾瑟里奇给杰弗逊·戴维斯的信》1863 年 12 月 22 日，LRCSW，RG 109，第 106 卷，M437，E4，NA；《露西·怀特给杰弗逊·戴维斯的信》1864 年 8 月 6 日，《萨缪尔·里奇文集》，MUO；《托马斯·沃玛克夫人给泽布伦·万斯的信》1863 年 6 月 23 日，《马哈拉·亨德利给泽布伦·万斯的信》1863 年 7 月 16 日，《万斯文集》，NC-DAH。

［21］萨拉·摩根，引用凯瑟琳·M. 琼斯编辑：《南方的巾帼英雄：绝望之冬》，卷二，佐治亚圣西蒙斯岛：知更鸟图书 1975 年版，1，第 128 页；朱迪斯·麦奎尔引用上述文献，2，第 220 页；萨拉·摩根：《萨拉·摩根的内战日记》，查尔斯·伊斯特编辑，阿森斯：佐治亚大学出版社 1991 年版，第 121 页；《克拉拉·所罗门日记》1862 年 5 月 26 日，LSU。

［22］《玛丽·格林豪·李日记》1863 年 10 月 9 日、2 月 18 日，HL；爱德蒙斯顿：《一位支持独立的女士的日记》，第 272 页；霍尔姆斯：《日记》，第 53 页。

［23］《丽丝·米切尔日记》1862 年 8 月 1 日，TU；玛丽·切斯纳：《玛丽·切斯纳的内战》，第 22 章。伊丽莎白·姆兰弗莱德：《玛丽·博伊金·切斯纳：自传》，巴吞鲁日：路易斯安那州立大学出版社 1981 年版。

［24］《丽贝卡给内蒂·福德伦的信》1863 年 4 月 23 日，《米切尔—福德伦文集》，GDAH；《弗吉尼亚·考丁给杰弗逊·戴维斯的信》1861 年 3 月 17 日，《杰弗逊·戴维斯文集》，YU。库尔特拉普·迈克奎因发现，写作对于 19 世纪妇女来说是一种很好的选择，见《做文学业务》，第 23 页。安妮·古德温·琼斯讲到写作"很多年来……对于一个南部良好家庭的女性来说，差不多是唯一的职业……可能是追求，不用顾忌其所处社会，使自己实际上丧失性能力"，见《明天又是新的一天》，第 5 页。

［25］《纳妮·哈斯金斯日记》1864 年 9 月 24 日，TSL。

［26］《布鲁克斯日记》1865 年 10 月 3 日，AHC。《布鲁克斯日记》事实上在战后出版。

[27] 霍尔姆斯：《日记》，第465页；《弗伦奇日记》1864年2月14日，1865年1月8日，TSL。

[28] 爱德蒙斯顿：《一位支持独立的女士的日记》，第282页。

[29]《玛丽·格林豪·李日记》1862年4月22日，HL；卡罗琳·吉尔曼，引用自凯利：《要求私人空间的妇女》，第180页。

[30]《威斯特和约翰斯顿给康斯坦丝·凯里的信》1863年12月26日，《伯顿·哈利森文集》，LC；哈利森：《回忆录》，第213—214页；《亨利·蒂姆罗德给克拉拉·达根的信》1864年8月20日，《克拉拉·达根·麦克琳文集》，DU。

[31]《玛丽·B. 克拉克给麦克法兰和弗格森的信》1861年9月21日，《麦克法兰和弗格森文集》，VHS。

[32]《奥古斯塔立宪主义者周报》1861年10月16日。

[33] 奥古斯塔·简·埃文斯：《玛卡里亚》；德鲁·吉尔平·福斯特编辑：《祭坛牺牲》，巴吞鲁日：路易斯安那州立大学出版社1992年版，此处引自此版本。《奥古斯塔·简·埃文斯给P. G. T. 博勒加德的信》1862年8月4日，引自威廉·佩里·菲德勒：《奥古斯塔·埃文斯·威尔逊（1835—1909）：传记》，阿拉巴马大学出版社1951年版，第95页。

[34] 海尔布伦：《写述一个女人的一生》，第48页；安妮·古德温·琼斯：《明天又是新的一天》，第353页。另见桑德拉·吉尔伯特和苏珊·格巴：《阁楼上的疯女人：关于19世纪妇女和文学想象的一项研究》，纽黑文：耶鲁大学出版社1978年版。

[35] 关于单身女性，见李·弗吉尼亚·钱伯斯·席勒：《自由，一个更好的丈夫：美国的单身女性：1740—1840年的几代人》，纽黑文：耶鲁大学出版社1984年版。

[36]《玛丽·莱格给哈里特·帕默的信》1863年12月10日，《帕默家族文集》，SCL。

[37]《哈斯金斯日记》1864年10月15日，TSL；《玛丽·格林豪·李日记》1864年6月9日、14日，HL；《托马斯日记》1864年6月29日，DU。其他的例子，见安妮·玛利亚·格林1864年7月30日，库克：《一个米利奇维尔女孩的日记》，第52页；霍尔姆斯：《日记》，第369页；《玛丽给W. W. 斯特林菲尔德的信》1864年3月27日，《W. W. 斯特林菲尔德文集》，NCDAH；《埃米莉·安德鲁斯给爱丽丝·尼尔斯的信》1864年6月19日，《尼尔斯文集》，DU；《弗伦奇日记》1864年7月10日，TSL；《威利给阿曼达·沃辛顿的信》1864年7月25日，《阿曼达·沃辛顿文集》，MDAH；贝拉·爱德蒙森：《邦联逝去的女英雄：贝拉·爱德蒙森的日记和信件》，威廉·加尔布雷斯和洛瑞塔·加尔布雷

斯编辑，杰克森：密西西比大学出版社 1990 年版，第 126 页。

　　[38] D. K. W.：《里士满时代》1（1865 年 1 月）：第 388、390—392 页；《贝拉·爱德蒙斯顿日记》1864 年 6 月 17 日、20 日，SHC。

　　[39] 菲蒂利亚在《莫比尔新闻晚报》1864 年 8 月 1 日。

　　[40]《奥古斯塔·简·埃文斯给 P. G. T. 博勒加德的信》1867 年 11 月 20 日，《奥古斯塔·简·埃文斯文集》，BU。关于她的意图，见《埃文斯给 J. L. M. 库里的信》1865 年 10 月 7 日，《库里文集》，DU；《埃文斯给亚历山大·史蒂芬斯的信》1865 年 11 月 29 日，《亚历山大·史蒂芬斯文集》，EU。

第八章

　　[1] 本章标题取自《安妮·达登日记》1861 年 7 月 20 日，NCDAH。艾玛·霍尔姆斯：《艾玛·霍尔姆斯小姐的日记（1861—1866）》，约翰·马斯扎勒克编，巴吞鲁日：路易斯安那州立大学出版社 1979 年版，第 25—26 页。

　　[2] 史蒂芬·艾略特：《埃兹拉的困境：一篇布道》，萨瓦纳：乔治·N. 尼克尔斯出版社 1863 年版；德鲁·吉尔平·福斯特：《邦联民族主义的形成：内战时期南方的意识形态和身份认同》，巴吞鲁日：路易斯安那州立大学出版社 1988 年版，第 26—28 页；《艾玛·克拉彻给威尔克·拉彻的信》1862 年 1 月 4 日，《克拉彻 - 香农文集》，MDAH。另参见詹姆斯·西尔弗：《邦联的士气及教会宣传》阿拉巴马州塔斯卡卢萨：邦联出版集团 1957 年版；小理查德·波林吉尔、赫尔曼·哈塔威、阿契尔·琼斯、威廉·N. 斯蒂尔：《为什么南方未能赢得内战》，阿森斯：佐治亚大学出版社 1986 年版，第 82—107 页；詹姆斯·墨赫德：《美国启示录：北方新教徒与内战（1860—1869）》，纽黑文：耶鲁大学出版社 1978 年版。1861 年夏天，艾玛·霍尔姆斯读到史蒂芬·艾略特在《南方主教》中的两段布道辞，内有"在我们为自由而斗争的时候，上帝之手是多么明显地与我们在一起"。参见霍尔姆斯：《日记》，第 90 页。

　　[3] 本节标题取自劳拉·尼斯贝特·博伊金：《纸币与手织物：劳拉·尼斯贝特·博伊金日记》，玛丽·莱特·斯多克编，马里兰州罗克维尔：普林特克斯 1975 年版，第 46 页。《凯特·卡尼日记》1861 年 2 月 28 日，SHC。《凯西亚·布雷瓦德日记》1861 年 1 月 1 日，SCL；参见《阿曼达·沃辛顿日记》1862 年 1 月 5 日，MDAH；《露西·沃德·巴特勒给瓦迪·布特勒的信》1861 年 11 月 12 日，《露西·沃德·巴特勒文集》，UVA；劳拉·A. 海格德：《每个孩子都有一个银色衬里》1863 年 10 月 24 日，《阿提卡斯·海格德文集》，EU。参见马尔维娜·沃林转引的蒂姆罗德：《一个邦联女孩的日记》1865 年 3 月 9

日，托马斯·泰勒、A. T. 斯迈斯、奥古斯特·科恩、M. B. 波彭海姆、玛莎·华盛顿：《邦联南卡罗来纳州的妇女》第二卷，南卡罗来纳州哥伦比亚：州立出版公司 1903 年版，1，第 280 页。

[4]《基督徒观察者》1862 年 1 月 23 日；霍尔姆斯：《日记》，第 57 页；福斯特：《邦联民族主义的形成》，第 28—29 页。

[5]《南希·艾默生日记》1862 年 7 月 4 日，UVA。关于萨姆特战役，参见 J. H. 艾略特：《不流血的胜利：一篇布道文》，查尔斯顿：A. E. 米勒 1861 年。关于马纳萨斯和 2 Chron. 20 之间的类比的评论，参见《艾伦·摩尔给萨缪尔·摩尔的信》1861 年，未注明日期，《萨缪尔·J. C. 摩尔文集》，SHC。

[6]霍尔姆斯：《日记》，第 111 页；《萨拉·艾斯蒂斯日记》1862 年 11 月 14 日，TSL；博伊金：《纸币与手织物》第 46 页。关于约伯的故事，参见《马格丽特·格温日记》1863 年 12 月 2 日，DU。

[7]《达登日记》1861 年 7 月 20 日，NCDAH。

[8]《阿比·斯洛科姆给 J. B. 瓦尔顿的信》1863 年 9 月 25 日，《瓦尔顿-格冷尼文集》，THNOC；《玛蒂·斯乌尔德给内蒂·福德伦的信》1863 年 3 月 31 日，《米切尔-福德伦文集》，GDAH；《朱莉娅·戴维逊给约翰·戴维逊的信》1863 年 7 月 17 日，《戴维逊家族文集》，AHC；《凯特·福斯特日记》1863 年 7 月 28 日，DU。参见凯特·福斯特关于维克斯堡陷落的记叙，1863 年 7 月 9 日，DU；《密西西比州牛津市学院教堂圣会年会》1863 年 1 月 5 日，《毛德·布朗文集》，第 105 页，MDAH。关于对社会疾病的看法，参见《阿米莉亚·雷尼给凯特·麦克卢尔的信》1861 年 10 月 11 日，《麦克卢尔文集》，SCL；《布雷瓦德日记》1860 年 10 月 24 日，SCL；《艾玛·莫迪凯日记》1864 年 5 月 17 日，《莫迪凯家族文集》，SHC；《萨拉·多西给里奥尼达斯·波尔克的信》1862 年 2 月 20 日，《里奥尼达斯·波尔克文集》，US。感谢波特兰姆·怀亚特-布朗提醒我关注这些叙述。关于南方对自己的过错的看法，参见福斯特：《邦联民族主义的形成》，第 41—82 页。

[9]《莉齐·奥斯本给吉米·奥斯本的信》1861 年 10 月 20 日，《凯瑟琳·伊丽莎白·奥斯本文集》，GDAH；《安奈斯给亲爱的丈夫的信》1863 年 4 月 29 日，《瓦伦·奥格登文集》，TU；《玛拉·史密斯日记》1861 年 8 月 20 日，《尤尼斯·斯多克威尔文集》，MDAH；另参见《莉齐·西蒙斯日记》1862 年 11 月 30 日，UTA；《A. 格里玛给阿尔福里德·格里玛的信》1863 年 7 月 14 日，《格里玛家族文集》，THNOC；《玛丽·布莱恩给女儿的信》1862 年 1 月 24 日，《约翰·赫里特奇·布莱恩文集》，NCDAH；《玛丽·莱格给哈里特·帕默的信》1863 年 12 月 10 日，《帕默家族文集》，SCL；《玛丽·简·库克·查

迪克日记》1863 年 11 月 27 日，DU，内容相似；简·豪威森·贝亚勒《弗吉尼亚州弗里德里克堡简·豪威森·贝亚勒日记（1850—1862）》，弗里德里克堡：弗里德里克堡历史基金会 1979 年，第 12 页；《爱丽丝·雷迪日记》1862 年 2 月 11 日，SHC。

[10]《劳拉·海格德给她亲爱的朋友的信》未注明日期，《阿提卡斯·海格德文集》，EU；《萨拉·埃斯皮日记》1862 年 11 月 29 日，ADAH；《玛丽·霍特日记》1865 年 4 月，SCL。另参见《玛吉·艾伦给约翰·帕默的信》1864 年 8 月 25 日，《帕默家族文集》，SCL；比勒：《比勒日记》第 43—44 页。

[11] 本节标题取自《朱莉娅·戴维逊给约翰·戴维逊的信》1862 年 6 月 26 日，《戴维逊家族文集》，AHC；《安妮·哈珀的回忆录》13，MDAH；《雷迪日记》1862 年 2 月 13 日，SHC；《祷告吧，姑娘们，祷告吧！一首写给时代的歌谣——向南方的女性致敬》，里士满：乔治·杜恩 1864 年；《劳拉·科默日记》1862 年 1 月 4 日，SHC。

[12]《贝拉·斯特里克兰德日记》1865 年 1 月 21 日，MDAH；《艾斯蒂斯日记》1862 年 8 月 17 日，TSL；《玛丽·W. M. 贝尔给丈夫的信》1863 年 7 月 22 日，《玛丽·沃克尔·梅里韦瑟·贝尔文集》，TSL。参见卡尔文·布朗：《拉斐特县（1860—1865）：口述录》，MDAH；《凯瑟琳·布龙日记》1862 年 1 月 26 日，《布龙家族文集》，RU；《萨拉·洛伊斯·沃德利日记》1861 年 11 月 15 日，SHC；《范妮·佩吉·休谟日记》1862 年 5 月 11 日，UVA；《艾玛·克拉彻给母亲的信》1862 年 6 月 8 日，《克拉彻 – 香农文集》，MDAH；《艾玛·巴尔福日记》1863 年 6 月 2 日，MDAH；《福斯特日记》1863 年 9 月 20 日，DU；《劳拉·李日记》1862 年 3 月 17 日、1864 年 12 月 22 日，WM；《凯特·罗兰日记》1864 年 6 月 26 日、7 月 10 日，EU。随着选择机会的消失，区别教派的意义也就不大了，参见《罗兰日记》1863 年 11 月 1 日，EU。

[13]《圣经记事》1863 年 6 月 17 日；另参见《南方基督教倡议者》1864 年 9 月 8 日；《陆军海军信使报》1864 年 3 月 1 日；《内蒂·福德伦给罗伯特·米切尔的信》1862 年 12 月 16 日，《米切尔 – 福德伦文集》，GDAH。宗教在民间曾经有一些复兴的迹象，但是评论家们认为远远比不上军队里的复兴，参见《伊丽莎白给父亲、母亲的信》1864 年 7 月 29 日，《伊丽莎白·比奇文集》，MDAH；《爱丽丝·尼尔斯给亲爱的表弟的信》1863 年 9 月 19 日，《爱丽丝·E. 尼尔斯文集》，DU。关于家庭祷告，参见《兹拉·布兰登日记》1862 年 8 月 7 日，ADAH；《萨拉·摩根日记》1862 年 6 月 26 日，《萨拉·摩根内战日记》，查尔斯·伊斯特编，亚森斯：佐治亚大学出版社 1991 年版，第 137 页；《哈里特·凯里日记》1862 年 5 月 18 日，WM。关于宗教在军队的复兴，参见德鲁·吉尔平·福斯特：《基督徒士兵：邦联军队中复兴主义的价值》，《南方历史期刊》53（1987 年 2 月），

第 63—90 页。

[14]《里士满问讯报》1862 年 11 月 14 日；《西蒙日记》1862 年 12 月 31 日，UTA；《西南浸礼教》1863 年 1 月 15 日；《玛丽·格林豪·李日记》1862 年 5 月 16 日，HL；霍尔姆斯：《日记》，第 170 页；《罗兰日记》1862 年 3 月 3 日，MOC。另参见《科默日记》1862 年 1 月 26 日、3 月 21 日，SHC；《奥克特维亚·史蒂芬斯给温斯顿·史蒂芬斯的信》1862 年 1 月 7 日，《布莱恩特－史蒂芬斯文集》，UFL。

[15]《宗教先锋报》1861 年 3 月 14 日。关于妇女战前在南方教会中的人数优势，参见唐纳德·马修：《旧南方的宗教》，芝加哥：芝加哥大学出版社 1977 年版；吉恩·E. 弗里德曼：《与世隔绝的花园：女性和南部福音教会组织（1830—1900）》，教堂山：北卡罗来纳州大学出版社 1985 年版。

[16] 弗朗西斯·布雷克·布朗克布罗夫：《一位妈妈的临别赠言》，弗吉尼亚州彼得斯堡：福音教弗朗西斯·布莱克·布罗肯伯册发行会，第 4 页。关于此册子大获成功的详情，参见《宗教先锋报》1862 年 10 月 23 日。

[17]《朱莉娅·戴维逊给约翰·戴维逊的信》1862 年 9 月 9 日、6 月 26 日，《戴维逊家族文集》，AHC；《雷切尔·克里格海德日记》1862 年 9 月 4 日，TSL；《马格丽特·休斯顿给小山姆·休斯顿的信》1861 年 7 月 1 日，《赫尔内文集》，UTA；《莉拉·考勒维给摩根·考勒维的信》1862 年 6 月 11 日，《摩根·考勒维文集》，EU；另参见《艾玛·克拉彻给威尔·克拉彻的信》1862 年 3 月 14 日，《克拉彻－香农文集》，MDAH；《艾伦·摩尔给萨缪尔·摩尔的信》1861 年 7 月 11 日，《摩尔文集》，SHC。

[18] 本节标题取自《纳妮·哈斯金斯日记》1864 年 7 月 14 日，TSL；《C. A. 斯洛科姆夫人给 M. 格林沃德的信》1864 年 10 月 2 日，《M. 格林沃德文集》，THNOC。关于民众中出现的疑虑，参见《哈珀回忆录》24，MDAH。

[19] 凯瑟琳·爱德蒙德斯顿：《一位支持独立的女士的日记：凯瑟琳·安·德弗鲁·爱德蒙德斯顿（1860—1868）》，贝丝·G. 克雷布特里、詹姆斯·W. 帕顿编：罗利：档案与历史分馆 1979 年，第 461 页；凯特·斯通：《布莱克恩波恩：凯特·斯通日记（1861—1868）》，约翰·Q. 安德森，巴吞鲁日：路易斯安那州立大学出版社 1955 年版，第 264 页。

[20] 帕特里西亚·R. 劳里奇、小爱德华·D. C. 坎贝尔：《服丧的妇女》，里士满：邦联博物馆 1985 年。

[21] 更深入的关于此画文化影响的讨论，参见德鲁·吉尔平·福斯特：《种族、性属和邦联民族主义：威廉·D. 华盛顿的〈拉坦内的葬礼〉》，《南方故事：和平时期与战争时期的奴隶主》，哥伦比亚：密苏里大学出版社 1992 年版，第 148—159 页。

[22] 参见霍尔姆斯：《日记》中有关查尔斯顿的描述，第 69—70 页；以及《克拉拉·所罗门日记》中关于第一次新奥尔良杀戮中类似处理方式的描述，1861 年 7 月 16 日，LSU；康斯坦·凯里·哈利森：《喜忧参半的回忆》，纽约：斯格里不纳斯兄弟出版社 1911 年版，第 188—189 页；以及布朗：《拉斐特县》，MDAH。

[23] 范妮·A. 比尔斯：《记忆：内战四年中的个人经历与冒险记录》，费城：利品科特 1888 年，第 83 页；斯通：《布莱克恩波恩》，第 277 页；《凯莉·弗莱斯给 J. 沙夫纳的信》1863 年 1 月 19 日，《沙夫纳文集》，NCDAH；斯通：《布莱克恩波恩》，第 258 页；《哈斯金斯日记》1864 年 7 月 14 日，TSL；《福斯特日记》1863 年 11 月 15 日，DU；《玛丽·格林豪·李日记》1863 年 7 月 24 日，HL。

[24] 法语，意为："我们需要放弃自我、顺从上帝的意志并接受上帝赐予我们的十字架——我必须服从，祈祷，并满怀希望"，参见《A. 格里玛给阿尔福里德·格里玛的信》1863 年 10 月 30 日；另参见《格里玛家族文集》1863 年 11 月 27 日，THNOC；《申命记》中关于求祷的描述见第 33 章第 25 节，参见《萨拉·简·山姆斯给兰道夫·山姆斯的信》，《萨拉·J. 山姆斯文集》，SCL；《罗达·迪尤尔给 L. J. 迪尤尔的信》1864 年 11 月 3 日，《瞭望角书信》，NA；爱德蒙斯顿：《一位支持独立的女士的日记》，第 55 页；《苏·理查德森日记》1864 年 2 月 5 日，EU；《科默日记》1862 年 1 月 12 日，SHC。

[25]《朱莉娅·戴维逊给约翰·戴维逊的信》1863 年 9 月 8 日，《戴维逊家族文集》，AHC；J. 迈克尔·威尔顿编：《我的心是如此桀骜不驯：考德威尔文集（1861—1865）》，弗吉尼亚州沃伦顿：福基尔国家银行 1991 年，第 241、255 页；《科妮莉亚·诺布尔日记》1862 年 11 月 2 日，UTA；《玛丽·斯坦普斯给杰弗逊·戴维斯的信》1863 年 8 月 16 日，《杰弗逊·戴维斯文集》中的复印件，RU；《布龙日记》1862 年 3 月 8 日，RU；M. E. B.：《一位孤独妇女思想中的光明与阴影》，《M. L. 劳顿剪贴簿》中的剪报，25，AHC。

[26]《哈斯金斯日记》1863 年 2 月 16 日，TSL；《所罗门日记》1861 年 6 月 7 日，LSU；《雷迪日记》1862 年 3 月 24 日，SHC；玛丽·安·哈瑞斯·盖伊：《战时南方的生活》，亚特兰大：立法工作办公室 1892 年，第 195 页。

[27]《艾斯蒂斯日记》1862 年 11 月 14 日，TSL；科妮莉亚·皮克·麦克唐纳德：《一个女人的内战：1862 年 3 月以来的日记及战争回忆录》，敏罗斯·C. 格温编并撰写引言，麦迪逊：威斯康星大学出版社 1992 年版，第 241 页；盖伊：《战时南部的生活》，第 273 页。

[28]《艾达·维尔康姆给战争部部长的信》1862 年 2 月 7 日，11167，LRCSW，RG109，卷 27，M437，NA。

[29]《M. V. 卡霍给杰弗逊·戴维斯的信》1864 年 1 月 28 日，LRCSW，RG 109，卷

123，C177，NA；《安妮·克雷格给战争部部长的信》1861年9月17日，5689，LRCSW，RG109，卷10，NA；《安娜·麦克康奈尔给杰弗逊·戴维斯的信》1865年1月21日，《杰弗逊·戴维逊文集》，DU；《亨丽埃塔·麦克唐纳德给杰弗逊·戴维斯的信》1861年9月15日，5668，LRCSW，RG109，卷10，NA。

［30］《伊丽莎白·科利尔日记》1862年7月3日，SHC。

［31］《格蕾丝·埃尔默日记》1865年3月10日，SCL；《玛丽·艾尔利日记》1865年4月10日，VHS；《L. 弗吉尼亚·弗伦奇日记》1865年5月31日，TSL；《玛丽·格林豪·李日记》1865年4月15日，HL。关于妇女们对战败的反应，还可参见理查德·M. 韦弗尔：《海湾的南方传统：战后思想史》，纽约新罗切尔：阿灵顿宫1968年，第270—273页。另参见乔治·C. 雷博：《内战：妇女与南方民族主义的危机》，乌尔班纳：伊利诺斯大学出版社1989年版，第224—225页。

第九章

［1］《纽约世界报》引用《莫比尔新闻晚报》1862年4月13日；记者的话见弗朗西斯·巴特勒·西姆金斯与詹姆斯·韦尔奇·巴顿：《邦联妇女》，里士满：加勒特和迈西出版社1936年版，第42页；《劳拉·李日记》1862年6月7日，WM。"女魔头"见里德·米切尔：《空置的椅子：北方士兵远离家乡》，纽约：牛津大学出版社1993年版，第六章。

［2］参见尼娜·西尔伯：《无节制的人、心怀恶意的女人和杰弗逊·戴维斯》，《分裂的家庭：性别与内战》，凯瑟琳·克林顿和尼娜·西尔伯编辑，纽约：牛津大学出版社1992年版，第283—305页；乔治·C雷博：《内战：妇女与南方民族主义的危机》，乌尔班纳：伊利诺斯大学出版社1989年版，第154—180页。

［3］本节标题援引《玛丽·格林豪·李日记》1862年4月1日，HL。《凯瑟琳·科克伦回忆录》第一卷，1982年3月，VHS；《玛丽·格林豪·李日记》1862年4月21日，HL。

［4］《玛丽·格林豪·李日记》1862年3月14日，1863年1月3日、3月16日，HL。

［5］《爱丽丝·雷迪日记》1862年3月11日，SHC；乔治·佩迪·卡蒂诺编辑：《工具皮包和纺轮：乔治·W. 佩迪和凯特·费瑟斯顿·佩迪的内战信件》，美肯，佐治亚州：莫瑟尔大学出版社1981年版，第284页；《L. 弗吉尼亚·弗伦奇日记》1863年4月26日，TSL；《艾玛·勒贡特日记》1865年2月14日，SCL；另参阅《奥克特维亚·史蒂芬斯给温斯顿·史蒂芬斯的信》1862年3月12日、19日，《布莱恩特－史蒂芬斯文集》，UFL。贝拉·爱德蒙斯顿关于她在裙撑下装满了货物走私穿过战争边境线的描述，见《邦联逝去

的女英雄：贝拉·爱德蒙森的日记和信件》1864 年 3 月 16 日，威廉·加尔布雷思和洛瑞塔·加尔布雷思编辑，杰克森：密西西比大学出版社 1990 年版，第 97 页。

［6］关于对白人妇女明显减少的强奸事件，见西姆金斯和巴顿：《邦联妇女》，第 48 页；米切尔：《空置的椅子》，第 102、104 页；布朗·米勒：《违背我们的意愿：男人、女人和强奸》纽约：班塔姆 1990 年，第 89 页；迈克尔·费尔曼：《内部战争：美国内战期间密苏里的游击冲突》，纽约：牛津大学出版社 1989 年版，第 193—230 页。关于黑人女性，见米切尔：《空置的椅子》；费尔曼：《内部战争》；查尔斯·罗伊斯特：《毁灭性战争》，纽约：Konopf 1991 年，第 23、342 页。虽然侵犯白人女性的传言出现私人记事和南方报纸中，但是很难评估这些报告的可靠性。例如，艾玛·霍尔姆斯：《日记》，约翰·马斯扎勒克编辑，巴吞鲁日：路易斯安那州立大学出版社 1979 年版，第 81—82、434 页。

［7］费尔曼：《内部的战争》，第 205 页；《托马斯·赛托尔给泽布伦·万斯的信》1864 年 9 月 21 日，《泽布伦·万斯文集》，NCDAH。

［8］《玛丽·格林豪·李日记》，1862 年 4 月 1 日，HL；"F. F. V.'s" 是弗吉尼亚州的第一批移民家族的意思；《阿曼达·查普利尔日记》1862 年 3 月 17 日，VHS；密苏里妇女见费尔曼：《内部战争》，第 196 页；《玛丽·格林豪·李日记》1862 年 3 月 17 日，HL；《凯特·卡尼日记》1862 年 7 月 20 日，SHC；《玛丽·格林豪·李日记》1863 年 4 月 6 日，HL。一些南邦联的妇女处于北军的军事范围内，在诸如纳什维尔、新奥尔良、华盛顿特区，因北方官员怀疑她们从事间谍活动而逮捕她们。她们有时被流放，有时被监禁。例如，尤金妮亚·菲利普斯先是从华盛顿返回南方后，又被囚禁在密西西比州，参见《尤金妮亚·菲利普斯日记》，《菲利普·菲利普斯文集》，LC。

［9］《玛丽·格林豪·李日记》1862 年 3 月 22 日，HL；《雷迪日记》1862 年 3 月 22 日，SHC；《凯瑟琳·布龙日记》1862 年 11 月 6 日，RU；芒福德引自道格拉斯·S. 费里曼：《南方后人：邦联历史著作的介绍》，纽约：斯克利布纳尔出版社 1939 年版，第 107 页；《科克伦回忆录》，1863 年 5 月 15 日，第一卷，VHS；霍尔姆斯：《日记》，第 402 页。

［10］《哈丽埃特·凯里日记》1862 年 5 月 11 日，WM；《卡尼日记》1862 年 7 月 16 日，SHC。其他例子，参阅《阿比·戴·斯洛科姆给 J. B. 沃尔顿的信》1862 年 7 月 17 日，《沃尔顿–葛列尼文集》，THNOC；《詹尼·史密斯给詹尼·罗伯逊的信》1865 年 4 月 12 日，托马斯·韦伯夫人收藏，NCDAH；《萨拉·肯尼迪日记》1863 年 2 月 9 日，TSL；《查普利尔日记》1862 年 4 月 14 日，VHS。《米利奇维尔南方联盟报》记载并对这些胜利常常冠以"一次好的打击""一次好的射击""夸张的胜利"，加以吹捧，例如 1862 年 8 月 6 日、9 月 2 日。

[11]《科克伦回忆录》1863 年 3 月，第一卷，VHS；萨拉·摩根：《萨拉·摩根的内战日记》，查尔斯·伊斯特编辑，阿森斯：佐治亚大学出版社 1991 年版，第 160 页；《雷迪日记》1862 年 3 月 19 日，SHC；北方军官见西姆金斯和巴顿：《邦联妇女》，第 43 页。

[12] 玛丽·安·赫夫：《邦联佐治亚妇女的角色》，埃默里大学 1967 年，第 116 页；《伊丽莎白·麦卡米回忆录》，第 2 页，TSL；克拉拉·B. 伊诺：《美国内战期间阿肯色州妇女的活动》，《阿肯色州历史季刊》3（1944 年春），第 18、20 页。

[13] 本节标题引自《安妮·萨缪尔斯、艾琳·贝尔等人给詹姆斯·塞登的信》1864 年 12 月 2 日，LRCSW，RG109，122 卷，M437，B692，NA；《查尔斯顿水星报》1863 年 1 月 8 日；《米利奇维尔南方联盟报》1862 年 8 月 19 日。关于妇女参军，见洛蕾塔·珍妮特·委拉斯凯兹：《战斗中的妇女：洛蕾塔·珍妮特·委拉斯凯兹女士的功绩、冒险和旅行——邦联陆军哈利·T. 布福德少尉》，康涅狄格州哈特福德：贝尔纳普 1876 年，这本书如果不是虚构的话也是夸张的；玛丽·伊丽莎白·梅西：《内战中的妇女》，林肯：内布拉斯加州大学出版社 1994 年版，第 78—86 页（最初发表时为《美国妇女和内战》，纽约：克诺夫 1966 年）；珍妮特·E. 考夫曼：《“在女性的旗帜下”：邦联部队中的妇女士兵》《南部研究》23（1984 年冬），第 363—375 页；德安妮·布兰顿：《内战中的妇女士兵》前言，第 27—33 页；西姆金斯和巴顿：《邦联妇女》，第 74、80 页；《查普利尔日记》1861 年 7 月 18 日，VHS；《J. M. 费恩给 E. 费恩的信》1861 年 12 月 10 日，《赫尔达·布莱恩特文集》，DU；《弗伦奇日记》1864 年 4 月 17 日，TSL；《查尔斯顿水星报》1862 年 4 月 5 日。

[14] 赫夫：《妇女的角色》，第 54 页；莉拉·莫里斯：《战争的个人回忆：邦联女孩士兵》，《克拉姆里家族文集》，AHC；关于妇女自卫队，见《查尔斯顿水星报》1861 年 7 月 18 日。《M. A. C. 给亲爱的堂表亲》1861 年 11 月 9 日，《内维斯文集》，SCL；福利斯特·T. 摩根：《邦联的"南希·哈特"》，《邦联老兵》第 30 期（1922 年 12 月），第 465—466 页；《给泽布伦·万斯州长关于北卡罗来纳女性管理者讨论的匿名信》1863 年 2 月 18 日，《万斯文集》，NCDAH。

[15]《安妮·萨缪尔斯、艾琳·贝尔等人给詹姆斯·塞登的信》1864 年 12 月 2 日，LRCSW，RG109，122 卷，M437，B692，NA。

[16] 本节标题援引凯特·卡明：《凯特：一个邦联护士的日记》1865 年 4 月 3 日，理查德·巴克斯代尔·哈韦尔编辑，巴吞鲁日：路易斯安那州立大学出版社 1959 年版，第 269 页。《玛丽·格林豪·李日记》1862 年 3 月 16 日，HL。关于交战中年龄为一个因素，见爱丽丝·雷迪的父母努力阻止她的战争行动，《雷迪日记》1862 年 3 月 31 日，

SHC；艾达·特洛特对其堂姐妹的描述："尽她所能地花时间做所有激怒北军士兵，使家里长者一直处于不安状态"，《艾达·巴洛·特洛特回忆录》，第6页，MDAH。

［17］《玛丽·格林豪·李日记》1862年12月14日，也见1865年8月5日，HL。

［18］萨拉·摩根：《内战日记》，第122页。玛丽·李使用同样的概念——"下流话风格"，见《玛丽·格林豪·李日记》1862年3月17日，HL。

［19］《雷迪日记》1862年4月21日，SHC；《阿曼达·沃辛顿日记》1864年10月11日，MDAH；《艾达·巴科日记》1862年6月14日，SCL；《玛丽·格林豪·李日记》1862年9月4日，HL；萨拉·摩根：《内战日记》，第122—123页。

［20］《菲比·列维·彭博尔给尤金莉亚·菲利普斯的信》1863年9月13日，《菲利普·菲利普斯文集》，LC。

［21］《玛丽·格林豪·李日记》1863年11月9日，1865年1月6日，另见1863年2月8日，HL；科妮莉亚·皮克·麦克唐纳：《一个女人的内战：1862年3月以来的日记及战争回忆录》，门罗斯·格林编辑和导言，麦迪逊：威斯康星大学出版社1992年版，第123页。

［22］《玛丽·布朗给约翰·布朗的信》1865年6月20日，《W.万斯·布朗文集》，NCDAH；《安妮·哈珀回忆录》28，MDAH。关于纳齐兹，见迈克尔·韦恩：《南方的重塑：纳齐兹地区（1860—1880）》，巴吞鲁日：路易斯安那州立大学出版社1983年版；D.克莱顿·詹姆斯：《美国南北战争前的纳齐兹》，巴吞鲁日：路易斯安那州立大学出版社1968年版；威廉·K.斯卡伯勒：《贵族还是资本家？比较视野中的纳齐兹巨富》，《密西西比州史期刊》54（1992年8月）：第239—267页。

［23］《凯特·福斯特日记》1863年9月20日；《哈珀回忆录》29，MDAH。在与敌亲善方面，见《玛丽·简·查迪克日记》1864年1月，1865年3月1日，DU；在国家档案馆、南部索赔委员会的文件中充满了南方平民帮助敌人的报告。

［24］本杰明·F.巴特勒：《少将本杰明·巴特勒的自传和个人回忆：巴特勒的书》，波士顿：塞耶1892年，第378页；本节标题引自该书第418页。关于巴特勒和新奥尔良妇女，见玛丽·赖恩：《女性在公共场合：横幅和投票之间（1825—1880）》，巴尔的摩：约翰·霍普金斯大学出版社1990年版，第130—171页；乔治·C.雷博：《"战争先锋"：邦联妇女》，克林顿和西贝尔：《分裂的家庭》，第134—146页；汉斯·L.特拉弗斯：《杰明·巴特勒：南方称他是野兽！》，纽约：传文出版社1957年版，第107—121页；杰拉尔德·M.卡珀斯：《被占领的城市：联邦下的新奥尔良（1862—1865）》，列克星敦：肯塔基大学出版社1965年版；西姆金斯和巴顿：《邦联妇女》，第56—58页。

［25］巴特勒：《自传》，第417页。

［26］同上，第418页。

［27］同上，第421、418页。

［28］同上，第419页；马里恩·索斯沃德：《美人和战利品：新奥尔良的口号》，纽约：M. Doolady1867年，第133—136页；《里士满问讯报》1862年10月7日。

［29］索斯沃德：《美人和战利品》，第136页；密苏里女人见费尔曼：《内部战争》，第196页；玛丽·彻斯纳特：《内战》，纽黑文：耶鲁大学出版社1981年版，第343页；特拉弗斯：《本·巴特勒》，第113页；《莫比尔广告与纪事报》1862年6月26日；特拉弗斯：《本·巴特勒》，第112页。关于其他女性的反应，见萨拉·摩根：《内战日记》，第76—77页；霍尔姆斯：《日记》，第165页；艾拉·格特鲁德·克兰顿·托马斯：《艾拉·格特鲁德·克兰顿·托马斯日志（1848—1889）》，北卡罗来纳州：北卡罗来纳大学出版社1990年版，第206页；《克拉拉·所罗门日记》1862年5月17日，路易斯安那大学；《芭芭拉对亲爱的姐姐的爱》1862年6月5日，《对亲爱的哥哥的爱》1862年6月18日，《库里山种植园文件》，GDAH；凯特·斯通：《布莱克恩波恩：凯特·斯通日记（1861—1868）》，巴吞鲁日：路易斯安那州立大学出版社1955年版，第111页。

［30］关于公共和私人范围，见桃乐茜·Q. 赫利和苏珊·M. 雷弗比编：《性别领域：重新思考女性历史中的公开性与私密性》，纽约：康奈尔大学出版社1992年版。

［31］索斯沃德：《美人和战利品》，第279页；阿德莱德·斯图亚特·迪米特里：《手帕战役》，《邦联老兵》第31期（1923.5），第182—183页。

［32］《玛丽·格林豪·李日记》1865年5月5日，HL。

［33］本节标题引自贝拉·博伊德：《贝拉·博伊德在集中营和监狱》，纽约：Blelock1865年，第86页。见《查尔斯顿水星报》1864年2月27日；西姆金斯和巴顿：《邦联妇女》，第53、77—80页；路易斯·A. 西格德：《贝拉·博伊德：邦联间谍》，里士满：Dietz1944年；奥斯卡·A. 金辰：《南北军的双面女间谍》，费城：多兰斯1972年；露丝·斯卡布罗：《贝拉·博伊德：南部的迷人女性》，佐治亚州美肯：摩斯大学出版社1983年版。博伊德是最出名的但不是唯一的女性邦联间谍，如，爱德蒙森：《逝去的女英雄》，罗莎·奥尼尔·格林豪：《我的监禁生活和华盛顿废除奴隶制的第一年》（伦敦：R. 本特利1863年）。

［34］博伊德：《贝拉·博伊德》，第73页。

［35］如上，第86页。

［36］如上，第110—111页。

［37］同上，第 227、118 页。

［38］同上，第 461 页。

第十章

［1］本章标题引自《艾玛·克拉彻给威尔·克拉彻的一封信》1861 年，第 12、20 页，《克拉彻－香农文集》，UTA；萨拉·摩根：《萨拉·摩根内战日记》，阿森斯：格鲁吉亚大学出版社 1991 年版，第 167 页。关于萨拉·摩根的"异性装扮的幻想"的讨论，见克拉拉·容克：《联盟防线的背后：萨拉·摩根·道森》，《南方季刊》第 30 期（1991 秋），第 13 页。特别感谢协助完成本章的服装历史学家琼·塞韦拉和罗格斯大学历史研究中心的战争与和平研讨会，尤其是约翰·W. 钱伯斯和丽贝卡·布里滕纳姆。

［2］从服装的文化意义方面，尤其是关于性别身份，见马乔里·加伯：《特权阶级：异装和文化焦虑》，纽约：劳特利奇出版社 1992 年版；桑德拉·M. 吉尔伯特和苏珊·古巴尔：《异装和纠正：作为隐喻的异装癖》，《无人陆地：20 世纪女性作家的天地》第 2 卷《变性》，纽黑文：耶鲁大学出版社 1989 年版，第 324—376 页；朱莉娅·爱泼斯坦和克里斯蒂娜·斯特劳布编：《身体卫士：性别模糊的文化政治》，纽约：劳特利奇出版社 1991 年版；简·盖恩斯和夏洛特·赫尔佐克编：《装饰：服装和女性身体》，纽约：劳特利奇出版社 1990 年版；艾莉森·卢里：《衣服的语言》，纽约：兰登出版社 1981 年版；朱丽叶·阿什、伊丽莎白·威尔逊编：《别致的兴奋：一个时尚读者》，伯克利：加利福尼亚大学出版社 1992 年版；贾斯汀·M. 科德维尔和罗纳德·A. 施瓦尔兹：《文化结构：衣物和装饰人类学》，纽约：穆顿出版社 1979 年版。关于邦联女性的服装，见乔治·C. 雷博：《内战：女性和南部民族主义危机》，乌尔班纳：伊利诺斯大学出版社 1989 年版，第 92—95 页；弗朗西斯·巴特勒·西姆金斯和詹姆斯·韦尔奇·巴顿：《邦联妇女》，里士满：加勒特和马西出版社 1936 年版，第 147—152 页。关于战前南方的时尚方面，见伊丽莎白·福克斯－吉诺维斯：《在种植园家庭内部：旧时南方的黑人女性和白人女性》，教堂山：北卡罗来纳大学出版社 1988 年版，第 214—224 页。

［3］萨拉·摩根：《内战日记》，第 77 页。

［4］本节标题引自《玛丽·格林豪·李日记》1863 年 10 月 19 日，HL；帕西尼亚·安托瓦内特·黑格：《一个封锁的家庭：内战时期南阿拉巴马的生活》，林肯：内布拉斯加大学出版社 1991 年版，第 39 页；《艾玛·勒贡特日记》1865 年 1 月 23 日，SHC。摩尔比的居民在 1862 年 8 月兴高采烈地从穿越封锁线的船只那里获取欧洲布料，见哈利特·阿莫斯：《人人关心的话题：邦联迁徙时的食物和服装》，《亚特兰大历史社会期刊》第 22 期

（1978 年秋冬），第 22 页。最近的水下考古者发现了被封锁的船只携带了"大量奢侈货品"，包括有裙撑的裙子。"这意味着即使是在强迫下，南方人也不总是愿意牺牲他们欣赏的生活标准。实际上，邦联政府经济很窘迫因而无法从这些船上获取军事装备。"戈登·P. 沃茨：《联合封锁的走私船》，《考古学》第 42 期（1989 年 9/10 月），第 38 页，感谢安布尔·蒙秋尔引荐了这个作品。

　　[5]《玛丽·格林豪·李日记》1863 年 9 月 23 日、10 月 19 日，HL；黑格：《封锁的家庭》，第 67 页；凯特·斯通：《布莱克恩波恩：凯特·斯通日记（1861—1868）》，巴吞鲁日：路易斯安那州立大学出版社 1955 年版，第 207 页；马格丽特·扎肯·普雷斯顿：《马格丽特·扎肯·普雷斯顿的生活和信件》1862 年 4 月 3 日，波士顿：霍顿，米夫林 1903 年，第 134 页；《马格丽特·吉利斯日记》1867 年 2 月 24 日，ADAH；《莉齐·内白勒特给威尔·内白勒特的信》1864 年 5 月 17 日，《莉齐·内白勒特文集》UTA；《艾伦·摩尔给萨缪尔·摩尔的信》1863 年 8 月 21 日，《萨缪尔·J. C. 摩尔文集》，SHC；《拉瑟福德县女性致泽布伦·万斯的信》1863 年 6 月 15 日，《泽布伦·万斯文集》，NCDAH。

　　[6]《莉齐·内白勒特给威尔·内白勒特的信》1864 年 1 月 9 日；《内白勒特文集》1864 年 3 月 28 日，UTA。关于萨拉·摩根对北方佬给女奴隶她的衣服的反应，见《内战日记》，第 213、215 页："想象一下我洋红色的衣服穿在一个黑人美女身上！呸！我觉得那个景象会让我暴怒！"C. 范恩·沃斯沃德编：《玛丽·切斯纳的内战》，纽黑文：耶鲁大学出版社 1981 年版，第 588 页。斯通：《布莱克恩波恩》，第 209、175 页。

　　[7] 本节标题引自《摩根·考勒维给莉拉·考勒维的信》1862 年 5 月 7 日，《摩根·考勒维文集》，EU；詹姆斯·拉威尔：《服装与时尚：一部简史》，纽约：纽约大学出版社 1983 年版，第 179、170—172 页。关于裙箍的文化意义，见多琳·亚武德：《世界服装百科全书》，纽约：席克里布纳斯 1978 年，他将这个风格描述为"19 世纪 50 年代的女性地位的象征"（第 125 页）；道格拉斯·拉塞尔：《服装的历史和风格》，英格沃德克里夫：普伦蒂斯·霍尔出版社 1983 年版；诺拉·沃：《束身内衣和裙衬》，纽约：戏剧艺术图书 1954 年。服装历史学家琼·塞韦拉亲切地和我分享了她的观点，确定了美国时尚中的裙箍时代大约是从 1855 年（它首次出现在广告中）约到 1867 年消亡为止。

　　[8]《摩根·考勒维给莉拉·考勒维的信》1862 年 5 月 7 日、26 日，《摩根·考勒维文集》，EU；《艾玛·克拉彻给威尔·克拉彻的信》1862 年 2 月 1 日，《克拉彻—香农文集》，UTA；斯通：《布莱克恩波恩》，第 225 页；对于布料不断上升的成本的例子，见雷博：《内战》，第 93—94 页。关于裙箍和邦联时尚，见《女士时尚的革命》1863 年 10 月 19 日；《最新的时尚》1863 年 12 月 7 日；《女性不忠的象征》1863 年 11 月 24 日——全部

都在《查尔斯顿水星报》中。

［9］《阿曼达·沃辛顿日记》1862 年 5 月 11 日，MDAH。

［10］黑格：《封锁的家庭》，第 113—114 页；《安妮·香农·马丁日记》1864 年 2 月 23 日，MDAH；伊丽莎白·P. 哈丁：《莉齐·哈丁的私下战争：一个肯塔基州邦联女孩关于在肯塔基、弗吉尼亚、田纳西、阿拉巴马和格鲁吉亚的内战的日记》，G. 格伦·克利夫特编，法兰克福：肯塔基历史社团 1963 年，第 205 页；《艾伦·摩尔给萨缪尔·摩尔的信》1863 年 1 月 3 日，《摩尔文集》，SHC；《凯瑟琳·科克伦回忆录》卷 1，VHS。束身的妇女胸衣是在战时南部的另一个紧缺物品，萨拉·普莱尔恳求一个邦联首领让一个公司枪匠给她做替代品，见萨拉·艾格尼丝·普莱尔：《和平与战争回忆录》，纽约：麦克米伦出版社 1904 年版。

［11］《克拉拉·所罗门日记》1862 年 6 月 10 日，LSU。

［12］同上，1862 年 6 月 22、25 日，1861 年 9 月 28 日；本节标题引自 1862 年 6 月 25 日。露丝·劳琳：《一些南卡罗来纳州萨姆特郡的战时事件》，《邦联中的南卡罗来纳州妇女》卷 2，哥伦比亚，南卡州罗来纳：州立出版公司 1903 年版，2，第 173 页；《纳妮·哈斯金斯日记》1863 年 7 月 24 日，TSL。关于发型，见《莉拉·考勒维给摩根·考勒维的信》1862 年 10 月 7 日，1863 年 12 月 22 日，《考勒维文集》，EU；《西德尼·哈丁日记》1863 年 7 月 26 日、8 月 1 日，LSU。一个服装历史学家如下描述 19 世纪的发型："在下颚轮廓处剪发，底部非常厚而直，仅仅在中部分开，然而很多年轻女性用卷发棒将头发卷一下以使头发蓬松和便于整理。"琼·塞韦拉，个人交流，1993 年 8 月 28 日。关于战争引发的妇女剪发的另一个情况，见玛丽·路易斯·罗伯茨：《无性别文化：在战后法国重建性别（1917—1929）》，芝加哥：芝加哥大学出版社 1994 年版，第 63—87 页。

［13］《沃辛顿日记》1863 年 6 月 1 日，MDAH；科迪莉亚·斯盖尔斯《南方的巾帼英雄：绝望之冬》，凯瑟琳·M. 琼斯，卷 2，圣西蒙斯岛：仿声鸟图书 1975 年版；爱德华·埃基维尔：《卡斯汀：一段迷人的罗曼史》，罗列：威廉·B. 史密斯出版社 1865 年版，在易装方面，见维多利亚·E. 拜纳姆：《未守规矩的女人：旧时南方社会和性别控制政策》，教堂山：北卡罗来纳大学出版社 1992 年版，第 132 页。

［14］《艾玛·克拉彻给威尔·克拉彻的信》1861 年 12 月 20 日，《克拉彻－香农文集》，UTA。

［15］《非凡求爱》，《里士满问讯报》1864 年 4 月 26 日。

［16］本节标题引自罗威娜·韦伯斯特未注明日期，《加勒特文集》，TSL；尼娜·西尔伯：《放纵的男人、怀恨在心的女人和杰弗逊·戴维斯》，《分裂的家庭：性别和内战》，

凯瑟琳·克林顿和尼娜·西尔伯编辑，纽约：剑桥大学出版社 1992 年版，第 283—305 页；小马克·E. 尼利、哈罗德·霍尔茨、和伽柏·S. 博里特：《里士满的美女》，《邦联影迹：未竟大业的印记》，教堂山：北卡罗来纳大学出版社 1987 年版，第 79—96 页，包括卡通片和雕刻品的好例子；切斯特·D. 布拉德利：《杰弗逊·戴维斯在被捕时是不是伪装成个女人?》《密西西比历史期刊》36（1974.8）：第 246 页。玛丽·李没有质疑这个故事，见《玛丽·格林豪·李日记》1865 年 5 月 10 日，HL。

[17] 罗威娜·韦伯斯特，未注明日期，《加勒特文集》，TSL；海伦·加纳：《邦联之女联合会》，《密西西比州哥伦布的战争回忆录》，沙利文 1961 年，第 15 页；《阿兰达·汀布莱克文集》中《伊丽莎·安·拉尼尔的回忆录》，MDAH；《里士满问讯报》，1862 年 9 月 10 日。

[18]《米塔·莫里斯·格林波尔日记》，1863 年 1 月 1 日，SHC。

[19] 弗洛伦斯·珀西：《妈妈，带我入梦乡》，南卡州哥伦比亚：朱利安·塞尔比 1862 年；德鲁·吉尔平·福斯特：《邦联民族主义的形成：内战时期南方的意识形态和身份认同》，巴吞鲁日：路易斯安那州立大学出版社 1988 年版，第 18—19 页。

[20] 本节标题引自萨拉·摩根：《内战日记》，第 183 页。《莉齐·内白勒特给威尔·内白勒特的信》1864 年 3 月 20 日，《内白勒特文集》，UTA；萨拉·摩根：《内战日记》，第 182—183 页；《萨拉·安妮·格罗夫·斯特里科勒日记》，1865 年 5 月 9 日，UVA。

[21] 萨拉·摩根：《内战日记》，第 65 页；贝拉·爱德蒙森 1864 年 3 月 5 日，《邦联逝去的女英雄：贝拉·爱德蒙森的日记和信件》，杰克逊：密西西比大学出版社 1990 年版，第 91 页；《伊丽莎白·科利尔日记》1862 年 4 月 11 日，SHC；《艾玛·沃尔顿致给沃尔顿的信》1863 年 5 月 12 日，《沃尔顿·葛列尼文集》，THNOC；萨丽·芒福德引自道格拉斯·S. 弗里曼：《南方后人：邦联历史著作的介绍》，纽约：斯克里布纳 1939 年，第 109 页；《奥克塔维亚·史蒂芬亚给温斯顿·史蒂芬斯》，1839 年 12 月 11 日，《布莱恩特－史蒂芬斯文集》，UFL；《沃辛顿日记》1862 年 2 月 11 日、25 日，MDAH；《莉齐·内白勒特给威尔·内白勒特的信》1864 年 4 月 27 日，《内白勒特文集》，UTA；《阿比·斯洛科姆给 J. B. 沃尔顿的信》1862 年 10 月 23 日，《沃尔顿·葛列尼文集》，THNOC；布拉格引用在雷博：《内战》，第 150 页；玛丽·安·拉夫堡引用在凯瑟琳·M. 琼斯：《南方的巾帼英雄》2，第 7 页；《里士满问讯报》1864 年 10 月 4 日。

[22] 萨拉·摩根：《内战日记》，第 156 页。

[23]《农村人》1864 年 5 月 3 日。关于这种 20 世纪的意识形态典范，见马格丽特·

兰道夫·伊戈内、简·詹森、索尼娅·米歇尔、马格丽特·柯林斯·韦茨，编：《线后面：性别和两个世界大战》，纽黑文：耶鲁大学出版社 1987 年版，第 7 页。

[24]《玛丽亚·M. 哈勃德日记》1861 年 6 月 25 日，VHS；《克拉拉·麦克琳日记》1862 年 3 月 3 日，DU；沃德沃德：《玛丽·切斯纳的内战》，第 677 页。

[25] 艾拉·格特鲁德·克兰顿·托马斯：《秘密之眼：艾拉·格特鲁德·克兰顿·托马斯日志（1848—1889）》教堂山：北卡罗来纳大学出版社 1990 年版，第 204 页；凯瑟琳·爱德蒙斯顿：《一位支持独立的女士的日记：凯瑟琳·安·德弗罗·爱德蒙斯顿日记（1860—1866）》，罗利：档案和历史部门 1979 年，第 64 页。

第十一章

[1] 本章标题引自玛丽·布莱恩：《给我亲爱的女儿》1863 年 5 月 20 日，《约翰·赫里特奇·布莱恩文集》，NCDAH。

[2]《基督徒士兵：邦联军中复兴主义的价值》，《南方故事：和平与战争中的奴隶主》哥伦比亚：密苏里大学出版社 1992 年，第 88—109 页；赫伯特·亨丁和安·博林格·哈斯：《战争之伤：搏斗的心理余波》，纽约：基本图书 1984 年版；罗伯特·杰伊·利夫顿：《来自战争的家庭》，纽约：西蒙和舒斯特 1973 年；理查德·塞维罗和勒威斯·米尔福德：《战争的代价：当美国士兵回家的时候：从福吉谷到越南》，纽约：西蒙和舒斯特 1989 年。

[3]《玛丽·简·库克·查迪克日记》1865 年 1 月 1 日，DU；《L. 弗吉尼亚·弗伦奇日记》1863 年 3 月 26 日，TSL；《艾玛·道伯森给詹姆斯·塞登的信》1865 年 1 月 3 日，LRCSW，RG109，卷 147，M437，D4，NA；《安妮·厄普舍给杰弗逊·戴维斯的信》1865 年 1 月 3 日，LRCSW，RG109，卷 114，U2，NA。

[4]《玛丽·格林豪·李日记》1865 年 5 月 21 日、6 月 2 日，HL；《凯瑟琳·库珀日记》1863 年 4 月 6 日，TSL；《埃米莉·哈利斯日记》1865 年 2 月 17 日，1862 年 11 月 23 日，1864 年 10 月 9 日、11 月 21 日，WC。

[5] 科妮莉亚·皮克·麦克唐纳德：《一个女人的内战：1862 年 3 月以来的一本日记及战争回忆录》，麦迪逊：威斯康星大学出版社 1992 年版，第 99 页；《玛丽·莱格给哈里特·帕默的信》1863 年 7 月 3 日，《帕默家庭文集》，SCL。一个几乎一样的言辞，见艾拉·格特鲁德·克兰顿·托马斯：《秘密之眼：艾拉·格特鲁德·克兰顿·托马斯日志（1848—1889）》，基督山：北卡罗来纳大学出版社 1990 年版，第 257 页。

[6]《艾比·布鲁克斯日记》1865 年 4 月 4 日，AHC；《一个内战中的弗吉尼亚女孩，

（1861—1865）》，纽约：阿普尔顿 1903 年，第 41 页；萨拉·艾格尼丝·普莱尔：《和平与战争回忆录》，纽约：麦克米兰 1904 年版，第 372 页。《莉齐·内白勒特给威尔·内白勒特的信》，1863 年 8 月 11 日，《莉齐·内白勒特文集》，UTA。关于词语"callous"的使用，见《阿米莉亚·平肯德给伊莎贝拉·沃德拉夫的信》1861 年 9 月 15 日，《伊莎贝拉·沃德拉夫的文集》DU；《玛丽·格林豪·李日记》1862 年 8 月 9 日，HL；《艾玛·勒贡特日记》，1865 年 1 月 18 日，SCL。

[7]《贝拉·爱德蒙森日记》1864 年 4 月 17 日，SHC；《M. A. 帕克曼给杰弗逊·戴维斯的信》1863 年 3 月 25 日，LRCSW，RG109，卷 106，M437，P130，NA；《弗伦奇日记》1863 年 8 月 9 日，TSL；《埃米莉·哈利斯日记》，1864 年 11 月 18 日，WC。

[8]《朱莉娅·戴维逊给约翰·戴维逊的信》1863 年 8 月，《戴维逊家庭文集》，AHC；托马斯：《秘密之眼》，第 250 页；《A. 格里玛给阿尔福里德·格里玛的信》1863 年 11 月 27 日，1864 年 1 月 4 日，《格里玛家庭文集》，THNOC；康斯坦斯·凯里·哈利森：《喜忧参半的回忆》，纽约：斯科瑞纳斯 1911 年，第 83 页；伊丽莎白·兰道夫·艾伦编：《马格丽特·扎肯·普雷斯顿的生活和信件》，波士顿：霍顿，米夫林 1903 年版，第 148 页；《萨拉·简·山姆斯给兰道夫·山姆斯的信》，1865 年 2 月 10 日，《山姆斯家庭文集》，SCL；朱莉娅·勒格兰德：《朱莉娅·勒格兰德日记（新奥尔良，1862—1863）》，里士满：埃弗雷特万迪 1911 年，第 44—45 页。作者将段落中法语翻译为"我只看到了牺牲、受害者、毁灭、悲剧，别无他物……没有结果的大屠杀"。

[9] 玛莲达·布兰森·摩尔：《南方单词拼写书》，罗利：布兰森和法拉出版社 1864 年版，第 23 页。第一次世界大战作为现代人的起源，见保罗·福塞尔：《伟大的战争和现代记忆》，纽约：剑桥大学出版社 1975 年版。

[10] 贝蒂·赫恩登·莫里：《贝蒂·赫恩登·莫里的邦联日记（1861—1863）》，华盛顿特区：秘密印刷 1938 年，第 60 页；《萨尔给罗伯特·马布里的信》1864 年 10 月 25 日，《罗伯特·C. 马布里文集》，NCDAH；马格丽特·克劳福德《一个祖母的故事》，《邦联中的南卡罗来纳妇女》卷 2，哥伦比亚：州立出版公司 1903 年版。1，第 210 页。

[11] 关于邦联中的抢夺，见德鲁·吉尔平·福斯特：《"走进这个世界"：抢夺之罪和邦联身份的动力》，《邦联民族主义的形成：内战时期南方意识形态和身份认同》，巴吞鲁日：路易斯安那州立大学出版社 1988 年版，第 41—57 页。

[12]《玛丽·贝尔给阿尔福里德·贝尔的信》1862 年 7 月 20 日，《阿尔福里德·W. 贝尔文集》，DU；《路易莎·莱斯给撒迦利亚·莱斯的信》1862 年 12 月 29 日，《撒迦利亚·莱斯文集》，AHC；《玛丽·普格给理查德·普格的信》1862 年 3 月 19 日，《布莱恩

特－史蒂芬斯书信集》，UFL。

[13] 艾瓦里：《弗吉尼亚女孩》，第 302 页；《哈利斯日记》1864 年 3 月 31 日，WC；《马格丽特·爱斯特林给杰弗逊·戴维斯的信》1862 年 12 月 3 日，LRCSW，RG109，卷 45，M437，E227，NA；《玛丽·L. 斯盖尔斯给邦联战争部长的信》1862 年 9 月 8 日，LRCSW，RG109，卷 72，S890，NA。

[14]《玛丽·奇切斯特给亚瑟·奇切斯特的信》，1864 年 5 月 2 日，《好望角信函》，NA；托马斯：《秘密之眼》，第 240 页。

[15] 见 C. B. 麦克弗森：《占有欲强的个人主义的政治理论：霍布斯到洛克》，纽约：剑桥大学出版社 1962 年版。关于转型的讨论，见卡罗尔·佩特曼：《性别契约》，斯坦福：斯坦福大学出版社 1988 年版，论述了这些问题包括性别的观点。

[16] 关于从共和主义到自由主义的转换，可见史蒂芬·沃茨：《共和国重生：战争和自由美国的制造（1790—1820）》巴尔的摩：约翰·霍普金斯大学出版社 1987 年版；乔伊斯·艾波：《资本化和一个新的社会秩序：18 世纪 90 年代的共和视野》，纽约：纽约大学出版社 1983 年版；戈登·沃德：《美国共和制度的创立（1776—1787）》，教堂山：北卡罗来纳大学出版社 1969 年版；德鲁·R. 麦考伊：《难懂的共和政体：杰弗逊的美国的党派经济》，教堂山：北卡罗来纳大学出版社 1980 年版；戈登·沃德：《美国改革的激进主义》，纽约：克诺普夫出版社 1992 年版。共和主义的文学是大量的，总体上，见丹尼尔·T. 罗杰斯：《共和主义：一个概念的事业》，《美国历史期刊》79（1992.6），第 11—38 页；罗伯特·E. 莎霍普：《共和主义和早期美国历史学》，《威廉和玛丽季刊》39（1982.4），第 334—356 页。

[17] 关于因战争而造成的妇女的自由的经典论述，见威廉·蔡菲：《美国妇女：她变化着的社会、经济、政治角色（1920—1970）》，纽约：剑桥大学出版社 1972 年版。关于邦联女性作为创新之母的必要的例子，见《克拉拉·所罗门日记》1862 年 5 月 18 日，LSU；《阿米莉亚·平肯德给伊莎贝拉·沃德拉夫的信》1862 年 8 月 4 日，《沃德拉夫文集》，DU。《朱莉娅·戴维逊给乔治·戴维逊的信》1863 年 9 月 8 日，《戴维斯文集》，AHC。

[18] 关于女性鼓励男性放弃，如凯特·卡明的言辞，见《凯特：一个邦联护士的日记》，巴吞鲁日：路易斯安那州立大学出版社 1959 年版，第 296 页。《R. E. 李给泽布伦·万斯的信》1865 年 2 月 24 日；《J. 约翰斯顿·佩迪格鲁给万斯的信》1863 年 5 月 22 日，《万斯文集》，NCDAH。引用来自《B. M. 埃德尼给詹姆斯·塞登的信》，1863 年 8 月 18 日，LRCSW，RG109，卷 90，M437，E106，NA；《查尔斯·詹姆斯·芬顿给亲爱的姐姐的

信》1864 年 2 月 13 日，《查尔斯·詹姆斯·芬顿文集》，SHC。见艾拉·隆：《内战中的逃亡》，纽约：世纪 1928 年；理查德·巴道福：《"异变的谋反"：在内战中北卡罗来纳军队的逃亡》，《北卡罗来纳历史评论》41（1964 年春），第 163—189 页。那些坚持爱国主义的女性在抱怨中宣称她们的独特见解，见凯特·斯通：《布莱克恩波恩：凯特·斯通日记（1861—1868）》，巴吞鲁日：路易斯安那州立大学出版社 1955 年版，第 344 页。《玛丽·格林豪·李日记》1865 年 4 月 19 日，HL。

［19］《蒙哥马利广告日报》1864 年 6 月 15 日。

［20］奥古斯塔·简·埃文斯，《邦联妇女》剪贴在 M. L. 劳顿剪贴簿，第 66 页，AHC。

［21］《阿拉巴马州的汤姆贝克比备忘录》1865 年 4 月 8 日，HFPC；普莱尔：《回忆录》第 326 页；《格蕾丝·埃尔默日记》1865 年 2 月 7 日，SCL；托马斯：《秘密之眼》，第 220 页；C. 范恩·沃德沃德编：《玛丽·切斯纳的内战》，纽黑文：耶鲁大学出版社 1981 年版，第 430 页；《玛丽·艾尔利日记》1865 年 1 月 19 日，VHS；乔治·C. 雷博：《内战：妇女和南部国家主义危机》，乌尔班纳：伊利诺斯大学出版社 1989 年版，第 200 页。同见菲比·耶茨·彭博尔：《一个南方女人的故事：在邦联里士满的生活》，知更鸟图书 1974 年版，第 127 页；朱迪斯·麦奎尔：《战争期间南方流浪者的日记》，纽约：E. J. 黑尔 1867 年，第 328—329 页。

［22］《里士满问讯报》1864 年 2 月 12 日；《威尔·内白勒特的莉齐·内白勒特的信》1864 年 3 月 12 日，《内白勒特文集》，UTA。

［23］关于粮食暴动和妇女暴力方面，见迈克尔·切森：《娼妓还是女英雄？重新审视里士满面包暴动》，《弗吉尼亚历史和传记杂志》92（1984.4），第 131—175 页；维多利亚·拜那姆：《不守规矩的女人：在旧时南部的社会和性别控制政策》，教堂山：北卡罗来纳大学出版社 1992 年版；保罗·埃斯科特：《许多聪明人：在北卡罗来纳的权力和特权（1850—1900）》，教堂山：北卡罗来纳大学出版社 1986 年版，第 23、67 页；《J. A. 理查德森给泽布伦·万斯的信》1864 年 4 月 18 日，《万斯文集》，NCDAH；和《A. L. W. 斯特鲁德给杰弗逊·戴维斯的信》1864 年 5 月 6 日，美国战争部：《谋反之战：一个邦联军队的官方记录》127 卷和索引，华盛顿特区：政府印刷局 1880—1901 年，系列 1，52（2），第 667—668 页。

［24］《伊丽莎白·斐克思给杰弗逊·戴维斯的信》1865 年 2 月 21 日，RG109，《国民档案》，NA；托马斯：《秘密之眼》，第 252 页；《阿尔米拉·阿科思给杰弗逊·戴维斯的信》1862 年 3 月 23 日，LRSW，RG109，卷 29，M437，A62，NA。

［25］麦克唐纳德：《一个女性的内战》，第 224 页。

［26］格因斯·M. 福斯特：《邦联鬼魂：挫败、哀悼主义和新南方的浮现》，纽约：牛津大学出版社 1987 年版。

尾　声

［1］《玛丽·格林豪日记》1865 年 9 月 13 日，HL；加兰·R. 夸勒斯：《被占领的温彻斯特（1861—1865）》，弗吉尼亚州温彻斯特：温彻斯特弗里德里克郡历史社会 1991 年，第 16 页。标题引自露西·丽贝卡·巴克：《伤心的大地，甜蜜的天堂：露西·丽贝卡·巴克日记》，阿拉巴马州伯明翰：奠基石 1973 年版，第 50 页。

［2］美国第九次人口普查，人口计划和农业计划，得克萨斯州格莱姆斯县，NA；《莉齐·内白勒特回忆录》1912 年 5 月 25 日，UTA。

［3］《马格丽特·吉利斯日记》1866 年 6 月 6 日，ADAH。

［4］见内尔·欧文·佩因特：《艾拉·格特鲁德·克兰顿·托马斯日记：奴隶、战争、重建时代一个受过教育的白人女性》，《秘密之眼》，教堂山：北卡罗来纳大学出版社 1990 年版，第 1—67 页；玛丽·伊丽莎白·梅西：《塑造女权主义者》，《南方历史期刊》39 期（1973.2），第 3—22 页；弗吉尼亚·英格拉姆·伯尔：《一个生来受苦却要保持坚强的女人：艾拉·格特鲁德·克兰顿·托马斯（1834—1907）》，纽约：牛津大学出版社 1991 年版，第 215—232 页。

［5］露西·丽贝卡·巴克：《伤心的大地，甜蜜的天堂》1862 年 4 月 18 日，第 50 页；《艾玛·莫迪凯日记》1865 年 5 月 20 日，SHC；威尔伯·菲斯克·蒂利特：《被战争影响的南方女人》，《世纪》第 43 期（1891 年 11 月），第 12、13 页。

［6］马乔里·斯特拉德福德·门登霍尔：《"迷惘的一代"中的南方女性》，《南大西洋季刊》第 33 期（1934 年 10 月），第 345 页；蒂利特：《南方女性》，第 15 页。关于战后的妇女教育，见安妮·菲罗尔·斯科特：《南方女性：从基础到政治（1830—1930）》，芝加哥：芝加哥大学出版社 1970 年版，第 114—115 页。

［7］见凯思琳·伯克利：《伊丽莎白·艾弗里·梅里韦瑟："一个女性倡导者"——内战后南方的女权主义和保守主义》，《田纳西州历史季刊》第 43 期（1984 年冬），第 390—407 页；马乔里·斯普瑞尔·惠勒：《新南方的新女性：南方诸州妇女选举运动的领导者》，纽约：剑桥大学出版社 1993 年版，第 80—81 页；苏珊·勒布索克：《彻底重建和南方妇女的财产权利》《南方历史期刊》第 43 期（1977 年 5 月），第 195—216 页。

［8］勒布索克：《彻底重建》，第 215 页。

[9]《阿曼达·希姆斯给哈利特·帕默的信》1867年2月9日，《帕默家族文集》，SCL；凯特·斯通：《布莱克恩波恩：凯特·斯通日记（1861—1868）》巴吞鲁日：路易斯安那州立大学出版社1955年版，第363、364页。论邦联士兵的伤后压力，见德鲁·吉尔平·福斯特：《基督徒士兵：邦联军队中复兴主义的价值》《南方故事：和平与战争时期的奴隶主》，哥伦比亚：密苏里大学出版社1992年版，第88—109页。

[10]见盖恩斯·M.福斯特：《邦联鬼魂：挫败、命定败局和新南方的出现》，纽约：牛津大学出版社1987年版；查尔斯·里根·威尔逊：《在鲜血中受洗：对命定败局的信仰（1865—1920）》，阿森斯：佐治亚大学出版社1980年版。

[11]《埃米莉·哈利斯日记》1863年11月7日，WC；德鲁·吉尔平·福斯特：《尝试做男人的生意：内战时得克萨斯州的性别、暴力和奴隶管理》，《南方故事》，第174—192页。关于那些分享托马斯战后承诺的其他妇女的例子，见伯克利：《伊丽莎白·艾弗里·梅里韦瑟》和卡罗尔·布莱塞、弗里德里克·希思：《阿拉巴马的黏土：内战对南部婚姻的影响》，《在喜在悲》，第135—153页。

[12]惠勒：《新南方的新女性》，第18页；斯科特：《南方女性》，第163页。同见齐塔·库克：《新南方的公众女儿：市民典礼中的年轻白人女性（1877—1917）》美国历史学家年度大会组织，亚特兰大1994年。

[13]《莉齐·内白勒特给威尔·内白勒特的信》1864年，无日期的信件片段，《莉齐·内白勒特文集》，UTA；惠勒：《新南方的新女性》，第112、118页。在我之前的许多学者已经在区别性别如何损害战后南方的女权主义方面做了评论。关于一个陈述优美的例子，见苏珊·勒布索克：《彼得堡的自由女性：一个南方小镇的地位和文化（1784—1860）》，纽约：诺顿公司1984年版，第237—249页。同见杰奎琳·多德·霍尔：《反抗骑士精神：杰西·丹尼尔·埃姆斯和女性对死刑的战役》，纽约：哥伦比亚大学出版社1979年版；格蕾丝·伊丽莎白·黑尔：《"一些妇女从未被改造过"：米尔德里德·路易斯·卢瑟福、露西·M.斯坦顿和对南方白人女性的种族政策（1900—1930）》，借用的未发表的文章。

后 记

[1] C.范恩·沃德沃德：《南方历史的负担》，巴吞鲁日：路易斯安那州立大学出版社1960年初版；修改过的版本在1968年和1993年发表。引用是取自1968年版本，第19页。

[2]见威廉·福克纳：《一个修女的安魂曲》，纽约：兰登书屋1950年版，第92页；福克纳：《尘土中的入侵者》，纽约：兰登书屋1948年版。

〔3〕关于对历史文学的总结，见达琳·克拉克·海因编：《美国黑人州的历史：过去、现在和未来》，巴吞鲁日：路易斯安那州立大学出版社 1986 年版。一个关于文学的例子，见托尼·莫里森：《所爱之人》，纽约：克诺普夫 1987 年。

〔4〕在蔑视方面，见马乔里·斯普瑞尔·惠勒：《新南方的新女性：南方州的妇女选举运动的领导者》，纽约：剑桥大学出版社 1993 年，第 40 页。苏珊·B. 安托尼引用自伊莱恩·帕特诺：《可引用的妇女》，纽约：子午线 1993 年，第 189 页。

手稿、印刷和图像资料

这本书最有意义的来源是邦联妇女和她们家人的手稿、信件和日记，这些信件和日记放在注释最开始列出的20多个图书馆和储藏室中。日记往往提供了比信中更加深入地了解作者的视角，信件在最开始就明确针对一个特定听众的。但如此多的内战日记是否是为了最终出版或者给后代一个既定观点。所以一个学者在评价这些作品之前必须认真确定作者的主要意图。就像我已经说明的那样，在南方的战争痛苦中，留给个体生命的空间很小，因此我建议手稿不应该被看做是"私人"文件。邦联妇女知道她们生活在一个重要的历史时刻，她们会经常写东西来记录她们对那个历史的印象。战后回忆录甚至提出了更有意义的问题，因此学者必须评价这种事后诸葛亮的角色和20世纪后期的背景和影响。尽管充满着许多回忆录，不管是以手稿还是以出版的形式，我一直都小心谨慎地利用它们。对我更有价值的是在邦联国家政府和州政府的残存记录中的女性的信件。我发现佐治亚州、密西西比州、北卡罗来纳州管理者采集的、放置在各个州的档案信件尤其有用。战争邦联秘书和其他相应从市民那里收到的信件位于国家档案馆的邦联政府档案中，这些信件提供了对所有阶级的白人女性生活的无法比拟的洞悉——从最妇幼的奴隶情妇到目不识丁的农夫的妻子，这些农夫的妻子会让她们受过更多教育的邻居向里士满传达她们关心的事。非政府机构的手稿记录对我帮助没那么大，部分是因为在战争年代保存记录往往不全面。然后，我发现一些教堂和教派的记录很有用，尤其是那些在蒙特利特、北卡罗来纳的长老教会的历史。女性教育机构的档案对我来说很难查找而且比我希望的启迪作用要小，弗吉尼亚罗诺克历史久远的霍灵思学院的一些档案除外。女性志愿和士兵援助机构的备忘录往往支离破碎，但经常列出官员活动以及为前线所生产的物品。

内战历史普及的同时也伴随着社会对过去女性经历的关注度的增加，这些都鼓舞着编辑和出版商不断重印战时的日记和书信。因此，现在很多主要的材料都可以在书店和公共图书馆中找到。这些对学者和老师来说是一笔无价的资源，甚至给了普通读者走近这些妇女的机会。我的笔记中引用了十几个这样的版本。也许其中最有名的是 C. 范恩·沃德沃德获得普利策奖的作品——《玛丽·切斯纳的内战》（纽黑文：耶鲁大学出版社 1981 年版），但是感兴趣的读者可能也已经找到了科妮莉亚·皮克·麦克唐纳德、艾拉·格特鲁德·克兰顿·托马斯、凯特·斯通、萨拉·摩根、艾玛·霍尔姆斯、艾达·巴科、凯西亚·布雷瓦德日记的新版本。家庭信件的版本也很丰富。其中的经典是罗伯特·曼森·迈尔的《自尊心的产物：一个关于佐治亚和内战的真实故事》（纽黑文：耶鲁大学出版社 1972 年版），虔诚的长老会的琼斯家族的信件。

我认为，为了更加深入了解当时邦联妇女生活的文化和社会背景与拥有的话语权，战时印刷的材料本身是必不可少的资源。纸张和印刷机器的短缺抑制了邦联出版，然而有一家有影响力的报纸和期刊出版社却存活到了战争的最后时期。这个尾注说明了我在本地和教派报纸中找到了多有用的东西，因为关于妇女角色和责任的讨论是文化评论中的重要部分。期刊出版社更长的专题可能在一些问题上更有揭示作用，例如护士、妇女教育和女性作家。这些文化之音与女性自身经历之间的互动对于她们在战争年代重新定义自我十分重要。

两个涵盖面广的关于邦联印记的参考书目和一个浓缩这些内容的电影版本使得大量邦联文学能够提供给调查者，即马乔里·莱尔·克兰德尔：《邦联印记：一份清单》，波士顿：波士顿图书馆1955年，卷1和2；理查德·哈维尔：《更多邦联印记》，里士满：弗吉尼亚州图书馆1957年，卷1和2和《邦联印记（1861—1865）》（微缩胶片的143卷），纽黑文：调查出版物1974年。我发现印刷的歌词、布道词、小说和诗歌对我理解邦联的流行文化和妇女在其中的位置十分重要。已出版的州和国家政府的法律和记录也包括在这些参考书目中，对我研究相关立法尤其是护理和征兵制度非常重要。

图像材料对现在的研究构成了一种特殊挑战，部分原因是历史学家在过去还没有倾向于像对待其他证据一样认真严肃地对待它们。图像的鉴定和归类是偶然的，而且人们没有想到历史学家会将这些鉴定和归类标准应用到纪录片中。我在寻找这本书的图解的过程中感到非常惊讶，因为这些照片被作者或编辑随意地加上标题，仿佛和它们对应文本的精确度相比，这些图片标题的精确度并不那么重要。就举一个例子：一个被广泛印刷的照片被命名为"南方妇女和她们的奴隶们"，但实际上它是一张北方主张废奴主义的老师们和他们刚获解放的学生的照片。

对于想要用有关南方白人女性视觉材料的学者而言，另一个挑战是这种材料极为缺乏。我要说的是，实际上，她们是最少被拍摄的群体，而且毫不夸张地说是最不显眼的群体，无论她们的肤色是白还是黑，是生活在南方还是北方。士兵吸引了摄影师和雕刻师极大的注意力；奴隶和最近获得自由的人们也引起了内战艺术家和摄影师极大的兴趣，他们经常出现在影像记录中，但黑人男性比黑人女性更多被展示。摄影在北方十分普遍，南方白人女性和北方白人女性的照片数量上不能相提并论——南方摄影师比较少，雕刻技术也不够发达。结果是南方白人女性的照片很少，其中很多像《哈珀周刊》和《弗兰克·莱斯利画报》上经常被重印的雕刻品，还取材于北方。我希望历史学家可以开始更加仔细地获取和利用图像资源。我们也需要这些物品，发型雕塑、袜子、土布裙子等等，这些物品是对战争中南方妇女生活情况的实物记录。

研究邦联女性的次要资料

因为关于内战的文学作品太多了，内战是在美国历史上写得最多的主题，在这儿我将主要评论那些明显重点描写南方白人女性的作品。传统内战历史学没有完全忽略南方白人妇女的经历，尽管它往往注重赞美妇女对男性军队所作出的贡献。弗朗西斯·巴特勒·西姆金斯和詹姆斯·韦尔奇·巴顿的《邦联妇女》（里士满：加勒特和迈西出版社 1936 年）对于进一步调查大多数精英白人女性的生活仍然很有用。玛丽·伊丽莎白·梅西的《帽旅：美国妇女和内战》（纽约：克诺普夫 1966 年），写于内战百年纪念日并重印为《内战中的女性》（林肯：内布拉斯加大学出版社 1994 年），是对南北女性的学术论述。最初的题目读来有种陈旧感，而新题目则有时代感。H. E. 斯特克斯写了一份州立研究报告，《叛乱中的合作者：南北战争中的阿拉巴马妇女》（新泽西州拉瑟福德：费尔莱迪金森大学出版社 1970 年），包含了很多当地历史珍闻。贝尔·欧文·威利的《邦联妇女》（康涅狄格州西点：绿林出版社 1975 年）的价值被它的传记体给限制了。对于同时代的读者来说更有用的是乔治·雷博的

《内战：妇女和南方民族主义危机》（乌尔班纳：伊利诺伊斯州大学出版社 1989 年）。在这本书出版 15 年前，大量有关女性历史的作品涌现，极大地丰富了它的内容。尽管创建分析体系时，我将更多重点放在等级和性别概念上，且在将我的分析放在上下文中研究时则更注重文化材料，雷博的广泛调查和明智观点对我来说仍然是非常宝贵的。雷博一直在他认为是他的领域一直非常有雅量，这些领域对我来说却是闲逛的领域。

妇女历史向更广泛的性别研究的演进对不断增长的内战妇女研究方面发挥着重要作用。一个早期的例子是《分裂的家庭：性别和内战》（纽约：剑桥大学出版社 1992 年），凯瑟琳·克林顿和尼娜·西尔伯编辑。这一卷尤其有价值因为它包含了许多学者的论文，这些学者正从事着大量的工作，其中还有很多论文在不久的将来就可以问世。

仔细地注意我的尾注会让读者对主要资源和次要资源中更多细节信息感兴趣。

经过近两年无数个不眠之夜的努力，哈佛大学德鲁·吉尔平·福斯特校长这部优秀作品的中文译著终于要出版了。作品是福斯特校长酝酿多年，几易其稿，潜心打造的一部触人心灵的力作。中文版和中英文对照版将同时于 2015 年春天和中国读者见面，可谓了了我的一个心愿。

（一）缘起

2013 年春的一天，福斯特校长邀请我作客她的晚宴。作为哈佛的校友，我向来非常敬仰她在史学领域的成就，便向她索阅著作。于是，福斯特校长给了我初次拜读此书的机会。读毕，我惊奇地发现，书中各具特色的白人女性形象总是浮现在我的眼前。我立即产生了强烈的冲动：我既是中华儿女，又是哈佛校友，这个双重身份使我有责任将这部书翻译给国内的读者。

但是，要实现这个想法绝非易事，因为我深知这部优秀的作品蕴含着多重的分量。福斯特校长治史严谨，学力深厚。所以，我冷静下来思索：面对这部成果丰硕且语言优美的史学著述，我是否有信心用汉语再现它的神韵？

当我把想法告诉国内的师长和朋友们后，相继得到了教育部郝平副部长、北京大学林建华校长、重庆大学周绪红校长、上海对外经贸大学周小进教授、四川外国语大学冯旭教授、社科院博士后导师宋北平教授及许多师长和朋友们的鼓励与支持。我决定无论如何也要完成这个心愿。

（二）行动

引进、翻译工作持续了近两年之久。其间，译著的出炉得到了多人帮助。这是一项艰巨的工程，支持者、参与者的点滴努力都会使我备受鼓舞，令我心怀感恩。

首先特别感谢秦洁教授、史薇教授、沙丽金教授、吴芊教授，他们围绕翻译工作的展开，提供的宝贵支持和建议，使我受益始终。本书的整个翻译和出版的过程中，我一直得到哈佛大学事业发展部和国际校友事务部主任本杰明·祖尔（Benjiamin D. Zoll）先生的鼓励和指导。本杰明主任多年来参与哈佛全球校友事务，具有丰富经验，每次和他交谈我都受益良多。在此也特别感谢杰夫·奥尼尔（Jeff Nell），他是哈佛大学媒体关系和公共事务主任，他在本书出版过程中也提供了许多帮助，使得本书得以顺利出版。

彭德智博士为最终选定出版机构作出了卓越的贡献，是他深刻的见解使我们度过了重要的关口。中国民主法制出版社肖启明社长、刘海涛总编、石松主任为作品版权事宜助力良多。在本书出版之时，人民出版社黄书元社长、辛广伟总编辑、任超副社长、李春生副社长诸位领导展现名家风范，为中国高品质出版物提出了宝贵的指导意见。人民出版社杰出编辑刘恋女士为出版此书，夜以继日、尽心尽力。从图书出版工作开展的整体安排，到具体文字的编校，刘编辑都为之付出了辛勤的劳动。北京大学法律博士张立渊和李春艳博士协调各方力量，统筹工作进展，发挥了积极作用。没有以上诸位的鼎力相助，这部著作在国内的顺利出版是不可能的。

中国与全球化智库王辉耀主任、赛伯乐投资基金董事长朱敏、亨瑞集团邹亨瑞董事长、奇锦声博士、英蓝集团副董事长刘禹东为此书的发布事宜也提出了宝贵的意见。

　　哈佛大学北京校友会会长傅军和傅卫东、万铎、赵经纶、孙秀清、孟于阗、朱达、李刚、陈涛诸位北京哈佛校友为本书的出版献计献策。还有前通用电气（韩国）董事长姜锡珍（Suk－Jean Kang）、世界公民组织主席郭英薰（YoungHoon Kwaak）、金·张法律事务所高级合伙人玄天旭（C. W. Hyun）、日本银行北京代表处首席代表福本智之（Tomoyuki Fukumoto）等校友更是隔三差五问询进展情况。特别是哈佛大学亚洲校友会会长孙玉红女士，不仅多次参与最后审阅工作，还为书籍发布出谋划策、不辞辛苦，在此一并致谢。

　　在此，我还要特别感谢北京新华儿女文化发展有限公司及其董事长荣浩东先生、董事陈瑜女士及团队中负责协调工作的赵大伟、刘平华、石向玮、张树才、伍晓琳、孙佳佳、朱烨、李芳等人。这支精干的队伍高效而周到地完成了各项任务，保障了整个出版工作的有序推进。

　　作为重庆大学的校长助理，我的这项工作还得到了周绪红校长的支持与赞许。他的鼓励总能让人信心满满，他的教导总是使我收获良多。我依然记得毕业季重庆大学万余毕业生冒雨聆听周校长"最后一课"的情景。李茂国副校长、刘庆副校长也时常指导和关注本书的翻译和出版进程。

　　最后，我把谢意留给我的家人。年过八旬而健康、乐观、充满智慧的母亲陆庆俊，我在哈佛大学的同窗、同我回国执教的我的先生鲁卡·戴尔丹尼斯（Luca Dell'Anese）教授，我挚爱的聪慧美丽、富有爱心的女儿荣小亚（Sofia Xiaoya Rong Dellanese），以及我的哥哥荣向东、姐姐陆荣，他们的理解、支持与脉脉温情，是我行动的巨大力量。

　　（三）回眸

　　2014 年 3 月，习近平主席在巴黎联合国教科文组织总部发表演讲时说道："文明因交流而多彩，文明因互鉴而丰富。文明交流互鉴，是推动人类文明进步和世界和平发展的重要动力。"我常常与我的朋友们讲，我们不是优秀的翻译家，也不是专业的出版人士，却"小马拉大车"，做着平凡又了不起的跨文化交流的事情。回眸来时路，万千感慨涌上心头。

1999 年，我来到哈佛大学攻读法律。我同来自全球各地最优秀的同学一起学习、生活，感受哈佛大学开放、创新的博大情怀，感受不同文化、不同思维方式之间交流带来的奇妙与喜悦。融入了那个多元的世界之后，同学们一起讨论后认为，何不把有着深厚文化积淀，又处在加速发展之中的祖国的历史与现状介绍给世人？在哈佛，我创办了一份旨在介绍中国文化、经济、政治、环境、人物的综合性杂志，为促进中国与国际社会学术、经济和文化领域的交流尽了自己一份绵薄之力。

从哈佛大学法学院毕业后，我又在肯尼迪管理学院取得公共管理硕士学位，之后又去了密歇根大学法学院攻读法学博士。毕业之后，我在华尔街一家律师事务所（White & Case）工作，同时在密歇根法学院大学兼任访问教授。2005 年，一个机缘巧合，我成为了康奈尔大学校长特别顾问。在康奈尔大学工作期间，北京大学与康奈尔大学之间开展了深度的交流与合作。而我在其中扮演着沟通协调者的角色。2005 年以来，我和雷蒙校长一起，致力于推动康奈尔大学和国内知名高校合作，相继成立了"中美政策和法律研究中心""北大和北外中美法律和政策联合研究中心"。后者在 2008 年发展成为北京大学国际法学院，而我则就任该院的创院副院长。北京大学国际法学院把世界通行的美国法律教育模式（J. D. 模式）引入中国，和我国传统的法律硕士教育模式（J. M.）相结合，在全球化时代为中国培养具有国际视野和全球竞争力的跨国法律人才。北京大学国际法学院的首创性与独一无二使其成为跨文化交流合作的典范。2010 年，我出任威斯康星大学（麦迪逊）校长特别顾问，负责与中国大学的交流合作，对促成"北京体育大学研究生冠军班赴美留学"项目的成功作出了积极的贡献。后来，在时任重庆大学校长林建华教授的邀请下，我又回到国内，出任重庆大学校长助理。我坚信中外教育交流合作视为提升国内高校办学质量，提升教育竞争力的重要手段。

为了多形式地促进重庆大学与世界高水平大学合作的机会，促进世界了解中国，了解中国西部，了解中国的高等教育状况，在重庆大学校领导的支持下，我有了不少在国内和国际会议上发表演讲的机会。其中包括：2013 年 4 月，我在哈佛大学商学院亚洲商务会议上发表题为《中国经济发展与高等教育推动力》的主旨演讲。2013 年 6 月，在日本央行发表题为《重庆与中国西部发展》的学术报告。2013 年 10 月，在德国不来梅雅各布大学参加由哈佛大学主办的中国与全球化会议，与哈佛大学教授雅各布（Jacob）发表题为《全球视野下的中非关系和法律与政策视角》的联合演讲。演讲是宣扬理念、传播思想的有力武器。中国以大国形象走向世界，能够为中国国家利益发声的高层次演讲必不可少。这种全新的尝试，使我认识到当好促进中外友好交流的民间大使的责任之重大。

书籍是文明交流的捷径。除本职工作之外，我还把精力投向国内外优秀作品的引进与输出事业上。2012 年 10 月，我参与合译了美国共和党总统候选人罗姆尼传记作品《真实的罗姆尼》，由中国民主法治出版社出版。2013 年 7 月，我作为主要译者，翻译了康奈尔大学校长杰弗瑞·雷蒙的著作《乐观的心》，并由北京语言大学出版社出版。引进这部图书的用意不仅在于从一个全新的角度去介绍美国高等教育及常青藤盟校情况，更在于为国内从事高等教育事业人士提供借鉴。

让我们回到《创新之母》这本书。本书作者福斯特女士是优秀的历史学家，同时也是哈佛大学 300 多年历史上的首任女校长，堪称卓越的教育家和当代女性的榜样。身为女性，她和我都见证了自己的国家 20 世纪下半叶以来的沧桑巨变，深知今日社会渐趋开放、宽容的风气来之不易，也共同有志于推动教育事业的国际化。因为在跨文化交流中，教育工作始终意义重大，影响深远，正是通过教育，我们不断更新认知，培养有主见、有责任感的青年领袖。福斯特校长也在多个场合反复表示希望加强哈佛与中国高校的师生交流与合作研究。我也无比期待在这位杰出的时代女性领导下，母校能在中美友好中继续发挥桥梁作用。

一路走来，本无刻意，却在不经意间扮演了不同文化的桥梁沟通角色。凡此种种，琐碎繁冗之事，不免劳心劳力。有时我会思考，是什么力量支撑着我义无反顾？2013年12月，我在人民大会堂参加了欧美同学会100周年庆祝大会，见到了习近平主席并聆听了他的重要讲话。在听到"广大留学人员既有国内成长经历又有海外生活体验，既有广泛的国内外人际关系又有丰富的不同文化交流经验，许多外国人通过你们了解中国、认识中国，许多中国人通过你们了解世界、认识世界"这些话语时，我更加受到了鼓舞。

世界和平与共同发展，是各国人民的共同期盼。当好促进中外友好交流的民间大使，是时代的发展赋予我们的新使命。顺势，小马拉大车；得道，众人来相助。也许，只要心中有桥梁，世界便无间隙。

（四）结语

我很希望此书能够引起读者诸君的共鸣，因而，在细细品味了这杯沁人心脾的香茗后，如果作为读者的您还愿意对我们的工作指正一二，我们将特别感谢。本书能否再版，取决于您能给我们提出多少宝贵意见，为我们创造多少改正缺点、追求完美的机会。如果您的意见在本书再版时得到采纳，我们将奉上再版书一本，并特别题明获赠原因。联系邮箱：lrong@post.harvard.edu

北京大学国际法学院　教授
重庆大学　校长助理　荣丽亚
2015年2月23日于北京

责任编辑:刘　恋
封面设计:石笑梦

图书在版编目(CIP)数据

创新之母/(美)福斯特 著;荣丽亚 译. –北京:人民出版社,2015.4(2016.1 重印)
书名原文:Mothers of Invention
ISBN 978－7－01－014619－5

Ⅰ.①创…　Ⅱ.①福…②荣…　Ⅲ.①美国南北战争-史料　Ⅳ.①K712.43

中国版本图书馆 CIP 数据核字(2015)第 051065 号

Mothers of Invention:Women of the Slaveholding South in the American Civil War by Drew Gilpin Faust. Copyright© 1996 by the University of North Carolina Press. Published in the simplified Chinese language by arrangement with the University of North Carolina Press, Chapel Hill, North Carolina, 27514 USA, www.uncpress.unc.edu.

创新之母
CHUANGXIN ZHIMU

【美】德鲁·吉尔平·福斯特　著　　荣丽亚　翻译

人民出版社 出版发行
(100706　北京市东城区隆福寺街 99 号)

北京新华印刷有限公司印刷　新华书店经销

2015 年 4 月第 1 版　2016 年 1 月北京第 2 次印刷
开本:710 毫米×1000 毫米 1/16　印张:23.5
字数:280 千字

ISBN 978－7－01－014619－5　定价:58.00 元

邮购地址 100706　北京市东城区隆福寺街 99 号
人民东方图书销售中心　电话 (010)65250042　65289539